História e Cultura

Coleção
ANTROPOLOGIA SOCIAL
diretor: Gilberto Velho

- O Riso e o Risível
  Verena Alberti
- Antropologia Cultural
  Franz Boas
- O Espírito Militar
- Evolucionismo Cultural
- Os Militares e a República
  Celso Castro
- Da Vida Nervosa
  Luiz Fernando Duarte
- Bruxaria, Oráculos e Magia entre os Azande
  E.E. Evans-Pritchard
- Garotas de Programa
  Maria Dulce Gaspar
- Nova Luz sobre a Antropologia
- Observando o Islã
  Clifford Geertz
- O Cotidiano da Política
  Karina Kuschnir
- Cultura: um Conceito Antropológico
  Roque de Barros Laraia
- Autoridade & Afeto
  Myriam Lins de Barros
- Guerra de Orixá
  Yvonne Maggie
- Cultura e Razão Prática
- Ilhas de História
- História e Cultura
  Marshall Sahlins
- Os Mandarins Milagrosos
  Elizabeth Travassos
- Antropologia Urbana
- Desvio e Divergência
- Individualismo e Cultura
- Projeto e Metamorfose
- Subjetividade e Sociedade
- A Utopia Urbana
  Gilberto Velho
- Pesquisas Urbanas
  Gilberto Velho e Karina Kuschnir
- O Mundo Funk Carioca
- O Mistério do Samba
  Hermano Vianna
- Bezerra da Silva: Produto do Morro
  Letícia Vianna
- O Mundo da Astrologia
  Luís Rodolfo Vilhena
- Sociedade de Esquina
  William Foote Whyte

Marshall Sahlins

História e Cultura

Apologias a Tucídides

Tradução:
Maria Lucia de Oliveira

Consultoria técnica:
Celso Castro
CPDOC / FGV

Jorge ZAHAR Editor
Rio de Janeiro

Preparação de originais: Joyce Monteiro
Revisão tipográfica: Eduardo Faria e Elisabeth Spaltemberg

Projeto gráfico e composição: Victoria Rabello
Capa: Dupla Design
Ilustração da capa: © Photodisc

Título original:
Apologies to Thucydides
(Understanding History as Culture and Vice Versa)

Tradução autorizada da primeira edição norte-americana
publicada em 2004 por The University of Chicago Press,
de Chicago, Illinois, EUA

Jorge Zahar Editor Ltda.
rua México 31 sobreloja
20031-144 Rio de Janeiro, RJ
tel.: (21) 2240-0226 / fax: (21) 2262-5123
e-mail: jze@zahar.com.br
site: www.zahar.com.br

CIP-Brasil. Catalogação-na-fonte
Sindicato Nacional dos Editores de Livros, RJ.

Sahlins, Marshall David, 1930-
S138h História e cultura: apologias a Tucídides / Marshall Sahlins; tradução de Maria Lucia de Oliveira. – Rio de Janeiro: Jorge Zahar Ed., 2006
il.
(Antropologia social)

Tradução de: Apologies to Thucydides: (Understanding history as culture and vice versa)
Apêndices
Inclui bibliografia
ISBN 85-7110-899-4

1. Tucídides. História da guerra do Peloponeso. 2. Historiografia. 3. Grécia – História – Guerra do Peloponeso, 431-404 a.C. – Historiografia. 4. Fiji – História – Século XIX. I. Título.

CDD 996.11
05-3965 CDU 94(961.1)

Sumário

CAPÍTULO 3

Sahlins e Tucídides

Gilberto Velho*

Este livro é uma espécie de suma da obra de Marshall Sahlins. Por isso mesmo, apresenta e aprofunda algumas das principais questões da antropologia contemporânea. A trajetória do autor é rica e diversificada, passando por várias etapas, com revisões de perspectiva e sempre introduzindo novas perguntas capazes de despertar discussões importantes e debates acadêmicos. Há mais de quarenta anos produz textos instigantes e densos, com grande repercussão, inclusive no Brasil, onde boa parte de sua obra encontra-se já publicada.**

Aqui, seu grande interlocutor é o historiador grego Tucídides, autor da célebre *História da Guerra do Peloponeso*. O fabuloso estudo comparativo de Sahlins entre aquela guerra clássica e as guerras polinésias é uma demonstração magistral da compreensão e do uso recíprocos dos conceitos de cultura e de história. Assim, ele dá continuidade aos trabalhos anteriores, retomando temas como estrutura e evento. A utilização que faz da noção de cultura, associada à pesquisa histórica, exorciza e combate qualquer tipo de determinismo cultural, ao mesmo tempo que relativiza o universalismo de Tucídides e seus herdeiros, rediscutindo de modo sofisticado a problemática das particularidades culturais.

Entre outras reflexões provocadoras, Sahlins examina o lugar do desempenho individual na cultura e na história, lançando mão, para isso, entre outros aspectos, de um fascinante episódio da história do beisebol norte-americano. Ainda nessa direção – e dando prosseguimento à sua análise de eventos e ações individuais –, narra a história de um assassinato político ocorrido nas ilhas Fiji em meados do século XIX, com foco na lógica cultural e suas variações.

No desenvolvimento deste livro essencial, Sahlins navega e atravessa diversas áreas e fronteiras disciplinares, como a literatura e a filosofia. Para mim, é alta-

* Professor titular de Antropologia Social, decano do Departamento de Antropologia do Museu Nacional, UFRJ, e membro da Academia Brasileira de Ciências.

** *Sociedades tribais*, Rio de Janeiro, Zahar, 1983; *Ilhas de história*, Rio de Janeiro, Jorge Zahar, 1990; *Como pensam os "nativos": sobre o Capitão Cook, por exemplo*, São Paulo, Edusp, 2001; *Cultura e razão prática*, Rio de Janeiro, Jorge Zahar, 2003 [1979]; *Esperando Foucault, ainda*, São Paulo, Cosac Naify, 2004.

mente valioso o diálogo que estabelece com Sartre a respeito das relações entre indivíduo e sociedade. A frase sartriana, "Valèry é um intelectual pequeno-burguês, não há dúvida quanto a isso. Mas nem todo intelectual pequeno-burguês é Valèry", certamente expressa um dos núcleos básicos da reflexão de Sahlins sobre a inserção e o potencial de singularidade e criatividade dos agentes individuais na vida social.

Por tudo isso, este livro tem uma importância imensa para a antropologia contemporânea e, em geral, para as ciências sociais e humanas. Em Tucídides, Sahlins escolheu um poderoso parceiro para estabelecer um diálogo que atravessa séculos com uma visão madura das diferenças teóricas e das abordagens do pensamento contemporâneo. O autor não tem "inimigos teóricos". Ele se aproxima mais de um que de outro, critica vários, sem, no entanto, os desqualificar – como, por exemplo, seus comentários sobre Michel Foucault. Demonstra assim que seriedade e rigor não são sinônimos de truculência e intolerância.

INTRODUÇÃO

Este é um livro sobre o valor de conceitos antropológicos de cultura para o estudo da história e vice-versa, pois também mostrará a importância de certos valores da história para o estudo da cultura. Cada um de seus três longos capítulos consiste em discussões etnográficas de determinados problemas sobre a compreensão da história apresentados pelo grande texto de Tucídides a respeito da Guerra do Peloponeso. Neste sentido, o livro presta homenagem a Tucídides, reconhecendo-o como o ancestral de uma historiografia que ainda persiste entre nós. As "apologias" do subtítulo derivam da crítica representada pela antropologia moderna aos veneráveis ensinamentos de Tucídides – aos quais seremos para sempre devedores.

A origem efetiva do livro foi uma conversa que tive há alguns anos, talvez em 1987, com James Redfield, colega e amigo do Departamento de Estudos Clássicos da Universidade de Chicago. Ele ficou extremamente interessado quando eu disse que estava trabalhando com uma guerra ocorrida nas ilhas Fiji em meados do século XIX, muito parecida com a Guerra do Peloponeso. De 1843 a 1855, os reinos de Bau e Rewa – o primeiro, uma potência marítima, o segundo, uma potência terrestre, cada qual liderando alguns territórios fijianos menores – engajaram-se num conflito de seriedade sem precedentes que terminou questionando a dominação de todo o arquipélago. As semelhanças com o famoso conflito entre Atenas e Esparta eram tantas que bastaram para que eu e Redfield concordássemos em explorá-las num curso conjunto sobre "A Guerra do Peloponeso e a Guerra da Polinésia". A comparação provou-se reveladora tanto para a Grécia quanto para Fiji. Fiquei até mesmo inspirado a escrever um longo texto sobre o reinado dual espartano, destacando as diferenças entre ele e as diarquias complementares de Fiji, bem como de diversas outras soberanias cindidas. Em vez de um rei sagrado e um rei da guerra, cada um com suas funções e domínios, os reis espartanos eram geminados e inseparáveis, duplos em todos os sentidos, exceto que um era mais velho que o outro. Para condensar um argumento complexo – que passava por Castor e Pólux, bem como por outros reis gêmeos da mitologia grega, um dos quais era usualmente gerado por um deus –, concluí que os soberanos espartanos representavam algo semelhante a uma versão empírica dos dois corpos do rei. Um era relativamente divino, e o outro relativamente humano, mas, quanto ao resto, espelhavam-se mutuamente: aqui estava uma confirmação duradoura da divindade da monarquia. Quando mostrei esse artigo para Redfield, ele admitiu que, depois de algumas revisões, eu devia publicá-lo – sob pseudônimo.

Talvez tivesse sido mais sábio fazer o mesmo com este livro. Pois ele também se distingue por seus temerários avanços sobre o território disciplinar dos estudos clássicos. A julgar pelos comentários de Max Weber (tal como foram transmitidos por Paul Veyne) sobre a legitimidade de comparar os atenienses a (os assim chamados) bárbaros como os fijianos, o exercício pode ser tão ofensivo às sensibilidades dos eruditos clássicos quanto obviamente ingênuo: "A idéia de um tipo de igualdade político-social na história que quisesse – afinal! afinal! – dar a povos bantu e indianos, até agora desprezados de maneira revoltante, um lugar pelo menos tão meritório quanto o dos atenienses é simplesmente ingênua" (Veyne, 1984:52).[1]

Contudo, mais que defender aqui os interesses do relativismo cultural, defendo a relevância cultural. Se o passado é um país estrangeiro*, ele também é outra cultura. *Autre temps, autre moeurs*. E, se é outra cultura, descobri-la requer, então, alguma antropologia – o que sempre significa alguma comparação cultural. E mais ainda quando se trata dos atenienses como Tucídides os descreveu. No texto que se segue, cito a pertinente pergunta de Simon Hornblower: "Terá Tucídides alguma vez imaginado um tempo em que seres humanos civilizados não falariam o que chamamos de grego clássico?" O problema não é simplesmente o fato de Tucídides ter passado ao largo da cultura cuja história escrevia, tomando-a como um dado: trata-se, em vez disso, de sua presunção de que a cultura não importava. Para ele, a cultura não tinha interesse quando comparada a uma natureza humana subjacente, à qual costumes e leis não podem resistir e que, de qualquer modo, garante que, em condições similares, as pessoas sempre agirão de formas bastante parecidas. Serão movidas pelos mesmos desejos de poder e ganho, as mesmas esperanças de obtê-los e os mesmos receios de perdê-los. Como disseram os atenienses ao desafortunado povo de Melos, que estavam prestes a destruir: "Dos deuses acreditamos, e dos homens sabemos que, por uma necessária lei da natureza, onde quer que possam, eles mandam" (Tuc. 5.105.2). Pode-se concluir que Tucídides ainda está muito presente entre nós, não apenas porque suscitou importantes questões sobre sociedade e história, como também porque lidou com elas da mesma forma que nós: recorrendo à racionalidade prática universal dos seres humanos, nascida de seu inato auto-interesse.

---

* *"The past is a foreign country; they do things differently there"*, epígrafe do romance *The Go-between*, de Lesley Poles Hartley (1895-1972). *The Past is a Foreign Country* é também o título de um conhecido livro do historiador David Lowenthal (Cambridge University Press, 1985). (N.T.)

Não é coincidência que o interesse por Tucídides tenha se reavivado na Europa Ocidental durante o século XVII, por conseguinte, com o desenvolvimento do capitalismo moderno e por escritores como Thomas Hobbes. (Plutarco, Xenofonte e Tito Lívio parecem ter sido mais populares na Itália renascentista, ao lado de Platão e Aristóteles, mas Tucídides foi celebrado por Hobbes, Hume e muitos outros desde então.) Mesmo sem considerar as passagens particulares de Tucídides cujos ecos encontram-se na concepção hobbesiana do estado de natureza, como poderíamos deixar de reconhecer a presença em nós mesmos daquele espírito agonístico e criativo dos gregos, como diz Vernant (1968:10), não apenas nos conflitos entre cidades, mas "em todas as relações humanas e até na própria natureza"? E hoje, no início de um novo milênio, Tucídides parece mais relevante que nunca. Numa era marcada pelo triunfo global da ideologia neoliberal, para não mencionar a despudorada fala do imperialismo norte-americano, é confortador saber que nossa cobiça é uma inevitável inclinação humana. Nada de que nos envergonharmos. Apesar de ter constituído o pecado original, a autogratificação, em suas diversas versões científicas modernas – da sociobiologia e da psicologia evolucionista à economia da escolha racional e ao realismo nas relações internacionais – é uma falha realmente afortunada. Daí a atual popularidade de Tucídides. "Embora o persistente foco de Tucídides no auto-interesse possa ser ofensivo para alguns, sua noção de que o auto-interesse dá origem ao esforço, e de que o esforço gera opções, faz de sua história da Guerra do Peloponeso, escrita há 2.400 anos, um corretivo para o extremo fatalismo básico do marxismo e da cristandade medieval" (Kaplan, 2002:45-6).

Teria sido interessante confrontar diretamente os espartanos – e não os atenienses – com o mesmo "corretivo". A crer nas descrições do caráter habitual dos espartanos feitas por Tucídides, ou eles eram deficientes em avareza humana e no desejo de poder, ou então teríamos de supor que aquilo que tem interesse e valor para um povo é construído culturalmente, e não naturalmente – e que o que quer que exista de (supostamente) inerente na natureza humana pode ser sublimado de várias maneiras para que faça sentido. Dadas as diferenças entre os austeros e conservadores espartanos e os empreendedores atenienses, o interesse da *História* de Tucídides pode residir na demonstração da relatividade cultural da razão prática, e não em sua validade universal. Bem pode ser que a noção de uma natureza humana competitiva, auto-interessada, como a mola mestra da história seja ela própria uma autoconsciência cultural particular, uma ideologia particularmente grega e em específico ateniense à qual Tucídides deu voz ativa. Nesse caso, no entanto, ao advogar alguma antropologia da *História* de Tucídides, não estou dizendo que podemos simplesmente levar em conta o celebrado "ponto de vista do nativo" – pelo menos, não daquele celebrado nativo.

Como no caso da própria etnografia, uma antropologia da história exige que se esteja fora da cultura em questão para poder conhecê-la melhor. Existe um certo paradoxo na idéia de que Heródoto, que nunca perdeu sua identidade enquanto descrevia os costumes e mitos dos persas ou dos egípcios, deva ser visto mais como antropólogo que Tucídides, cuja *História da Guerra do Peloponeso* foi escrita do ponto de vista de um participante nativo (um general ateniense expulso do exército). A implicação disso é que precisamos de outra cultura para conhecer outra cultura. De qualquer modo, é claro que não existe um ponto de vista nativo único, apenas inúmeras "posições do sujeito" diferentes, cada uma com sua visão interessada de um fenômeno que é, em si mesmo, intersubjetivo e maior que qualquer uma delas. Esta é uma razão para se ter um observador externo bem informado. Além disso, para recordar a observação de Ruth Benedict de que a última coisa que um peixe inteligente teria a probabilidade de nomear seria a água na qual vive, quanto podem os participantes conhecer da cultura por meio da qual conhecem? Estou assumindo a posição bastante herética de que a "autoridade etnográfica" (cf. Clifford, 1983) censurada de maneira prematura tem de ser trazida de volta da Sibéria epistemológica para a qual foi banida. Certamente é importante apreender o(s) ponto(s) de vista do nativo (ou dos nativos). Mas, para isso, é preciso ter o que Mikhail Bakhtin louvava como "a compreensão criativa" do olhar externo antropologicamente bem informado. É necessário o que Bakhtin chamou "exotopia", um ponto de observação externo à cultura.

Como foi observado e comprovado por Tzvetan Todorov (1984:107-12), a noção de exotopia referia-se, de início, à relação independente do leitor do texto literário com seu autor. Mantendo a integridade interpretativa, o leitor ou a leitora criativamente aperfeiçoam os significados e as intenções autorais. A experiência do texto é enriquecida pela experiência do leitor. Numa certa altura, no entanto, Bakhtin muda o registro do diálogo. Move-se para além da relação entre sujeito e sujeito, passando para o nível de compreensão intercultural. Está em questão agora a externalidade do etnógrafo e, desse modo, a cultura em observação passa a ser vista a partir da experiência de outras culturas – incluindo em especial a do próprio observador. Uma dada forma de vida torna-se compreensível por sua posição relativa no arranjo geral de outros esquemas culturais. Bakhtin, como salienta Todorov, oferece uma base melhor para a integridade da antropologia do que a que seus praticantes apresentaram. Aqui está a passagem de ouro de Bakhtin reproduzida na íntegra, começando com sua crítica a uma etnografia feita do ponto de vista dos nativos:

> Existe uma imagem duradoura que é parcial, e portanto falsa, segundo a qual, para melhor entender uma cultura estrangeira, é preciso viver nela e, esquecendo a sua própria, olhar o

> mundo com os olhos da outra. Como já disse, esta é uma imagem parcial. É certo que entrar em alguma medida numa cultura estranha a nós e olhar o mundo com os seus olhos é um passo necessário no processo de compreendê-la; mas se a compreensão se exaurisse nesse momento teria sido não mais que uma única duplicação, sem agregar nada de novo ou enriquecedor. A *compreensão criativa* não renuncia a si mesma, ao seu lugar no tempo, à sua cultura; não esquece nada. A principal questão da compreensão é a *exotopia* de quem "faz" a compreensão – no tempo, espaço e cultura – em relação àquilo que quer entender criativamente. Mesmo o próprio aspecto externo de uma pessoa não é verdadeiramente acessível para ela, que não tem como o interpretar no todo; espelhos e fotografias provam-se inúteis; o verdadeiro aspecto externo de uma pessoa só pode ser visto e compreendido pelas outras graças à exotopia espacial de que estas dispõem e ao fato de que são *outras*.
>
> No reino da cultura, a exotopia é a mais poderosa ferramenta para a compreensão. É apenas aos olhos de uma *outra* cultura que a cultura estranha revela-se mais completa e profundamente (mas nunca exaustivamente, porque virão outras culturas que a verão e entenderão ainda mais). (Bakhtin *apud* Todorov, 1984:109-10)

É preciso outra cultura para conhecer outra cultura. Ofereço agora uma pequena demonstração etnográfica (ou etno-histórica) que também tem a vantagem de mostrar que o diálogo é recíproco, já que se refere aos comentários reveladores de um alto dirigente das ilhas tonganesas no início do século XIX sobre isso que os europeus chamam de "dinheiro". O exemplo tem certo interesse adicional no presente contexto, pois boa parte deste livro está igualmente preocupada com o comentário elaborado pela cultura fijiana sobre as práticas dos ancestrais europeus, incluindo as propensões pecuniárias dos antigos atenienses. (A viagem de canoa entre Tonga e Fiji levava poucos dias.) Neste caso, Finau, o chefe tonganês, responde a uma descrição do dinheiro feita por William Mariner, um jovem inglês que estava há vários meses nas ilhas, secundado por outro tonganês que sabia algumas coisas sobre os hábitos dos *Papalagi* ("homens brancos") por ouvir contar. A conversa deve ter sido inteiramente na língua tonganesa.[2] Mas o que ouvira até então não satisfazia Finau. Ele "ainda pensava que não tinha sentido as pessoas darem um valor ao dinheiro quando não poderiam ou não iriam dar a ele um emprego útil (físico)" (Martin, 1827, 1:213). A história continua com o relato de uma fala:

> "Se", disse ele, "dinheiro fosse feito de ferro e pudesse ser convertido em facas, machados e cinzéis, haveria algum sentido em dar um valor a ele; mas, do jeito que é, não vejo nenhum. Se um homem", acrescentou, "tem mais inhame do que quer, que troque por carne de porco ou *gnatoo* (tecido de casca de árvore). É claro que o dinheiro é muito mais acessível e conveniente, mas, então, como não se deteriora quando guardado, as pessoas vão acumulá-lo, em vez de partilhar com os outros, como um chefe tem de fazer, e vão tornar-se egoístas; ao passo que, se a principal propriedade de um homem fossem provisões, como efetivamente deve ser, sendo o mais útil e o mais necessário, ele não as poderia armazenar, pois estragariam, e seria obrigado a trocá-las por alguma coisa útil ou partilhá-las com seus vizinhos,

> chefes inferiores e dependentes em troca de nada." E concluiu dizendo, "Agora entendo muito bem o que torna os *Papalagis* tão egoístas – é esse dinheiro." (Martin, 1827, 1:213-14)

A "descoberta da economia" de Finau é bem parecida com a mais famosa delas, a de Aristóteles: "Certamente é um absurdo que se deva contar como riqueza algo que um homem pode possuir em abundância e ainda assim morrer de fome" (*Pol.*, 1257b; cf. Polanyi, 1957). E na perspicaz exposição dos hábitos econômicos europeus feita pelo chefe aprende-se também um bocado sobre os próprios costumes tonganeses. (O pronome reflexivo "se" nesta última frase não é incidental: as relações epistemológicas agora são, no mínimo, triádicas, envolvendo também o antropólogo.) Finau dá voz ao sistema tonganês de produção para uso e à economia política de um poder de chefia baseado na redistribuição da riqueza, em lugar da acumulação lucrativa (como capital produtivo). Como no lamento de Aristóteles diante de uma economia ateniense que vai chegando ao fim, Finau fala de uma vida material inserida numa ordem social específica, e, assim, de um sistema de produção com objetivos qualitativos e finitos. "A quantidade de propriedade familiar suficiente para uma vida boa não é ilimitada", escreveu Aristóteles, "nem da mesma natureza descrita por Sólon no verso 'Nenhum limite à riqueza pode ser encontrado no homem'" (*Pol.*, 1256a).

Permitam-me antecipar alguns resultados de comparações similares aqui arriscadas – finalmente! finalmente! – entre a Guerra do Peloponeso tal como descrita por Tucídides e a Guerra da Polinésia ocorrida no século XIX entre os reinos fijianos de Bau e Rewa.

Um dos resultados refere-se ao caráter peculiar dos impérios de Atenas e Bau, tanto como formações políticas quanto em seus modos de dominação. Além das semelhanças como potências marítimas, Atenas e Bau exerciam uma hegemonia imperial sem uma verdadeira soberania. Os povos submetidos eram economicamente tributários e subservientes do ponto de vista político, mas permaneciam ampla ou totalmente independentes em termos administrativos. Atenas e Bau interferiam nas vidas de outros povos para criar regimes subordinados iguais aos seus ou, pelo menos, submissos a eles. Mas, ao contrário de impérios conquistadores como o romano ou os regimes coloniais europeus de tempos modernos – embora se assemelhando, em aspectos significativos, ao atual *imperium* norte-americano –, controlavam outras unidades políticas sem governá-las. De que maneiras faziam isso, então, se estavam ausentes as instituições de governo direto?

Bau e Atenas dificilmente eram as únicas potências hegemônicas a governar por intimidação, mas eram atípicas ao recorrerem a uma política de demonstração, e não de administração. Eram impérios de signos: de exibições positivas de grandeza e cultura e de exemplos draconianos de violência e terror – excessivos em ambos os casos, pois essas demonstrações de força destinavam-se a levar outros povos à submissão, com graus variados de aquiescência da parte dos subordinados. Se, nas páginas de Tucídides, de um lado Atenas aparece como "a escola da Hélade", de outro ela é "a cidade tirana". Se seus monumentos, seu teatro e seus festivais eram, em grande medida, mais grandiosos que os das cidades rivais, principalmente da austera Esparta, sua crueldade também era mais que proporcional a qualquer resistência que a ela se fizesse – dado que pretendia atender ao objetivo adicional de aterrorizar "os outros". "Puna-os como merecem", Cléon exorta os atenienses em resposta a uma rebelião em Mitilene, "e ensine a seus outros aliados que a punição para a rebelião é a morte." Confrontado com um desafio a sua autoridade semelhante a este, o grande senhor da guerra de Bau, Ratu Cakobau, disse a um visitante europeu que, se não matasse e comesse o chefe rebelde, toda a Fiji riria dele. Nesses impérios, a demonstração de superioridade tornou-se uma obsessão, algo como um objetivo em si mesmo – que também os conduziu ao fim.

Fiji mostra o caminho para outro ponto de interesse historiográfico: uma crítica da excessiva dependência do que pode ser chamado de "história-tradição" à custa da "história-dialética". Os sistemáticos contrastes de natureza cultural entre Bau e Rewa chamam a atenção para o processo de oposição complementar – o que Gregory Bateson chamou de cismogênese complementar – como um modo de produção histórico. Os dois reinos são antitipos estruturais, transformações de um no outro. De fato, as grandes genealogias aristocráticas de Fiji mostram a dinastia governante de Bau como derivada do filho da irmã, e usurpadora da antiga linhagem real que inclui os reis de Rewa; isso ilustra literalmente o aspecto de que suas diferenças têm parentesco umas com as outras. Aqui está uma diferenciação por competição do tipo recentemente reconhecido como "política de identidade cultural", resultando que as principais instituições e valores de cada sociedade aparecem como formas invertidas da outra.

E não eram igualmente interdependentes as bem conhecidas oposições entre a cosmopolita Atenas e a xenofóbica Esparta? No período clássico, muitas das notáveis diferenças culturais entre Atenas e Esparta eram formações então relativamente recentes, desenvolvidas ao longo de cerca de um século de intensa rivalidade. Assim, contrariando a tendência de descobrir as razões da existência atual de um povo em seu passado peculiar, único, eu argumento que é útil considerar essas sociedades em competição como contraposições uma à outra, como um sistema formado por suas diferenças. A discussão teórica recente tem atribuído ao surgimento do nacionalismo a culpa de tratar as sociedades isoladamente, como se fossem entidades limitadas e fechadas. Mas as ideologias nacionalistas não foram as primeiras a conferir às sociedades uma herança cultural peculiar e, assim, a percebê-las como historicamente *sui generis*. Se tanto antropólogos quanto historiadores modernos estão igualmente inclinados a narrativas auto-suficientes de culturas independentes, eles têm encontrado em quase toda parte muitos modelos do mesmo tipo nas histórias que as pessoas contam de sua adesão a tradições ancestrais de antiga memória. Ao associar as práticas culturais existentes a outras mais antigas, a lógica dessa história-tradição é uma simples lógica de sucessão diacrônica. Assim como Aristóteles encontra precedentes da constituição espartana em Creta, esse modo de história é compreendido pelas semelhanças entre o presente e o passado. A esse respeito, histórias-tradição são freqüentemente histórias de tempos imemoriais. Por uma famosa "invenção da tradição", os espartanos reivindicavam a imemorial antigüidade de sua incomparável constituição, que lhes teria sido legada, virtualmente de uma só vez, por Licurgo, o herói da cultura. Ainda assim, deixando de lado essas tradições de origem antiga e a autodeterminação, a evidência acumulada mostra que muitas das diferenças marcantes entre Esparta e Atenas na época da Guerra do Peloponeso haviam surgido durante o século anterior, ou até mesmo nos últimos cinqüenta anos, e umas em relação às outras. Assim, cada povo provava que era, ao mesmo tempo, igual ao outro e melhor que ele; o mesmo que o outro e diferente dele. Deve-se prestar atenção a tais processos relativamente sincrônicos de oposição complementar. História-dialética: o passado é mais que apenas um outro país.

A parte intermediária deste livro responde a outro problema apresentado pelo texto de Tucídides, mas a etnografia usada para abordá-lo é mais aventureira ainda que as comparações entre gregos antigos e fijianos clássicos. Aqui eu junto um famoso incidente na história do beisebol americano, a estrutura de revoluções científicas (no estilo Thomas Kuhn), Napoleão Bonaparte e o menino náufrago cubano Elián Gonzalez, entre outros exemplos improváveis, numa tentativa de responder a uma questão crítica sobre a natureza da ação histórica: ela é individual ou coletiva? Por que Tucídides relata a Guerra do Peloponeso às vezes em termos de pessoas que fazem a diferença, como Péricles ou Alcibíades, e às vezes como ação de entidades coletivas, como os espartanos ou os atenienses? Se a criação de uma marinha formidável por Temístocles foi o que pôs Atenas a caminho da expansão imperial, ainda assim (e conseqüentemente) foi "o crescente poder dos atenienses e o medo que isso inspirava aos espartanos" que constituiu a "causa mais verdadeira" da guerra entre eles. Por certo Tucídides não é o único historiador a mudar de registro sem motivo aparente, passando de indivíduos que fazem história – "narrativas de comandante", como W.R. Connor as chama – para relatos nos quais povos inteiros ou estados aparecem como os sujeitos históricos ativos. Quanto a isso, existe uma tendência comum mais ou menos folclórica, um hábito cultural, de às vezes se falar de George Bush ou Bill Clinton como fonte deste ou daquele problema, e às vezes da "economia" estar indo à falência ou da insegurança da "América" diante de uma ameaça terrorista. Existe alguma sabedoria nessa alternância, ou apenas confusão?

Acredito que seja sabedoria, seguindo uma astuta observação de J.H. Hexter sobre a retórica da história do beisebol americano. Tudo depende do tipo de mudança histórica em questão, quer se trate de uma tendência de desenvolvimento, quer de um evento revolucionário do tipo que muda a ordem das coisas. Note-se que, quando Thomas Kuhn falava sobre mudanças de paradigma científico, ele lhes deu nomes próprios, como "a revolução newtoniana" ou "a revolução einsteiniana". Mas, quando falava sobre o curso normal do avanço científico dentro do mesmo paradigma, o sujeito ativo era a "profissão", os físicos em geral ou mesmo a própria "ciência". Questões sobre "o indivíduo e a sociedade", aparentemente dadas como mortas desde o século XIX, voltam assim à agenda historiográfica. Eu tento lidar com elas: primeiro em termos abstratos, com uma discussão teórica bastante ambiciosa sobre "subjetividade" e "determinismo cultural", e depois com uma tentativa antropológica de integrar as principais oposições em questão especificando as condições estruturais envolvidas no ganho de poder de certos indivíduos como agentes históricos significativos. Alguns, como Napoleão ou os reis sagrados das ilhas Fiji, são sistematicamente autorizados a fazer história pelas posições de comando que ocupam numa ordem estrutural concebida para realizar suas vontades; outros, como Elián Gonzalez e seus parentes, são investidos de grandeza em virtude da posição que ocupam numa situação determinada, numa estrutura da conjuntura na qual aquilo que fazem parece decisivo ou profético para a sociedade como um todo. Assim, escrevo sobre ação sistêmica e conjuntural, ou a produção cultural de celebridades prováveis e improváveis.

Jean-Paul Sartre é uma presença teórica importante que entra e sai de cena algumas vezes durante a última metade do livro, principalmente com sua noção de que as sociedades têm de sobreviver historicamente às idiossincrasias dos indivíduos nos quais se personificam. Aprofundando a percepção de Sartre, o longo capítulo final, "A cultura de um assassinato", prossegue examinado as muitas vezes discutidas questões de ordem e evento, estrutura e contingência. Também retorna a Fiji e a algo como "Shakespeare no mato"*: um conto dramático de intriga política e fratricídio real na casa governante do reino de Bau cujo relato mereceria mais os talentos do bardo que os meus. A longa história de contendas em torno do governo de Bau entre os filhos e herdeiros de um idoso rei da guerra, Ratu Tānoa, culminou, em 1845, na morte de um dos irmãos inimigos, Ratu Raivalita, a

* Alusão ao ensaio "Shakespeare in the Bush", de Laura Bohannan, em que a autora relata sua experiência de ler *Hamlet* com o povo tiv da Nigéria. Na íntegra em http://www.fieldworking.com/library/bohannan.html. (N.T.)

mando do outro, Ratu Cakobau. Este último nome, ainda importante e evocativo nas ilhas Fiji, ajuda a deixar claro que o fato foi um momento decisivo na história fijiana. A morte de Ratu Raivalita abriu caminho para a subida de Ratu Cakobau ao governo do reino de Bau; e, sob sua égide, a ilha alcançou uma supremacia sobre toda a Fiji que continuou ao longo do período colonial britânico e estendeu-se por boa parte do século XX. Mas não é preciso muita especulação contra-histórica para argumentar que as questões teriam tido resultados diferentes, muito diferentes, se o complô do próprio Ratu Raivalita para matar Ratu Cakobau não tivesse sido desmascarado e desfeito, tornando-se ele, em vez de algoz, na vítima. Pois entre outras coisas estava em jogo o destino da grande Guerra da Polinésia então em progresso entre Bau e Rewa.

Se a conspiração de Ratu Raivalita, que incluía o rei de Rewa, tivesse conseguido eliminar Ratu Cakobau, a guerra teria terminado ali, naquele momento, sem conseqüências sérias para nenhuma das partes. O resultado mais provável teria sido um retorno ao *status quo ante*. No entanto, como realmente ocorreu, a morte de Ratu Raivalita deixou Rewa vulnerável a um ataque devastador que incluiu o rei entre os que tombaram e criou as condições para mais dez anos de batalhas sangrentas. Para compreender como esses diferentes resultados estavam em jogo na inimizade entre os irmãos, será preciso investigar os privilégios fijianos conferidos ao *vasu*, o sobrinho uterino sagrado. Por enquanto, basta dizer que Ratu Raivalita, cuja mãe era irmã do rei de Rewa, era assim um sobrinho sagrado, um elemento de Rewa dentro de Bau; enquanto Ratu Cakobau era um *vasu* nativo (filho da irmã) de Bau, porque sua mãe vinha da antiga realeza bauense, e isso fazia dele um chefe do mais alto status local e recebedor de lealdades indivisas. Em virtude dessas relações de parentesco, o grande conflito coletivo entre Bau e Rewa foi transferido para a rivalidade interpessoal dos irmãos, e a animosidade do conflito entre eles foi exacerbada na luta pela dominação das ilhas Fiji, que era o que estava em questão no plano coletivo. As forças sociais maiores iriam revelar-se agora e resolver-se nas ambições e discórdias pessoais dos jovens chefes bauenses. Mas, então, estando assim personificado o destino dos estados, a estrutura submete-se à contingência.

Pois nada na conjuntura mais ampla – a organização e a situação de Bau e Rewa – especificava que Ratu Cakobau sobrevivesse a Ratu Raivalita, e não o contrário. O "sistema" pode ter intensificado as lutas entre os dois até serem tomados por um ódio assassino, mas não poderia definir quem mataria quem. Certamente não nesse período, quando rivais podiam ser facilmente atingidos por um tiro de pistola ou mosquete. Relatos contemporâneos da morte de Ratu Raivalita indicam que qualquer dos dois chefes poderia perfeitamente ter sido morto se as armas – ou a determinação – de certos circunstantes não tivessem falhado. Assim, estrutura e contingência são mutuamente determinantes, sem serem redutíveis uma à outra. As relações entre os dois reinos constituíam as condições dos eventos que, por sua vez, fatalmente afetaram seus respectivos destinos históricos. Apenas porque qualquer dos resultados teria sido estruturalmente coerente – o fim da guerra, se Ratu Raivalita tivesse tido sucesso, ou sua brutal continuação por Ratu Cakobau – é que a história, em retrospecto, parece totalmente ordenada pelo esquema cultural. Mas coerência cultural e continuidade cultural não significam que os resultados históricos sejam prescritos pela cultura. O diálogo entre coletivo e individual, estrutura e evento, categoria e prática indica que a continuidade da ordem cultural é um estado alterado produzido por contingências da ação humana. O que se está afirmando não é que a cultura determina a história, mas apenas que a organiza.

Para facilitar a consulta dos leitores, as listas a seguir, bem como o mapa das relações de parentesco entre os governantes de Bau e Rewa, encontram-se reproduzidas nas duas últimas páginas deste livro.

Alguns termos e títulos fijianos

i taukei: nativo, ocupante original, proprietário
matanitū: reino, governo
mataqali: clã, parente
Papalagi: homem branco, homens brancos
Roko Tui Bau: rei sagrado de Bau
Roko Tui Dreketi: rei sagrado de Rewa
turaga: dirigente, chefe
vanua: terra, território
vasu: sobrinho uterino sagrado
Vunivalu: rei da guerra em Bau, Rewa e outros territórios

Principais personalidades fijianas

Adi Qereitoga: esposa favorita de Ratu Tānoa, mãe de Ratu Raivalita
Adi Talātoka: esposa principal de Ratu Tānoa
Komainaua: alto chefe bauense, às vezes o homem de confiança de Ratu Cakobau
Ratu Banuve: *Vunivalu* de Bau no final do século XVIII, pai de Ratu Tānoa
Ratu Cakobau (Ratu Seru): *Vunilau* de Bau, 1853-83, filho de Ratu Tānoa
Ratu Gavidi: um dos chefes dos guerreiros-pescadores (povo lasakau) de Bau
Ratu Mara: um dos líderes da rebelião bauense, 1832-7
Ratu Namosimalua: chefe dirigente da ilha Viwa
Ratu Naulivou: *Vunivalu* de Bau, 1804-29, irmão mais velho de Ratu Tānoa
Ratu Qaraniqio: rei rewano (Roko Tui Dreketi), 1843-55, irmão mais novo de Ro Kania

Ratu Tānoa: *Vunivalu* de Bau, 1928-43, pai de Ratu Cakobau e Ratu Raivalita
Ratu Varani: alto chefe de Viwa, homem de confiança de Ratu Cakobau
Ro Cokānauto: meio-irmão paterno de Ro Kania e Ratu Qaraniqio
Ro Kania (Banuve): rei rewano (Roko Tui Dreketi), 1831-43
Selemi: companheiro próximo de Ratu Raivalita
Seru Tānoa: um líder da rebelião bauense, 1832-7
Tui Kilakila: chefe dirigente (*Vunivalu*) de Cakaudrove, c. 1834-54

Principais reinos fijianos

Bau: sudeste de Viti Levu, ilhas do mar Koro
Cakaudrove: Ilha Taveuni e a vizinha Vanua Levu
Lau: ilhas orientais
Macuata: norte de Vanua Levu
Nadrogā: sudoeste da costa de Viti Levu
Rewa: Delta do Rewa e ilhas Beqa e Kadavu

CAPÍTULO I

A Guerra da Polinésia com apologias a Tucídides

> Vti, ou Fiji, é um arquipélago no Pacífico Sul, a meio caminho entre as ilhas Tonga e a colônia francesa de Nova Caledônia, tendo, de acordo com um cálculo recente feito pelo dr. Petermann, uma superfície igual à de Gales, ou oito vezes a das ilhas iônicas.
>
> BERTHOLD SEEMAN, 1862 (1973:274)

> Nossa permanência fora instrutiva; pois, independentemente de quão versada se considere uma pessoa no conhecimento da humanidade, uma visita às ilhas Fiji produzirá novas idéias.
>
> CHARLES PICKERING (1849:169)

Tucídides diz que começou a escrever sobre a guerra entre os peloponesos e os atenienses desde o início do conflito, convencido de que "seria uma grande guerra, e mais merecedora de um relato que qualquer outra que a precedera. ... De fato, esse foi o maior levante já conhecido na história, não apenas dos helenos, mas de uma grande parte do mundo bárbaro – eu quase poderia dizer, de toda a humanidade" (1.1.1-2).[1] Os fijianos no século XIX, por também estarem situados no centro do mundo, com certeza pensavam que sua própria guerra entre os reinos de Bau e Rewa fosse igualmente extensa em amplitude e grandiosa em importância (Figuras 1.1, 1.2). Bau, potência marítima como Atenas, e Rewa, potência terrestre como Esparta, cada qual encabeçando uma liga de terras aliadas (*vanua*), lutaram uma contra a outra de 1843 a 1855, numa guerra que criou a possibilidade de se unificar toda a Fiji sob a hegemonia do reino vitorioso – e, no final, impediu que isso acontecesse.[2] À medida que os estrangeiros – missionários, comerciantes e mercenários – tornavam-se cada vez mais envolvidos no conflito, os fijianos aprenderam por conta própria a verdade contida na advertência do sábio grego etoliano a seus concidadãos: se não parassem de lutar uns contra os outros, logo seriam incapazes de chamar de suas até mesmo as disputas (Gomme, 1937:123). A guerra Bau-Rewa finalmente terminou com a intervenção de um "Grande Rei" dos

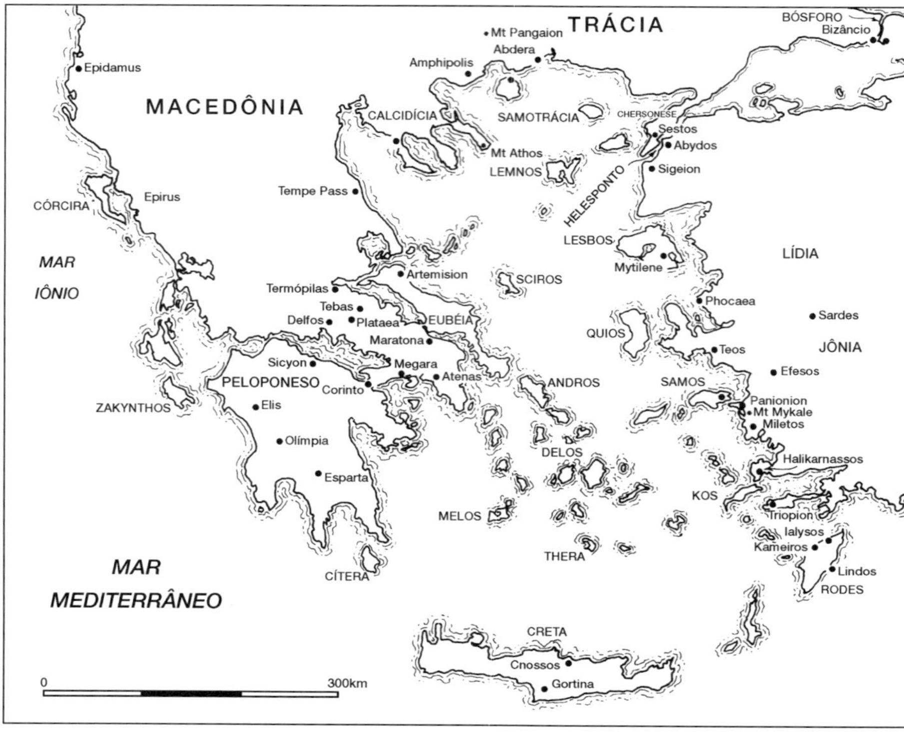

Figura 1.1 – Grécia Antiga

Mares do Sul, o rei George Tupou, de Tonga, a leste de Fiji, cuja grande frota de canoas marítimas carregando dois mil guerreiros desempenhou papel de certa forma semelhante ao dos persas, ao dar a vitória a Bau. Foi a maior de todas as guerras empreendidas no oceano Pacífico antes da Segunda Guerra Mundial. Com apologias a Tucídides, então, e a despeito do fato de que, em Fiji, o poder marítimo venceu, vou chamá-la de "Guerra da Polinésia".[3]

"Comparar grandes coisas com coisas pequenas", é possível simplesmente dizer que essa era uma frase que por vezes o próprio Tucídides empregava, e da qual fez bom uso como artifício historiográfico. Aqui, não apenas assumo a presunção, e ainda vou mais adiante, ao afirmar que a Guerra da Polinésia também tem algo a nos ensinar sobre escrever história. Por comparação com o grande texto de Tucídides, tento mostrar a diferença que a antropologia pode fazer – e, em particular, a diferença que um conceito de cultura poderia fazer – para a historiografia que herdamos. Pois Tucídides foi excessivamente influenciado pela oposição sofista entre costume (*nomos*) e natureza (*physis*). O historiador grego acreditava que,

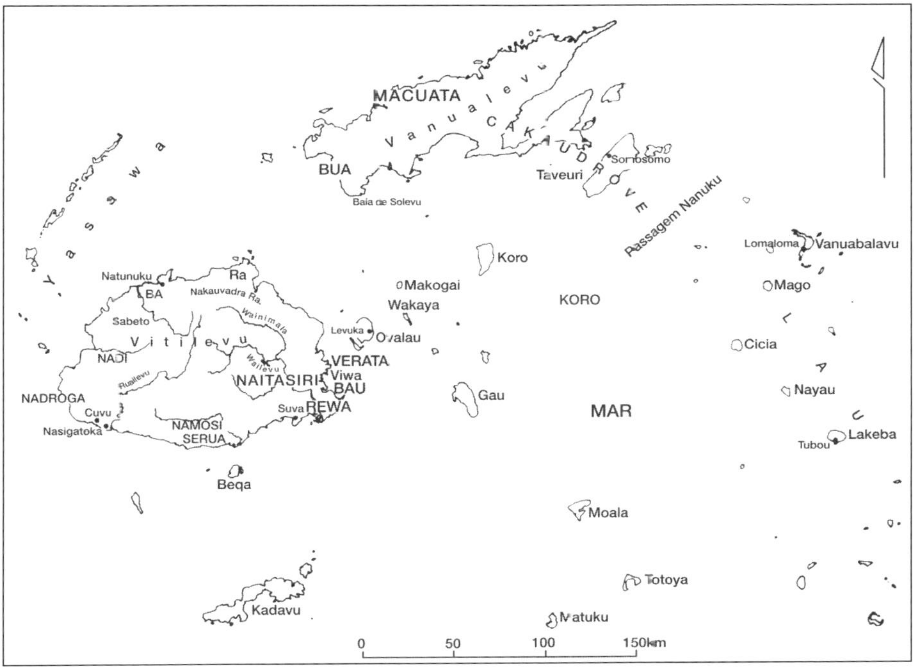

Figura 1.2 – As ilhas Fiji, principais reinos

para realizar sua ambição de escrever uma história que fosse instrutiva para todos os povos em qualquer tempo, teria de minimizar as diferenças convencionais entre suas culturas e favorecer as semelhanças essenciais de suas naturezas – a natureza humana.

A racionalidade prática que Tucídides achava simplesmente natural na humanidade estava destinada a fazer dele o ancestral dos realistas nas relações internacionais e também dos historiadores. Leitura obrigatória nas academias militares e na Kennedy School of Government de Harvard, sua *História*, no final do século XX, tinha "provavelmente mais influência ... que em qualquer momento anterior" (Kagan, 1988:43). De fato, como Robert Kaplan recentemente expressou (2002:45): "A *História da Guerra do Peloponeso* pode ser o trabalho seminal sobre a teoria das relações internacionais em todos os tempos. É a primeira obra a introduzir um pragmatismo abrangente no discurso político. Suas lições têm sido ampliadas por escritores como Hobbes, Hamilton, Clausewitz e, em nossa própria era, Hans Morgenthau, George F. Kennan e Henry Kissinger." É verdade que, em vez de Tucídides, os antropólogos honravam Heródoto como o verdadeiro "pai da história" – o que era bastante frívolo de sua parte, já que, por um longo tempo, eles afirmavam estudar "povos sem história". Relacionando todas as histórias, longas e curtas, que os "bárbaros" lhe haviam contado, Heródoto tinha o tipo de sensibilidade etnográfica que atraía os antropólogos. No entanto, pela mesma razão, os menos crédulos historiadores partidários de saber "o que realmente aconteceu" só podiam considerá-lo "o pai da mentira". Compare-o com o projeto de Tucídides de motivar a história com os desejos humanos subjacentes de poder e lucro, e se poderá ver por que razão tornou-se ele o pai da historiografia ocidental – quase se poderia dizer, do pensamento social do Ocidente. Aparentes diferenças culturais à parte – sendo essas apenas expressões diversas e superficiais de uma natureza humana básica, autodignificada (Latour, 2002) –, todo mundo acaba sendo muito parecido. Além disso, as estratégias narrativas legadas não foram pensadas para transmitir outras impressões, já que seu usual (e implícito) princípio de causalidade é, igualmente, um senso comum (ocidental). O estudioso classicista Richard Meier fala sobre a enganosa sedução da "historiografia política" – uma categoria na qual Tucídides poderia facilmente ser incluído – referindo-se à maneira como ela faz cada acontecimento parecer um resultado inevitável do anterior e a origem necessária do próximo. Esta, diz ele, adotando as palavras de Robert Musil, "é a mais consagrada perspectiva para reduzir a compreensão" (1998:89). Assim, pode-se concluir que, se a antropologia existiu por um longo tempo "sem história", a história tem persistido, por mais tempo ainda, "sem cultura".

Comparação entre guerras

Tamanha é a influência de Tucídides que dificilmente alguma guerra moderna envolvendo europeus escapa da comparação com a Guerra do Peloponeso. Nem mesmo a Guerra Fria, que o general George C. Marshall uma vez descreveu como se os russos desempenhassem o papel dos espartanos contra nossos atenienses – uma analogia sinistra, dado que os espartanos originais venceram. Durante a Primeira Guerra Mundial, foi realizada na Universidade de Toronto uma leitura do diálogo dos melos, no qual o povo de Melos irresponsavelmente deposita sua confiança nos deuses e em seus aliados espartanos para salvá-lo da destruição pelos atenienses; os alemães eram os atenienses, os ingleses eram os espartanos, e os belgas, os pobres melos (Crane, 1998:1-2). Mas, facilmente, o melhor do gênero foi *A Southerner in the Peloponnesian War* (1915), de Basil Gildersleeve, uma sólida reflexão sobre as semelhanças entre aquele conflito e a Guerra Civil norte-americana. Gildersleeve era um celebrado estudioso da era clássica que passava os verões fazendo campanha com Robert E. Lee e os invernos lecionando na Universidade da Virgínia, padrão bastante semelhante à sazonalidade das atividades bélicas na

Grécia. Ainda assim, ele era justificadamente cético a respeito da comparação que se permitia fazer. "Linhas históricas paralelas", escreveu, "são usualmente desenhadas para exibir feitos de agilidade mental. ... A tentativa de expressar uma guerra nos termos de outra tende a levar a uma distorção dos fatos" (Gildersleeve, 1915:55-6). No fim, o que Gildersleeve descobriu de semelhante nas duas guerras era comum a todas: matar, mutilar e aterrorizar, a fome e a fadiga – o sofrimento era o mesmo.

Ainda assim, nem ao menos sou o primeiro a esboçar linhas paralelas entre a Grécia do quinto século a.C. e a Fiji do século XIX d.C.. Horatio Hale, que estava em melhor posição para conhecer as duas, destacou as semelhanças nas vésperas da Guerra da Polinésia. Etnólogo e filólogo com uma educação clássica, Hale esteve em Fiji em 1840 como membro da Expedição Exploradora dos Estados Unidos. Ali descobriu uma política de intriga, subversão e batalhas periódicas entre pequenos estados independentes que apresentavam "uma notável semelhança com o que prevalecia entre as repúblicas gregas. Bau, Rewa e Naitasiri são a Esparta, Atenas e Tebas de Viti (Fiji)" (1846:58). A analogia ignorava o fato de que Bau, como a potência marítima ofensiva, era a verdadeira Atenas de Fiji, enquanto Rewa, como Esparta, era a potência terrestre mais conservadora, vivendo do trabalho agrícola de povos subjugados. Ao associar Bau a Esparta, Hale estava provavelmente pensando em certos paralelos entre os *ethos* guerreiros de ambas. Ainda assim, quando se trata de caracterizar as "constantes intrigas e maquinações" das unidades políticas fijianas, "levadas adiante com um grau de sagacidade e competência que muitas vezes provocavam nossa admiração", Hale estava absolutamente correto quanto a Fiji e, sem distorcer demais os fatos, descrevia práticas que de fato se assemelhavam à política das cidades-Estados gregas do quinto século. Se a história da Grécia Antiga, como comentou Simon Hornblower, está resumida em grande parte num fragmento de um texto antigo que diz que "os pequenos Estados temem a diplomacia secreta dos grandes" (1987:184), a história da Fiji do século XIX está contida na (ainda existente) proverbial expressão "conspiração à moda de Bau" (*vere vakaBau*). Aqui está o resumo feito por Hale das realizações fijianas na política, que ele descobriu serem surpreendentemente iguais às dos gregos:

> Enfraquecer um Estado rival, ao incitar secretamente suas áreas dependentes à revolta; jogar uma classe da sociedade contra outra a fim de tirar vantagem de suas dissensões; sacrificar um aliado fraco para fazer um acordo vantajoso com um inimigo poderoso; corromper a fidelidade de aliados subornando-os com os despojos antecipados de seu próprio senhor; ganhar uma batalha antes de vencer a luta, fazendo intrigas com os líderes da força oponente – tudo isso, e muitos outros truques da escola maquiavélica, são coisas perfeitamente familiares para os sagazes chefes de Viti. (1846:51; também 58)

Se fosse para escolher uma única analogia com eventos da Guerra da Polinésia entre os muitos exemplos possíveis encontrados na Guerra do Peloponeso, esta seria, provavelmente, o levante do corcireus, em 427 – que era, de acordo com Tucídides, o modelo de discórdia civil que existiria em toda a Grécia durante muitos anos ainda, uma situação de impasse entre forças equivalentes (*stasis*). Sendo uma sedição dos "muitos" democráticos maquinada pelos "poucos" oligárquicos que ameaçou a lealdade da Córcira a Atenas, o evento veio a ganhar intensidade e *momentum* históricos com a intervenção dos atenienses a favor do povo e contra o apoio espartano à elite da cidade (Tuc., 3.70-85). Ao transformar uma discórdia interna numa guerra pan-helênica, essas infiltrações estruturais de inimizades maiores no campo das inimizades locais ajudam a explicar a violência de tais conflitos. Já não mais paroquiais em seu âmbito, também não estão limitadas aos meios e aos fins do poder civil. Em vez disso, pelas ligações dos poucos e dos muitos a Esparta e Atenas, respectivamente, a oposição local assumiu o escopo e a temporalidade mais abrangente próprios da resistência espartana à expansão ateniense, e também a correspondente ferocidade (Romilly, 1968:216).[4] Assim, Marc Cogan (1981:268-9) observa que o desenvolvimento do conflito entre Atenas e Esparta como uma batalha ideológica entre democracia e oligarquia, ou, alternativamente, entre o aticismo e a liberação dele, agregou um tom de superioridade moral às ambições de partidos locais quando foi transplantado para a desordem civil na Córcira e em outras partes. Na mesma vertente ideológica – e com o efeito semelhante de ampliar o valor do que estava em jogo na disputa interna – situava-se a pose dos espartanos como libertadores, cujos exércitos poderiam oferecer às cidades do império ateniense "liberdade" de sua "escravidão" (p.ex., Tuc., 4.84-88). Assim absorvidas na guerra helênica mais ampla, as disputas paroquiais de poder assumiram valores tão irreconciliáveis quanto também abstratos.[5]

Novamente com todo o respeito, assumo essa disposição cultural da violência num tom de crítica – o que, considerando-se os estudiosos envolvidos, bem poderia ser classificado na categoria historiográfica de "audácia" (*hybris*). Para Tucídides, as atrocidades dos corcireus eram sobretudo antiestruturais. Representavam a emergência de uma inclinação humana natural para o auto-interesse implacável contra o qual toda convenção e moralidade se tornavam impotentes. Os historiadores têm comentado que as descrições feitas por Tucídides da estase na Córcira – e também da corrupção por parte de Atenas – serviram de fonte primária para a idéia do estado de natureza concebido por Thomas Hobbes.[6] (Deve-se notar que Hobbes foi o primeiro a traduzir Tucídides direto para o inglês.) Pois, quando a sedição da elite foi frustrada na Córcira pela intervenção da frota ateniense, a cidade lançou-se sobre si mesma, numa espécie de guerra de todos contra todos, juntando crimes contra parentes a sacrilégios contra os deuses e semeando "morte de todas as formas":

> Durante os sete dias de permanência de Eurímedon (o comandante ateniense) e seus 60 navios, os corcireus estiveram engajados em massacrar aqueles concidadãos que consideravam seus inimigos; e embora o crime imputado fosse o de tentar derrubar a democracia, alguns foram assassinados também em função de ódios privados, e outros, mortos por seus devedores, por causa do dinheiro que lhes deviam. Assim, o furor da morte assumiu todas as formas; e, como usualmente acontece em tempos como esses, não havia limite ao qual a violência não chegasse; filhos foram mortos por seus pais, e suplicantes foram arrancados do altar ou assassinados sobre ele; alguns foram mesmo emparedados no templo de Dioniso e ali morreram. (3.81.4)

Em comparação, considerem-se as notícias saídas da pena do missionário metodista John Hunt quando registrava a destruição de Rewa por forças bauenses, em dezembro de 1845. Rewa fora traída internamente por negociações secretas com Ratu Cakobau, governante e comandante militar de Bau. A um sinal pré-combinado, quando os bauenses já haviam cercado a cidade, os conspiradores a incendiaram:

> A cidade estava em chamas antes que algumas pessoas acordassem e antes que alguém pudesse escapar do terrível massacre já iniciado. O partido insatisfeito em Rewa, que se havia juntado ao mensageiro traidor (o que conspirara com os bauenses), foi o que mais se destacou na matança de seus concidadãos. Isso tornou o caso especialmente terrível, pois era bastante difícil distinguir amigo de inimigo. Outros, influenciados pelo amor ao ganho, matavam os que fugiam com eles em busca da segurança comum, meramente para se apossar dos poucos bens que levavam. (Hunt, *J*: após o registro de 19 out 1845)

> Trezentos foram massacrados num mínimo espaço de tempo, e diz-se que 100 deles foram mortos pelas próprias pessoas de Rewa. Mesmo alguns que não haviam se juntado no início ao inimigo tornavam-se agora os assassinos de seus vizinhos com a esperança de se apropriar de seus bens, embora eles mesmos talvez fossem pilhados de seus ganhos desonestos e assassinados por algum outro vizinho no minuto seguinte. ... Por certo, não existe perspectiva alguma de Rewa tornar-se novamente a residência de um missionário durante algum tempo. (Hunt, WMMS/L: s.d. [30 mar 1846])

A destruição de Rewa em 1845 foi a culminação de uma campanha duradoura tramada por Ratu Cakobau, o efetivo rei da guerra, ou Vunivalu, de Bau – embora seu pai já idoso, Ratu Tānoa, ainda mantivesse esse título oficialmente.[7] As táticas dessa campanha representavam o auge das atividades bélicas fijianas, o que significa também dizer que se tratava da clássica "conspiração à moda de Bau". Habilmente combinando força, intimidação, suborno e intriga, Ratu Cakobau alternava invasões por exércitos aliados e negociações secretas envolvendo presentes de valiosos bens marinhos e mulheres nobres a chefes das cidades do interior, induzindo-os a se alinharem ao lado bauense. O "mensageiro traidor" que conspirara para entregar a cidade aos sitiadores bauenses era o tradicional "Enviado de Bau" (*Mata ki Bau*) em Rewa, posto com correspondência bem próxima ao próxeno grego (Hocart, 1913:115). Como o *proxenus*, o enviado fijiano agia como intermediário em negociações com uma terra estrangeira e como representante dos interesses desses estrangeiros em sua própria terra. Também a possibilidade de que essa mediação levasse o enviado fijiano a trair seu próprio povo correspondia ao ocorrido com o próxeno grego (Tuc., 3.2.3).[8] Embora não exatamente baseada em diferenças entre classes, como se poderia dizer da revolta na Córcira, a dissensão em Rewa, de maneira análoga, permitiu que as forças e ambições de Bau explorassem uma divisão fundamental entre os poderes vigentes em Rewa e as populações subalternas. O enviado vinha de um clã (Navolau) que liderava o "povo real de Rewa" (*kai Rewa dina*), em oposição categórica e às vezes prática aos clãs principais. O "povo real" eram clãs de tronco nativo e status inferior que, ainda assim, demandavam a dignidade de "proprietários" originais da terra (*i taukei*), em contraste com os chefes reinantes – que, como em outras partes de Fiji, eram descendentes de poderosos imigrantes. Conta-se que o enviado que conspirou com os bauenses estava na verdade agindo em nome de "seu partido e do povo real de Rewa" (Lyth, *TFR*, 1:205). O rei de Rewa foi uma das 300 vítimas da intriga bem-sucedida. Não sabemos se 300 é um número acurado, mas diz-se que morreram mais pessoas do que as que poderiam ser comidas pelos bauenses, e que foi preciso chamar reforços para esse propósito (Walli, 1851:168).

Tais números e referências textuais sugerem a necessidade de um breve parêntese sobre questões historiográficas, antes de entrarmos em comparações mais sistemáticas. Primeiro, a escala numérica das coisas em Fiji – o tamanho de exércitos, cidades e assim por diante – era, em geral, entre um décimo e um vigésimo dos números correspondentes à Grécia, talvez até menos, se levarmos em conta a Ática Maior, cuja população no quinto século é usualmente estimada entre 200 mil e 300 mil pessoas. Por volta do início da guerra, as cidades dirigentes de Bau e Rewa tinham cerca de três mil pessoas cada, enquanto a população do reino (*matanitū*) de Bau tem sido estimada em 15 mil (Derrick, 1950:61). Este último número é um pouco problemático, sobretudo porque os graus de subjugação de outros territórios a Bau variavam nas periferias de seu poder. A estimativa de 15 mil provavelmente inclui ilhas do mar Koro, onde clãs de Bau muitas vezes detinham direitos de propriedade da terra, bem como territórios (*vanua*) no delta do Rewa e à sua volta que tinham o status tradicional de "súditos pagadores de impostos" (*qali*) ou "guerreiros aliados" (*bati*) a Bau.[9] As estimativas dos exércitos reunidos por Bau têm chegado a cinco mil homens, às vezes até mais, embora eu acredite que dois mil ou três mil sejam mais próprios às maiores forças. Na verdade, é nas estatísticas navais que Bau poderia estar mais próxima de Atenas (cf. Casson, 1991; Gomme, 1937:190-203). As canoas duplas de Bau, apropriadas para navegar no oceano, chegavam a ter 30 metros ou mais de comprimento e carregavam de 50 a 200 guerreiros, embora muitas das embarcações disponíveis fossem menores.[10] Notícias contemporâneas de frotas bauenses de 40 ou 50 canoas navegando para um ataque não são incomuns. Ao contrário da tripulação das trirremes gregas, virtualmente todos os homens nessas canoas eram guerreiros manejando a frota que os transportava para o campo de batalha; engajamentos especificamente navais eram relativamente raros em Fiji. As frotas bauenses, no entanto, eram semelhantes às dos atenienses quanto a não carregarem suprimentos substanciais de alimentos, e isso impunha dificuldades semelhantes para sustentar suas campanhas militares. É provável que as dificuldades logísticas fossem maiores para os fijianos, que às vezes podiam se aprovisionar em cidades subordinadas quando a caminho e atacar plantações inimigas, mas não tinham a versatilidade de usar mercados de alimentos locais, como faziam os gregos. Em todas essas questões navais, Rewa correspondia a menos da metade de Bau, e em geral a muito menos – assim como a Esparta de base terrestre para Atenas (durante a maior parte da Guerra do Peloponeso). Quanto às fontes históricas, os textos primários sobre a guerra Bau-Rewa são surpreendentemente ricos. Incluem as cartas e diários de inúmeros missionários, diários de bordo, de comerciantes de pepinos-do-mar e de ocasionais vagabundos de praia, diários de navios visitantes e trabalhos publicados sobre eles, e tradições orais fijianas registradas em publicações locais ou por etnógrafos. Algumas avaliações dessas fontes foram feitas em outro trabalho (M. Sahlins, 1991, 1994). Basta notar aqui que havia um ou dois missionários servindo em Bau ou nas vizinhanças durante os 12 anos da Guerra da Polinésia e, por vários desses anos, também em Rewa. Eram todos da Sociedade Missionária Metodista de Londres, exceto os irmãos maristas franceses estabelecidos em Rewa durante os últimos anos da guerra. Alguns dos metodistas – reverendos William Cross, John Hunt, Richard Burdsall Lyth, Thomas Jaggar e particularmente Thomas Williams – tinham sérios interesses etnográficos; muitos mantinham livros separados para anotação de costumes fijianos. Seus registros diários mostravam grande preocupação com guerra e política, pois, no sistema hierárquico fijiano, em que a vontade do chefe era em geral a vontade de todos, o caminho para o céu, bem como para o inferno, era calçado com as intenções do chefe. Fim do parêntese.

"Suponham que fôssemos ilhéus"

Existem semelhanças mais profundas e interessantes entre a Guerra do Peloponeso e a da Polinésia, em especial a ecologia similar dos poderes ateniense e bauense. O que mais se destaca é o desejo de seus governantes de transformar suas respectivas cidades em ilhas – o corolário, por sua vez, de seu específico compromisso com o poder marítimo. As estratégias de guerra e expansão seguidas por Atenas e Bau devem ser entendidas como práticas de uma certa cultura talássica: "Se eles marcharem contra nosso país, navegaremos contra o deles", diz o Péricles de Tucídides ao advogar a guerra com os espartanos. Mesmo que os espartanos devastassem toda a Ática, argumentava ele, isso significaria menos que a perda de uma parte do Peloponeso, já que eles só poderiam compensar a perda por meio da guerra, enquanto os atenienses sempre poderiam obter suprimentos nas ilhas e cidades do continente controladas por eles. "O controle do mar é, na verdade, uma grande vantagem. Reflitam um instante. Suponham que fôssemos ilhéus – poderiam vocês imaginar uma posição mais inexpugnável? Nas nossas atuais circunstâncias, devemos desenvolver uma estratégia que nos deixe o mais próximos possível dessa situação, abrindo mão de nossas terras e casas (rurais) para podermos defender nossa cidade e nosso mar" (1.143.4-5).

Transformar a cidade numa ilha era o fim lógico da estratégia radical adotada por Temístocles para enfrentar a invasão persa de 480 a.C. Na realidade, ele fizera o movimento crucial em 483, quando persuadiu os atenienses a usarem uma grande quantidade de prata descoberta para construir 200 trirremes, em vez de dar a ajuda proposta de dez dracmas a cada cidadão.[11] Ostensivamente, os barcos eram para uma guerra em andamento com Egina, que, por sua vez, tinha uma frota poderosa. Mas como, em vez disso, foram engajados contra os persas em Salamina, Heródoto credita a esse pretexto da guerra egineta a salvação da Grécia, "pois obrigou os atenienses a se tornarem homens do mar" (7.144). Ou, novamente, Plutarco, ecoando Heródoto por intermédio de Platão, diz que Temístocles transformou os atenienses, "de firmes hoplitas, em navegadores balançados pelo mar" – uma alteração decisiva tanto em termos de movimento quanto de riscos (Plut., *Them.* 4).[12]

Em 480, os homens atenienses literalmente abandonaram a terra pelo mar. A frota ateniense tornou-se a "muralha de madeira" profetizada pelo oráculo de Delfos como salvadora da cidade (Hdt., 7.141). As tropas de Xerxes teriam a satisfação de saquear uma Atenas vazia, "coisas que não têm vida nem alma", como Plutarco faz Temístocles dizer: "Mas o que ainda possuímos é a maior cidade da Grécia, nossos 200 barcos de guerra" (Plut., *Them.* 11). Depois que os persas se retiraram da Grécia, e quando ainda era preciso livrar deles e dos piratas os mares ocidentais, Temístocles persuadiu os atenienses a continuarem acrescentando 20 trirremes por ano à frota já existente, uma política que os comprometia com um certo destino econômico e também marítimo. Como parte da mesma estratégia, Temístocles fez com que fosse construída uma muralha ao redor de Atenas – enganando os espartanos, que se opunham ao projeto, com um famoso estratagema diplomático – e transformou o Pireu num porto fortificado. Em 460, teve início a construção das longas muralhas entre a cidade e o Pireu. Por volta de 445, quando uma segunda muralha foi construída ao sul, paralela à do norte e a 120 metros de distância, Atenas ficou conectada ao mar por um corredor de proteção, mesmo insulada da terra pelas muralhas da cidade. "Insulada" – etimologicamente a palavra significa "isolada e afastada como uma ilha" (Figura 1.3).

No tempo da Guerra do Peloponeso (431), o projeto de Temístocles de transformar Atenas num poder marítimo estava totalmente realizado (Momigliano, 1944). Restou para Péricles apenas a tarefa de administrar a retirada da população do campo para dentro das muralhas da cidade, de fato transformando Atenas numa ilha totalmente inexpugnável enquanto controlasse os mares – mas também totalmente dependente daquele controle para sua existência. O que aprendemos com Tucídides a esse respeito, diz Jacqueline de Romilly, é que "Atenas é um poder marítimo, que seu objetivo permanente é o controle do mar, que seu campo de ação são as ilhas, e que o meio que usa para alcançar seus objetivos é sua frota. Ela precisa de dinheiro para manter essa frota, e seu império provê isso. A talassocracia é reconhecida como um sistema já consciente e coerente. A idéia está presente do começo ao fim da obra" (Romilly, 1963:66).

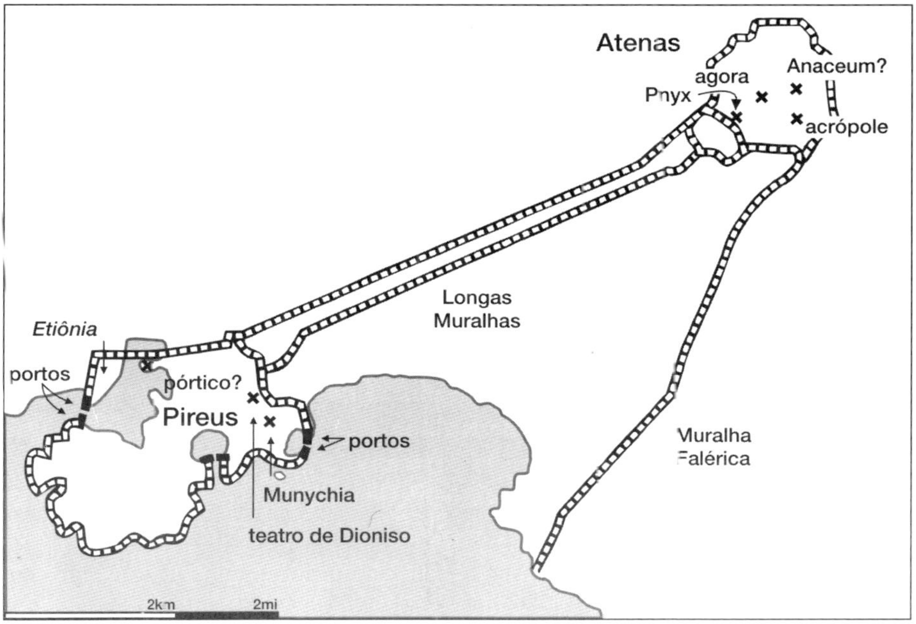

Figura 1.3 – As longas muralhas de Atenas

Mutatis mutandis, o mesmo ocorre com Bau, um poder marítimo; seu campo de ação são as ilhas. Ou, como expressou Ratu Deve Toganivalu, um intelectual fijiano que escrevia por volta do início do século XX:

> O principal trabalho em Bau era navegar em suas canoas sagradas (grandes canoas marítimas); tinham o hábito de velejar até as ilhas de Lomaiviti (Fiji Central, o mar Koro) para arrecadar tributos; recolhiam sua carga, isto é, inhame, taro, *madrai* (fruta-pão em conserva) e bens de valor (*i yau*). Eles não plantavam muita comida, mas comiam o que era arrecadado de seus territórios tributários em Lomaiviti e de algumas outras terras (principalmente no interior de Viti Levu). Não havia nenhum patrimônio produzido em Bau; eles obtinham sua riqueza de Lomaiviti e outras terras. (Toganivalu, 1911: s.p.; 1912a:15)[13]

"Suponham que fôssemos ilhéus – poderiam vocês imaginar uma posição mais inexpugnável?" Uma pequena e congestionada ilha de cerca de 93 quilômetros quadrados, situada a pouco mais de um quilometro da costa sudeste de Viti Levu, com elementos importantes também feitos pelo homem, Bau era claramente a realização do mesmo pensamento estratégico da Atenas de Péricles. De acordo com a tradição bauense, a ocupação da ilha pelos chefes reinantes de Kubuna, vindos de sua terra natal no interior próximo, coincidiu com o domínio desse povo sobre grande parte da Fiji Oriental.[14] O mar Koro era o Egeu dos bauenses. Não estou certo quanto ao grau de confiabilidade do bom senso arqueológico, quando comparado a uma citação de Péricles, para sustentar o argumento de que um projeto paralelo de insularização marcou a história de Bau. Mas, como Tucídides permitiu-se a liberdade de atribuir a seus oradores as palavras que, em sua opinião, a ocasião demandava (1.22.1), sinto-me encorajado a defender o caso de Bau com o testemunho por vezes eloqüente de mapas e fotografias, e com a ajuda de alguma etnografia. De acordo com essas fontes, parece que o projeto de governar um grande corpo político a partir de uma pequena ilha costeira representava a convergência de dois precedentes históricos: um deles, estrangeiro, era o antigo assentamento real no vizinho arquipélago de Tonga; o outro, a tradicional vila fijiana cercada de paliçadas e fossos.

Durante alguns séculos antes do contato com os europeus, os reinos de Fiji Oriental importaram formas culturais de Tonga, incluindo muitos dos ritos e ornamentos simbólicos de chefia (Clunie, 1986). De fato, o estabelecimento dos reis de Bau na ilha não apenas reproduzia a estratégia de alguns dirigentes tonganeses do século XV, mas reeditava as mesmas razões políticas para a mudança. Foi o assassinato de dois dirigentes sagrados (*Tu'i Tonga*) o que induziu o primeiro rei secular (*Hau*) de Tonga a localizar sua residência numa pequena ilha na lagoa em frente a Mua (em Tongatapu), construindo uma passagem elevada para conectá-la ao continente. "Essa medida foi quase certamente um meio de garantir sua prote-

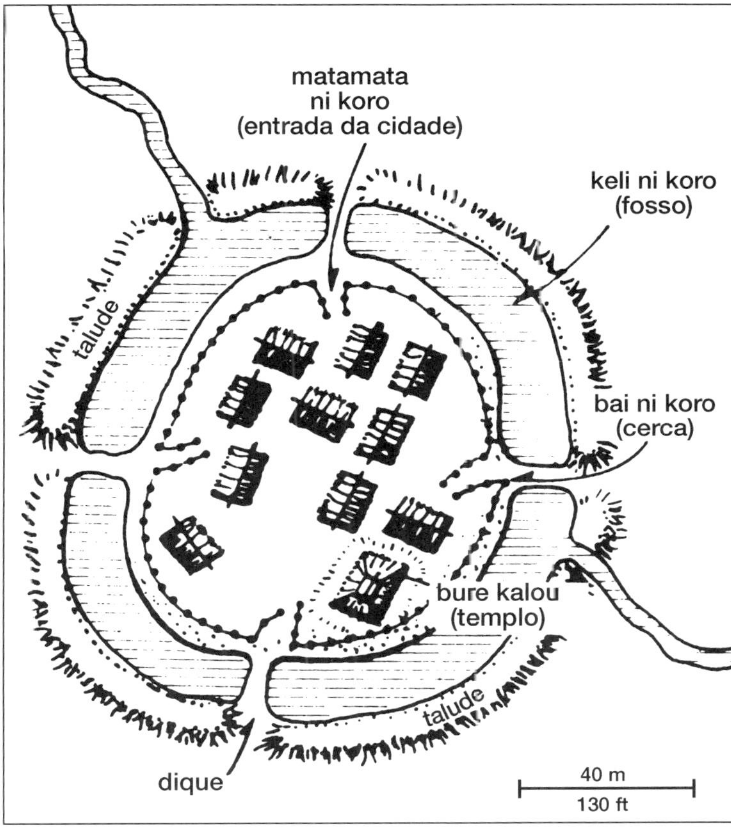

Figura 1.4 – Plano esquemático de uma tradicional vila fortificada fijiana

ção contra inimigos em Tonga" (Campbell, 1992:17). Do mesmo modo, consta da tradição popular bauense que o primeiro elemento da atual dinastia de reis da guerra, certo Ratu Nailatikau – o equivalente ao segundo rei, secular, na diarquia tonganesa –, iniciou a mudança dos clãs dirigentes para a ilha, evento precedido pelo assassinato de pelo menos um rei sagrado (Roko Tui Bau).[15] Se, como parece provável, essa também foi uma medida defensiva, ainda assim os fijianos tinham suas próprias convenções de fortificação às quais a ilha de Bau apropriadamente se ajustava. Observe as ilustrações (Figuras 1.4, 1.5 e 1.6) da tradicional vila fijiana com paliçadas e fossos. No século XIX e durante alguns séculos anteriores, essa era a forma predominante de assentamento nos vales do rio e nas regiões baixas da principal ilha de Fiji (Parry, 1977). Era chamada *koro waiwai*, que pode ser traduzido como "forte na água" (ou vila cercada por fosso), mas deve-se observar que o termo *waiwai*, referindo-se ao fosso, pode designar uma lagoa interna ou uma área profunda numa barreira de recifes. Agora, veja Bau (Figuras 1.7 e 1.8). Situada numa ilha diante do litoral, e protegida por menos de dois quilômetros de água, Bau é essencialmente uma tradução em água salgada da antiga vila fortificada. Tem as mesmas características estruturais do clássico assentamento cercado de fosso, exceto que, neste caso, o fosso é formado geograficamente, e não construído pelo homem. As principais intervenções humanas em Bau são aquelas que virtualmente a transformaram numa base naval situada ao largo do continente: a ilha era cercada por 26 cais onde ficavam abrigadas as canoas oceânicas; e, com sua estrutura megalítica, murados com imensas lâminas verticais de pedra, esses cais desempenhavam uma função de proteção e tinham alguma semelhança com uma paliçada (Figura 1.9; Hornell, 1926).[16]

Talassocracia e economia

Numa ilha densamente ocupada com casas e templos, os três mil habitantes de Bau não dispunham de espaço para cultivo, mesmo que os chefes residentes se mostrassem favoráveis a isso (Figuras 1.10 e 1.11). Não havia produção de alimentos na ilha, exceto a da pesca praticada por certos clãs do "povo do mar" (*kai wai*). Os bauenses também não produziam nenhum objeto precioso (*i yau*) que

Figura 1.5 – Vila fortificada no delta do rio Rewa

Figura 1.6 – Sítio de uma vila cercada por fosso em Vanua Levu, 1856

Figura 1.7 – Bau, c.1950

pudesse ser trocado, exceto algumas saias de noiva profusamente enfeitadas. As saias adornavam o que os bauenses às vezes dizem ser seu mais importante bem de troca, as mulheres da linhagem dirigente cujos casamentos com chefes de outros territórios eram importantes feitos políticos. Com exceção de alguns artesãos

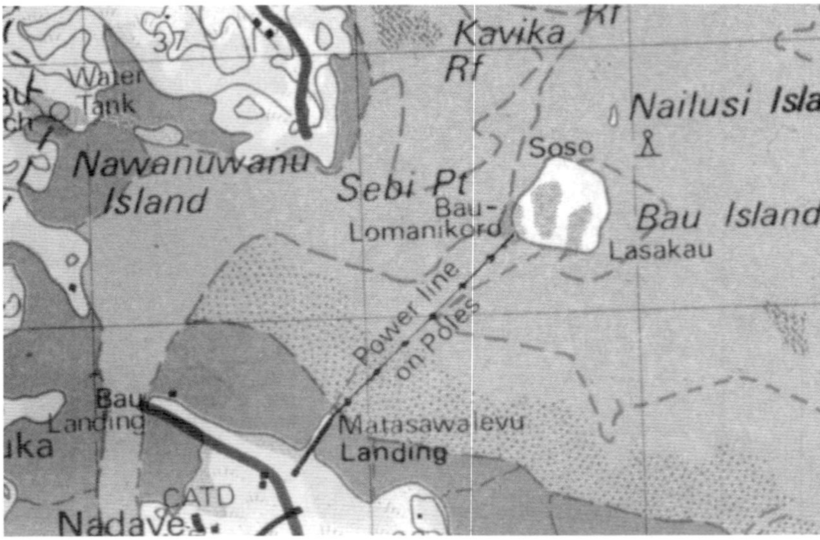

Figura 1.8 – Bau, separada de Viti Levu (93km)

Figura 1.9 – Cais para canoas em Bau, 1920

tonganeses locais que produziam bens valiosos feitos de marfim e conchas nacaradas – artesãos metecos, poderíamos dizer –, toda a existência material da ilha era importada de lugares próximos e distantes através, quase sempre, de relações de dominação.

Como no caso do império ateniense, o poder marítimo de Bau trouxe-lhe riqueza, e esta, por sua vez, sustentava esse poder. Sua subsistência diária vinha principalmente de vilas de "homens domésticos" (*kai vale*) no interior vizinho, onde eram cultivadas terras que estavam direta ou indiretamente sob o controle de clãs dirigentes bauenses.[17] Os alimentos eram cozinhados para esses bauenses importantes por mulheres serviçais que também buscavam madeira e água. O reverendo Joseph Waterhouse, servindo em Bau em meados da década de 1850, dá uma rápida imagem desses arranjos tal como vistos de uma pequena colina na ilha:

> Ao se ocupar um posto de observação elevado, notam-se as carregadoras de madeira e água, pobres mulheres que têm de remar em suas canoas quase dois quilômetros, encher os cântaros, juntar madeira, coletar folhas para cozinhar, voltar para a cidade e carregar tudo isso para as diversas casas nas quais trabalham. As vendedoras [*sic*] de vegetais – multidões de servas [*sic*] –, pesadamente carregadas com batata-doce, inhame (*taro*), bananas, cana, con-

Figura 1.10 – Bau nos anos 1890

> serva de fruta-pão etc., vêm depositar sua carga diante daqueles que raramente pagam e mal agradecem. Era assim, então, que as famílias reais eram supridas de seu alimento diário. (1866:44)

Todos os principais clãs de Bau contavam com esses arranjos para fornecimento de provisões. Também tinham terras nas ilhas do mar Koro usualmente cultivadas pelo povo local, cujas colheitas iam para Bau. As primeiras safras de batata-doce e de frutas eram levadas anualmente para Bau como tributos vindos de territórios (*vanua*) sob vários graus e tipos de submissão, principalmente das ilhas próximas e do interior de Viti Levu. Esses lugares eram também tributados de outras formas: fornecendo comida para banquetes, matéria-prima para construção e homens para erguer casas e templos em Bau. Muitos dos territórios dependentes e alguns semidependentes ainda mais distantes mandavam quantidades de bens de valor (*i yau*) para Bau uma ou duas vezes por ano; estes eram os produtos

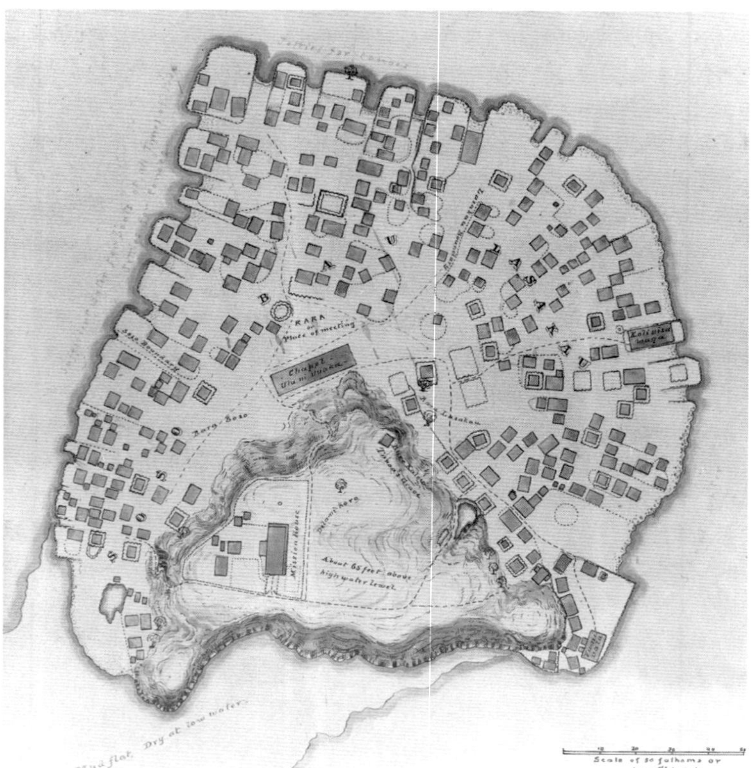

Figura 1.11 – Ilha de Bau, 1856

especiais de cada local, desde tecido de cortiça a canoas. Tais tributos ao poder bauense eram entregues de Macuata, no extremo norte de Fiji, a Lau no extremo leste, e Moala e Gau, no sul. Bau tinha até um tipo de colônia, feito único em Fiji. Essas colônias eram comunidades do "povo do mar" (*kai wai*) bauense, afamados remadores e guerreiros, habitantes originais da ilha de Bau e, num sentido residual, ainda considerados seus "proprietários" (*i taukei*). Mandados para longe, havia já algumas gerações, pelos chefes de Bau – por causa de alguma falta cometida, de acordo com a maior parte das tradições –, estabeleceram-se em diversas partes da Fiji Oriental.[18] Embora assim tivessem encontrado um lugar em outros reinos, era sempre como "estrangeiros" (*kai tani*), pois mantinham sua identidade como bauenses e sua lealdade (em princípio) aos reis de Bau. De fato, o povo levuka de Lau, sendo originário de Bau, conferiu ao Vunivalu e sua esposa seus verdadeiros títulos bauenses (Tui Levuka e Radini Levuka).[19] De tempos em tempos, os vários colonos bauenses retornavam à terra natal com os espólios de suas atividades piratas ou as riquezas que haviam acumulado de outra forma, e eram por isso generosamente recompensados pelos chefes de Bau. Em outras ocasiões, suas canoas podiam ser postas à disposição dos chefes de Bau para uma guerra ou expedições cerimoniais. Dados os recursos que fluíam para essa pequena ilha de 93 quilômetros quadrados, pode-se bem avaliar que os bauenses, mais que quaisquer outros fijianos, atendiam à proverbial descrição de realeza: "Os chefes apenas ficam sentados, e tudo vem a eles." A própria desproporção entre sua inatividade e a riqueza era o sinal de seu poder (*mana*) super-humano, invisível.

Ainda assim, a distribuição mundana, ativa e pragmática de suas riquezas pelos chefes bauenses transformou seu poder em relações de dominação. Mobilizando deuses e homens para a guerra, fazendo alianças e tramando conspirações, recompensando amigos e minando inimigos, a riqueza que fluía para Bau era a sustância de sua hegemonia. Uma parte disso era material estratégico: canoas oceânicas, maças e lanças de guerra primorosamente produzidas. Grande parte era constituída de bens apresentados em formas especiais e exorbitantes quantidades, como pagamentos cerimoniais: enormes fardos de tecido de cortiça, montes de palha trançada e rolos de tapetes. Alguns eram tesouros: dentes de baleia, ornamentos de marfim e conchas nacaradas. Vindos das ilhas e do leste, e justamente por essa razão, muitos desses produtos eram considerados, pelas pessoas do interior de Viti Levu, especialmente valiosos, "bens de chefia" (*i yau vakaturaga*).[20] Ao mediar esse fluxo do mar para a terra – que, em termos fijianos, também era de "cima" para "baixo" –, os bauenses usavam as riquezas importadas para deslumbrar os chefes de guerra locais. O mais útil, quanto a esses aspectos políticos, eram os dentes da baleia cachalote (*tabua*), o mais valorizado de todos os bens.

Dados de presente na confirmação de propostas de casamento e assassinato, como oferendas a deuses e chefes ou em troca do fornecimento de vítimas canibais, os dentes de baleia, como comentou o tenente Charles Wilkes, "valem mais ou menos o mesmo que uma vida humana" (1845, 3:90). O grande etnógrafo fijiano A.M. Hocart acreditava que havia algo de divino em tais itens preciosos como os dentes de baleia, e daí derivou uma teoria pessoal sobre seu valor: "uns poucos gramas de divindade valem quilos de matéria bruta" (1970b:101). Como a prata entesourada em santuários atenienses que Péricles acreditava capaz de assegurar a vitória sobre os espartanos financeiramente desvalidos, a acumulação e o gasto de tesouros, em especial dos preciosos dentes de baleia, eram instrumentos privilegiados da guerra fijiana. No século XIX, os dentes de baleia provaram-se mais poderosos que os mosquetes europeus. Jamais eficientes em batalhas fijianas, os mosquetes eram menos desejados que as maças de guerra quando se tratava de matar, e, de qualquer modo, por volta de 1840, eles estavam amplamente distribuídos nos principais reinos (Clunie, 1977; M. Sahlins, 1994). No entanto, a posse de crescentes suprimentos de dentes de baleia por parte de comerciantes europeus no mesmo período simplesmente deram aos chefes governantes, em cujas mãos quase todos iam parar, meios de manobra política mais amplos. Isso era em especial verdadeiro quando se considera que, para propósitos como assassinato ou aliança, parece não ter havido muita inflação: um dente de baleia ou alguns poucos ainda podiam matar ou casar. Mas o que realmente cresceu foi o poder disponível: o influxo de dentes de baleia significava que agora havia novos meios efetivos de influência política circulando nas ilhas Fiji – algo que os governantes de Bau sabiam usar muito bem.

Bau tinha possibilidades peculiares de extrair poder do comércio europeu, tanto de bens quanto de pessoas, porque já tinha o poder para controlá-lo. O comércio de pepinos-do-mar nas décadas de 1830 e 1840 é indicativo, já que os principais pontos de pesca estavam situados ao longo das costas norte de Viti Levu e Vanua Levu, bem além dos limites de Bau – mas não fora de seu âmbito ou de seu alcance.[21] Os navios com freqüência paravam primeiro em Bau para prodigalizar os chefes dirigentes com presentes e acordos para estabelecer postos de comércio avançados. A influência bauense nas áreas de pesca de pepinos-do-mar em geral dependia de chefes de territórios aliados que, em troca, tinham alguma autoridade em Bau, e esses chefes eram muitas vezes enviados com os barcos de pesca para organizar o tráfico. Por outro lado, os intermediários vinham de uma pequena colônia de homens brancos em Levuka, na ilha Ovalau, cujo líder, o norte-americano David Whippy, era reconhecido como o próxeno bauense, o *Mata ki Bau* (Enviado a Bau) da comunidade européia.[22] Se necessário, os chefes bauenses poderiam despachar grupos armados para intervir no comércio, fosse para manter a paz, fosse para garantir sua própria parcela. O objetivo desses usos do poder bauense era obter meios para esse mesmo poder: não apenas mosquetes, mas as riquezas em dentes de baleia e outros bens que os comerciantes traziam.

"Os conflitos armados em Fiji são muito dispendiosos", comentou o missionário Thomas Williams, "especialmente quando se pede ajuda externa (i.e., a ajuda de territórios fijianos aliados)" (Williams e Calvert, 1859, 1:42; cf. Williams, 1931, 2:346-7). O reverendo Williams referia-se, em particular, à devastação, para não mencionar a humilhação, sofrida pelo povo cakaudrove em 1846, quando arregimentou os bauenses para ajudá-lo a castigar seus aliados de guerra (*bati*) que haviam se rebelado, o poderoso povo natewa do sudeste de Vanua Levu (ver Figura 1.2). Os bauenses interromperam por algum tempo o conflito com Rewa para ajudar o povo cakaudrove – visando seu próprio benefício econômico e político. Quando a frota de Bau chegou a Somosomo, moradia dos chefes cakaudroves, estes já vinham tentando conquistar a ajuda de Bau havia cinco anos – a um custo, observou o senhor Williams, "não facilmente calculado, incluindo duas ou três canoas de primeira qualidade, diversas menores, 50 rolos de palha trançada, 150 fardos de tecido de cortiça, muitas centenas de *masis* (tecido de cortiça branca) com, em média, 27 metros cada, redes de pescar e centenas de dentes de baleia, além de cortinas mosquiteiras (de cortiça colorida), artigos de luxo e mulheres" (Williams, 1931, 2:347).

O exército de mais de três mil homens de Bau, incluindo um contingente de tonganeses, chegou numa esquadra de 84 canoas e passou a devorar tudo que o povo cakaudrove tinha em casa e nas plantações.[23] Os guerreiros permaneceram durante seis semanas de contínua hospitalidade e periódicas festividades. Quando chegou a hora da cerimônia mais importante, envolvendo a revista da tropa bauense e o juramento de seu apoio, o povo cakaudrove havia presenteado os visitantes com muitos milhares de braças* de tecido de cortiça e pelo menos 170 dentes de baleia, entre outros bens. Enormes pilhas de batata-doce e inhame cozidos, seguidos de pratos festivos especiais e grandes tartarugas marinhas, foram oferecidas aos bauenses na ocasião, bem como uma fila de cerca de dez metros de comprimento de pés de *kava*** e uma pilha de batata-doce crua "que chegava a umas 38 mil" (Williams, 1931, 2:347; o missionário metodista adorava contar e medir essas coisas). Em troca de tudo isso, o líder de Bau, Ratu Cakobau, aproximou-se de sua contraparte cakaudrove "com um único dente de baleia na mão e o entregou de presente, com a garantia de ajuda" (ibid, 2:350).

* Medida de comprimento equivalente a 1,83 metro. (N.T.)

** Desde tempos imemoriais, a raiz da *kava* é usada como parte de atividades religiosas, políticas e culturais por toda a região do Pacífico. (N.T.)

As batalhas que se seguiram com os rebeldes de Natewa foram erráticas e nada definitivas, aparentemente graças a arranjos prévios entre eles e o rei da guerra de Bau. Algumas cidades vazias foram queimadas, cinco ou seis homens foram mortos em cada lado, e então os natewanos renderam-se – aos bauenses! Ratu Cakobau havia minado o poder de seus aliados cakaudrove e, depois de devorá-los também, partiu levando canoas e os homens que as sabiam fabricar. O reverendo Williams avaliou o dano: "Eles (o povo de Bau) quase arrasaram toda a terra. Dificilmente terá escapado uma canoa. Não deixaram nem um carpinteiro. ... A terra está num estado deplorável, a classe mais baixa de visitantes revirou todo o país em busca de comida. ... A insensatez de Tuilala (o rei da guerra cakaudrove) é evidente para todos, menos para ele. Sofreu infinitamente mais que seus inimigos de Natewa, que não apenas removeram o jugo que os prendia, como também se passaram para o lado de Bau" (Williams, 1931, 2:355-6). O rei de Cakaudrove, concluiu o senhor Williams, "pode considerar-se *acabado*".

Alguns meses antes, um colega seu, o reverendo John Hunt, comentara que, num tempo notavelmente curto, Ratu Cakobau "elevara Bau a um nível de prosperidade talvez nunca antes atingido por nenhum Estado fijiano" e, se continuasse nessa direção, viria a ser, "em todos os sentidos, o imperador de Fiji" (em Lyth, *L*: s.d., c. 4 jan 1845). Seria claramente uma simplificação excessiva dizer que Bau tornou-se um poder marítimo dominante e dominador por motivos econômicos. Na origem, era mais o oposto disso. O compromisso sem paralelo de Bau com o mar implicava uma política de riqueza: a constituição do ganho material como uma força histórica. O senhor Hunt relata uma conversa com um notável de Bau apenas poucos dias antes da eclosão da grande guerra com Rewa: "Um chefe bauense disse-me que o povo de Bau não quer lutar (contra Rewa), pois não tem nada a ganhar com isso. Se lutassem com Somosomo ou Lakemba (Lau), obteriam riquezas; mas, sendo Rewa um outro reino (i.e., como Bau), não tem nada a esperar dali. Assim, a ganância tem bastante a ver com as guerras fijianas" (Hunt, *J*: 13 nov 1843).

Mesmo assim, Bau entrou em guerra com Rewa – o que de fato não chegou a desmentir a conclusão do senhor Hunt sobre a ganância e confirmou uma observação anterior que fez sobre as aspirações imperiais de Ratu Cakobau.[24] Ou, considerada em seu conjunto, a grande Guerra da Polinésia era a culminação de uma dialética recíproca de expansão política e econômica deflagrada pela peculiar orientação marítima de Bau. A dominação imperial e a exploração econômica tornaram-se meios e fim uma da outra. Vou analisar a dimensão política mais adiante, pois certos elementos estruturais do sistema de dominação devem ser examinados em primeiro lugar. Aqui, a questão refere-se ao economismo como um fim último: não simplesmente sua articulação entre os personagens relevantes que fazem a história como indivíduos, mas sua constituição como um objetivo da ação social e, assim, seu reconhecimento como uma força histórica maior. Não devemos tomar a cupidez material como um dado inquestionável. Como Marcel Mauss apresenta a questão, trata-se não tanto de algo que está atrás de nós, uma condição natural, mas de algo diante de nós, um valor moral. Assim, é mais uma invenção que uma inevitabilidade. O argumento aplica-se a Atenas e talvez mais ainda a Bau. Fazendo-se ilha, dependente do controle dos mares, Atenas também criou as condições que possibilitaram sua singular política de riqueza: "Para os atenienses, reinar significa viver dos países estrangeiros, tomando seu milho, impedindo seu comércio de todas as maneiras possíveis e taxando o produto de qualquer riqueza que ousem mandar para fora" (Romilly, 1963:74).

Para Atenas, o economismo era mais radical por ser crematístico, associado ao desenvolvimento do dinheiro e dos mercados. Nesse aspecto, a Atenas do quinto século diferia grandemente de outras cidades helênicas onde o economismo não tinha uma característica assim tão peculiar (cf. Polanyi, 1957; Kallet, 2001; Picard, 2000). Uma proporção significativa da grande população ateniense dependia de ganhos monetários para viver, muitos deles obtidos em emprego público; isso fazia com que a voz popular se juntasse ao esforço do Estado para obter mais receitas. A chamada Velha Oligarquia reclamava das numerosas pessoas do povo que "se achavam merecedoras de usar dinheiro para cantar, correr, dançar e velejar, de maneira que elas se tornam ricas, e os ricos ficam mais pobres" (Ps.-Xen., *Const. Ath.* 1.13). Tudo isso chegou a um ponto crítico durante a Guerra do Peloponeso, como a culminação da guinada em direção da talassocracia que tivera início durante a Guerra Persa. De fato, o comércio seguiu a bandeira, e não o contrário: "Atenas tornou-se o centro do comércio egeu apenas depois de estabelecer-se militar e politicamente como um poder dominante" (Méier, 1998:37). Em 432, os próprios atenienses pediam o mesmo quando defendiam a criação de seu império para se contrapor aos espartanos. "Fomos compelidos ... a ampliar nosso império até seu estado atual", disseram, "levados, antes de mais nada, pelo medo, embora, mais tarde, também pela honra e, por último, pelos ganhos" (Tuc., 1.75.3).[25] A contínua guerra com os persas era o "medo"; a pretensão à liderança dos helenos era a "honra"; os "ganhos" resultaram de uma estratégia de máximo comprometimento com o poder naval, levando-se em conta recursos e técnicas de que Atenas dispunha inicialmente. Uma aspiração política sem medidas levou a uma arrancada econômica. Assim observa Olivier Picard a respeito dos projetos de Temístocles de construir navios, começando com as 200 trirremes em 483-2: "Os armamentos escolhidos são de uma magnitude que, deve-se ressaltar, está além das capacidades de mobilização da cidade, e as técnicas a serem usadas estão carregadas de conseqüências de longo prazo. Sem dúvida, uma mente astuta como a que a tradição atribui a Temístocles estaria consciente de que não apenas propunha uma medida circunstancial, mas engajava a cidade numa política de *longue durée*" (2000:28, cf. 37).[26] Manobrando a assembléia ateniense e levando-a a adotar uma política estatal de expansão marítima, Temístocles destinava Atenas a uma brilhante carreira econômica:

> Temístocles persuadiu o povo a construir, a cada ano, outras 20 trirremes para a frota já existente e também a cancelar os impostos sobre os metecos (estrangeiros) e artesãos a fim de que grandes multidões pudessem fluir para a cidade vindas de todos os cantos e os atenienses pudessem facilmente contratar trabalhadores para todo tipo de ocupação. Essas duas políticas ele considerava serem da maior utilidade para incrementar as forças navais da cidade. (Diod. Sic, XI.43)

Em meados do quinto século, as manufaturas, a imigração e a população estavam florescendo (Meiggs, 1972:262ss). Assim também o comércio pelo qual a cidade importava os meios básicos de subsistência, manufaturas e consumo de luxo, inclusive madeira, piche, velas, corda, cobre, estanho e ferro para construir os navios que eliminariam dos mares toda concorrência, tanto pirata quanto persa (Casson, 1991). O mesmo se aplicava a todo tipo de bens de luxo: "Qualquer que seja a iguaria, e onde quer que esteja – Sicília, Itália, Chipre, Egito, Lídia, Pontos (o mar Negro), o Peloponeso ou qualquer outro lugar –, tudo tem sido trazido para um mesmo ponto em virtude do poder naval" (Ps.-Xen., *Const. Ath.* II.7).[27] Um aspecto crítico aí era que o grão básico com o qual a cidade sobrevivia vinha dos locais mais distantes alcançados pelo poder ateniense: da Sicília, do Egito e principalmente da Criméia. Como não ficava numa área das mais férteis para o cultivo de grãos, Atenas estava longe de ser capaz de alimentar a florescente população com o produto de seus campos – e menos ainda naquelas fases da Guerra do Peloponeso durante as quais os camponeses da Ática refugiaram-se na cidade. Em alguns anos, as importações de grãos podem ter alcançado um milhão de *medinmoi*, cerca de 52 milhões de litros, o suficiente para alimentar 250 mil pessoas (Cohen, 2000: 16n).[28] A partir disso, não é preciso supor – como fez Cornford numa discussão bem conhecida (1971) – que a necessidade de importar grãos da Criméia e da Sicília fosse a *raison d'être* do império ateniense. É mais o contrário disso: o império era a razão da necessidade. Com tal dependência do comércio, todos os que viviam dele, bem como o Estado, passaram a ficar mais alertas, especialmente nas décadas da Guerra do Peloponeso. "Nos dias de Péricles e mais intensamente durante a grande guerra começou a ocorrer uma mudança que deu aos fatores econômicos uma importância cada vez maior na vida da *polis*" (Ehrenberg, 1951:49).

Numa "passagem famosa" da *Constituição de Atenas* (24.3), como Moses Finley a considerou, que envolve uma "aritmética absurda", Aristóteles escreveu que o império tinha "provido o povo comum com uma abundância de renda. ... Mais de

20 mil homens eram mantidos com o produto de impostos, taxas e dos aliados". A aritmética é absurda, de acordo com Finley, porque a folha de pagamento do Estado resumida por Aristóteles deixou de fora a marinha, entre outras despesas consideráveis. Mas isso apenas destaca que "Aristóteles tinha a chave do peculiar sistema ateniense: o princípio de pagamento a cidadãos por serviços públicos prestados, por desempenharem suas obrigações de cidadãos" (Finley, 1999:172). Finley observa que *Vespas*, *Cavaleiros* e outras comédias de Aristófanes tratavam todas de um sistema econômico decadente no qual a exploração do Estado pela população em geral era complementada por políticos arrivistas com origens dúbias na área de negócios, que transformavam os interesses venais dos cidadãos em meios para seu próprio progresso: "Vocês conhecem o tipo 'nunca trairei o povo ateniense e sempre lutarei pela plebe'" (*Wasps* [*Vespas*], 666-7). Estes são "os novos políticos da Atenas do quinto século", como Robert Connor (1992) os chamou. Alguns deles muito jovens, e muitos deles novos-ricos, essas eram as pessoas que, a partir dos anos 420, ou antes, vinham substituindo os políticos antigos de linhagem aristocrática, como Péricles, cuja própria autoridade fora sustentada pela riqueza agrária e por conexões com amigos poderosos (Ehrenberg, 1951). Aqui estavam homens como Cléon, "o curtidor"; Hipérbolo, "o fabricante de lampiões"; Cleófon, "o fabricante de liras", e outros homens da praça do mercado semelhantes a esses que, como demagogos ou "líderes do povo" – um termo aparentemente sem preconceito, mas implicando, de fato, as habilidades retóricas que podiam mobilizar a assembléia democrática –, estavam assim infundindo na política do Estado a força da venalidade popular, bem como a de sua própria.

Uma advertência: não se deve pensar que a "simplicidade antiga" estivesse acabada no final do quinto século. Chouriceiro, o rival do cafetão Cléon (Paflagônio), nos *Cavaleiros*, de Aristófanes, debocha deste ao vê-lo prometer a Demos (O Povo) que governará a Grécia e ganhará muito dinheiro como advogado na Arcádia. Dizendo como Cléon está nisso somente para obter lucros corruptos, Chouriceiro alerta que, se Demos, que acabara sendo empurrado para a cidade por causa da guerra, "algum dia voltar para o campo, viver em paz e ganhar novas forças comendo trigo novo e saborosas azeitonas, então ele compreenderá os benefícios dos quais você o privou, enganando-o com seus salários públicos; então você o verá voltar, um rústico de primeira qualidade, e caçar uma presa para usar contra você" (*Cavaleiros*, 801-9).

Haveria outras versões famosas desse sentimento nostálgico evocado pelo desaparecimento gradual das virtudes da produção para o uso, limitada ao que era necessário para a vida boa da família e da cidade, em contraste com o comércio pecuniário "não natural", cujo apetite pelo ganho não conhecia limites (Arist., *Pol.* 1256b-1258b). Referindo-se à *Política* de Aristóteles, Karl Polanyi perguntou:

> Com que propósito ele desenvolveu um teorema abrangendo as origens da família e do Estado, unicamente destinado a demonstrar que as necessidades e os desejos humanos não são ilimitados, e que coisas úteis não são intrinsecamente escassas? A explicação é óbvia. As políticas relativas a dois problemas – comércio e preço – estavam exigindo uma resposta. A menos que a questão das trocas comerciais e o estabelecimento de preços pudessem ser relacionados com as exigências da existência comunal e sua auto-suficiência, não havia maneira alguma racional de julgar cada um... Trocas comerciais, ou, em outras palavras, trocas no mercado, surgiram como uma questão candente da época. Era uma novidade perturbadora. (1957:83-4)

Marx falou da sublimidade da concepção antiga que fez do homem o alvo da produção, em comparação com um mundo moderno no qual a produção é o objetivo do homem, e a riqueza é o objetivo da produção (1973:487-8). Talvez a formulação seja excessivamente binária para acomodar uma Grécia clássica onde os bons velhos tempos ainda não tinham dado lugar a um interesse pela acumulação em si – o ciclo dinheiro-mercadoria-dinheiro de Marx – como o princípio hegemônico da economia.[29] Mas a dependência de Atenas com relação ao comércio marítimo e aos tributos, e a dependência de seus cidadãos das receitas da cidade, tudo intensificado pelas despesas militares para manter e defender o império, haviam feito do cálculo econômico um princípio central da ação histórica da cidade.[30] Hesita-se em falar de "cálculo *racional*" com relação à expedição siciliana, mas Tucídides realmente observa quão ansiosa estava a população para que isso acontecesse, como via ali uma boa oportunidade "de ganhar salários no momento, e conquistas que proveriam um infindável fundo de pagamentos para o futuro" (6.24.3). Fazendo uma análise basicamente textual de Tucídides, Lisa Kallet vê uma transformação gradual do império ateniense em função de objetivos pecuniários. "Cada vez mais o poder torna-se um meio para um fim econômico: os atenienses transformam seu sistema de controle num *arché* (império) econômico" (2001:291; cf. Ehrenberg, 1951:323 e passim). É sobre essa emergência do materialismo como uma formação culturalmente específica que estou falando: não a determinação econômica da história, mas a determinação histórica do economismo.

Complementando o descobrimento de Polanyi da "descoberta da economia" feita por Aristóteles, pode-se falar da "invenção do determinismo econômico". A grande narrativa tucididiana da evolução cultural na chamada "Arqueologia" (1.2-19), enfatizando o papel transformador da riqueza adquirida por meio do poder marítimo e que tira o mundo helênico do barbarismo, pode ser o exemplo pioneiro de tal teorização economicista. Destinado a ter uma grande carreira intelectual, o determinismo econômico começa como uma certa autoconsciência do emergente império ateniense, ele próprio impulsionado pela emergência de uma esfera crematística independente. Ao contrário de outros esquemas antropológicos posteriores de evolução, que apresentavam as conseqüências materiais da revolução agrícola, para Tucídides, a revolução marítima, o domínio técnico do mar, era a base para o desenvolvimento cultural subseqüente. Em outros aspectos, no entanto, o curso daquele desenvolvimento ao longo da "Arqueologia" de Tucídides era muito semelhante ao que ainda existe nos sistemas teóricos da moderna ciência arqueológica, em que a caça nômade e a coleta dão lugar à vida mais estável da idade neolítica, seguida pelo aumento da produção excedente e pela formação de cidades, civilizações e finalmente de impérios. Assim também, no tratamento dado por Tucídides, os ganhos do comércio, as conquistas e a supressão da pirataria, tornados possíveis pelo poder marítimo, permitiram que certos povos escapassem das condições inseguras e rudes dos primeiros tempos e estabelecessem o curso para o império (ateniense). De acordo com a tradição, Minos de Creta foi o primeiro dirigente a construir uma marinha. Nem nesse caso e nem em outros estava Tucídides preocupado com as razões ou os meios da "acumulação primitiva" preliminar – exceto a introdução da frota de trirremes em Corinto, que ele atribuiu à localização favorável no istmo que já havia tornado a cidade um empório comercial. Mas Tucídides estava especialmente preocupado em mostrar como a riqueza acumulada permitiu que os primeiros povos marítimos transcendessem as hostilidades incessantes e as conseqüentes inseguranças de sua condição original. De outra forma, como ainda ocorria no caso de alguns bárbaros, eles teriam de sofrer "os incômodos do estado de natureza" (como foram mais tarde designados por Hobbes): uma existência dirigida pelo medo, migratória, que impedia até mesmo o cultivo do solo além do mais mínimo dos mínimos, para não falar de comércio, cidades ou "qualquer outra forma de grandeza" (Tuc., 1.3.2).

A acumulação de grande quantidade de riqueza pelos poderes marítimos mudou tudo aquilo. Levou ao surgimento de cidades grandes muradas em pontos da costa (onde, antes, apenas o interior fora ocupado por receio de piratas, e, no começo, apenas de forma peripatética), a confederações étnicas (como os helenos em Tróia, embora ainda não tivessem aquela designação comum) e ao poder de uma cidade para subjugar e dominar outras (daí, então, império). Tucídides vê o estímulo econômico desenvolvendo-se num sentido duplo: objetivamente, como crescentes acumulações de riqueza (*chrematōn*), e, subjetivamente, como crescentes desejos de ganho (*kerdōn*), os últimos atrás dos primeiros, de modo que, juntos, "à medida que a Hélade tornava-se mais poderosa e buscava adquirir sempre mais riqueza, simultaneamente com o aumento das receitas dos Estados, foram sendo estabelecidas tiranias em quase toda parte" (1.13.1).

Ou assim Crawley traduziu. Aliás, as variações nas traduções dessas passagens e de outras semelhantes ao longo dos séculos são reveladoras em muitos sentidos, inclusive pela tendência em curso de dotar o texto antigo de categorias capitalistas atualizadas. Considerem a afirmação na "Arqueologia" (1.8.3) tão freqüentemente citada como evidência do economismo de Tucídides, que aqui aparece como a motivação da submissão e também da dominação imperial. Num extremo, Hobbes (1629), com uma remanescente aura de feudalismo, fala de "tipo inferior" e "servidão" mesmo quando o interesse material pertinente é um genérico "desejo de ganho": "Pois, pelo desejo de ganho, os de tipo inferior submeteram-se à servidão aos poderosos, e os poderosos, com sua riqueza, puseram as cidades menores sob sujeição." No outro extremo, o extremo capitalista de "lucros" e "capital", está a tradução de Rex Warner (1954): "O mais fraco, pelo desejo generalizado de obter lucros, ficava satisfeito ao suportar ser governado pelo mais forte, e aqueles que ganharam um poder maior, ao adquirir recursos de capital, puseram as cidades menores sob seu controle."[31]

No entanto, há algo mais que etnocentrismo nessas variações: há o substrato comum do economismo de Tucídides. Essa foi a grande originalidade de seu sistema, como quer Romilly, e o que o tornou totalmente moderno: "Não apenas uma história crítica e baseada em argumentos, mas também positiva e realista no sentido moderno do termo, que dá prioridade aos fatores econômicos" (Romilly, 1967:266). Ainda assim, "moderno", "positivo" e "realista" não tornam universal, ou mesmo verdadeira, a primazia dos fatores econômicos. Esse economismo era, na origem, a consciência reflexiva de uma certa formação cultural-histórica – bastante apropriadamente afastada da estima e dos olhos da Europa até sua renovada popularidade no século XVII.

A ideologia econômica ecoava em formações semelhantes, em outras partes, e não apenas em Fiji. A talassocrática Veneza dobrou-se à mesma avidez, como nota Gary Wills num recente trabalho em que traça repetidos paralelos entre a Cidade do Leão Alado do Renascimento e a Atenas de Péricles. A mesma avidez e a mesma ecologia imperial. Construída numa cadeia de ilhas muradas feitas pelo homem e elevando-se sobre o pântano, Veneza também formou-se a partir de uma visão de inexpugnabilidade insular e dominação marítima. Sem significativos recursos próprios, Veneza tornou-se espetacularmente rica com a exploração econômica de seu poder naval. Wills destaca as semelhanças:

> A Atenas de Péricles, um império do mar, usava seu enclave terrestre como uma área de operação para aventuras num mundo aquático de subordinados inquietos ou rivais hostis. Os atenienses, tanto quanto os venezianos, sentiam que eram diferentes do resto da humanidade, separados, autóctones, brotados de sua própria turfa. ... A habilidade naval dos atenienses garantiu a eles a Liga Délica, da qual extraíam tributos para adornar sua policrômica Atenas – exatamente como os navegadores venezianos voltavam trazendo os espólios de Bizâncio para serem incorporados à iridescência de seu santuário marcial, a basílica de São Marcos. O dinheiro dos tributos atenienses era trazido em procissão formal ao teatro de

> Dioniso para as competições religiosas do deus. Em Veneza, os ricos relicários capturados no Oriente eram carregados nos dias de festa dos santos patronos tutelares. (Wills, 2001:13-14)

Veneza parecia-se com Atenas, como disse Wills, não por uma imitação consciente, "mas porque a estrutura dos dois impérios marítimos fez com que ambas buscassem soluções semelhantes para os problemas que enfrentavam" (13). Para nos persuadirmos de que o economismo desses dois impérios marítimos era, de fato, historicamente distinto e estruturalmente fundado, basta seguir as várias comparações feitas por Tucídides entre os cinéticos atenienses e os relativamente imóveis espartanos. Estes eram os espartanos que, no quinto século, faziam o melhor possível com a autonegação material supostamente estabelecida centenas de anos antes por seu renomado legislador Licurgo – o herói que inventou uma forma de dinheiro de ferro tão grande em tamanho e pequeno em valor que não podia ser facilmente transportado nem acumulado. Considerando também as leis de consumo legadas por Licurgo, que criariam uma condição universal de pobreza auto-suficiente, por que, então, perguntou Xenofonte, "o fazer dinheiro deveria ser uma preocupação num Estado em que as atribulações de sua posse são maiores que os prazeres de sua fruição?" (*Const. Laced.* VII.2). Aqui estava outra relação com a aquisição – espartana.

Caráter nacional, ordem cultural

A comparação com Fiji sugerirá que o contraste entre a autarquia espartana e o espírito de empreendimento ateniense não apenas é estrutural como os dois aspectos estão historicamente interligados. Em especial a partir do final do sexto século, Esparta e Atenas expandem-se uma com relação à outra, como antitipos culturais.[32]

Para Tucídides, no entanto, as diferenças entre os espartanos e os atenienses eram uma questão de caráter, não de estrutura. (Ele foi o predecessor não apenas de nossa historiografia racionalista, mas também da atual revivescência de subjetividades coletivas, os "caracteres nacionais" de sagrada memória, e com os mesmos defeitos – o essencialismo como descrição histórica e a indeterminação como explicação cultural.) A se acreditar em Tucídides, os gregos daquela época também davam grande importância aos temperamentos étnicos, já que a mais extensa descrição dessas diferenças entre os espartanos e os atenienses é atribuída aos coríntios, numa fala instando os espartanos a agirem decisivamente e responderem de maneira apropriada aos atenienses pela quebra da Paz de Trinta Anos. Comparados com os atenienses, diziam os coríntios, de dedo em riste, vocês, espartanos, são lentos na ação, obtusos na percepção, dados a adiar, desconhecedores da inovação, prisioneiros da convenção e, além disso, supercautelosos e defensivos, com um medo de sair de casa igualado apenas pela ignorância do que está acontecendo no exterior. Por certo os atenienses apareciam com todas as qualidades opostas: energia, empreendimento e arrojo. "Para descrever o caráter ateniense numa palavra, podemos verdadeiramente dizer que eles vieram ao mundo para não dar nenhum descanso a si mesmos nem deixar que outros o façam", concluíram os coríntios, enquanto "vocês (espartanos) têm hábitos antiquados em comparação aos deles" (1.70.9-1.71.2).

Em incessante movimento, ou "em busca do poder pelo poder" – para adotar a singularmente apropriada expressão hobbesiana (ou a derivação dela) –, certamente era assim que os atenienses apareciam na descrição feita por Tucídides dos 50 anos de preparação para a guerra, a Pentecontécia (como é agora chamado o período). Aquelas foram as décadas durante as quais o império foi estabelecido, no início como uma aliança liderada por Atenas, a Liga Délica, que depois se transformou num sistema tributário sob a dominação e exploração ateniense. Livrando o Egeu de piratas, empurrando os persas de volta para a Ásia, acabando com rebeliões e expandindo seu império, os atenienses, durante a Pentecontécia, estão "em ação em todos os pontos do Mediterrâneo oriental, velejando em volta do Peloponeso ([Tuc.] 108.5), estabelecendo o controle dos estreitos do golfo de Corinto (103.3) e engajados no norte da Grécia (100.2), na Ásia Menor (100.1), em Chipre (112.4) e no Egito" (Connor, 1984:44).[33] Os espartanos, tendo entregado a liderança dos helenos aos atenienses após 478, agora se retiravam para dentro da concha peloponésia, o que tanto exasperou os coríntios. Mesmo depois de começada a guerra com Atenas, os espartanos persistiam em lutar ultrapassadas campanhas de terra, marcadas pela brevidade e, considerando o inimigo, pela inutilidade. Verão após verão, nos primeiros anos da guerra, os espartanos invadiam, saqueavam e então se retiravam do interior da Ática, operação que durava 40 dias ou menos. A estratégia baseava-se numa condição da qual Atenas era uma grande exceção: as cidades gregas dependiam, em grande parte, de seu próprio suprimento doméstico de grãos.[34]

Mesmo assim, os espartanos tinham essa característica de não ir além de suas próprias fronteiras. Com bastante freqüência, suas campanhas eram abortadas ali, quando os sacrifícios oferecidos não eram propícios. Sob a égide do rei (um dos dois) que comandava o exército, os sacrifícios eram iniciados dentro da cidade, e, se fossem bem recebidos, o fogo do altar era levado até a fronteira. "Ali o rei novamente oferece sacrifícios a Zeus e Atena. Apenas quando o sacrifício prova-se aceitável para essas duas deidades ele cruza as fronteiras" (Xen., *Const. Laced.* XIII.2-3). Tucídides fala dos espartanos cancelando três diferentes campanhas porque os presságios para cruzar as fronteiras haviam sido desfavoráveis, duas em 419 e uma em 416 (5.54.2; 5.55.3; 5.116). "Nessas ocasiões", observam Goodman e Holladay, "os inimigos de Esparta beneficiaram-se grandemente de seu escrúpulo" (1986:156). Tucídides também registra duas vezes em que os espartanos abandonaram o campo de batalha por causa de terremotos (um mau sinal), uma delas em 426, quando estavam a caminho da invasão anual da Ática (Tuc., 3.89.1; 6.95.1). Esses famosos guerreiros tinham a reputação de chegar tarde demais para a batalha, como em Maratona, quando foram retidos por tabus ou cerimônias religiosas obrigatórias. Eram conhecidos também por deixarem operações militares pelo meio, de modo a estarem de volta para o grande festival anual, a Jacintia (Hdt., 9.7-11; Paus., 3.10.1; 4.19.4; Xen., *Hellen.* 4.5.11).[35] Embora os atenienses também pudessem subordinar sua estratégia militar a um escrúpulo ritual, como no caso desastroso de Nícias em Siracusa, eram muito menos propensos a fazer isso que os notoriamente pios espartanos. Esparta era "o único estado grego que mantinha a reputação de estar disposto, de vez em quando, a sacrificar seus próprios interesses – e, freqüentemente, os de seus aliados – para cumprir sua obrigação perante os deuses" (Goodman e Holladay, 1986:154; cf. Hodkinson, 1983:273-74). Assim sendo, os atenienses tinham sorte de terem esses inimigos. Comentando a inabilidade dos espartanos para capitalizar alguns sucessos espetaculares ao descer o Pireu, isso em 411, Tucídides escreveu que, "aqui, como em tantas outras ocasiões, os espartanos provaram-se os melhores adversários do mundo contra os quais guerrear, os mais convenientes para Atenas. A diferença de índole entre os dois povos, a lentidão e falta de energia dos espartanos, em contraste com a vivacidade e o espírito de iniciativa de seus oponentes, provou-se da maior utilidade, especialmente por ser Atenas um império marítimo" (8.96.5).

As fobias que os espartanos tinham de fronteiras, bem como as outras inclinações conservadoras das quais os coríntios os acusaram, são aspectos de um sistema cultural supostamente antigo e peculiar que alguns estudiosos clássicos vieram a chamar de "a miragem espartana" (Ollier, 1933-43). Atualmente, existe ceticismo quanto à tradição de uma cultura espartana distinta e única, marcada, durante séculos, por sua austeridade, autarquia e xenofobia, seu desprezo pelo comércio e pelas artes, a "vida de quartel" dos homens e meninos, e um sistema de produção baseado em servos do Estado. Consideradas de origem antiga e duradoura, essas instituições eram atribuídas, principalmente, ao lendário legislador Licurgo – sobre quem Plutarco disse ser impossível determinar qualquer coisa que não fosse discutível (*Lyc.*, 1). No entanto, Plutarco não foi o primeiro a descrever as tradições da peculiaridade espartana, pois estas vinham se repetindo desde o quinto século por nomes com Heródoto, Xenofonte Platão e Aristóteles. E também por Tucídides, que achou relevante para sua *História* observar que Esparta, "desde seus primeiros tempos, desfrutava de boas leis", acrescentando a afirmação excepcionalmente especulativa de que "ela mantém a mesma constituição há mais de 400 anos" (1.18.1). Típicas das reservas modernas quanto a esse argumento são as observações de A.W. Gomme em seu comentário exegético do texto de Tucídides. A referência nessa passagem de Tucídides não seria sobre a constituição política de Esparta, diz Gomme, já que, com exceção da diarquia, ela não era excepcional entre as *polis* aristocráticas gregas. A referência, em vez disso, era ao "modo de vida peculiar de Esparta" – mas, este,

> como sabemos pela evidência arqueológica, ... praticamente não existia antes de cerca de 600 a.C. ... O desprezo pelas artes e pelo comércio, a aversão ao que era estrangeiro, a recusa do que quase todos os outros povos consideravam amenidades essenciais da vida por tudo aquilo que os gregos do quinto século em diante associavam, especialmente, à *eunomia* (ordem e lei) espartana e à constituição dada por Licurgo – não eram aspectos prevalecentes antes da primeira metade do sexto século. (1945:129)

As pesquisas feitas depois de Gomme iriam localizar ainda mais tarde o desenvolvimento de "uma Esparta diferente". Muitos dos traços distintivos não aparecem até o quinto século, alguns apenas após a Guerra Persa. Daí essa impressão de uma "miragem", hoje amplamente aceita entre historiadores clássicos, ou o que os antropólogos conhecem como "a invenção da tradição".[36] Apesar de tudo, e muito como ocorreu com a invenção grega arcaica de sua tradição miceniana – ou, a esse propósito, com a invenção renascentista de sua tradição greco-romana –, a invenção espartana também teve sucesso. A chamada miragem estava, por tudo que se sabe, viva e forte no tempo de Tucídides, tanto a idéia dela quanto, em grande medida, a realidade correspondente. Levando-se isso em conta, termos depreciativos como *miragem* e *invenção* perdem sua utilidade. Dando ao fenômeno um ar de inautenticidade, para não dizer um mau nome, refletem a genealogia que nós, estudiosos, determinamos para eles, sacrificando o valor histórico e o significado que tiveram para seu próprio tempo e para os povos envolvidos. Considere-se que o próprio caráter tardio do peculiar sistema espartano, sancionado pela tradição de sua grande antigüidade, faria dele, em todos esses aspectos, a antítese contemporânea da "revolucionária Atenas". Nossa conversa historiográfica com Tucídides, então, poderia seguir mais ou menos assim: as celebradas diferenças de temperamento coletivo entre os atenienses e os espartanos são motivadas por diferenças entre suas ordens culturais, enquanto as diferenças entre suas ordens culturais são motivadas uma pela outra.

Mais uma vez, a comparação com Fiji, talvez por sua própria distância cultural, deixa perfeitamente claro o ponto historiográfico. Podemos retornar, então, à chamada miragem.

Estruturas da história fijiana

Se alguém fosse escrever uma pentecontécia da Guerra da Polinésia de 1843-55, começando, assim, do final do século XVIII, descreveria Bau (como Atenas) em permanente movimento e expansão, comparada a uma relativamente imóvel Rewa (como Esparta). Esta não se encontrava inteiramente confinada a suas próprias fronteiras, mas era muito mais contida em suas aventuras externas. Considerem-se as respectivas áreas de saque e batalha, como estão ilustradas no mapa da Figura 1.12.[37] Bau estava operando numa escala diferente da de Rewa. A maior parte das incursões rewanas ocorreu num raio de 10 a 15 quilômetros da capital: lutas com seus próprios súditos rebelados (*qali*, p.ex., Noco), com aliados belicosos (*bati*, p.ex., Nakelo) ou com inimigos vizinhos (Tamavua ou Suva, esta uma cidade bauense). O alcance de Rewa ia até súbitos ataques às ilhas Beqa e Kadavu ao sul – novamente, a maior parte das vezes para garantir a autoridade que já havia estabelecido ali.[38] No mesmo período, as frotas de Bau estavam operando por todas as ilhas Fiji, de uma ponta à outra. No final do século XVIII ou início do século XIX, as forças bauenses lutaram nas ilhas de Lakeba (Lau) e Vanuabalavu, no extremo leste das ilhas fijianas. Um grande exército bauense, que incluía aliados do nordeste de Viti Levu (Nakorotubu), realizou um ataque bem-sucedido à cidade fortificada de Kedekede, no interior de Lakeba, fazendo com que fosse abandonada, e depôs o rei lauense em favor de um chefe bauense do povo do mar que ali vivia (Reid, 1990: Koto Ms). Numa famosa batalha ao largo de Vanuabalavu, uma frota bauense prendeu e matou o rei sagrado (Roko Tui Bau) que fora expulso da ilha pelo grupo do rei da guerra (Anon. de *Na Mata*, 1891 [1]:13-14). Na década de 1840, Bau estava guerreando na costa norte de Vanua Levu, atacando cidades desde Macuata até o Ponto Udo, na ponta leste da ilha. Bau também lutou na costa norte (Ba) de Viti Levu, em Malake, Ovalau, Verata (diversas vezes), Bua, Naigani, Koro e, também outras vezes, no delta do Rewa, entrando pelo rio até Kasavu. Mas um texto interessante de uma visita francesa a Fiji durante esse período fornece um outro modo de julgar a singular movimentação política de Bau.

Em 25 de maio de 1827, o capitão Dumont D'Urville levou para bordo do *Astrolabe* em Lakeba, Lau, um alto chefe bauense, Ratu Tubuanakoro, junto com um irmão do rei de Lau, um ou dois tonganeses e um notável do lugar, filho de pai tonganês e cuja mãe era irmã do chefe de Lau (D'Urville, 1832:409)[39]. D'Urville procurava o desafortunado La Pérouse, e Ratu Tubuanakoro ia recolher tributos, função que exercia "num grande número de ilhas do arquipélago fijiano" em nome do irmão de seu pai, Ratu Naulivou, o Vunivalu de Bau (Gaimard, 1832:698). (O naturalista M. Gaimard também se refere a Ratu Naulivou como "o rei das ilhas Fiji", um exagero – não sem significado no presente contexto – ao qual os visitantes

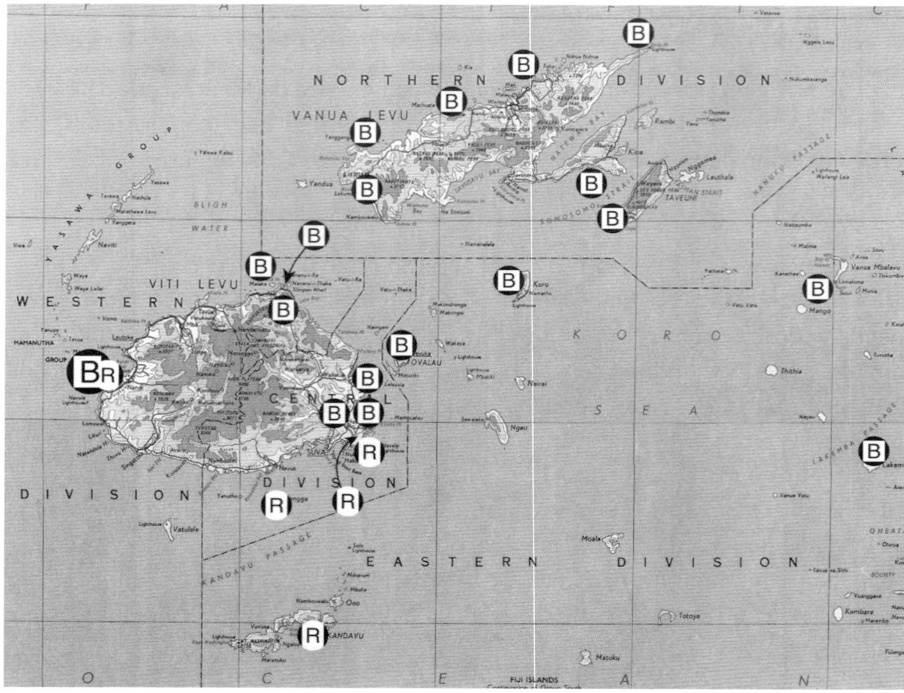

Figura 1.12 – Fiji: áreas de saque e batalha de Bau e Rewa no final do século XVIII até 1843

europeus mostravam-se freqüentemente inclinados.) Durante a semana que Ratu Tubuanakoro navegou no *Astrolabe*, ganhou a incondicional admiração do francês por sua dignidade e inteligência. As maneiras gentis, a aparência agradável e o caráter harmônico, disse D'Urville, "mostraram-no ser muito superior, a meus olhos, a todos os outros selvagens que eu observara até então", enquanto "sua inteligência em nada ficava a dever à de homens não há muito tempo celebrados por suas artes e ciências" (1832:426-7). (Ao que parece, trata-se de uma referência aos *philosophes* do Iluminismo; talvez aqueles ofendidos por esta comparação dos fijianos aos gregos clássicos possam encontrar algum consolo nisso.) O bauense mostrou sua dignidade, em parte, por uma nobre indiferença quanto ao lugar onde o francês escolheu desembarcá-lo; pois o vento havia tornado impossível para D'Urville desembarcar seus passageiros em Lakeba, e ele propunha deixá-los em Somosomo, a capital Cakaudrove na ilha Taveuni. A perspectiva levou os desesperados tonganeses às lagrimas. Mas Ratu Tubuanakoro conseguiu garantir a seus companheiros que ele os protegeria em Cakaudrove. Quando o *Astrolabe* não conseguiu aportar em Taveuni, todos os passageiros, exceto Ratu Tubuanakoro, entraram novamente em pânico, pensando que seriam levados para a Europa. No entanto, ficaram muito satisfeitos quando D'Urville decidiu rumar para a ilha Moala, onde um irmão de Ratu Tubuanakoro também atuava como "coletor de tributos" para Bau.[40] Este era, com toda probabilidade, Ratu Cakobau, o chefe destinado a tornar-se o maior conquistador de Fiji e que, de acordo com uma bem conhecida tradição, foi circuncidado, quando jovem, em Moala – uma ocasião para pagamentos em alta escala (Toganivalu *TkB*). Enquanto isso, Ratu Tubuanakoro, mantendo sua superior serenidade em meio a tanta inquietação de seus companheiros, ganhou o respeito dos franceses pelas lições que lhes deu sobre a geografia de Fiji, "tendo ele próprio visitado quase todas as ilhas" (Gaimard, 1832:698). Ele era, observou M. Gaimard, "o d. Luís de Torres deste arquipélago".

Durante a semana, Ratu Tubuanakoro forneceu a Gaimard uma notável lista de 63 ilhas habitadas, junto com estimativas de suas populações. Indicou também suas respectivas posições no mapa Krusenstern de 1813, que os franceses estavam usando. A lista de Ratu Tubuanakoro é notável tanto por sua extensão – das ilhas Yasawa, no noroeste, até Lau, no sudeste – quanto pela precisão dos números das populações. Com exceção das ilhas maiores, cujos assentamentos no interior lhe eram desconhecidos, as estimativas de Ratu Tubuanakoro estão bastante próximas dos últimos censos. Quanto a essas questões, o bauense ganhou precedência sobre o membro da realeza de Lau a bordo, que se reconheceu desqualificado, e disse que Ratu Tubuanakoro era "o fijiano mais adequado para fornecer informação dessa natureza" (Gaimard, 1832:708). Os franceses ainda iriam ter outra prova disso, embora não a pudessem avaliar adequadamente. Mais tarde, um grande chefe de Nadrogā, no sudoeste de Viti Levu (talvez o rei Na K Levu) também forneceu a eles os nomes de 65 ilhas fijianas habitadas e 57 desabitadas – ou assim pensavam. Como essa lista quase não correspondia à de Ratu Tubuanakoro, Dumont D'Urville suspeitou que fosse falsa, talvez incluindo nomes de distritos. Como se verificou depois, grande parte dos lugares que constam da lista de Nadrogā não eram ilhas nem distritos, mas meras vilas de Viti Levu. O chefe de Nadrogā dificilmente poderia ter o mesmo nível de conhecimento ou experiência de Ratu Tubuanakoro sobre toda a Fiji, e era provável que nenhum outro fijiano tampouco pudesse a ele se igualar – a menos que também fosse bauense.[41] No que diz respeito aos rewanos, a evidência comparativa direta de seu alcance está limitada a um caso, embora envolva uma personagem de status análogo ao de Ratu Tubuanakoro, chamado Ro Cokānauto (também conhecido como "Phillips"), um meio-irmão paterno do rei de Rewa. Em resposta a uma pergunta feita em 1840 por um membro da Expedição Exploradora dos Estados Unidos a respeito da localização de outros rios além do Wailevu onde Rewa estava situada, Ro Cokānauto falou apenas de "um outro rio grande ... nesta ilha, mas não sabia a localização exata"

Figura 1.13 – Vista de Rewa, 1840

(Pickering, *J*: 17 mai 1840). Sua aparente ignorância é mais notável ainda porque o segundo maior rio de Viti Levu, o Sigatoka, alcança o mar na costa sudoeste, uma área onde Rewa tinha alguma influência política. Mas, evidentemente, não o mesmo tipo de autoridade e familiaridade de que dispunha Bau sobre uma considerável parte do arquipélago fijiano.[42]

Assim também, a partir de 1843, quando Bau e Rewa entraram num conflito prolongado, ambas mostraram o mesmo tipo de diferença de índole e estratégia. Rewa esteve na defensiva durante quase toda a guerra. Até cerca de 1852, não era rival para a combinação de mobilidade, força e riqueza de Bau – para não mencionar a habilidade conspiratória dos chefes dirigentes bauenses. Beneficiando-se, então, de uma rebelião em Bau, da deserção de muitas cidades e de um desentendimento entre os bauenses e os comerciantes europeus, Rewa ganhou uma vantagem temporária. Mas, em 1855, com a vitória a seu alcance, entrou em colapso de uma hora para outra quando seu carismático rei Ratu Qaraniqio morreu subitamente – um evento sobre o qual mais se dirá no próximo capítulo. De outro modo, a situação de Rewa no interior, dependente da agricultura no rico delta do rio Wailevu, tanto a tornou vulnerável quanto deixou fora de seu alcance os recursos do poder bauense. Uma zona ecológica especializada, exibindo o cultivo intensivo do inhame dos pântanos (*Cyrtosperma chamissonis*), o delta do rio Rewa (Figuras 1.13 e 1.14) abrigava uma população acima de 20 mil pessoas em apenas 250 quilômetros quadrados, "provavelmente a maior concentração no Pacífico daquela

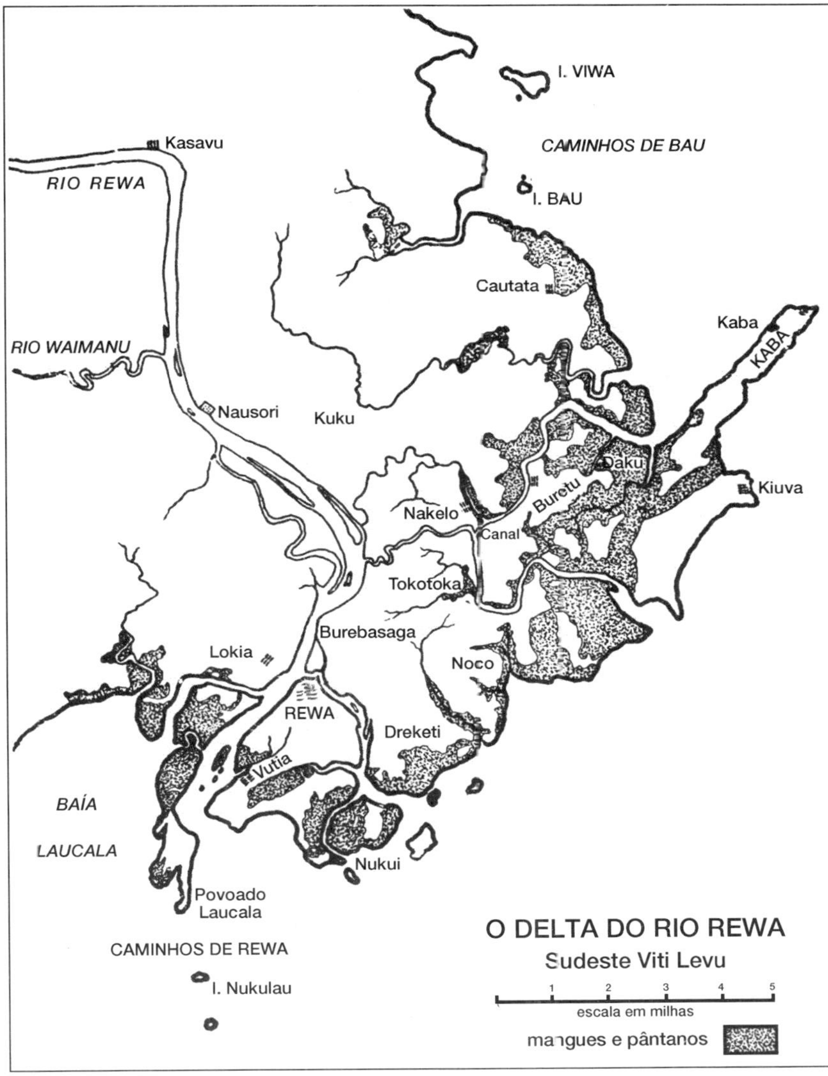

Figura 1.14 – O delta do rio Rewa

época" (Parry, 1977:19). A maior parte dessa área estava ocupada por Rewa e seus territórios independentes – até que Bau mudasse a correlação de forças, infligindo um dano aos fornecimentos locais de alimento e atacando as cidades rewanas. Rewa tinha canoas, talvez um terço do número de canoas oceânicas de Bau, mas aqui, novamente, não podia competir com a superioridade bauense. Nas duas principais batalhas navais ocorridas no primeiro ano da guerra, as grandes canoas duplas bauenses causaram sérias perdas de embarcações rewanas, que voltavam para a capital vindas da ilha Kadavu. (Toganivalu, 1912b:170; Hunt, *J*: 5 fev 1844; Jaggar, *J*: 1º jun 1844). "Essas batalhas", comenta Fergus Clunie, "mostram claramente a supremacia naval de Bau, um fator vital para sua ascensão à posição dominante em Fiji" (Clunie, 1977:23). Combinadas com a defecção para o lado bauense de uma cidade (Nukui) que comandava a entrada do rio Wailevu, as primeiras derrotas navais parecem ter separado Rewa, durante a maior parte da guerra, de seus súditos kadavu e da riqueza que eles representavam.

Privada de apoio também no delta, Rewa foi destruída não uma vez, mas duas: em 1845 e novamente em 1847. Quando o rei foi morto na primeira batalha, a liderança coube a seu irmão mais novo, Ratu Qaraniqio, que, de um refúgio nas montanhas, organizou a resistência e a reocupação da capital rewana em ambas as ocasiões. O reverendo Hunt diz como Bau desgastou as defesas rewanas no delta durante as primeiras campanhas de 1843-45. Ele descreve como Tokatoka, um importante território de seis cidades situadas ao longo do estratégico canal do rio que conectava as água de Rewa e Bau, abandonou a causa rewana. Aliada guerreira de Rewa de longa data, Tokatoka, diz o senhor Hunt, "ofereceu uma nobre resistência e não chegou a ser tomada, mas, desgastada pelas vigílias e pela fome, seu povo passou-se para o lado de Bau. Isso aconteceu com muitas cidades rewanas. As riquezas de Bau eram demais para elas" (*J*: seguindo-se a 19 out 1845).

Como no caso da Grécia do quinto século, o mesmo aconteceu na Fiji do século XIX: as diferenças nos modos como os poderes contendores empreendiam a guerra envolviam algo mais que "caráter nacional", ou como quer que se escolha chamar as contrastantes inclinações que Tucídides invocou para explicar as diferenças de práxis históricas entre espartanos e atenienses. A agressividade de Bau expressava a singularidade de sua estrutura no esquema fijiano das coisas. A organização política de Bau era, por uma inversão, uma transformação diferente do sistema fijiano normal – do qual Rewa, por sua vez, era uma versão clássica. Basil Thomson, que conhecia bem as constituições fijianas pelas suas atribuições como comissário dos territórios nativos nos anos 1890, considerava Rewa "o mais perfeito exemplo de um Estado fijiano conhecido por nós" (1908:366). Bau deveria ser então o exemplo mais incomum, diferindo, de maneira consistente, em muitas dimensões culturais, desde o modo de produção até a mitologia, passando por um contraste radical no sistema de grupos descendentes e uma forma invertida de dois reis na qual o governante sagrado estava submetido ao senhor da guerra.

A constituição clássica de Rewa foi construída sobre o dualismo básico fijiano de "povo da terra" nativo (*kai vanua*), os "proprietários" (*i taukei*) originais, e chefes dirigentes imigrantes, cujas origens além-mar tornavam-nos "mar", em contraste com o originais "terra" (Hocart, 1952:27ss, 1970a:268ss). O povo da terra incluía, principalmente, os "verdadeiros rewancs" (*kai Rewa dina*), creditados como tendo recuperado o delta do rio Rewa, antes pantanoso, e construído um elaborado sistema de campos cercados e elevados para o cultivo do inhame gigante dos pântanos e de outras espécies. A tradição encontra esses originais cedendo o comando a ondas sucessivas de linhagens dirigentes, culminando com o advento dos reis sagrados vindos de Verata, na costa leste de Viti Levu, o tradicional lar da aristocracia que governava os reinos fijianos mais importantes. A admiração de Basil Thomson pela organização social rewana devia-se, talvez, à maneira como o dualismo "povo da terra nativo" e "chefes imigrantes" era operado em todos os aspectos do sistema: desde o próprio sistema de parentesco, uma típica diarquia fijiana, passando pelas relações entre diferentes terras (*vanua*) do reino, diferentes vilas (*koro*) em cada terra, até diferentes clãs (*mataqali*) em cada vila.[43] Isso lembra uma expressão lauense disseminada por A.M. Hocart e freqüentemente citada por fijianistas: "Em Fiji, tudo funciona aos pares; senão os tubarões comem" (1952:57).[44] Um diagrama do estudo sobre Lau feito por Hocart pode servir de modelo para o funcionamento desse dualismo em vários níveis da típica terra fijiana, ou o que Hocart chamou de "Tribo" (Figura 1.15).

Na realidade, o sistema de Rewa é, de certa maneira, mais complexo, um esquema de duas formas de dualismo que se intersectam, uma como se fosse vertical, e a outra, horizontal. A primeira, o tipo descrito por Hocart, divide a sociedade em duas partes mais ou menos equivalentes, cada metade encabeçada por um dos dois reis, o sagrado (Roko Tui Dreketi) e o da guerra (Vunivalu). Tecnicamente, isso é um dualismo *diametral*, distinto da forma *assimétrica* que, em termos estratigráficos, opõe os chefes governantes ao povo abaixo dele. Sendo uma recíproca e a outra hierárquica, as duas formas são estruturas alternadas de ação histórica que ganham a importância adequada em situações diferentes.

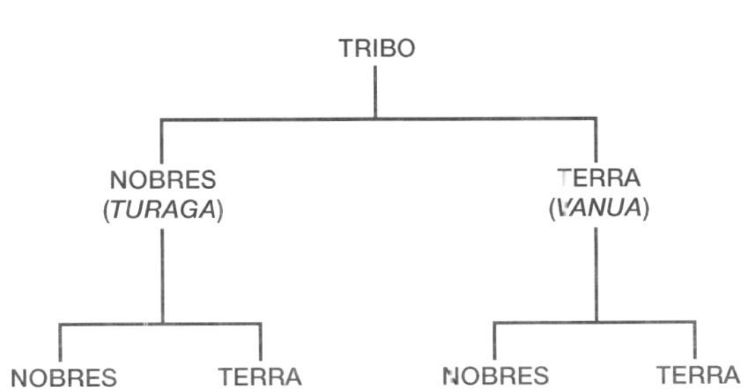

Figura 1.15 – Estrutura básica das "tribos" fijianas, segundo Hocart

(a)

	VALELEVU (Casa Grande) Lado do Roko Tui Dreketi	REWA Lado do Vanivalu
NOBRES (*TURAGA*)	NARUSA (Roko Tui Dreketi) NAKELI NACOLASI Naivakacau (serviçais)	NAKARO (Vunivalu) NUKUNITABUA (TABU YAGO TAMATA?) Valebolabola (serviçais)
SAUTURAGA (TERRA, VANUA)	NAVOLAU (enviado a Bau) TAROTARO (arautos) NASIMITI (sacerdotes e *bati*)	VUSA VASU NANIU (sacerdotes e enviado a Verata) KAI REWA (arautos)

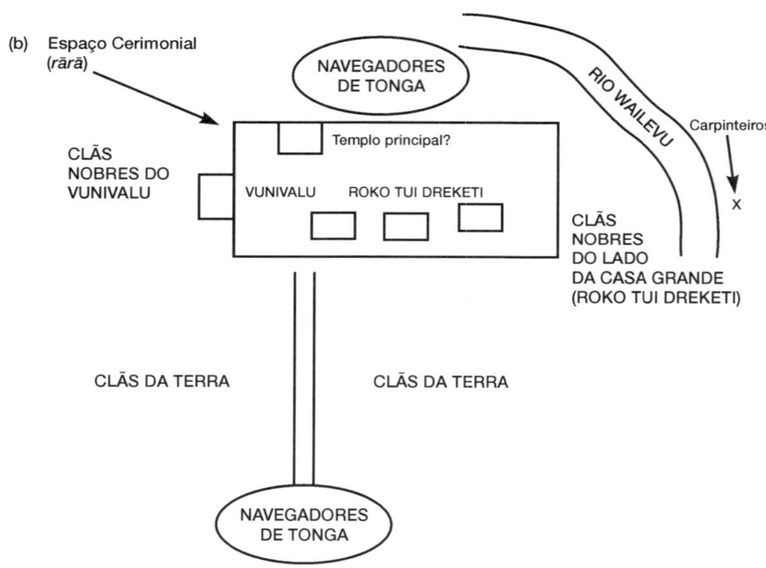

Figura 1.16 – Os dualismos de Rewa: (a) metades cruzadas; (b) relações espaciais

O sistema diametral (Figura 1.16a) é basicamente uma organização de assuntos internos. Cada metade é, em princípio, composta pelos mesmos tipos de grupos – cada um tem seus chefes, sacerdotes, clãs de navegadores e assim por diante –, embora o lado do Roko Tui Dreketi tenha precedência ritual sobre o do Vunivalu. A história tradicional dos títulos reais é consistente com essa diferença entre os lados "dirigente" e "terra" (*turaga* e *vanua*). O rei supremo, Roko Tui Dreketi, é o descendente dos imigrantes que chegaram depois, vindos do mar, e usurparam o comando dos reis da guerra já existentes. Essa dinastia de reis sagrados descende dos aristocratas de Fiji: uma linhagem real cujo ramo mais velho governa o antigo reino de Verata na costa leste de Viti Levu e cujos ramos mais jovens detêm os parentescos sagrados (os títulos "Roko Tui") em diversos territórios fijianos.[45] Mas o Vunivalu descende de reis do interior, de origens bastante duvidosas e inclinações anti-sociais, não sendo dado ao decoro observado por chefes verdadeiros; contudo, pela mesma herança, ele é adequado para realizar igualmente atividades à parte de vínculos sociais, como o derramamento de sangue e a guerra. Originários das terras altas de Viti Levu, de onde foram forçados a fugir por traírem o deus criador (Degei) na primeira guerra de Fiji, os ancestrais do Vunivalu tornaram-se os dirigentes do povo original da terra. Seu título real, Vunivalu, significa "Deus da guerra", ou "Raiz da guerra", cargo e função de líder militar que eles assumiram quando, por sua vez, entregaram o território ao povo arrivista Roko Tui Dreketi. "A guerra é trabalho deles", como dizem os rewanos.[46]

Em princípio, o Vunivalu é o rei ativo da diarquia, enquanto o supremo Roko Tui Dreketi "apenas fica sentado" – um exagero diacrítico, é claro – enquanto recebe as oferendas do reino por ser a configuração humana dos deuses, garantindo assim sua continuidade e prosperidade. O Vunivalu, ao contrário, age: ele lidera não apenas na guerra, mas em muitos trabalhos coletivos, em virtude de seu status como dirigente original do povo de Rewa.[47] Ainda assim, como têm argumentado etnógrafos de Fiji, é um tanto enganoso contrastar o Roko Tui Dreketi com o Vunivalu como se fossem o rei sagrado e o rei da guerra, ou o dirigente estável com o ativo (Hocart, 1970a:163). Pois, de um lado, o Vunivalu também tinha aspectos de divindade; na verdade, como o procurador de sacrifícios humanos por atos de violência transcendente, este "Deus da guerra" era, em alguns aspectos, o mais terrível dos dois reis. E, por outro lado, o Roko Tui Dreketi, por todo o seu poder sagrado como o "deus humano" (*kalou tamata*) do povo, era, por essa razão, o autor das políticas práticas e das ações coletivas do reino, bem como a fonte ritual de seu bem-estar.[48]

A segunda forma de dualismo, o assimétrico, centrava-se no supremo Roko Tui Dreketi. As pessoas giravam em torno do rei "como planetas ao redor do sol", como diz Hocart num contexto análogo, argumentando que esse sistema centralizado estava a caminho de substituir o dualismo clássico do tipo simétrico ou diametral. O dualismo diametral tinha perdido valor em Fiji, pensava Hocart, pelos extremos a que a preferência do povo o havia levado. Estava decadente: "Um novo e mais solene interesse parece já estar se introduzindo no velho dualismo enfraquecido por excessos: o serviço prestado ao chefe. Ele e sua família eram tão excessivamente exaltados acima do resto que isso perturbou o velho equilíbrio de grupos emparelhados. ... Os dois lados que costumavam estar face a face, iguais em tudo, exceto em precedência, tinham começado a se decompor em unidades, todas elas voltadas para o chefe como planetas ao redor do sol" (1952:58).

A centralização observada por Hocart em parte pode ser atribuída à colonização. Como era usual, a administração colonial britânica satisfazia-se com "descobrir *o* chefe"; ela nunca foi capaz de reconhecer o sistema de parentesco dual de Fiji. Minha própria leitura, no entanto, é que o sistema assimétrico há muito tempo vem coexistindo com o bilateral. Ou melhor: trata-se do mesmo sistema, percebido e ativado de um outro modo ao enfatizar – e repetir – a distinção hierárquica entre chefes e súditos. O resultado é um esquema de estrutura centralizada e, ao mesmo tempo, concentricamente disposto no espaço, com foco, nas duas dimensões, no núcleo divino da organização social – que, em Rewa, era o Roko Tui Dreketi. Essa ordem hierárquica destaca-se nos eventos relacionados à pessoa do rei sagrado e – o que muitas vezes é o mesmo – nas relações entre Rewa e os poderes externos, sejam eles humanos ou divinos.

Em tais contextos, o reino funciona como a adoração de seu "deus humano", o Roko Tui Dreketi (Hocart, 1970a). As formas da obediência devida ao rei sagrado são as mesmas da concedida às deidades invisíveis. "Se, para se ter uma religião, é preciso reverência e devoção, bem como uma crença no sobrenatural, então a verdadeira religião dos fijianos é o serviço prestado ao chefe" (Hocart, 1952:26). Tal "reverência" inclui as obrigações práticas do povo com relação ao chefe. Embora coletivamente identificados, com referência aos chefes governantes, como a "terra" abaixo deles, os diversos clãs (*mataqali*) do povo também são diferenciados de acordo com sua descendência e identidade, como pescadores, navegadores, agricultores, carpinteiros, sacerdotes ou arautos de vários tipos. Raramente essas são ocupações de tempo integral, especializadas. Em vez disso, correspondem às distintas funções que os grupos desempenham para o rei e o reino, aos serviços que prestam ao Roko Tui Dreketi de formas semelhantes à adoração – o mesmo termo sendo aplicado para designar o serviço ao rei e a adoração do deus (*qaravi koya*). Para invocar outra meditação "(Ho)cartesiana", "não existe nenhuma religião em Fiji, apenas um sistema que, na Europa, dividiu-se entre religião e negócios" (Hocart, 1952:256).

O sistema centralizado é também uma ordem espacial que se configura no solo como uma série de zonas concêntricas, tendo ao centro os locais que correspondem às personagens e presenças governantes do reino. Os círculos são construídos de dentro para fora pelo uso repetido da oposição entre centro e periferia, que é também uma distinção entre o maior e o menor poder divino (*mana*) – daí que Hocart tenha caracterizado o sistema como o "central e superior" *versus* o "externo e inferior" (1968:113). O centro absoluto é o terreno cerimonial (*rara – acento*) do reino, o local dos principais rituais e festividades (Figura 1.16b). Em volta do terreno cerimonial ficam os estabelecimentos domésticos dos dois reis, os templos dos grandes deuses e as tumbas dos governantes que já se foram – todos os poderes espirituais e políticos. Os clãs originais da terra residem além do centro cerimonial; em Rewa, estão dispostos ao longo de duas filas paralelas ao rio

Wailevu.[49] Juntas, essas terras e os povos governantes constituem Rewa propriamente dita, ou Lomanikoro ("Centro da vila"). Além delas, em assentamentos próximos, mas com nomes distintos, estão as vilas de "estrangeiros" ou de "forasteiros" (*kai tani*, literalmente, "gente diferente"): duas comunidades de navegadores tonganeses e outra dos carpinteiros do rei. Diz-se que os tonganeses, principais remadores de Rewa, chegaram no século XIX. Assimilados aos fijianos em língua e costume, permanecem distintos em etnicidade, uma população minoritária tanto em status quanto em número – o que, como veremos a seguir, estabelece um contraste interessante com a ampla presença de povo do mar em Bau.[50]

Novamente tomada em conjunto, essa população central de chefes, povo da terra e gente de fora constitui a *koro sau*, a "cidade reinante" de Rewa e, como tal, é o núcleo de outra série de zonas concêntricas da mesma natureza. Além da cidade reinante e à sua volta ficam as vilas e terras dos rewanos nativos, muitos deles relacionados com os clãs da terra da capital. Mais afastados, os territórios dos povos vassalos (*qali*) e de aliados fronteiriços (*bati*) completam, no plano do reino como um todo, a mesma série concêntrica de chefes, povo da terra e forasteiros encontrada dentro da capital. As terras dos aliados e súditos têm seus próprios poderosos supremos e seus próprios deuses e, com isso, um senso de sua própria independência, ao mesmo tempo que se reconhece sua duradoura subordinação a Rewa. Os guerreiros aliados, ou "fronteiriços" (*bati*), estão situados principalmente ao norte da capital, no delta do Rewa. Como sua contribuição ao reino é feita na forma de guerreiros, e não de comida – que é produzida por eles para suprir os guerreiros –, essas terras de fronteira formam uma rede populosa de cidades que se estendem bastante além do delta e estão voltadas para as comunidades que circundam o reino bauense. Os territórios vassalos (*qali*) de Rewa estão sobretudo na parte sul do delta e nas ilhas de Beqa e Kandavu. Mais servis que os guerreiros fronteiriços, podiam ser tributados em comida e também em riqueza e homens – embora o controle de Rewa nessa área nem sempre fosse garantido e tivesse de ser reafirmado de tempos em tempos por meio da força. A julgar pelos diários dos missionários, no século XIX Rewa estava lutando tanto com seus súditos quanto com Bau.

Mais adiante, veremos que, em alguns aspectos, o esquema espacial rewano assemelhava-se ao cenário espartano, com os verdadeiros esparciatas no centro, e os periecos*, os escravos (hilotas) e os aliados em regiões sucessivamente periféricas.[51] Mas, do ponto de vista estrutural, bem como do espacial, esse "exemplo

* *Periecos*: cidadãos de condição intermediária entre os esparciatas e os hilotas, possuíam terras, mas não tinham direitos políticos, e habitavam outras cidades e vilas ao redor de Esparta. (N.T.)

mais perfeito" de uma organização social fijiana era significativamente diverso da organização de Bau.

É verdade que Bau retinha as características essenciais de um reino fijiano clássico. Possuía a diarquia característica do rei sagrado e do senhor da guerra, Roko Tui Bau e Vunivalu, cada um à frente de uma metade de clãs, cidades e outros territórios (dualismo diamétrico). Ao mesmo tempo, o poder se irradiava a partir do centro cerimonial da ilha de Bau, no qual estava situada a residência do Roko Tui Bau e o principal templo do reino (dualismo concêntrico). Mas, em dois aspectos importantes, os bauenses subverteram a típica ordem fijiana com transformações estruturais que a tradição associa à mudança dos chefes reinantes para a ilha, deixando o continente de Viti Levu. Fundamental para a orientação marítima de Bau, aqui o "povo do mar" (*kai wai*) – pescadores, navegadores e guerreiros do mar – tornou-se o principal suporte do reino, em oposição aos cultivadores nativos ou "povo da terra" (*kai vanua*); embora fundamental para seu militarismo, em Bau a diarquia estava invertida, fazendo do rei da guerra Vunivalu o cabeça efetivo do Estado, e relegando o rei sagrado, o Roko Tui Bau, a uma precedência meramente cerimonial.

O povo autóctone ou "proprietário" (*i taukei*) da ilha de Bau eram os canoeiros, em contraste com Rewa e outras comunidades políticas onde os nativos eram povos da terra, enquanto os povos do mar eram estrangeiros. De acordo com a tradição, Bau era, originalmente, a casa de quatro grupos de povos do mar que serviam aos chefes do continente adjacente – a área chamada Kubuna, que ainda é o nome cerimonial do reino. Algumas gerações (ou séculos) antes, os chefes kubuna haviam expulsado da ilha os dois principais grupos do mar e ali se fixado. Os povos exilados, os butoni e os levuka, estabeleceram-se em diversas outras ilhas no mar Koro ou em volta dele. Estas são as comunidades antes mencionadas como quase-colônias de Bau, já que ainda eram conhecidas como bauenses e consideravam os senhores de Bau como seus próprios "chefes verdadeiros".

Voltando agora a Bau, dois dos primeiros povos do mar, os grupos lasakau e soso, permaneceram no local quando os reis imigrantes se estabeleceram e continuaram a funcionar como pescadores reais. Eram também notáveis guerreiros marítimos. O Povo Lasakau (Kai Lasakau) em particular: era amplamente conhecido como os "homens perigosos" (*tamata rerevaki*), não apenas por suas proezas, mas por terem o encargo de procurar as vítimas canibais exigidas em cerimônias importantes – sendo que, nessas buscas, não tinham escrúpulos de encontrar sua caça em terras sujeitas a Bau ou mesmo entre seus próprios parentes em outros reinos. "Muito sanguinários e cruéis", disse o reverendo Jaggar a respeito dos lasakau, "muito temidos por isso; a circunstância de terem grande número de canoas a seu dispor possibilita que ponham seus esquemas em prática mais efetivamente" (*WMMS/L*: 3 mar 1845). Uma fonte importante do poder bauense, que dependia não em pequena medida de uma reputação de terror, esses povos do mar, ao contrário de suas contrapartes (tonganeses) em Rewa, não ocupavam lugares marginais na espacialidade da cidade reinante, nem eram uma minoria numérica ali. Seus próprios terrenos cerimoniais ficavam próximos ao terreno principal, no centro da ilha ou adjacentes a ele. Tomados em conjunto, os dois clãs do mar claramente superavam em número os clãs dirigentes e os povos da terra agregados que viviam na ilha. Os reis de Bau baseavam seu domínio não em cultivadores nativos, mas em navegadores e pescadores nativos – o que, em termos de categorias fijianas, bem como de estratégias políticas, significa dizer não na terra, mas no mar.[52]

A segunda grande transformação na organização política de Bau foi a inversão da diarquia, a derrubada dos reis sagrados (Roko Tui Bau) pelos reis da guerra (Vunivalu), que então se tornaram o poder supremo em todos os aspectos, exceto no ritual. Não se sabe exatamente como e quando isso aconteceu. No entanto, tornou-se certamente definitivo no início do século XIX ou final do século XVIII, quando o Roko Tui Bau reinante foi expulso da ilha e acabou morto pelo grupo do Vunivalu. A derrubada foi então politicamente selada, embora ritualmente desfeita, com a investidura de um dos povos do Vunivalu no título de Roko Tui Bau. Pois a existência do chefe sagrado era uma necessidade estrutural, uma condição da possibilidade da ordem social bauense. Longe de serem capazes de eliminar a linhagem do Roko Tui Bau, os usurpadores não podiam nem mesmo negar sua superior dignidade. Uma das razões era que, no tradicional sistema dual de clãs e terras bauenses, havia uma metade da população do reino formada por súditos herdados do Roko Tui Bau. Eles não tinham relações nem obrigações com o Vunivalu, exceto aquelas transmitidas por seu "próprio chefe", como o rei sagrado era conhecido entre eles. O Roko Tui Bau também era ritualmente indispensável. Sendo o deus humano, recipiente de sacrifícios no templo principal – o que, aliás, dava a ele a reputação de ser o maior canibal de Fiji –, as funções sacramentais do Roko Tui Bau eram a garantia do bem-estar do reino. Entre essas funções estava seu direito de realizar a investidura do Vunivalu, dando, assim, a este, a legitimidade à autoridade maior, com a condição de reter sua própria superioridade governante como Roko Tui Bau.[53] Ainda assim, os senhores da guerra governavam Bau. A devastação que usualmente infligiam para além das fronteiras do reino estava agora inscrita em seu centro, como seu princípio dominante. Pois esses povos eram guerreiros por origem, por descendência e, portanto, por natureza. "Nós lutaremos até morrer", disse Ratu Cakobau ao missionário. "Ensinaremos nossos filhos a lutar; e os filhos de nossos filhos lutarão" (Waterhouse, 1866:86).

Aqui está o grande aspecto historiográfico: tais transformações da ordem cultural fijiana não devem ser consideradas isoladamente, como acontecimentos independentes. As diferenças entre Bau e Rewa estão sistêmica e historicamente relacionadas. São diferenças interdependentes. Este é, de fato, o grande sentido da história, codificado na Alta Genealogia Fijiana que abrange as dinastias fundadoras dos principais reinos (Figura 1.17).[54] Chamo isso de Alta Genealogia Fijiana porque equivale a um mapa ancestral das aristocracias dominantes em muitas das terras mais úmidas de Fiji*: os reinos costeiros do leste de Viti Levu, do sul de Vanua Levu, Lau, e certas ilhas do mar Koro. Como na Grécia, cuja velha nobreza era significativamente pan-helênica (Gernet, 1981:279-80), assim as comunidades políticas fijianas também viam-se interconectadas pela descendência dos governantes. As jornadas dos ancestrais reais constituíram a ordenação natural de seus territórios – a paisagem, nomeada segundo partes de seus corpos e incidentes de viagens – ao longo do processo de constituição da ordem social. Publicada pela primeira vez na década de 1890 (Denicagilaba, 1892-94 [5]:9-11), a genealogia remonta a uma antigüidade desconhecida, embora claramente codifique relações políticas que vêm existindo desde o início do século XIX e, em alguns casos, muito antes disso. Elementos-chave da afiliação entre os ancestrais de Bau, Verata e das ilhas Batiki aqui mostrados estão reproduzidos em termos mais míticos em textos recolhidos pelo reverendo William Cross na década de 1830 e, em termos mais humanizados, nas genealogias de linhagens coletadas recentemente em Bau e nas redondezas (Cross em Lyth, *TFR*: 97-98; Rosenthal, *FN*: 3/18/88).[55]

As figuras centrais da Alta Genealogia Fijiana são os ancestrais dos reinos de Verata e Bau, o divino Rokomoutu e o arrivista Ratu Vueti, respectivamente. À medida que se desdobra ao longo das gerações, a genealogia vai compondo uma narrativa da superioridade alcançada pelo ancestral de Bau, Ratu Vueti, figura de paternidade medíocre, sobre o filho mais velho da antiga nobreza fijiana, o divino Rokomoutu. De seu próprio modo, a genealogia repete assim a bem conhecida tradição histórica de que, no passado não tão distante, o reino aventureiro de Bau substituiu a aristocrática Verata como principal *matanitū* das ilhas Fiji. Verata, dizem os fijianos, é "um reino do sangue" (*matanitū ni dra*), numa comparação ressentida com Bau, o notório "reino da força" (*matanitū ki kaukauwa*). Bau surgiu de um casamento inadequado entre a irmã mais velha do grande Rokomoutu e um chefe menor de uma terra sem nenhum valor especial. Não nomeado, esse progenitor dos reis bauenses é identificado por um título menor, um arauto (*matanivanua*) de Rakiraki em Viti Levu, um territorio associado ao deus criador Degei e ao primeiro povo nativo. O ancestral da realeza bauense seria, então, um chefe do povo da terra original, nem mesmo um dirigente (*turaga*) como tal, e a captura da irmã

* Sahlins refere-se às terras voltadas para o mar Koro, compondo um meio-círculo. Recebem o vento dominante e são mais úmidas que as do interior. Ver Figura 1.17. (N.T.)

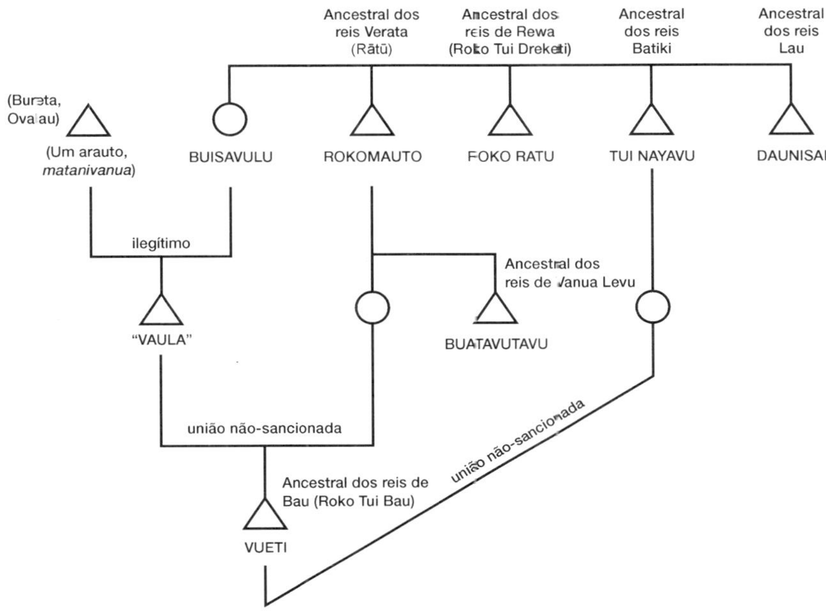

Figura 1.17 – Alta Genealogia Fijiana

de status elevado do grande Rokomoutu pelo arauto de origem inferior do povo nativo é o reverso da união hipergâmica da mulher nativa com o príncipe imigrante, encontrada na base de outras linhagens dirigentes fijianas. A apropriação da mulher divina, além disso, foi repetida nas gerações seguintes sob a forma de alianças não sancionadas entre ancestrais de Bau e filhas da aristocracia Rokomoutu/Verata. A importância da Alta Genealogia Fijiana para as diferenças entre Bau e Rewa é que, nessa sociedade patrilinearmente orientada, um irmão mais novo, tal como o ancestral rewano (Roko Ratu), é da mesma natureza que o mais velho (Rokomoutu) e está qualificado para sucedê-lo, enquanto um sobrinho uterino, como o ancestral bauense (Ratu Vueti), é o usurpador de seus parentes maternos. Na verdade, como sucessor terreno do deus do povo de sua mãe, o sobrinho uterino é, para esse, o usurpador divino.

É preciso saber mais sobre esse parente especial, o *vasu* fijiano, ou "filho da irmã". Fortemente obrigatórios, e cercados por vários tabus, os direitos concedidos ao *vasu* deram a esse personagem a descrição antropológica de "sobrinho uterino sagrado". Na expressão ritual prototípica do costume *vasu* – historicamente documentado com bastante freqüência nas relações práticas dos altos chefes –, um jovem abusivo apodera-se desafiadoramente do sacrifício destinado aos deuses do povo do irmão de sua mãe (Hocart, 1915, 1923, 1926). Os filhos do tio materno, primos cruzados do *vasu*, podem mostrar seu ressentimento esmurrando-o, mas ele mantém consigo a oferenda (Hocart, 1952:142 e 255). Consumindo o sacrifício, apropriando-se das coisas consagradas, o sobrinho uterino substitui assim o deus do povo de sua mãe. O que começou como transgressão é agora sublimado nas honras e nos privilégios divinos concedidos ao *vasu* em função de suas relações maternas. Daí os mapas genealógicos mencionados nos quais as dinastias fijianas têm origem na união de um poderoso príncipe estrangeiro com uma filha do povo original da terra, da qual surge o filho, *vasu* para o povo, que o nutrirá (e domesticará) como seu rei. Do mesmo modo como assume, ritualmente, o papel de um deus, o filho da filha da terra ganha o governo politicamente – o governo (*lew*), mas não o solo (*qele*), que permanece com os proprietários nativos (*taukei*). O mito fundador do parentesco tem todas as virtudes de um casamento sagrado frazeriano: a síntese dos poderes procriadores celestiais com a terra dócil. Em Fiji, esse é mais destacadamente um processo civilizatório, que traz a um povo da terra ainda inculto os benefícios culturais de reis que chegam pelo mar.

Podemos agora avaliar o que a Alta Genealogia Fijiana diz a respeito da arrivista Bau. A linhagem de Bau é uma imagem invertida da legitimidade real fijiana, uma linha de descendência dúbia e inferior que usurpa as filhas da antiga nobreza fijiana. Bau está desalinhada: fora da linha real patrilinear graças à origem nativa inferior, e duplamente desalinhada em conseqüência das capturas audaciosas de mulheres nobres feitas por seus ancestrais. Sendo o "reino da força", Bau opõe-se à ordem governante estabelecida ao atuar como o eterno sobrinho uterino com a disposição inerente de derrubá-la – um reino desafiador e divino.

Pode-se observar aqui, entre parênteses, que um mito de fundação com a mesma forma geral do mito fijiano – um príncipe estrangeiro de descendência divina que rouba a filha do rei nativo e funda um novo regime de ordem política e natural – descreve a origem de muitas cidades gregas, como nos revelaria uma breve consulta de Pausânias e Apolodoros. No contexto de uma façanha análoga realizada por Pélops – a artimanha fatal que usou contra o rei de Pisa (uma cidade de Élis, no Peloponeso) e que lhe rendeu a filha do rei e o reino de Élis –, Préaux observa a ampla distribuição indo-européia desse tema: "Toda fundação de cidade, toda conquista do poder real torna-se efetiva desde o momento em que o estranho, investido de sacralidade pelos deuses ou pelas moiras, e contemplado, além disso, com a força do guerreiro, simbolicamente ganha a posse de uma nova terra, seja recebendo-a pacificamente, seja conquistando valentemente, ou por meio de um artifício, a filha do rei daquela Terra" (1962:117; cf. M. Sahlins, 1985:73ss).

Deixando de lado tais analogias, contudo, a questão historiográfica interessante é saber se podem ser encontradas relações de diferença entre Atenas e Esparta similares às que os fijianos perceberam entre Bau e Rewa. Exatamente por codificarem as oposições entre os principais reinos de Fiji em termos genealógicos, os fijianos produzem uma linhagem histórica a partir de suas antíteses estruturais. Os contrastes entre as comunidades políticas são diferenças aparentadas, afins. As transgressões de Bau desenrolam-se como um contraponto sistemático às convenções de Rewa – que, por sua vez, são afirmadas no processo. Este é coevolucionário. É o que Gregory Bateson chamou de "cismogênese complementar": uma competição por contradição, na qual cada lado organiza-se como o inverso do outro. E, como o dinamismo de Bau e o conservadorismo de Rewa são, dessa maneira, interdependentes, não se pode escrever a história de uma sem a da outra. Para adaptar a um contexto diferente uma frase de Carlo Ginzburg, "nenhuma ilha é uma ilha".

Atenas e Esparta como antitipos históricos

Por sob os contrastes caracterológicos entre Atenas e Esparta, tal como percebidos por Tucídides (e "ventriloquados" pelos coríntios), jaziam grandes diferenças de ordem cultural que não apenas tinham suas próprias histórias, mas também uma história interdependente de oposições complementares. Como irei argumentar, Atenas e Esparta desenvolveram as formas que apresentavam no quinto século por meio de uma dialética complexa que interligava suas condições internas a suas relações mútuas. Dinamicamente interconectadas, eram então constituídas de forma recíproca. "Atenas e Esparta", observou Victor Davis Hanson, "são Estados numa guerra real, mas também expressões metafísicas de maneiras opostas de olhar para o universo" (1996:xi). Atenas era para Esparta o mesmo que o mar para a terra, o cosmopolita para o xenófobo, o comercial para o autárquico, o luxurioso para o frugal, o democrático para o oligárquico, a cidade para a aldeia, o autóctone para o imigrante, o logomaníaco para o lacônico: "Não se consegue terminar de enumerar as dicotomias", como diz Raymond Aron (1961:108). Atenas e Esparta eram antitipos culturais.

Considere-se como um exemplo a inclusão cosmopolita dos atenienses em comparação com a exclusão xenófoba dos espartanos – uma antítese que começa no registro ritual, passa pelo político e chega ao prático. Poder-se-ia dizer que o império ateniense fazia anualmente uma exibição de si mesmo na grande procissão das Panatenéias – representadas nas famosas frisas do Partenon –, nas quais tanto estrangeiros quanto cidadãos participavam dos sacrifícios anuais dedicados à deusa da cidade, Atena (Parke, 1977). Abertas pela primeira vez à participação do mundo helênico no final do sexto século, as Panatenéias foram elaboradas no quinto século, especialmente na época de Péricles. Sob a forma da Grande Panatenéia (com competições atléticas) realizada a cada cinco anos, tornou-se, de fato, uma celebração da mesma dominação ateniense que a ajudou a criar. Virtualmente todos os setores da heterogênea população da Ática, incluindo os residentes estrangeiros, pessoas das cidades coloniais e os vassalos tributários, participavam do desfile de homenagem a Atena. Um ritual de submissão semelhante marcava a anual Dionísia da cidade, quando, de fato, "o número de atenienses e estrangeiros que se juntavam em Atenas era maior que em qualquer outra ocasião" (ibid, 133). Sendo um festival de abertura da temporada de navegação, a Dionísia era também a principal temporada teatral e a época em que se pagavam os tributos dos aliados, para serem exibidos na pista de dança do teatro.

Paul Cartledge (2001:18-20) faz uma comparação interessante entre essa abrangência político-ritual ateniense e o exclusivismo da grande cerimônia nacional espartana, a Jacíntia, executada, antes de mais nada, para destacar o puro núcleo esparciata do Estado. Apenas cidadãos espartanos eram representados nas procissões, distinguindo-se, assim, dos hilotas, que assistiam, e dos periféricos lacônios (*perioecoi*) e estrangeiros, totalmente excluídos. Cartledge comenta:

> As procissões das Jacíntias, de estilo militar, e as competições musicais e atléticas ... estavam abertas apenas para cidadãos espartanos. Na verdade, os hilotas eram os únicos não-espartanos presentes na Jacíntia – em contraste, especialmente, com o festival das ginopédias, nos quais eram bem-vindos distintos hóspedes estrangeiros, ou a promakéia, na qual os periecos recebiam um papel significativo. ... A Jacíntia, em suma, bem como o sistema espartano de urbanização como um todo, era conscientemente projetada para enfatizar e reforçar a separação entre o centro e a periferia, e o domínio de um sobre a outra. Enquanto a *polis* grega normal e normativa unia cidade e campo numa simbiose política harmônica, Esparta era, a esse respeito, e em tantos outros, atípica, se não única. (20)

Com exceção, talvez, de hóspedes distintos, os estrangeiros, como regra, não eram calorosamente recebidos na Esparta do quinto século – assim como também não havia muitos espartanos andando pelo exterior. Fosse ou não verdade que as proibições a esse respeito tinham sido estabelecidas por Licurgo, como geralmente se acreditava naquela época, as periódicas "expulsões de estrangeiros" (*xenelasia*) ainda estavam em vigência quando começou a Guerra do Peloponeso (Tuc., 1.144.3; Xen., *Const. Laced.* XIV:4; Powell, 1988:214). Referindo-se às leis espartanas relativas a estrangeiros, por discriminatório contraste com a abertura ateniense a todos os que chegavam, Péricles ofereceu o tipo de explicação funcional que ainda atrai muitos modernos, ou seja, que a exclusão dos estrangeiros por Esparta era motivada pela preocupação de proteger seus segredos contra os inimigos (Tuc., 2.23.1). A explicação ignora a desvantagem complementar de impedir os espartanos de viverem no exterior, mantendo-os, assim, ignorantes de seus inimigos – como os coríntios os descreveram. Tomadas em conjunto, essas medidas evocam mais os editos antiestrangeiros que os chineses vêm promulgando periodicamente desde a dinastia Tang para se protegerem da poluição espiritual. Testemunhando algo similar a essa poluição na decadência que se seguiu à vitória de Esparta na Guerra do Peloponeso, Xenofonte chegou exatamente à mesma conclusão sobre as virtudes das velhas leis excludentes: "Havia atos contra estrangeiros nos tempos antigos, e viver no exterior era ilegal; não tenho dúvida de que o propósito daquela legislação era proteger os cidadãos da desmoralização vinda de contatos com estrangeiros (*Const. Laced.*, XIV.4).[56] A Grande Muralha da China serviu, em medidas pelo menos iguais, para reter os chineses dentro e manter os bárbaros fora, marcando o limite ecológico e cultural além do qual a ordem especificamente chinesa não poderia ser mantida (O. Lattimore, 1940). A comparação talvez seja válida, já que, quando indagado se Esparta não deveria ser cercada por um muro, supõe-se que Licurgo teria respondido: "É bem fortificada a cidade que tem uma muralha de homens" (Plut., *Lyc*, 19). Os espartanos foram obrigados a fortificar a si mesmos contra o de fora que pudesse ameaçar seus costumes e disposições. Poderiam resistir melhor a invasões, disse Licurgo, "continuando pobres e não incitando cada homem a ser maior que seu companheiro" (ibid). Licurgo, observou Plutarco, "tinha tanto cuidado de proteger sua cidade da infecção de hábitos estrangeiros quanto os homens usualmente têm para impedir a chegada de uma peste" (ibid, 10).

Como disse Moses Finley, nenhum estado grego era páreo para Esparta em termos de exclusão e xenofobia: "Todo o sistema era fechado contra a influência externa, contra pessoas de fora e contra bens importados" (1964:65). Segundo a (invenção da) tradição, Licurgo proibiu a posse privada de prata e ouro e baniu todas as importações e bens de luxo. Em termos materiais, Esparta deveria ser auto-suficiente, assim como era fechada social e politicamente. Os espartanos não cunhavam as próprias moedas até o terceiro século, muito embora suas moedas de ferro não fossem aceitas em outro lugar. Assim, o legislador "retirou da riqueza, como observa Teofrasto, não meramente a propriedade de ser invejada, mas sua própria natureza de riqueza" (Plut., *Lyc.*, 10). Tampouco tinham os cidadãos espartanos permissão de se dedicar ao comércio ou a atividades mecânicas.[57] As terras dos esparciatas, distribuídas pelo Estado, eram cultivadas por hilotas, enquanto os donos viviam sua famosa cultura de quartel, com rigoroso treinamento militar, organização por faixa etária e nível acadêmico, disciplina pública, grupos de refeições comunais (ranchos) e pederastia institucionalizada (cf. Hodkinson, 1983: Plut., *Mor.* V.3). O sistema efetivamente desvalorizava a casa familial (*oikos*). De fato, era "uma reação contra a tradição do *oikos*", dizem Austin e Vidal-Naquet, "reduzindo a vida familiar a um mínimo" (1977:82-3). Como tal, isso impediria sua economia de energia – assim como acontece na limitação ou supressão do desejo. Simplicidade, austeridade e igualdade deveriam reger o consumo. E, nessa sociedade de "iguais" (*homoioi*), uma uniformidade essencial se impunha sobre os objetos da existência pessoal e familiar: casas e móveis, vestimenta e dieta. "A luxúria", diz Plutarco, "pouco a pouco privada daquilo que a alimentava e fomentava, reduziu-se a nada e feneceu por si mesma" (*Lyc.*, 9). Ateneu fala de um certo visitante sibarita que, depois de jantar em Esparta, comentou: "Não é de surpreender que os espartanos sejam os homens mais corajosos do mundo; pois qualquer um em sã consciência preferiria morrer dez mil vezes a viver uma vida tão pobre" (*Deip.*, 4.138.2).[58]

Além da austeridade sistemática, os espartanos fortificavam-se com barreiras concêntricas de proteção ritual e distinção étnica. Cabe lembrar que Cartledge falou de um certo sistema espacial de xenofobia espartana – "a separação entre o centro e a periferia, e o domínio de um sobre a outra" – da mesma forma como Hocart descreveu o dualismo concêntrico de Fiji "central e superior" *versus* "exterior e inferior". No caso espartano, o núcleo consistia nas quatro comunidades originais de verdadeiros esparciatas (ou cinco, incluindo Amiclas, um povoado aqueu, aparentemente algo como o povo nativo da terra). Como disse Tucídides, essa mera coleção de vilas antiquadas não poderia dar à posteridade nenhuma medida da fama espartana, considerando-se a pobreza dos restos que deixariam se um dia se tornassem desertas e delas restassem apenas os templos e as fundações de outros edifícios; se Atenas tivesse o mesmo destino, seu poder, a julgar pelas ruínas da cidade, pareceria duas vezes maior do que realmente era (1.10.2). Aqui estava outra antítese do quinto século, provando também que o grandioso programa de construção de Péricles atingira seu alvo político. Por contraste, a política religiosa espartana ficava mais aparente na série de santuários construídos em volta das vilas esparciatas, demarcando-as e guardando-as divinamente, enquanto à volta deles estendia-se um longo cordão de comunidades *perioecoi* livres (Cartledge, 2001:9ss). (Note-se que os *perioecoi* estavam efetivamente interpostos entre os espartanos e o mar, o que era, mais uma vez, o oposto da insularidade ateniense.) Um outro círculo de santuários que incluía os *perioecoi* e excluía os hilotas que viviam no interior marcava as fronteiras da Lacônia. Estes constituíam os santuários fronteiriços além dos quais era perigoso para os exércitos espartanos prosseguir sem autorização divina. Finalmente, os aliados da Liga do Peloponeso, que se supõe ter sido constituída por Esparta com olho na ameaça de levantes hilotas, formavam o círculo mais exterior desse Estado sigiloso – que ainda continua em grande medida desconhecido para o mundo.

Assim sendo, em quem ou o que pensava Cleistenes em 508 quando propôs uma constituição democrática para Atenas que daria a cada uma das dez recém-criadas tribos uma parcela das três principais zonas ecológicas do estado (o litoral, a cidade e o interior agrícola)? Como essa inclusão também tinha algo que era o inverso do sistema concêntrico de Esparta, poderia ser relevante que os atenienses apressadamente adotassem a reforma de Cleistenes em face de uma tentativa espartana de restaurar o tipo de tirania que os atenienses haviam derrubado não fazia muito tempo? Desde Aristóteles, pelo menos, os estudiosos costumam explicar Atenas e Esparta genealogicamente – isto é, derivando suas constituições de outros Estados anteriores por meio de algum (obscuro) processo de herança ou difusão. Assim, a constituição de Atenas poderia derivar dos regimes experimentais de certas colônias gregas, e a de Esparta, como se sabe, de Creta. Mas pelo menos a mesma atenção deveria ser dada aos processos sincrônicos e aos diacrônicos; à geração contemporânea de diferenças por oposição e à transmissão histórica de semelhanças por descendência. As diferenças culturais, como diz Lévi-Strauss, não são tanto o produto do isolamento de grupos quanto das relações entre eles (1952:10). O modelo democrático de integração territorial ateniense (sinoecismo) pode bem ter sido o sistema hierárquico centrípeto espartano, precisamente na medida em que o primeiro é uma negação do último. Determinação é negação.

Nessa mesma linha, o apoio espartano à tirania em Atenas por volta de 508 era um momento de transição na inteiramente nova antítese entre oligarquia e democracia, das quais os espartanos e os atenienses, respectivamente, foram defensores no quinto século, em especial durante a Guerra do Peloponeso. Talvez nada pudesse ilustrar melhor as dinâmicas da oposição complementar, já que, nas décadas precedentes, e a despeito de sua suposta falta de inclinação para aventuras no exterior, os espartanos realizaram intervenções militares contra tiranias em diversas cidades – em Atenas, bem como Corinto, Naxos, Sikion e Samos, entre outras –, intervenções que seriam consistentes com seu próprio regime (ideologicamente) igualitário. Mas agora as duas cidades haviam intercambiado suas identidades quanto à questão de qual delas era a favor dos muitos.[59] Como na Córcira ou na Trácia durante a Guerra do Peloponeso, os espartanos apoiaram os oligarcas que se insurgiram contra o apoio ateniense ao *demos*. Lévêque e Vidal-Naquet dizem que ainda não se deu atenção suficiente a essa reversão cismogênica: "Não se enfatizou o bastante o fato de que a reversão política (da tirania para a democracia) que ocorreu em Atenas sob a égide de Cleistenes foi acompanhada por um inverso simétrico na política externa dos lacedemônios, ... o primeiro da série de conflitos ideológicos que iriam se desenvolver entre Atenas e Esparta. Foi em 508 que Esparta começou a desempenhar o papel de gendarme para as oligarquias" (1997:30-1).

Como um princípio historiográfico, no entanto, a cismogênese teria de competir com a duradoura tradição de conceber Esparta como uma formação cultural antiga, autogerada, surgida já mais ou menos pronta na cabeça de Licurgo 400 anos antes da Guerra do Peloponeso, a se acreditar em Tucídides, ou, mais provavelmente, 500, a se acreditar em Plutarco. Pode ser que isso seja "miragem espartana", mas encontra seu complemento nas hipóteses modernas dos estudiosos segundo as quais as instituições especificamente espartanas se desenvolveram como meios instrumentais para manter a subjugação dos hilotas messênios, conquistados no final do oitavo século e subjugados de vez cerca de duas gerações mais tarde (c. 660), numa Segunda Guerra Messênia ocasionada por um levante de larga escala. Mas, como a prosperidade e o nível de desenvolvimento do comércio alcançados por Esparta após as Guerras Messênias efetivamente dissipam a miragem de uma sociedade autocontida e austera, pelo menos até o final do sexto século, é claro que a teoria que toma a dominação dos hilotas como explicação da peculiaridade espartana também deveria ser revisitada. Aceitando essa última hipótese, minha própria sugestão é agregar a questão messênia à oposição cismogênica de Esparta a seus adversários externos, Argos, Arcádia e especialmente Atenas. A ameaça hilota interna foi largamente gerada pela ameaça externa ateniense. É nessa conjuntura triádica que os messênios descobriram sua unidade étnica, e os espartanos e atenienses constataram sua antipatia mútua estrutural.

Primeiro, então, deve-se abordar a miragem espartana de perto o bastante para que ela se desfaça. Pois a conquista da Messênia, se alguma coisa fez, foi tornar Esparta o Estado mais rico da Grécia, e não a transformar numa *"grand village morose et fermé aux nouveautés"* (Ollier, 1933-43:45). A conquista do oitavo século iniciou uma era de produção artística e mecânica, e um fluxo de importações e exportações de longa distância que, embora mudassem de forma de tempos em tempos, só foram diminuir de intensidade no final do sexto século.[60] Isso tem sido do conhecimento dos estudiosos da era clássica há algum tempo. As escavações do santuário de Ártemis Orthía no início do século XX já "provaram que a 'austera' Esparta do mito não tinha correspondente na realidade antes de meados do sexto século, e talvez só depois disso" (Cartledge, 2002:133). Cartledge fala como as conquistas iniciais da Messênia lançaram Esparta na órbita mediterrânea de comércio de bens de luxo e matérias-primas, e apresentaram-na "às mais progressivas ('orientalizantes') correntes artísticas da época" (ibid, 103). Pois no início do sétimo século, ricas oferendas votivas de materiais preciosos – ouro, prata, marfim, faiança, âmbar – importadas da Grécia e de mais além eram presenteadas a Ártemis Orthía; ao mesmo tempo, figuras lacônias de cavalos feitos de bronze encontradas nos templos também circulavam da Itália a Samos. O meado do sétimo século, em seguida à Segunda Guerra Messênia, assistiu ao florescimento das esculturas lacônias de marfim. Feitas de matérias-primas importadas do Oriente Próximo, esses finos produtos da perícia lacônia estavam distribuídos por todo o Mediterrâneo. "Em termos históricos e de história da arte, o que é mais atraente e significativo a respeito dessa pletora de trabalhos de marfim é a revelação de uma quase totalmente inesperada Esparta, que – ao contrário da imagem literária – estava aberta tanto física quanto espiritualmente para o mundo externo e, em especial, para o Oriente não grego" (Cartledge, 2001:176). Hans van Wees argumenta que o mesmo poderia ser dito da poesia. Da perspectiva da história da arte, a poesia de Alcman (c. 600) reforça a imagem de uma elite lacônia dos séculos sétimo e sexto "engajada em todas as formas de consumo conspícuo da riqueza e do lazer característicos da Grécia arcaica. ... De fato, no tempo de Alcman, Esparta parece ter tido uma reputação de atribuir importância suprema à riqueza" (van Wees, 1999:3-4). O comércio espartano e a abertura para o mundo exterior estenderam-se até bem tarde no sexto século. Entre 575 e 525, floresceu a produção de cerâmica e de trabalhos de bronze. A cerâmica lacônia, com figuras negras, estava espalhada do mar Negro até a Espanha. Seu subseqüente e rápido declínio é em geral atribuído à concorrência da cerâmica ateniense. Mas, por fim, no término do sexto século Esparta estava aproximando-se da condição de autarquia que supostamente Licurgo havia decretado para ela centenas de anos antes.[61]

No entanto, a presença militar e política de Esparta no mundo grego mais amplo durou além disso. Ao longo da segunda metade do sexto século, combatia de maneira intermitente Tegéia e Argos, bem como intervinha contra tiranias em Atenas e lugares mais distantes. Dos dois povos "proeminentes" na Grécia por volta de 550, os atenienses e os espartanos, o último era o mais poderoso, e o rei Cresos da Lídia determinou e depois propôs uma aliança com eles (Hdt., 1.56ss). Os espartanos mantiveram sua liderança à frente dos helenos durante as Guerras Persas, perdendo-a para os atenienses apenas em 478 – no momento em que Atenas assumia seu decisivo compromisso com o poder marítimo. Naquele momento, este foi um ponto de inflexão crítico para os dois Estados. Os espartanos decidiram que seus interesses estavam em outra parte, não em desafiar os atenienses no mar ou disputar com eles a hegemonia – e nem em buscar a riqueza dessa maneira –, de acordo com o registro de suas deliberações feito por Diodorus Siculus (XI.50). Na realidade, os dois Estados entraram em competição quanto a estilos de vida, e não numa confrontação direta militar e econômica. Diodorus (ou sua fonte principal, Éforus) registra um momento-chave em seu relato de uma reunião da Gerúsia espartana, o Conselho de Anciãos composto de 30 integrantes, realizada em 475. A reunião foi convocada para se discutir uma guerra contra os atenienses "a fim de recuperar o comando do mar". Antes disso, numa assembléia geral sobre a mesma questão, "os homens mais jovens e a maioria dos outros estavam ansiosos para recuperar a liderança, acreditando que, se pudessem tê-la assegurada, desfrutariam de grande riqueza; Esparta, como um todo, ganharia importância e poder, e as propriedades agrárias de seus cidadãos privados experimentariam grande prosperidade". (Já vimos o suficiente sobre a ideologia de austeridade licurguiana e, no que se refere a ela, sobre uniformidade e igualdade – se for para acreditar em Diodorus.) O texto de Diodorus continua com as deliberações da Gerúsia:

> Como praticamente todos os cidadãos estavam ansiosos por esse curso de ação, e a Gerúsia estava reunida para considerar esses assuntos, ninguém acalentava a esperança de que algum homem pudesse praticar a temeridade de sugerir qualquer outro curso. Mas um membro da Gerúsia, de nome Hetoemaridas, que era um descendente direto de Héracles e desfrutava de favor entre os cidadãos em virtude de seu caráter, começou a aconselhar que deixassem os atenienses com a liderança que tinham, já que não era do interesse de Esparta, declarou ele, demandar a posse do mar. Ele conseguiu apresentar argumentos pertinentes em apoio a sua surpreendente proposta, de modo que, contra a expectativa de todos, persuadiu tanto a Gerúsia quanto o povo. E, no final, os lacedemônios decidiram que a opinião de Hetoemaridas era vantajosa para eles e abandonaram seu entusiasmo pela guerra contra os atenienses. (Diod. Sic., XI.50)

Assim, se os espartanos eram fixados à terra, preocupados com os hilotas, tipos domésticos voltados para dentro, sem interesse algum em proezas marítimas e econômicas, muitos tiveram uma grande surpresa em 475. Como nota de rodapé, seria possível acrescentar aqui que a identificação de Hetoemaridas como um descendente de Héracles (assim como Licurgo), se teve a intenção de garantir sua credibilidade, também redobra a oposição a Atenas no plano mitológico, no qual um contraste entre Héracles, ancestral dos reis espartanos, e Teseu, o rei ateniense, já existia havia algumas décadas (Calame, 1990b:404).[62] Ainda assim, a despeito das aparentes inflexões da política espartana na década de 470, "não deixa de estar presente a evidência de interesses helênicos mais amplos". Peter Fleiss observa: "Uma preocupação ansiosa com Megara, ... tentativas de quebrar o poder da Tessália, e ação na mais distante ilha de Zácintos no mar Jônico – tudo isso confirma que a liderança espartana a mantinha um olho atento sobre os eventos que aconteciam além de sua esfera de influência imediata" (1966:38).

Foi a partir dessa época, no entanto, que o número de soldados esparciatas começou a declinar bruscamente. Talvez oito mil ou mais em 480, os guerreiros cidadãos eram apenas mil na época da Batalha de Leuctra, em 371. O argumento de Cartledge, Hodkinson e outros é que as crescentes desigualdades na posse da terra entre os cidadãos espartanos tornaram impossível para os homens mais pobres contribuir com alimentos para o rancho comunal, fazendo que perdessem o status de hoplitas. Às vezes, argumenta-se ainda que o culto espartano à pobreza, a uniformidade de consumo e outras coisas semelhantes eram uma reação a isso, como um acobertamento funcional para manter a necessária solidariedade diante da crescente desigualdade. Como quer que seja, a data de ocorrência de tais aspectos da "revolução" espartana poderia então ser o quinto século, não o sexto. E, de acordo com Cartledge (2001), essa também seria a época de seu corolário ideológico, a famosa miragem espartana:

> Foi durante esse período de cem anos [480-371], à medida que deterioravam as relações entre espartanos e hilotas e entre Esparta e o mundo exterior, que a miragem nasceu – ou melhor, que foi manufaturada. No início, isso foi feito pelos nervosos espartanos; depois, a tarefa foi assumida por propagandistas agressivamente oligárquicos, em especial atenienses (dissidentes), para seus próprios objetivos internos. No aspecto cultural, a miragem não era inteiramente despida de correspondência com a realidade espartana, mas seu suposto fundamento em proibições licurguianas tinha, é claro, muito de fantasia e conversa fiada. (183)

A questão do presente momento não é tanto ridicularizar a miragem, mas entender sua importância. A questão não é tanto sua veracidade histórica, mas as condições históricas de seu aparecimento. Nesse sentido, dois aspectos da afirmação de Cartledge devem atrair nossa atenção. Primeiro, a miragem desenvolve-se não em relação ao problema hilota apenas, mas à correlata deterioração das relações de Esparta com o mundo externo, principalmente com os atenienses. Segundo, Cartledge sugere que, no que se refere ao quinto século, a miragem tem alguma correspondência com as realidades culturais de Esparta. É claro que é seguro dizer – como fez Moses Finley a respeito da "revolução do sexto século" – que o sistema espartano não se desenvolveu todo de uma vez, e também que elementos dele – a diarquia, por exemplo, ou o sistema de faixa etária e de nível acadêmico – eram, provavelmente, muito antigos. É seguro dizer também que ninguém sabe exatamente quando e em que ordem práticas espartanas específicas tornaram-se realidades culturais. Mas, claramente, um bom número desses aspectos característicos que também parecem estar sistematicamente inter-relacionados desenvolveu-se apenas a partir do final do sexto século no contexto do "crescente poder dos atenienses e do medo que isso inspirava aos espartanos". Entre esses desenvolvimentos tardios estariam: a suspensão do comércio exterior; a demonização do comércio em geral e das artes mecânicas; a supressão do consumo de luxo; a quase total dependência da agricultura e de forças militares baseadas na terra, com exclusão da atividade marítima; a igualdade, simplicidade e uniformidade do estilo de vida publicamente imposto; e o sigilo, as restrições aos contatos com estrangeiros e outras defesas semelhantes contra a corrupção moral – sendo este último um aspecto de uma xenofobia geral e radical que tinha como correlato o desengajamento das questões de política externa e de empreendimentos militares.

Diante disso, então, como fica o moderno complemento da miragem oferecido pelos estudiosos, segundo o qual a Esparta clássica seria uma formação concebida para subjugar os hilotas messênios que haviam sido definitivamente conquistados e reduzidos à condição de servos na primeira metade do sétimo século? Essa é "a ortodoxia corrente", como diz Michael Whitby (2002):

> A ortodoxia corrente, com certeza entre os estudiosos anglófonos, é que os hilotas fornecem uma explicação de todo o sistema espartano, dado que não apenas seu trabalho sustentava a privilegiada vida militar dos cidadãos plenos, como também porque sua persistente rebeldia determinou o desenvolvimento e a operação do sistema espartano, tanto dentro da Lacônia, com a necessidade de supervisionar e reprimir a população servil, quanto no mundo em geral, porque Esparta tinha receio de direcionar recursos escassos para aventuras externas. (178)

As conseqüências da vitória de Esparta sobre os messênios, como diz Forrest (1968:38), "determinaram sua história por três séculos e mais"; foram, nas palavras de Andrewes, "um grande passo no caminho de tornar Esparta diferente dos outros Estados" (1971:63). Onde outras *polis* gregas teriam de atender a suas necessidades de terra por meio da colonização, Esparta, assim diz o argumento, tinha um grande futuro agrícola na mão-de-obra hilota e na terra arável imediatamente disponível. "Num só golpe, ela comprometeu-se com um futuro quase exclusivamente agrícola e privou-se do incentivo de olhar para além de suas novas fronteiras" (Forrest, 1968:38). G.E.M. de Sainte-Croix incrementou a persuasão da tese destacando a natureza peculiar e as dificuldades da dominação espartana sobre os hilotas messênios (1972:89-90). A peculiaridade era que os espartanos subjugaram um grupo étnico inteiro, mantendo-o em seus territórios originais, e fizeram isso coletivamente, transformando-os todos em servos do Estado espartano (e servos destinados apenas para o uso de cidadãos espartanos individuais). A situação dos hilotas era diferente da dos escravos em outras cidades-Estados, que eram etnicamente heterogêneos, poliglotas, propriedades individuais e comercialmente vendáveis – dificilmente uma combinação propícia para revoltas de escravos. Mas os messênios nunca perderam a consciência de sua identidade, ou talvez tenham até tomado mais consciência dela no cativeiro; e, quando liberados pela derrota dos espartanos pelos tebanos, em 371, foram capazes de restabelecer um Estado que ficara sem uso durante três séculos. "Somente os espartanos", disse Sainte-Croix, "viviam no topo de um vulcão potencialmente ativo" (1972:90). Assim, se eram tipos caseiros, que julgavam perigoso aventurar-se fora de seu lugar, isso decorria de haverem construído um sistema no qual a eterna vigilância era o preço de sua liberdade.[63]

Um problema é que a maior parte da especificidade cultural dos espartanos não surgiu até 200 ou 300 anos depois de terem subjugado os messênios. Um segundo problema é que, para o mesmo período entre a Segunda Guerra Messênia (c. 660) e a revolta hilota de c. 466-65, não existe qualquer indicação clara de levantes escravos no território espartano. Não temos nenhuma evidência de que os messênios estivessem sempre se revoltando. E também não há evidência de que fossem sempre messênios. Ao contrário, as pesquisas recentes de Thomas Figueira (1999) fazem da identidade messênia um desenvolvimento do quinto século, e não um legado do oitavo: um tipo de etnogênese política ajudada e incitada pelos atenienses para favorecer seus próprios interesses antiespartanos. O que aparentemente está em questão aqui é a constituição dos messênios como uma *polis*, como outros povos gregos. Tal identidade nacional messênia foi especialmente promulgada na década de 460 pelos próprios refugiados da revolta hilota que haviam sido assentados pelos atenienses em Naupactus. Esses "messênios" continuaram como aliados dos atenienses ao longo da Guerra do Peloponeso (ibid, 215 e 232). Endossando as conclusões de Figueira, Hodkinson (2000:128) observou que "a principal inspiração de uma identidade messênia separada – que ocorreu relativamente tarde durante o período de subjugação da Messênia a Esparta, após a revolta da década de 460 – foi a propaganda externa ateniense, à qual os espartanos resistiam com firmeza".

Os problemas espartanos relacionados com os messênios não eram independentes de seus problemas externos, e essa foi, na realidade, uma intuição dos antigos, em particular de Tucídides e Aristóteles – embora sejam freqüentemente citados em apoio à moderna explicação da ordem espartana pelas necessidades funcionais de controle surgidas com a conquista no oitavo século. Tucídides levanta a questão geral no contexto da ocupação ateniense da cidade messênia de Pilos, em 424. Ele relata que os espartanos, temendo agora que os atenienses pudessem encorajar outros hilotas a se rebelarem, enviou 700 deles para fora do país com o exército de Brasidas. Em combinação com outro incidente (não datado), no qual os espartanos fizeram desaparecer dois mil hilotas sem que se soubesse como, Tucídides fala do "medo" que tinham diante do "número e da obstinação" dos hilotas, e de como "as medidas adotadas pelos espartanos visavam sempre a necessidade de protegê-los contra os hilotas" (4.80.2-3).[64] De sua parte, Aristóteles também compara os hilotas a "um exército constantemente a postos, esperando pelos desastres dos espartanos" (*Pol.*, 1269). Desastres naturais à parte, o que freqüentemente parece escapar à atenção dos estudiosos é a implicação (Aristóteles) ou a indicação (Tucídides) de um *tertium quid* externo nas relações senhor-escravo entre espartanos e messênios – qual seja, os inimigos de Esparta, que eram, necessariamente, condições da possibilidade de resistência messênia. Recrutados pelos espartanos para ajudar a debelar a revolta hilota nos anos 460, de acordo com suas obrigações mútuas previstas num tratado então em vigência, os atenienses foram abruptamente dispensados e mandados de volta para casa porque os espartanos temiam algum conluio entre os rebeldes e esses "atenienses revolucionários" (Tuc., 1.102.1-4).[65] Como se observou antes, quando os messênios foram finalmente liberados em 371-370, isso ocorreu em virtude da bem-sucedida invasão tebana da Lacônia. Em suma, o problema hilota dos espartanos, que se tornou crítico no quinto século, junto com a formulação de uma identidade messênia, foi uma *bagarre à trois*, desenvolvendo-se em conjunção com o desafio ateniense à hegemonia espartana.

Mas, então, como uma espécie de razão instrumental, a necessidade de subjugar os messênios nunca poderia ter sido uma explicação adequada da formação cultural espartana. Referidas a efeitos desejáveis, e não a formas determinadas, funções como "controle" não especificam propriedades como, digamos, a suspensão do comércio, ainda mais porque várias outras estruturas poderiam ter cumprido a mesma finalidade. Para se convencer da insuficiência da função como *raison d'être* da forma, basta inverter a explicação. Os espartanos precisavam manter a subjugação dos hilotas: portanto, praticavam a autonegação econômica, recusavam-se ao engajamento no comércio externo ou a viajar para fora do país, resistiam a inovações, rompiam com o domicílio conjugal, desdenhavam o dinheiro, impunham um igualitarismo estrito, usavam todos a mesma vestimenta, todos comiam a sopa negra*, institucionalizavam a pederastia e desenvolviam alergia à água salgada!?! Que a solução espartana para o problema messênio não era a única possível, isso é confirmado pelo fato de que outras sociedades – mais próximas historicamente, como os persas e os romanos – conquistaram e exploraram povos inteiros e foram ameaçadas por rebeliões étnicas ou de escravos, mas não recorreram ao benefício de instituições do tipo espartano. Se é para dizer alguma coisa, a conquista messênia sugere que, muito antes, no oitavo século, os espartanos já eram diferentes, em alguns aspectos, de outros gregos – não seria possível dizer que fossem dórios e imigrantes? Já era pouco habitual para o povo helênico escravizar outro povo, ainda mais da forma particular como fez Esparta. Em alguns aspectos, então, o esquema cultural espartano foi uma precondição para suas especificidades funcionais, e não o contrário. De todo modo, a necessidade de lidar com "messênios" ingovernáveis surgiu séculos depois, e no contexto de uma confrontação em andamento com os inimigos externos de Esparta. Quaisquer que fossem os valores internos funcionais das instituições espartanas, os espartanos estavam agora envolvidos num diálogo de diferenciação complementar com os atenienses. No quinto século, tornaram-se, segundo Hanson, *antiatenienses*: "Interiorizado, de visão estreita, relutante a se aventurar no mar, o conservadorismo auto-interessado de Esparta ganhou a aparência de uma filosofia antiateniense" (1996:xviii-xix).

---

* Sopa negra: sopa espartana feita com sangue de porco e vinagre. Sua versão contemporânea é a *melas zomos* grega. (N.T.)

A Grécia mito-histórica

No quinto século, Atenas e Esparta estavam criando um sistema a partir de suas diferenças. Juntavam-se numa competição cismogênica baseada no princípio de que cada uma era tão boa quanto e até melhor que a outra, igual e ao mesmo tempo diferente da outra. Articulando de forma elegante esse princípio, foram elaborados mitos nas duas *polis*, como Teseu em Atenas e Licurgo em Esparta, o que deu às diferenças estruturais em andamento entre elas um efeito discursivo, à medida que os mitos eram representados. O discurso dos atenienses sobre Teseu também implicava um certo contraponto às tradições heracleanas (e dóricas) dos espartanos, embora a oposição pudesse ser apenas relativa, dadas as honras pan-helênicas desfrutadas pelos dois heróis. Mesmo assim, no final do sexto século, os proponentes da inexperiente democracia ateniense faziam de Teseu um herói especificamente nacional, em contraste com a consideração que os tiranos recentemente depostos haviam concedido a Héracles (Calame, 1990b:404). A oposição continuou a desenvolver-se no quinto século, quando os atenienses confrontavam-se com o Estado espartano, cuja fundação devia-se ao chamado Retorno dos Heráclidas e cujos reis traçavam sua descendência até Héracles – portanto, até a meia-paternidade de Zeus.[66] Teseu, por contraste direto, era não apenas o grande unificador da *polis* ateniense (o famoso sinoecismo), mas também o suposto autor do poder democrático do povo.[67] Como afirma Calame, Teseu e seus feitos legendários foram, na realidade, extraídos das tradições de outras cidades e elevados ao status de mito constitutivo ateniense (cf. Paus., 1.3.3). Essa heroicização, que inclui a tradição de Teseu aparecido em espírito diante das forças atenienses em Maratona, foi incrivelmente reforçada quando, entre festivas procissões e celebrações, Címon entregou os (supostos) ossos de Teseu à cidade, em 475. "A partir daí", observa Robert Parker (1996:168), "Teseu alçou-se sobre todos os outros heróis atenienses, tanto em culto quanto em histórias". Diversos santuários foram dedicados a ele, incluindo o grande, construído por Címon. Um grandioso festival, a Thesia, foi devotado a ele, e inúmeros outros festivais passaram pelo que Parker chama de "uma *interpretatio Thesaia*" à medida que eram associados a eventos da vida do herói (ibid, 169). O mais interessante, no presente contexto, é a conexão, através do mito, entre o voltar-se de Atenas para Teseu e o seu voltar-se para o poder marítimo: "Como um filho de Posêidon, ele (Teseu) podia tornar-se um símbolo do heroísmo ateniense tanto no mar quanto na terra, e foi com um grande sacrifício em Rion, ofertado a ele e a seu pai (devidamente comemorado com uma inscrição em Delfos), que a frota de Fórmion celebrou suas vitórias no golfo de Corinto em 429" (ibid, 169-70).[68]

As tradições de Teseu, recolhidas principalmente por Plutarco, mostram o princípio da cismogênese associando o herói ateniense como semelhante e, ainda assim, diferente e melhor que Héracles e Licurgo. Como originador da democracia ateniense, Teseu é comparável a Héracles, o ancestral dos reis peloponesos, embora, assim como Héracles havia fundado o reino, Teseu tenha renunciado a ele e dado o poder ao povo. Além disso, Teseu, cujos feitos inspiraram o encômio "aqui está um segundo Héracles", era o duplo do ancestral real espartano. Explicitamente emulando Héracles, que era seu ídolo, às vezes seu companheiro de armas e seu (classificatório) primo-cruzado (o que os fijianos fariam com isso!), Teseu duplicou até mesmo os famosos trabalhos de Héracles ao arrasar uma horda de figuras aterrorizantes e monstruosas quando a caminho da terra natal, em Troezen, para demandar sua herança real em Atenas. (O Hefaisteion acima da ágora, que costumava ser identificado como o Teseion, tem os trabalhos de Héracles na frisa fronteira, e os trabalhos de Teseu nas duas frisas laterais.) No entanto, se Teseu era, como Licurgo, um grande legislador, as leis que deu a Atenas eram diametralmente opostas às concedidas pelo cultuado herói espartano – e, é claro, tanto melhor assim, de um ponto de vista ateniense. Não apenas libertou o povo ateniense, mas também abriu a cidade para o mundo, como relata Plutarco: "Para aumentar ainda mais o tamanho da cidade, Teseu convidou povos de todos os cantos para lá se estabelecerem em igualdade de condições com os atenienses. De fato, supõe-se que a frase corrente 'Venham para cá todos vocês, povos!' tenha sido originalmente uma proclamação empregada por Teseu quando estabeleceu uma comunidade que favorecia homens de todos os tipos e condições" (Plut., *Thes.* 25). Mas, como os estrangeiros (metecos) de Atenas eram mercadores e artesãos famosos, Teseu estava efetivamente patrocinando o desenvolvimento comercial da cidade – de novo em contraste com o subdesenvolvimento econômico licurguiano e sua xenofobia generalizada. Existem inúmeros outros detalhes contrastantes nas duas tradições, tais como a introdução de moedas de prata por Teseu e sua interdição por Licurgo. Basta dizer que Licurgo e Teseu, pelo menos em suas representações, no quinto século, eram protagonistas de um mitológico *agon*.

A autoctonia era uma outra distinção diacrítica da qual se vangloriavam os atenienses, em particular os do quinto século, em claro contraponto aos imigrantes dórios de Esparta (cf. J.M. Hall, 1997:53ss; Cohen, 2000:79ss). Notícias literárias dos atenienses como descendentes do rei terrestre Erecteu agora aparecem em Píndaro (anos 470), no *Agamenon* de Ésquilo (485) e no *Ájax* de Sófocles (final dos anos 440).[69] O tema da autoctonia também aparece no *Íon* de Eurípides e, em sua forma mais nitidamente estruturada, no *Menexeno* de Platão, onde Sócrates descreve sua versão da fala no funeral de Péricles como ele supostamente a ouviu de sua verdadeira autora, Aspásia, amante de Péricles. Falando dos atenienses:

> E, primeiro, sobre seu nascimento. Seus ancestrais não eram estranhos, nem são esses seus descendentes apenas residentes temporários cujos pais vieram de outro país, mas sim os

> filhos do solo, residindo e vivendo em sua própria terra. E o país que os criou não é, como outros países, uma madrasta para seus filhos, mas sua verdadeira mãe: ele os sustentou e os nutriu, e em seu seio agora repousam. Portanto, é apropriado e certo que devamos começar louvando a terra que é sua mãe, o que será uma forma de louvar seu nascimento nobre. (Pl., *Menex.* 237.b-c)

É curioso que a sabedoria convencional freqüentemente minimize ou, mais ainda, ignore o contraste apontado entre autoctonia ateniense e estrangeiros errantes relacionados à terra por adoção – como os lacedemônios, por exemplo – e prefira especular sobre as vantagens funcionais internas que a noção de autoctonia poderia ter para os atenienses. Isso os tornaria os ancestrais contemporâneos de seus aliados jônicos, por exemplo; ou promoveria a união dos cidadãos numa época em que a população estrangeira heterogênea da Ática crescia rapidamente; ou encorajaria orgulho cívico, igualdade, democracia, consciência nacional – algo assim. Seguindo uma – não fosse por isso, surpreendente – demonstração de que a "autoctonia" ateniense foi elaborada no quinto século, em resposta à rivalidade com os espartanos, Vincent Rosivach quase põe tudo a perder ao estender-se na conclusão de que aquela noção tinha suas virtudes locais quando se tratava de assegurar a unidade dos cidadãos atenienses e sua superioridade frente aos não-cidadãos (1984:246-97 e 305). Esse tipo de subversão de uma oposição complementar por uma disposição funcional, fazendo com que as relações estruturais entre sociedades sejam classificadas como as necessidades contingentes de uma delas, é comum entre historiadores.[70] Mais freqüentemente ainda, as discussões dos estudiosos da autoctonia ateniense não levam em conta o papel de Esparta nesse aspecto, o que é ainda mais curioso à luz da observação de Edward Cohen, de que, "assim como ocorre com muitos outros termos gregos antigos, a mais clara definição de *autokhthōn* resulta da interação com sua antítese, *epēlys*, ou seja, 'os que chegam', 'imigrantes'" (Cohen, 2000:83). Mas, então, e a Esparta dória? Será que estou deixando de ver alguma coisa?

Os classicistas também nos contam que o primeiro rei ateniense, Erecteu, encontrava-se fundido, nas tradições do quinto século, com um outro filho da terra, Erectônio – famosamente nascido da tentativa fracassada de uma união de Hefesto com Atena, o que fez com que o sêmen divino caísse no chão. E, mais ainda, que, como reis e ancestrais, Erecteu e Erectônio representam transformações humanas de certas deidades ctônicas serpentinas relacionadas a um sistema de culto mais antigo, revelado.[71] Mas deixemos de lado esse curiosamente invertido euhemerismo*, de deus para herói, e não de herói para deus, e também a ampla

* Euhemerismo: teoria que atribui a origem dos deuses à deificação de heróis históricos. De Euhemerus, filósofo grego do quarto século a.C. (N.T.)

distribuição planetária de mitos sobre a origem ctônica (mesmo os fijianos) que não fazem tal distinção entre homens e deuses, ou, no caso, entre humanos e serpentes. Se aceitarmos a relação feita por Homero na *Ilíada* (638-42), Erecteu era, de fato, um rei nascido da terra e subseqüentemente deificado por Atena: "Na sólida cidade de Atenas, reino do nobre e corajoso Erecteu, Atena, filha de Zeus, dele cuidou logo que os campos onde brotam os grãos o pariram, há muito tempo, e então ela estabeleceu o rei em Atenas, em seu próprio rico santuário, onde os filhos de Atenas o veneram com oferendas de touros e cabras enquanto os anos giram ao redor das estações."[72]

Pertence a essa mesma linha de um povo antigo, surgido da terra, a identificação que faz Heródoto dos atenienses como pelásgicos pré-gregos que apenas no tempo devido foram helenizados. "Pelásgico" era algo como um termo genérico para os habitantes aborígines da Grécia, do qual também podia haver variantes locais. No entanto, Pelasgo, o epônimo ancestral, era um "filho da terra", na Arcádia, não apenas de acordo com a vontade de Apolodoro, mas também conforme Hesíodo – que, junto com a descrição feita por Heródoto dos atenienses pelásgicos, parece fornecer evidência suficiente da antigüidade do senso de autoctonia desse povo.[73]

Pelasgo da Arcádia era um desses diversos reis originais nascidos da terra – que poderiam ser ou não os primeiros habitantes – e descritos nas histórias fundacionais das *polis* gregas.[74] Entre eles estão Lelex de Esparta e Cecrops de Atenas, bem como Erecteu e Erectônio.[75] Como esses tipos e seus descendentes muitas vezes tinham os mesmos nomes, derivados de aspectos naturais da paisagem da *polis*, ou então davam seus nomes ao território, alguns estudiosos modernos os baniram para um tipo de limbo natural pan-helênico, sem conexão com os heróis gregos que os seguiram e iniciaram uma era humanizada ou civilizada. Esse cisma interpretativo, no entanto, não apenas perde de vista a união hierogâmica que conecta o povo nascido da terra com os estrangeiros que desceram do céu e estabeleceram a sociedade da *polis*, mas também parece ler de forma equivocada o significado da ocupação inicial, que era não tanto uma naturalização dos homens, porém, mais que isso, uma humanização da natureza. Por meio de relações homonímicas entre eles mesmos e o território – incluindo, sobretudo, os nomes de aspectos naturais e assentamentos humanos como estes eram conhecidos por seus sucessores clássicos –, os povos originais constituíram o mundo natural como uma ordem cultural.[76] É verdade que os originais se caracterizavam por certa selvageria ou certo primitivismo – que às vezes explicitamente incluíam exuberantes poderes reprodutivos – que dão testemunho de serem originários da terra, dela nascidos. Mas, como tal, eles constituem um elemento natural da existência humana, da qual o ordenamento e os poderes civilizatórios de seus sucessores nascidos de um deus são o complemento. Postos juntos pela união da mulher nascida da terra com o estrangeiro descendente de um deus, o terrestre e o celestial combinam-se para criar uma fundação adequadamente completa e auto-suficiente para a *polis*.

A tradição lacônia, tal como transmitida por Pausânias (III.1-2), é exemplar (Figura 1.18). Começa com: "Os próprios lacônios dizem que Lelex, que era um filho da terra, foi o primeiro rei neste país, e que os leleges que ele governava receberam este nome por sua causa." O rei Lelex foi sucedido por seu filho Myles, e Myles por Eurotas – que vem a ser o nome do maior rio na Lacônia. Mas quando Pausânias relata que "foi Eurotas quem drenou os pântanos das planícies, levando a água até o mar, e, quando a terra foi drenada, ele chamou de Eurotas o rio que deixou correndo lá", esse feito é não tanto uma descrição alegórica de um processo natural quanto uma tradição historicizada de um processo cultural apresentado de determinada forma hierárquica: a transformação do vale do Eurotas num lugar adequado para viver e cultivar. (Isso evoca, curiosamente, a drenagem dos pântanos de Rewa pelo "povo da terra", Nadoi, original rewano.) Eurotas, continua Pausânias, não tinha herdeiro homem, e deixou a soberania para seu genro Lacedemônio, "cuja mãe era Taigete, nome dado à montanha, e cujo pai supõe-se que tenha sido Zeus". A filha de Eurotas, por meio de quem Lacedemônio, seu marido, assegurou a linhagem, foi chamada Esparta – caso houvesse quaisquer dúvidas pendentes sobre a relevância do povo aborígine para a constituição da ordem clássica, ou sobre a conexão entre os aborígines surgidos da terra e os povos de descendência celestial que os sucederam e incorporaram. Ou, considerando-se a versão de Pélops dessa substituição dos governantes indígenas por estranhos de natureza divina – padrão disseminado entre povos indo-europeu e também austronésios, como já vimos –, não deveríamos falar de "usurpação"?

O episódio de um herói cujo pai era o olímpico Zeus e que toma a terra da raça original nascida do solo – ou, o que é estruturalmente o mesmo, de um estrangeiro divino que recebe a sucessão do reino pelo casamento com a mulher real nativa – corresponde a uma recriação política de famosos mitos cosmogônicos. A fundação-tradição da cidade assemelha-se, mais que a qualquer outra coisa, à conquista dos Titãs de Cronos, nascidos da terra, pela raça dos deuses liderada por Zeus (que eram o produto de uma união mais antropomórfica). As duas narrativas têm a mesma finalidade: a herança da terra auto-reprodutora – cujos poderes partenogênicos, é bom lembrar, são tanto um fato da natureza quanto do mito. Ainda assim, a batalha dos Titãs e a vitória do rei estrangeiro gerado por Zeus não passam de dois episódios numa série recursiva de enredos semelhantes que começam com Gaia dando à luz Uranos, que depois irá fertilizá-la: a conjunção ritual da Terra e do Céu que seria rompida quando o filho de ambos, Cronos, num ato edípico de substituição, castrou o próprio pai. Na seqüência de usurpações que se

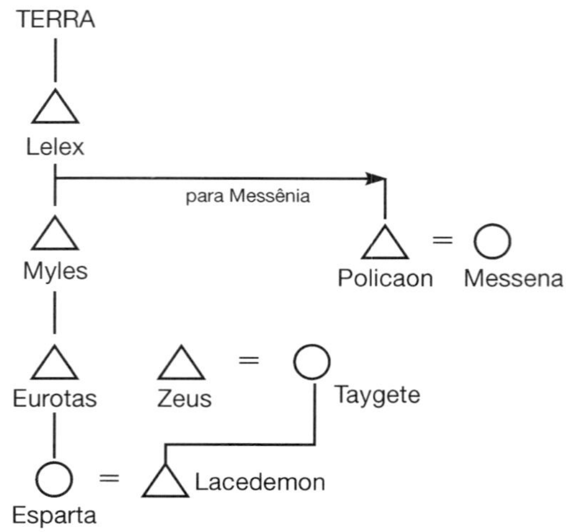

Figura 1.18 – Origens espartanas segundo Pausânias

segue, tudo acontece como se os cada vez mais distantes e humanizados descendentes de Gaia e Urano tentassem alcançar a completude da auto-suficiência implícita em sua união original. A autonomia era, de fato, o que distinguia os deuses da humanidade, embora esta pudesse aspirar a uma subolímpica tradução disso sob a forma política de liberdade. Mesmos os "crimes" que justificavam cada derrubada sucessiva, desde Cronos, no cosmo, a Pélops, em Pisa, ou Licaon, na Arcádia, em suas inúmeras variedades de incesto e canibalismo, eram também signos (nos códigos de sexo e alimento) da auto-suficiência dos imortais. Constituíam, assim, um argumento tanto para a diferença quanto para as semelhanças entre os gregos e seus deuses. Diferença e distância estão também envolvidas na crescente exogamia de relações reprodutivas, desde a partenogênese original e formas de incesto entre os deuses até os casamentos da filha do irmão e da filha do irmão do pai que freqüentemente marcam as primeiras gerações de genealogias dinásticas. Uma tendência corolária é a progressiva antropomorfização do herói, culminando na diferenciação dos homens de seus ancestrais divinos. De um lado, então, os homens estão destinados a uma decadência, ao afastamento daquela idade dourada hesiódica durante a qual partilhavam a companhia e a existência dos deuses. De outro lado, como contam as tradições locais, sucessivas dinastias e raças beneficiam-se das introduções culturais progressivas de heróis reais: um processo civilizatório que se move do povo aborígine, que foi separado da natureza, embora ainda permaneça na barbárie, para aqueles que o superam politicamente à medida que avançam do ponto de vista cultural na direção dos aprimoramentos técnicos e morais dos gregos clássicos. A decadência que afasta dos deuses é contrabalançada pela evolução do homem.

Por breves que sejam esses relatos, muitos dos padrões estão descritos nas tradições do paradigmático Pelasgus da Arcádia – ou Pelasgia, como era originalmente conhecida (Figura 1.19). Filho da terra, Pelasgo, por ter sido introduzido no uso de cabanas e vestimentas e pela interdição de comer capim e folhas verdes, fez a transição da natureza para a cultura em benefício do primeiro povo. Seu filho e sucessor Licaon, em torno de quem gira a história da usurpação, gerou 50 filhos e mandou-os fundar cidades. O motivo dos 50 filhos tem ressonâncias relevantes no corpus mítico mais amplo: é mais obviamente evocativo do rei bárbaro Danaus, cujas 50 filhas casaram-se com os 50 filhos de seu irmão Egiptus e mataram 49 deles. Daí a excessiva fertilidade e também a deficiente moralidade do povo da terra original – duas faltas também atribuídas aos pelasgianos na tradição ateniense que fala de seu banimento por haverem estuprado mulheres atenienses (Hdt., 6.137-38).[77] No caso de Licaon, sua impiedade criminosa (ou a de seus filhos, dependendo da versão) fez com que perdessem a Pelasgia. Ou ele – ou seus filhos – matou uma criança humana e a ofereceu como sacrifício ou refeição sacrificial a Zeus. Enfurecido por esse ato – que evoca os crimes endocanibalísticos de seu pai Cronos –, Zeus transformou Licaon num lobo e despejou seus raios sobre os filhos, matando todos, exceto Nictimus, que foi salvo quando Gaia deteve a mão do deus. Licaon e seus filhos, comentou Apolodorus, "excediam a todos os homens em orgulho e impiedade" (3.8.1). E, numa retomada do tema da separação dos deuses que resultou do fato de Tântalo ter servido seu filho Pélops a Zeus, Pausânias relata o destino análogo de Licaon: "Por serem justas e religiosas, as pessoas daquele tempo entretinham os deuses e sentavam-se à mesa com eles, e os deuses visivelmente premiavam seus bons atos com riqueza; e, naqueles dias, certos seres humanos foram transformados em deuses e ainda são honrados. ... Assim, é bem razoável acreditar que Licaon tenha sido transformado num animal selvagem" (Paus., 8.2.4-5). Na seqüência, conforme a maior parte dos relatos, Nictimus perdeu o reino para Arcas, filho de sua irmã Calisto, que fora fecundada por Zeus numa de suas freqüentes ligações com mulheres mortais. Calisto, no entanto, foi transformada num urso pelo ciúme de Hera, e depois atingida por uma flecha de Ártemis. Ainda assim, Arcas nasceu vivo, e o reinado dos soberanos derivados de Zeus e descendentes de seu filho foi melhorado quando este conduziu o povo ao que seria um período neolítico, ensinando-o a cultivar alimentos, tecer roupas e assar pão. Essas pessoas tornaram-se os arcádios, pois o país foi nomeado segundo Arcas.

Na Lacônia, a dinastia de Lelex, nascido da terra, foi sucedida por uma série de linhagens externas derivadas de Zeus, pelo menos três – que efetivamente distan-

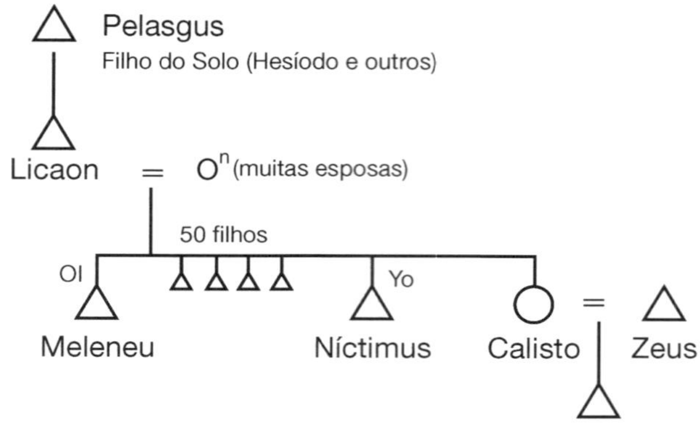

Figura 1.19 – Origens arcadianas segundo Apolodorus

ciaram os espartanos clássicos de quaisquer raízes autóctones resultantes da linha materna e também dos tipos de demandas de autenticidade e completude que os atenienses pudessem mencionar (Figura 1.20). Pois a primeira dinastia de descendentes de Zeus, os lacedemônios, que haviam sucedido os filhos originais da terra, foi substituída por uma segunda, o notório Atreus, numa transferência de comando mediada pelo mesmo processo de tomar uma esposa. Descendentes de Pélops e heróis da Guerra de Tróia, os atreus ascenderam quando Menelau casou-se com Helena, a filha do rei lacedemônio Tindáreos, e a filha do novo par casou-se com Orestes – união da filha do irmão do pai –, que se tornou rei de Micenas e de Esparta. Mas o vínculo com origens locais através de mulheres foi efetivamente quebrado quando os dórios, conduzidos por Heráclides, depuseram e mataram o filho de Orestes, Tisámenos, e puseram os descendentes de Héracles nos reinos do Peloponeso. Claramente pela força, e sem o benefício da transmissão de poderes terrestres primordiais por meio da apropriação de mulheres nativas, essa conquista marcou os dórios como estrangeiros puros.

Os atenienses, embora enfatizando sua peculiaridade como autóctones, também mantinham conexão com outros povos gregos, incluindo os espartanos, por serem descendentes comuns de Hélen, ancestral epônimo de todos os helenos (Figura 1.21a). Assim, eles aparecem como a posteridade de Íon, um neto de Hélen, na genealogia do sexto século (do *Catálogo de mulheres* de Hesíodo), que inclui o ancestral espartano Dorus. Mas não são contraditórias essas pretensões à autoctonia e à descendência iônica? É o que pensam alguns modernos; assim, diz-se, os atenienses do quinto século minimizavam a ancestralidade jônica em favor de sua autoctonia, embora não pudessem rejeitar totalmente a primeira, pelo poder que lhes dava sobre os aliados jônicos da Liga Délica. Ainda assim, a noção de autoctonia, em vez de ser contraditória com a descendência de Íon, poderia reforçar a pretensão tradicional de Atenas de ser "a terra mais antiga da Iônia" (como Sólon já dizia no sexto século) e, portanto, a terra natal de todos os iônios do Egeu e da Ásia Menor. Os atenienses utilizavam politicamente esse argumento antes que a Liga Délica tivesse nascido. Temístocles utilizava-o para mobilizar a oposição aos persas, de acordo com Plutarco. Após a Batalha das Termópilas (480), os estadistas atenienses navegaram ao longo do litoral da Trácia e deixaram mensagens para os iônios no exército persa, dizendo "que viessem, caso encontrassem a oportunidade, para o lado dos atenienses, que eram seus ancestrais" (Plut., *Them.* 9). E, de fato, quando os iônios ficaram insatisfeitos com a liderança espartana da resistência helênica, em 478, "recorreram aos atenienses e pediram, em nome de seus laços étnicos, que se tornassem seus líderes" (Tuc., 1-95-1). Mas, então, nem mesmo genealogicamente haveria a necessidade de uma discrepância entre essa pretensão dos atenienses de serem os ancestrais dos iônios, ou seja, descendentes de Hélen, e nascidos da terra.

Ao contrário, quando se levam em conta as conexões maritais e maternais dos atenienses com Erecteu, nascido da terra, então Íon torna-se um ancestral-chave precisamente porque sintetiza a autoctonia ateniense e sua ancestralidade helênica. Essa síntese já existe na tradição usual de que Íon nasceu do casamento entre Xutus, filho de Hélen, e Creusa, filha de Erecteu (Figura 1.21b). Íon é um descendente do solo pelo lado da mãe. Além do fato de a ancestralidade materna ser a condição grega primordial, como todos os deuses e homens vieram da Terra (Gaia), parece claro que os atenienses traçavam a descendência – ou, talvez mais precisamente, traçavam a ascendência até os ancestrais – em termos de consangüinidade. Eles admitiam tanto vínculos maternos quanto paternos como base do pertencimento a determinadas casas. Íon não seria menos descendente de Erecteu e, portanto, de ancestralidade surgida da terra, do que Péricles seria um alcmeônida – isto é, um membro dessa distinta linhagem, como todos (inclusive os espartanos) reconheciam – através da mãe. Embora se possa preferir um registro patrilateral numa genealogia abstrata como a linhagem helênica encontrada no *Catálogo das mulheres* (um código para marcar diferenças e relações entre grupos étnicos), quanto mais não seja para se ter clareza semiótica ao medir distância e precedência de parentesco, a questão é outra quando se trata da afiliação de pessoas vivas com casas ancestralmente definidas. Aqui é possível a opção, e os vínculos maternos podem ser usados para traçar a linha para cima até o ancestral, e não para baixo ou colateralmente. O grupo ancestral é, desse modo, consangüíneo ou multilinear em composição, e sobrepõe-se a outros grupos que partilham a mesma associação. Os atenienses, segundo esse argumento, não tinham necessidade de abandonar sua ancestralidade iônica para afirmar sua autoctonia, ou vice-versa. Ao contrário: como

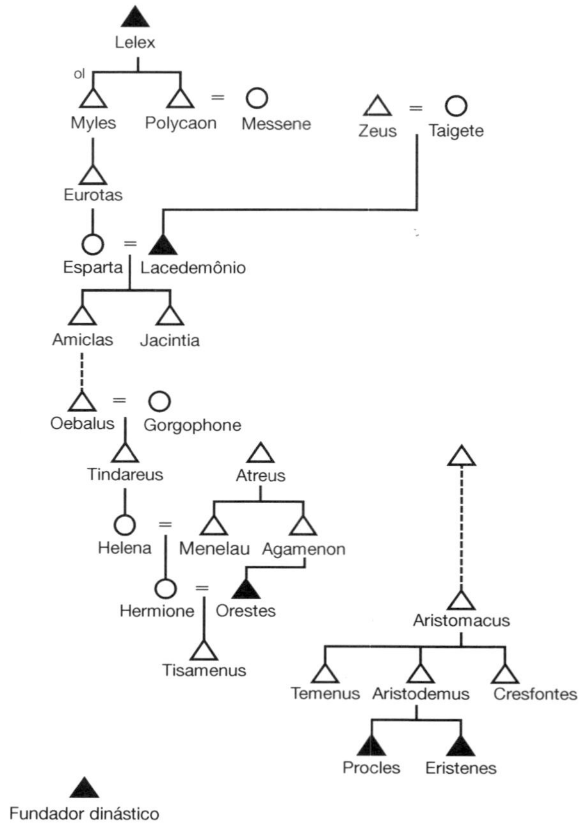

Figura 1.20 – Dinastias de Esparta

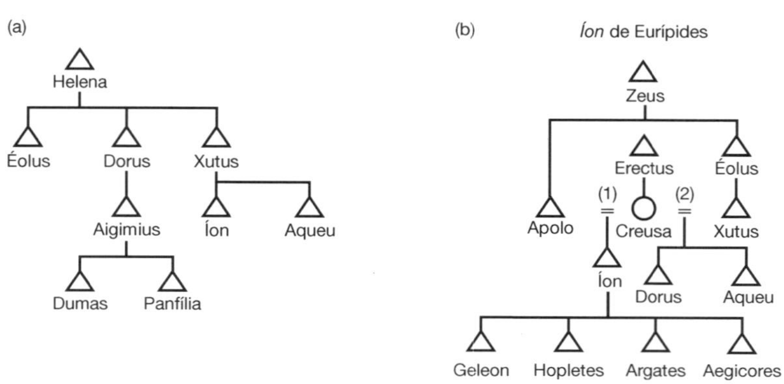

Figura 1.21 – (a) Genealogia helênica (b) genealogia de Eurípides em *Íon*

Íon, segundo muitos relatos legendários, embora filho de Creusa e Xutus, fosse o rei de Egialus (Acaia) e só tenha retornado a Atenas mais tarde (se é que em algum momento retornou), foi sua ancestralidade autóctone através de Creusa que fez dele um ateniense. Portanto, os atenienses descendiam de Hélen. Íon era a condição necessária para ambas as pretensões.

No meio da Guerra do Peloponeso, Eurípides conta a história de uma forma que parece fazer ainda mais hostil o contraste entre os iônios e os dórios – mesmo que à custa de certas contradições, como a dissociação dos ancestrais atenienses da genealogia helênica recebida. No entanto, essa carta antiga havia posto os espartanos descendentes de Doros numa posição privilegiada em relação aos iônios e atenienses (Figura 1.21a). Se aceitarmos o argumento de Jonathan Hall (1997:43) de que o status generacional é uma medida de hierarquia, os atenienses seriam parentes distantes subordinados aos espartanos, e, portanto, claramente inferiores. Mas no *Íon* de Eurípides, escrito na década de 420-410, os atenienses ganham a posição de superioridade mítica e genealógica sobre seus inimigos (Figura 1.21b). Neto do nascido da terra Erecteu, filho de sua filha Creusa, Íon é revelado como o filho do deus Apolo, e não de Xutus, como na tradição genealógica recebida. Xutus acaba sendo um forasteiro oportunista, um aqueu que, embora tenha recebido Creusa em casamento em virtude de feitos bélicos realizados em benefício de Atenas, não ganhará o reino nem engendrará o herdeiro. Ele é um rei estrangeiro *manqué*. Suas ambições são comprometidas quando se sabe que Íon é um descendente de Apolo, fruto de um estupro cometido contra Creusa numa caverna sob a Acrópole antes de seu casamento. Filho da terra pelo lado materno e de um deus pelo lado paterno, Íon sucede Erecteu no trono. Seus quatro filhos, ancestrais epônimos das quatro tribos de iônios, colonizarão o Mediterrâneo. Os filhos legítimos de Xutus com Creusa, identificados por Eurípides como Doros e Aqueu, irão se tornar reis no Peloponeso. Mas agora é Doros, o filho mais novo de um pai mortal, que é assim subordinado ao seu meio-irmão e meio-deus Íon. Por esses traçados ancestrais de status, Atenas é semelhante e, ainda assim, diferente e melhor que Esparta.

Alguns estudiosos modernos acham surpreendente que Eurípides e outros poetas do quinto século estivessem aparentemente contentes de reverter o celebrado triunfo de *logos* sobre *mythus*, lançando novas versões das histórias dos deuses. Justamente quando os gregos esclarecidos, acima de tudo Tucídides, concebiam a história como uma "coisa humana", governada por interesses racionais e passível de ser conhecida através da razão empírica, os poetas e seus compatriotas traziam discursos míticos novos para a narrativa histórica. O *Íon* de Eurípides tem sido considerado propaganda de guerra, mas isso significa que *mythus* ainda tem grande efeito sobre atitudes coletivas e ações práticas. Nessa mesma linha, Robert Parker observa que o "refinado anacronismo" do rei democrático Teseu em *As Suplicantes* demonstra "a persistente vitalidade do pensamento mitológico no final do quinto século" (1996:170). Tucídides disse, desde logo, que pretendia eliminar o maravilhoso de sua *História*, sem se preocupar em agradar o gosto popular (Tuc., 1.21-22). No entanto, se os gregos faziam história com o maravilhoso, mesmo enquanto refaziam o maravilhoso com a história, não teria ele cometido um equívoco?

Para não ignorar a relação inversa entre *logos* e *mythus*, examinemos as obstinadas realidades práticas que promoveram um irracional desejo de poder. Foi o que aconteceu no grande império marítimo de Fiji e também na Grécia, em Bau como em Atenas. E foi a ruína de ambos – como veremos a seguir.

"Aquele febril desejo de poder pelo poder que apenas a morte faz cessar" (Hobbes)

Estamos investigando uma certa cultura de dominação. Repetimos, isso envolve mais que o caráter nacional. Para Bau e Atenas, a dominação de outros era uma condição necessária de sua própria existência. Elas tinham aquele febril desejo de poder pelo poder, incluindo riqueza, que os gregos chamaram *pleonexia*.[78] A força era um meio fundamental, mas elas dominavam com demonstrações espetaculares de seu poder, inclusive de sua força. Pois sua supremacia era alcançada sem o domínio, sem administração. Era hegemonia sem soberania. Estava baseada, substancialmente, numa política de efeitos-de-demonstração, no poder dos signos de poder. Seja como for, tanto Bau quanto Atenas eram comprometidas com uma geopolítica marítima de custos exponencialmente crescentes e que gerou uma correspondente pressão para a expansão. A partir de certo ponto, a arrogância de ambas tornou-se irracional. Expandindo-se a fim de sobreviver, acabaram estendendo-se para além de si mesmas. Tudo terminou em morte.

"Reino da força" (*matanitū ni kaukauwa*), Bau tinha uma reputação de guerra, intriga e despotismo sem paralelo entre as ilhas fijianas, e assim também era sua disposição de subverter as relações convencionais de hierarquia e legitimidade. "A força governa este mundo", declarou um chefe bauense numa petição ao *establishment* colonial britânico, e prosseguiu argumentando que Bau tinha direito à posição de liderança no sistema de governo indireto da colônia a partir do mesmo princípio de conquista que orientara a Inglaterra na aquisição de seu próprio império (Wainiu, *AY*: 18-19). Naquela época, a proverbial conspiração à moda de Bau (*vere vakaBau*) era mais popularmente nomeada como *politiki vakaBau*, "política à moda de Bau", uma tortuosa derivação da *polis* grega que também nos lembra a predisposição bauense, semelhante à ateniense, de se imiscuir nos negócios de outras comunidades políticas. Os reis guerreiros de Bau eram notórios por interferir nas lutas de sucessão de outros territórios, especialmente por apoiar arrivistas – fossem linhagens ou chefes jovens – com o interesse de alçar ao poder clãs ou cidades que passariam a ser dependentes deles. Mas os chefes locais adventícios podiam não ter sorte, porque os notáveis de Bau também eram famosos pelos atos despóticos de violência e pilhagem contra cidades subordinadas. Os reis da guerra de Bau não hesitavam em conseguir entre povos sob seu domínio as vítimas canibais a serem sacrificadas em suas cerimônias. Como um exemplo, dos dez homens mortos e comidos por ocasião da construção de uma nova casa para Ratu Tānoa (o Vunivalu) em 1839, seis eram de lugares sob controle bauense (Cross, *D*: 1º fev 1839).[29] Ratu Tānoa e Ratu Cakobau eram ambos rápidos em queimar e matar nos lugares subordinados que os desagradassem, em especial aqueles que não compareciam com as contribuições obrigatórias de comida ou riqueza. No espaço de apenas dois meses, em 1841, o pai Vunivalu e seu filho fizeram com que fossem mortos por essa razão, 13 homens de cidades vizinhas (Cross, *D*: 23 set e 27 nov 1841).[30] Outros altos chefes bauenses tiravam vantagem de sua ancestralidade matrilinear em certas terras ou, às vezes, do terror geral inspirado por Bau para cometer depredações semelhantes. "Não é de forma alguma surpreendente", comentou o tenente Wilkes a respeito de tais incidentes, "que os chefes e as pessoas de Ambau (Bau) sejam tão detestados pelos habitantes do grupo" (1845, 3:149).

De uma forma que lembra a caracterização dos atenienses "revolucionários" feita por Tucídides, o reverendo John Hunt, falando dos objetivos de Bau nos meses iniciais da guerra com Rewa, alertava seus colegas missionários de que "*Revolução*, não mera conquista, parece ser o objetivo visado" (Hunt, *L*, para Lyth e Calvert: 28 mai 1844). O que o senhor Hunt queria dizer era que o desejo bauense de dominação e, em particular, a ambição de Ratu Cakobau estavam estendendo-se para além dos limites normais das atividades bélicas fijianas e das relações estabelecidas entre os Estados da região. A guerra com Rewa, que fazia surgir a possibilidade de eliminar esse grande rival no auge de seu próprio poder, alimentava em Bau a impressão de que as possibilidades de ampliar seu alcance eram ilimitadas. Pois não apenas passara a ser concebível a submissão de Rewa, um fim explícito da guerra, mas outros territórios, pequenos e grandes, que nunca haviam sido bauenses, agora se organizavam sob a hegemonia de Bau. Isso incluía antigos aliados de Rewa no delta que haviam mudado para o lado de Bau no curso das primeiras campanhas, bem como importantes reinos a oeste que tinham sido aliados tradicionais de Rewa. O *matanitū* de Nadrogā era um deles: no início de 1845, o senhor Hunt relatou que ele havia "passado para o lado de Bau" (Lyth, *L*, Hunt para Lyth; e Calvert: s.d. [c. 4 jan 1845]). Em julho, o colega do senhor Hunt, reverendo Thomas Jaggar, escreveu que praticamente toda a parte a sotavento de Viti Levu (oriental) havia se juntado a Bau (*WMMS/L*: 5 jul 1845). Tais sucessos empurraram a pleonexia bauense à sua única conclusão possível: "a idéia de dominação universal do grupo está ganhando terreno", observou o senhor Hunt (*L*, para Joseph Waterhouse: s.d. [1844]). E Ratu Cakobau parecia a caminho de tornar-se imperador das ilhas Fiji.

> Penso que, se prosseguir nos próximos dois anos como tem feito no último (1844), ele será, em todos os sentidos, o imperador de Fiji. De uma forma ou de outra, Vanua Levu inteira está sob seu comando, e Navitilevu (Viti Levu) tem o pescoço curvado sob seu jugo. Se as guerras rewanas terminarem, como se espera, com a destruição de Rewa e a morte do rei, Thakombau (Ratu Cakobau) poderá ser chamado imperador a qualquer momento. (Lyth, *L*, Hunt para Lyth e Calvert: s.d. [c. 4 jan 1845])

Ratu Cakobau já era denominado Tui Viti, "rei de Fiji". O título veio pelo correio, no endereço de uma carta do cônsul britânico em Honolulu (Hunt, *L*: 25 nov 1844).[81] Os missionários metodistas pronta e regularmente assim se referiam a Ratu Cakobau em seus diários. Em 1847, os fijianos também usavam o título, de acordo com o reverendo Lyth: "Seru (pronuncia-se Serú), também conhecido como Thakombau, filho de Tānoa, é agora regularmente chamado de Tui Viti por seu próprio povo e pelos brancos" (Lyth, *L*: 26 ago 1847).[82] Dessa forma, modelos estrangeiros eram adaptados a uma crescente ambição que possuía sua própria lógica fijiana. Ratu Cakobau tinha interesse ativo em expandir o âmbito e a legitimidade de sua dominação, intenções centrífugas que tanto foram suscitadas pela guerra quanto exigidas por ela. Finalmente, isso acabou levando Ratu Cakobau longe demais. Quando tentou adotar os símbolos e adornos monárquicos, então recentemente copiados por certos dirigentes polinésios – o rei George Tupou, de Tonga, e, antes dele, Kamehameha, do Havaí –, que haviam adquirido navios europeus como signos de "dominação universal" sobre suas próprias ilhas, Ratu Cakobau engajou-se numa vã tentativa de estender sua autoridade além da razão política fijiana e de sua própria capacidade militar (Williams e Calvert, 1859: 464). A derrota de uma grande expedição marítima no nordeste de Viti Levu, em 1852, não foi exatamente a campanha siciliana de Bau, com certeza não em termos de baixas, mas, também marcou os limites impostos pela realidade política sobre a perspectiva de universalidade.

Em resumo, é essa a história.[83] Em 1850, enquanto ainda estava em guerra com Rewa, Ratu Cakobau encomendou duas dispendiosas embarcações européias, uma da Austrália e outra dos Estados Unidos, prometendo pagar com cargas de pepinos-do-mar. Mas, para fazer isso, teria que impor contribuições de magnitude sem paralelo sobre os chefes governantes do nordeste de Fiji, a principal área de pesca dos pepinos-do-mar, muito embora Bau tradicionalmente tivesse pouca autoridade direta sobre esses povos. Mobilizando seus próprios aliados imediatos e chefes subordinados que tinham relações com as costas norte de Viti Levu e Vanua Levu, o soberano bauense explorou todos os vínculos de parentesco e conexões políticas que pôde para conseguir os pepinos-do-mar. Através dessas amplas cadeias de influência – cujos elos, no entanto, tornavam-se cada vez mais fracos na proporção da distância –, enviou sacos de lona que os notáveis locais e seu povo deveriam encher com os pepinos-do-mar salgados. Desde o começo, no entanto, o projeto encontrou resistência. Quando Ratu Cakobau navegou para a área em seu novo navio, o *Cakobau* – que estava comprando a prestações –, encontrou vazios os sacos de lona. Tinham sido deixados a apodrecer, ou foram queimados. No final de 1851 ele decidiu que teria de usar a força, e faria isso da forma característica, utilizando como exemplo alguém que o estivesse desafiando. Para esse propósito, escolheu seu adversário mais difícil, Ra Ritova, que reclamava o reinado de Macuata, no norte de Vanua Levu. Quero enfatizar o valor exemplar da força usada como punição de um e advertência para os outros. O próprio Ratu Cakobau explicou isso para Mary Wallis, a esposa do negociante de pepinos-do-mar de Salem com quem ele estava negociando para o pagamento do *Cakobau*. Todos os outros chefes esperavam para ver como ele lidaria com a recusa de Ra Ritova de apanhar pepinos-do-mar, disse a ela Ratu Cakobau, e, se não matasse e comesse o chefe macuata, "toda a Fiji riria dele e deixaria de reconhecer sua autoridade" (Wallis, 1994:47). Que foi o que acabou acontecendo, embora Ratu Cakobau tivesse reunido um dos maiores exércitos conhecidos na história fijiana: algo como dois mil ou mais guerreiros, transportados por 200 canoas oceânicas e pelo *Cakobau* para a costa de Macuata, onde desfilaram para cima e para baixo diante da praia em frente à fortaleza de Ra Ritova, numa grandiosa e vã tentativa de intimidá-lo. (Em termos fijianos, o desfile deve ter rivalizado com o esplendor da armada ateniense diante da Sicília.) Essa grande armada, no entanto, tinha todas as fraquezas de sua força: o tênue controle do governante de Bau sobre a maior parte dela. Como no caso da coleta de pepinos-do-mar, o exército tinha sido recrutado com base em pretensões indiretas de autoridade, o que deu a Ratu Cakobau um comando limitado sobre muitos dos guerreiros convocados. Ele entendia com clareza sua própria vulnerabilidade, pois, quando finalmente atacou Ra Ritova, usou apenas 300 homens, todos de seu povo bauense – fato tomado por alguns dos aliados inativos como uma afronta a sua honra guerreira. Pior ainda, os bauenses saíram humilhados: foram expulsos depois de perder cerca de dez homens, e, na manhã seguinte, quando um pequeno grupo do forte macuata fez uma investida, todo o exército confederado fugiu precipitadamente em suas canoas. Ratu Cakobau tampouco conseguiu recuperar a situação fazendo com que suas próprias forças passassem a pescar os pepinos-do-mar. Um por um, seus até então aliados recusaram-se a fazer isso e afastaram-se dele, declarando que estavam em combate, não eram serviçais.

A grande campanha dos pepinos-do-mar foi um ponto de inflexão na guerra de Bau contra Rewa. Mary Wallis sagazmente percebeu isso quando tudo ainda estava acontecendo. Ratu Cakobau viera crescendo em fama durante mais de 15 anos, observou ela, "mas talvez tenha chegado ao topo da escada; graças à degradante fuga da última semana, ele certamente perdeu diversos pontos" (Wallis, 1994:59). As semanas seguintes trariam provas adicionais do declínio, como a insatisfação entre as forças bauenses:

> Parece haver uma grande insatisfação em todas as partes. Os chefes de Bau e Lasakau [estes últimos eram os grandes pescadores-guerreiros de Bau] dizem que Thakombau (Ratu Cakobau) lidou de maneira muito estúpida com toda a questão. Mbete [um rival local de Ra Ritova, aliado de Ratu Cakobau] está insatisfeito porque não ganhou nenhum corpo morto para comer, e Elijah [i.e., Ratu Varani, de Viwa, um leal aliado de Ratu Cakobau] está insatisfeito porque, quando os porcos foram cozidos, ele não teve participação. Os montanheses de Ovalau [i.e., o povo Lovoni, afiliado a Bau por meio dos chefes viwa] dizem que nunca sairão em outra expedição com Thakombau porque ele os impediu de lutar, e que ele é um chefe muito estúpido. (Wallis, 1994:67)

Quando a notícia da derrota de Ratu Cakobau alcançou a costa norte de Viti Levu, as pessoas cortaram os sacos de lona onde deveriam juntar os pepinos-do-mar e os usaram para fazer roupas (Wallis, 1994: 68). E, muito cedo, quase toda a Fiji estava rindo dele: "Em vez de temido, Bau está virando agora o (objeto de) deboche em muitas partes do litoral" (ibid, 74).

A derrota em Macuata em 1852 não teve resultados fatais imediatos para os bauenses, mas mudou de maneira marcante e negativa as relações entre as forças contendoras. Não apenas Ratu Cakobau foi humilhado, mas Ra Ritova declarou Macuata independente de Bau e logo passou a conspirar para se juntar a Rewa. Os chefes do norte começaram a negociar diretamente com os comerciantes europeus de pepinos-do-mar, quando, formalmente, essa transação sempre fora arranjada por intermédio dos chefes de Bau. Do mesmo modo, os europeus residentes que haviam ficado enfurecidos com a intervenção direta de Ratu Cakobau no comércio de pepinos-do-mar romperam com ele e entraram em conluio com os rewanos e certos chefes bauenses insatisfeitos que planejavam uma rebelião. Com o tempo, Bau ganharia a guerra, com a ajuda dos missionários ingleses e aliados cristãos tonganeses. No entanto, o fiasco com a história dos pepinos-do-mar preparara o caminho para a conversão de Bau ao cristianismo e para a emergência dos europeus como uma força independente que dispunha de agenda política própria e agora operava fora do controle de Bau.[84] A "dominação universal das ilhas Fiji" tão obstinadamente buscada por Ratu Cakobau havia aberto aquelas terras para um império de pretensões ainda maiores.

Ainda assim, quando se trata de fantasias autodesfeitas de dominação universal respaldadas por exibições de força, seria difícil ganhar dos atenienses. Em 414, um ano depois de terem destroçado os homens de Melos e vendido as mulheres e crianças como escravas, porque a cidade se recusara a curvar-se ao jugo ateniense, e mesmo enquanto a gloriosa expedição siciliana estava a caminho de um desastre total, exatamente nesse profético tempo de repressão e aspiração imperial, Aristófanes produziu *Os pássaros*, a obra-prima cômica sobre a arrogância ateniense. Postos entre céu e terra, de onde poderiam interceptar os sacrifícios oferecidos pelos homens, os atenienses avícolas de Nuvenlândia foram capazes, ao deixar os deuses famintos de sacrifícios, de obrigá-los à negociação e à submissão. Têm sido numerosas e, por vezes exageradas as leituras alegóricas de *Os pássaros*, mas a paródia das consumadas ambições dos atenienses está acima de todas. Como diz William Arrowsmith:

> Ponha um ateniense entre os Pássaros, e ele será um imperialista com asas e combaterá os deuses. ... Nuvenlândia é uma evidente paródia do império ateniense. ... Pergunto-me qual ateniense poderia deixar de notar a maneira como, aspecto a aspecto, as políticas e estratégias da Atenas imperial para os Estados-membros de seu império estão representadas na campanha de Nuvenlândia contra os deuses. ... Aos olhos de Aristófanes, a conclusão lógica da agressividade ateniense é: o homem deve tornar-se deus, usar asas e governar o mundo. (Arrowsmith, 1994:176-8)

É preciso acrescentar apenas que, como um mitologista, Aristófanes mostrou que era igual aos antigos. Ao descrever a queda dos deuses, usa o muito antigo e respeitado mito do rei estrangeiro que usurpa a soberania por meio da união com uma princesa nativa. É o mesmo tema que vimos nas tradições de cidades, nas quais o estrangeiro filho de um deus apropria-se da princesa descendente da terra, a não ser pelo fato de que aqui a síntese é trabalhada ao inverso: a aquisição da mulher celestial por um usurpador de ancestralidade terrestre (humana). Privados dos sacrifícios, os deuses concedem a Pistetairos, o pássaro-homem líder, sua "Princesa Divina" – não seria Atena? –, e ele, dessa forma, torna-se o governante do mundo.

Ao ler Tucídides – um exercício de obstinação bem ao contrário de Aristófanes, a terra da *Realpolitik*, e não Nuvenlândia –, ao ler Tucídides, portanto, Jacqueline de Romilly chegou à conclusão semelhante: de que, para os atenienses, o poder tornou-se um fim em si mesmo. Por sua "própria natureza", diz ela, a ambição ateniense não podia encontrar nenhum limite (Romilly, 1963:65). Desde o começo do império, em 478, até sua queda, no final da Guerra do Peloponeso, em 408, cada vitória, cada expansão do poder ateniense apenas parecia tornar cada vez mais distante o objetivo de toda essa atividade. Cada vez mais, pode-se dizer, uma pura abstração: o poder como tal, por ele mesmo. O que os atenienses finalmente queriam, observou Romilly, era "o maior poder possível e a dominação sobre todos os outros países; e, se é para tomar como sinal o sentimento ao qual os líderes imperialistas escolheram apelar, este objetivo final é menos o desejo de possuir alguma coisa que a ambição de exercer autoridade" (ibid, 78-79).

Na *História* de Tucídides, Cléon e Alcibíades eram os principais avatares dessa pleonexia. Especialmente Alcibíades, no debate sobre a invasão da Sicília, quando argumenta que Atenas cairá se não puder expandir-se: "Não podemos fixar exatamente as dimensões que deve ter nosso império; alcançamos uma posição na qual não devemos nos contentar em manter o que temos, mas fazer planos para ampliá-lo, pois, se não exercermos continuamente o domínio sobre outros, estaremos correndo o risco de cairmos nós mesmos sob algum império" (Tuc., 6-18-3). Note-se, para referência posterior, que o ânimo imperialista não é apenas um impulso interno, mas está situado num contexto político de oposição – dominar ou ser dominado. É também notável que a pleonexia não fosse apenas um desenvolvimento tardio, dependente do progresso da guerra, cujas chamas eram atiçadas por uns poucos oradores beligerantes. De acordo com Plutarco, o uso ponderado da força praticado e advogado por Péricles na década de 430, antes da guerra, era uma reação à embriaguez ateniense com seu próprio poder. A conquista da Sicília já estava planejada desde então. Havia também conversas a respeito de recuperar o Egito e atacar as costas marítimas do império persa. "Havia mesmo alguns cujo sonho era atacar a Etruria e Cartago, e, de fato, suas esperanças não eram totalmente infundadas quando se pensa na extensão do domínio ateniense na época e na maré alta de sucesso que parecia acompanhar todos os seus empreendimentos" (Plut., *Per*. 20).

O complemento mais sombrio da dominação ateniense era o ressentimento que provocava entre as cidades gregas aliadas, cuja subjugação crescia com o tempo mesmo enquanto a liberdade, a versão subolímpica da autonomia divina, continuava a ser o valor político supremo dos helenos.[85] À medida que a ameaça persa recuava e Atenas transformava seus aliados em súditos cujos tributos alimentavam o poder que detinha sobre eles, começaram a surgir resistências no que antes fora uma federação, a Liga Délica, agora rapidamente transformada num inquestionável império ateniense. "Entre todas as causas das revoltas", observou Tucídides, "as principais eram as relacionadas com a falta de pagamento de tributos e de fornecimento de embarcações, além da recusa de prestar o serviço militar; pois os atenienses eram muito severos e exigentes, e tornavam-se ofensivos ao aplicar medidas coercitivas a homens que não estavam acostumados a qualquer trabalho contínuo e, na verdade, não se dispunham a isso" (1.99.1; cf. Plut., *Cim*. 11). As imposições sobre cidades recalcitrantes incluíam a instalação de guarnições atenienses, a apropriação de terras para colônias atenienses (clerúquias), a promoção de governos locais democráticos, a designação de inspetores atenienses e o aumento dos tributos anuais obrigatórios. Diodorus Siculos mencionava como "a maior parte dos aliados" reagia à severidade do domínio ateniense e "discutia a rebelião uns com os outros" (11.70.2). Mas as rebeliões, das quais existem diversos registros desde o início da década de 460, eram tratadas com duras repressões e imposições adicionais.

A Guerra do Peloponeso trouxe novas possibilidades de rebelião dos aliados e de repressão da parte de Atenas porque envolvia uma terceira parte, os espartanos, que podiam, a princípio, ajudar os rebeldes e aliviar a repressão. O império se tornava uma tirania para os tiranizadores. Conclamando os atenienses após um segundo ano de invasões espartanas, Péricles os alertou de que corriam o risco não apenas de perder o império, mas de arcar com as conseqüências "das animosidades inerentes a seu exercício. ... Pois o que vocês mantêm é, para falar claramente, uma tirania; talvez tenha sido um erro impô-la, mas abrir mão dela seria perigoso" (Tuc., 2.63.1-2). Defendendo o mesmo argumento três anos mais tarde, com relação à revolta de Mitilene em Lesbos, Cléon foi (caracteristicamente) ainda mais direto. "Seu império é um despotismo, e seus súditos são conspiradores insatisfeitos", disse ele à assembléia ateniense no que teria sido um argumento que usava para si mesmo no sentido de punir os mitilênios pelo extermínio. O que aconteceu foi que Mitilene escapou dessa sorte, mas não escaparam Torone (capturada por Cléon), Cione ou, o caso mais famoso, Melos. Muitos anos depois, em 339, Isócrates tentou desculpar essas atrocidades atenienses com o argumento insatisfatório de que até os deuses eram conhecidos por fazerem isso – e os espartanos por fazerem pior (*Panath.*, 62-3). Referindo-se aos espartanos, o argumento de Isócrates a favor da supremacia ateniense reproduzia assim, na retórica, a condição da fama de brutalidade de Atenas um século antes: outra *bagarre à trois* na qual a agitação promovida pelos súditos internos foi exacerbada pela presença de inimigos externos exigindo, desse modo, que a repressão dos primeiros mostrasse alguma equivalência à ameaça representada pelos últimos. Em 432, essa dinâmica fora explicitamente entendida, pelo menos pelos atenienses que tentavam dissuadir a assembléia espartana de abrir hostilidades contra eles. Falaram sobre como haviam assumido a liderança dos helenos quando Esparta a perdera, após a Segunda Guerra Persa; como honra e glória combinavam com o interesse de promover seu império; e como, quando os espartanos voltaram-se contra eles, as rebeliões nas cidades submetidas ameaçaram que elas se passassem para o lado de Esparta e, com isso, pusessem fim ao império: "E, finalmente, quando quase todos nos odiavam, quando alguns já haviam se revoltado e sido subjugados, quando vocês (espartanos) haviam deixado de ser os amigos que uma vez foram e se tornado objetos de suspeita e aversão, já não mais parecia seguro desistir do nosso império, especialmente porque todos aqueles que nos deixassem iriam passar para o seu lado" (Tuc., 1-75.4).

O passado não é apenas um país estrangeiro. São relações entre países.

Arché: hegemonia sem soberania

Atenas e Bau desenvolveram um *imperium* de tipo peculiar – e também peculiarmente disposto a destilar uma mistura volátil de medo e atração entre os povos dominados. Suas hegemonias não eram como os impérios europeus dos tempos modernos, onde o poder colonial estrangeiro impunha diretamente seu próprio Estado sobre outros territórios e outras sociedades. Conquistados por invasão e mantidos por ocupação, tais regimes coloniais eram, na verdade, soberanos sobre os povos subjugados, governando-os com todos os meios necessários de administração, regulação e coerção. Mas nem Bau nem Atenas haviam criado seus impérios por conquista, e nenhuma os governava diretamente. Exerciam hegemonia sem soberania.[86] No entanto, isso não significava que o domínio fosse suave, apenas que se baseava no respeito e no medo – o que significa dizer, numa reputação de poder, confirmada por demonstrações estratégicas. Em vez de moderados, os atenienses e os bauenses poderiam ser até mais brutais, e ficar conhecidos por isso.

Ainda assim, como digo, eles não eram conquistadores: a supremacia tanto de Bau quanto de Atenas foi herdada de regimes hegemônicos que a precederam. A força militar estava certamente envolvida em suas respectivas ascendências, mas foi sobretudo a demonstração de força contra outros poderosos – Atenas contra os persas e Bau contra Verata, o reino predecessor – que deu a elas um tipo de liderança eletiva. Foram capazes de realinhar a seu favor alianças políticas preexistentes na medida em que, movidos por um voluntarismo decorrente do receio de um destino ainda pior, territórios mais fracos submetiam-se a elas para garantir sua própria proteção.[87] Daí a inocência que os atenienses puderam exibir em seu mencionado apelo à assembléia espartana, em 432. Eles realmente não mereciam a impopularidade que seu império lhes granjeara, diziam eles, porque "não adquirimos aquele império pela violência, mas porque vocês (espartanos) não estavam dispostos a levar adiante a guerra contra os bárbaros, e porque os aliados vieram a nós e espontaneamente nos pediram para assumir o comando" (Tuc., 1.75.2).

Já vimos que muitos dos aliados poderiam justificar sua lealdade pelos laços de parentesco com a iônica Atenas, algo que era também conhecido na hegemonia de Bau. Quando, diante dos ataques bauenses a Verata, os territórios submetidos a ela eram induzidos a desertar, normalmente faziam isso estabelecendo fortes relações de parentesco entre seus próprios governantes e os chefes bauenses; ou então "implorando por um dirigente" (*kere turaga*), ou seja, pedindo que um notável bauense assumisse o título de seu governante (cf. M. Sahlins, 1994). No entanto, o caráter quase voluntário desses sistemas imperiais, junto com os laços familiares, implicava que, num nível ainda relativamente baixo de exigência material ou imposição política, o exercício da autoridade hegemônica já podia encontrar resistência entre os subalternos. Pois as relações centrais do império não eram apenas os meios ideológicos e as mistificações da hegemonia. Ou, se fossem, não eram tão funcionais a esse respeito. Definindo num nível ainda baixo de imposição o ponto a partir do qual as pressões econômicas e políticas do poder dominante passavam a ser experimentadas como opressão, essas eram fórmulas de ressentimento pré-fabricadas. Ressentimento no núcleo: aqui estava outra fonte da pleonexia imperial, do impulso de ter cada vez mais terras sob seu controle.

Argumento que o que conta historicamente como exploração por um poder dominante não é nem auto-evidente nem uma expressão direta da coerção material ou física aí envolvida. O mesmo vale para o que conta como força. Pois o grau da extorsão ou coerção praticada pelo poder dominante é apenas um dos componentes da importância política; as relações existentes entre as partes, o sentido de autonomia e o valor conferido a ela pelo grupo oprimido também são relevantes. Nem a exploração nem a força são politicamente significativas em si mesmas. Como diz Paul Veyne, "as relações de força, sejam ou não simbólicas, não são invariáveis. ... Sua aparência trans-histórica é uma ilusão analógica. Sua sociologia é estabelecida dentro dos limites de um programa arbitrário e histórico" (1988:59).

Hegemonia sem soberania: como designar esse tipo de ordem imperial? Tucídides referia-se ao império ateniense como *arché*, a substantivação do verbo "comandar", e alguns classicistas, reconhecendo a peculiaridade do caso, adotaram esse nome. Olivier Picar é um: *império*, diz ele, pode ser adequado para se referir aos domínios do rei persa, mas a originalidade do poder ateniense é tal "que o vocabulário moderno não fornece um nome apropriado para ele; também faltam outros exemplos com os quais pudesse ser comparado (exceto, talvez, a *potência* veneziana)" (Picard, 2000:10; cf. Kallet, 2001). Juntemos Bau a esse pequeno número de formações *arché*, todas elas poderes marítimos que dominam muitas outras unidades políticas auto-organizadas, disseminadas numa ampla área, sem contudo assumir o governo de nenhuma delas. Na realidade, a grande desproporção entre o tamanho, os recursos humanos e os recursos domésticos dessas talassocracias, de um lado, e a escala de sua supremacia, de outro, é uma característica fundamental do *arché*. É a condição de uma outra particularidade da hegemonia que exercem: em grande medida, elas controlam outras unidades por meio de efeitos-demonstração e de exibições de poder e superioridade que, usando uma expressão hobbesiana sobre a governância, "mantêm todas em estado de terror". Certamente, não estou afirmando que exibições de poder são técnicas de governo desconhecidas em outros sistemas imperiais, aqueles que administram diretamente seus impérios; digo apenas que no *arché* tal demonstração é o principal instrumento de dominação, tanto para adquiri-la quanto para mantê-la. A necessidade de sempre mostrar seu poder contribui, de alguma maneira, para explicar a obsessão dos atenienses e dos bauenses por ele. O *arché* é, em aspectos significativos, um império de signos: signos de poder magnificente ou draconiano, ou de ambos, que levam outros povos à submissão talvez para sua própria vantagem ou proteção, mas, seguramente, pelo medo de serem destruídos.

No império de signos, a força também é um símbolo de força. Isso não significa dizer que a força seja "apenas simbólica", ou que os bauenses e atenienses não a empregassem de forma coerciva para subjugar rebeldes e ampliar a extensão de seu *arché*. Mas, ao mesmo tempo, tais empregos da força eram mais amplamente governamentais, deliberadamente usados visando causar determinado efeito-demonstração sobre outros que não apenas as vítimas – o que poderia fazer com que fossem mais cruéis ainda que o requerido pela situação. *A violência era maior por ser simbólica*. A força ateniense era terrorística, como diz Romilly, simplesmente porque não havia nenhuma estrutura administrativa ou política para sustentá-la (Romilly, 1968: 215). Da mesma forma como Ratu Cakobau em Fiji podia dar o pior fim canibal a um chefe que o desafiasse, os atenienses eram rápidos e impiedosos quando reprimiam cidades rebeldes ou que resistiam à inclusão no *arché*. A violência empregada em tais casos era não apenas repressiva, mas deliberadamente excessiva. Era destinada a objetificar e disseminar uma reputação de poder imbatível. "Puna-os como merecem", disse Cléon, argumentando a favor de massacrar os mitilênios rebeldes, "e ensine a seus aliados que a punição para a rebelião é a morte" (Tuc., 3-40.7).

Os famosos debates na assembléia ateniense sobre o destino de Mitilene, em 427, e de Melos, em 416, giravam, de maneira decisiva, em torno da questão da força exemplar. A defecção de Mitilene, um aliado provedor de navios, e não um tributário fiscal, foi um golpe múltiplo para os atenienses. Iniciada pelos poucos (o partido dos oligarcas), a rebelião foi apoiada por uma frota peloponésia, o que significou não apenas uma operação coordenada de inimigos de Atenas, mas um desafio a seu controle dos mares em seu próprio quintal iônico. No entanto, após uma decisão inicial de exterminar o povo mitileno, a assembléia ateniense reuniu-se novamente para reconsiderar aquela medida brutal. Argumentando contra a revisão do que fora decidido, Cléon advertiu seus concidadãos de que eles não deveriam ceder diante dos "três sentimentos mais fatais a quem exerce o império – a compaixão, o emocionalismo e a indulgência" (3.40.2). Sua insistência de que a morte era a lição a ser ensinada a outros aliados era acompanhada pela observação de que o destino de outras cidades cujas rebeliões foram suprimidas (menos brutalmente) não servira de advertência para os mitilênios (3.39.3). Não obstante, a decisão foi revogada – com base no mesmo princípio de efeito-demonstração que antes servira para aprová-la. A assembléia foi persuadida pelos contra-argumentos de certo Diôdotos. "Quando Cléon foi tão incisivo quanto aos úteis efeitos de desencorajamento que irão decorrer da decisão de fazer da rebelião uma ofensa capital, eu, que considero os interesses do futuro, tanto quanto ele, positivamente, sustento o contrário" (3.44.3). Pois a demonstração, disse Diôdotos, apenas provaria a potenciais rebeldes que eles poderiam lutar até a morte, já que esse seria seu destino se perdessem; e também mandaria a mensagem errada para amigos naturais de Atenas em outras cidades, os muitos democráticos, se matassem seus semelhantes em Mitilene pelos crimes dos poucos, os oligarcas (3.45.46). Aceitando esse argumento, os atenienses decidiram poupar os muitos; apenas os aristocratas foram mortos.[88]

Para Melos, que pretendia ser uma antiga colônia insular espartana, o final foi menos feliz. Os atenienses ofereceram-se para levantar o sítio se os melos passassem para seu lado; quando estes se recusaram, pedindo, em vez disso, para permanecer neutros, foram arrasados. O fato de Tucídides ter apresentado o episódio meliano imediatamente antes da malfadada expedição siciliana é em geral visto pelos comentaristas como uma posição moral: os atenienses pagaram caro por sua crueldade. No entanto, eles praticavam sua política habitual de criar e manter uma reputação. Não poderiam aceitar a oferta de neutralidade, disseram aos melos, porque "sua amizade será vista por nossos súditos como fraqueza nossa, enquanto sua inimizade será tomada como uma demonstração de nosso poder" (Tuc., 5.95). E, novamente, "se alguns mantêm sua independência, é porque são fortes, e, se não os atacamos, vão pensar que é por medo; de modo que, além de estarmos estendendo nosso império, sua submissão será um ganho para nós, especialmente porque, sendo vocês ilhéus e mais fracos que outros, é importante que não tenham sucesso na tentativa de se mostrarem superiores aos senhores dos mares" (Tuc., 5.97). Esperando, em vão, uma ajuda dos espartanos – ou, porque sua causa era justa, dos deuses –, os melos não quiseram render-se. Todos os homens foram mortos, e as mulheres e crianças vendidas como escravas.

Tanto no evento meliano quanto no mitilênio, a presença real ou virtual dos espartanos e a ameaça que representavam ao poder naval ateniense indicam a crescente complexidade do campo de forças e as crescentes dificuldades encontradas pelos atenienses para manter sua hegemonia. Junte-se a isso a possibilidade de conspiração entre cidades rebeldes, e será possível ver por que uma resposta draconiana aos que tentassem se opor parecia interessante para os atenienses. Mas havia ainda formas diferentes de manter os outros aterrorizados.

"A Atenas policrômica", como Gary Wills a chama. Atenas era um espetáculo, força de atração e de radiação cultural que funcionava como elemento importante da política do *arché* por outros meios. Em sua excelente etnografia da Velha Comédia, Victor Ehrenberg escreveu que "mesmo a sociedade contemporânea percebeu que Atenas, 'a mais brilhante das cidades', destacava-se dentre todos os outros Estados gregos por sua beleza e espírito. Atenas provia o melhor solo para todo tipo de empreendimento intelectual e artístico. O poeta cômico ridiculariza o homem que não conhece Atenas ou, se a conhece, não a ama; ou, se a ama, não vive lá" (Ehrenberg, 1951:278).

Atenas também fazia um contraste interessante com a Esparta fundamentalista. Recordemos a previsão de Tucídides de que, no tempo vindouro, ninguém seria capaz de imaginar o poder de Esparta a partir da pobreza de seus resíduos materiais, enquanto Atenas tenderia a ser superestimada em função da monumentalidade dos seus. Tais idéias sobre a relação entre pompa e poder são ecoadas por Alcibíades ao vangloriar-se de suas virtudes cívicas nos jogos olímpicos de 416, quando sete carros seus entraram na pista hípica – algo até então nunca visto – e garantiram a ele o primeiro, o segundo e o quarto prêmios: "Os helenos, que esperavam ver nossa cidade arruinada pela guerra, passaram a considerá-la mais poderosa do que realmente é por causa da magnificência com que a representei nos jogos olímpicos. ... A tradição considera esses feitos uma honra, e é inevitável que deixem atrás de si uma impressão de poder" (Tuc., 6.16.2).

Disso era feita a política dessa glória que era a Grécia: da magnificência de sua arquitetura e arte, do esplendor de seu teatro, das reluzentes procissões e cerimônias, dos ginásios e simpósios. Mesmo aqueles que nunca viram Atenas podiam conhecer sua superioridade pela reputação de seus poetas e filósofos, seus políticos e atletas. Uma "cidade tirana", é verdade, mas, ainda assim, "a escola da Hélade".[89] Por meio de numerosos e admiráveis espetáculos, "alguns ultrapassando todos os limites quanto ao dinheiro gasto", Atenas dedicou-se a atrair o mundo para ela: "Nossa cidade, durante todo o tempo", concluiu Isócrates, "é um festival para aqueles que vêm visitá-la" (*Paneg*. 46). Os povos vassalos, em especial, visitavam-na com seus tributos anuais na época do importante festival religioso urbano, a Dionísia, que era também a temporada teatral.

Se Bau, ao contrário, não oferecia nenhum espetáculo arquitetônico particular, era, ainda assim, a ilha mais dramática de Fiji, a cena de quase constantes festivais de poder. A vida em Bau era um desfile mais ou menos contínuo de submissão e superioridade. Era uma série de demonstrações rituais do poder bauense que, por diversos meios – fala, gesto, canto, dança, adornos corporais, exibições de comida e riqueza, grandes multidões e excitação geral –, representavam a cultura fijiana, não diria no seu ponto mais alto, mas no que tinha de mais altamente apreciado. Os tributos que vinham de lugares próximos e distantes, pequenos e grandes, eram acompanhados de espetáculos. Como já observamos, os tributos podiam ser ofertas dos primeiros frutos, especialmente batatas-doces e frutas, enquanto outros eram ofertas anuais ou semi-anuais da riqueza de reinos distantes. Havia também as arrecadações extraordinárias sobre territórios submetidos, bem como os presentes voluntários vindos deles para um ou outro chefe bauano de quem buscassem obter algum favor. Nada disso podia passar sem uma cerimônia, e muitas delas eram acompanhadas de festividades. Basil Thomson oferece-nos uma rápida imagem das demonstrações cotidianas de hierarquia no início do período colonial, tal como vistas da perspectiva do rei da guerra:

> Estando um europeu com um grande chefe como o Vunivalu de Mbau, fica atônito com o número de pequenas apresentações. Diversas vezes, talvez, ao longo do dia, a *tama* [saudação cerimonial dos que se aproximam da casa do chefe dirigente ou do deus] é gritada de fora da casa. O *mata* [*matanivanua*, "arauto"] do chefe verifica do que se trata e anuncia a chegada de algum clã vassalo com uma oferenda – um rolo de corda, um fardo de tecido de cortiça, uma tartaruga e a inevitável raiz de *kava*. Alguns membros da casa saem para ouvir a fala de apresentação e batem as mãos da forma prescrita, porém o chefe mal se preocupa em interromper sua conversa para ouvir. A mercadoria é levada para um depósito até que, no tempo devido, seja distribuída para algum chefe que a mereça, para uso de seus numerosos dependentes ou para ser empregada nas complicadas negociações políticas das quais depende a segurança da federação. (Thomson, 1908:282)

Pode-se conhecer um pouco sobre os mais importantes festivais de autoridade a partir da descrição que o reverendo Thomas Williams faz do "pagamento de impostos em Fiji", considerando-se que tais cenas eram bem mais freqüentes em Bau que em qualquer outra parte:

> O pagamento de impostos em Fiji, ao contrário do que acontece na Inglaterra, está associado a tudo aquilo que as pessoas amam. O momento em que acontece é um dia especial; um dia para a melhor vestimenta, a aparência mais agradável e as palavras mais gentis; um dia de exibição: colares de dentes de baleia e búzios ... a faixa escarlate amarrada em volta da cabeça ... o mais novo estilo de colarinho ... o turbante mais gracioso. O penteado que foi produzido durante meses agora é mostrado em toda a sua perfeição; o corpo é untado com o óleo mais perfumado e decorado com as mais belas flores ... As armas também – maças, lanças e mosquetes – são cuidadosamente polidas e especialmente enfeitadas. Os fijianos entregam seus tributos com todas as demonstrações de alegre excitação da qual participa de corpo e alma toda a tribo envolvida. Juntam-se multidões de espectadores, e o rei e sua comitiva estão lá para receber o imposto, pago com uma canção e uma dança, e recebido com sorrisos

> e aplausos. Em seguida, os contribuintes retiram-se para um banquete oferecido por seu rei. Certamente, não é desprezível a política que assim faz do pagamento de impostos "um motivo de alegria" (William e Calvert, 1859:30-1).

Em Bau, além disso, tais cenas festivas de taxação eram complementadas por freqüentes ritos de guerra: antes da batalha, após a batalha e, às vezes, como demonstrações de força durante sítios, em vez de uma batalha. Entre outubro de 1839 e junho de 1841, frotas de guerra deixaram a ilha 16 ou 17 vezes, conforme os missionários ingleses puderam observar do lugar onde viviam, próximo de Bau. Essas expedições freqüentemente chegavam a ter 30 ou 40 canoas, e às vezes eram coordenadas com movimentos de guerreiros no interior de Viti Levu. Tais ações, em especial as maiores, eram de hábito acompanhadas de vários rituais: passar em revista os soldados antes da batalha, dedicar e comer as vítimas sacrificiais humanas presas na guerra, consagrar os matadores e suas armas, agradecer a deuses e aliados com banquetes algum tempo após a vitória. Portanto, a partir dessas notícias sobre os engajamentos dos bauenses, pode-se ter alguma idéia da intensidade ritual resultante de sua beligerância. E nem todos os rituais eram solenes ou terríveis. O júbilo em torno dos corpos de vítimas canibais, incluindo a bacanália sexual que se estendia pela noite, enquanto os corpos assavam nos fornos cavados na terra, eram manifestações pelo menos tão prazerosas para os fijianos vitoriosos quanto repugnantes para muitas testemunhas ocidentais.[90] De qualquer modo, esses eventos estavam sempre estratificando, reforçando posições políticas. Discursos, ofertas, ritos com a *kava* e outros aspectos das cerimônias representavam e comunicavam a supremacia dos chefes bauenses. Os visitantes que chegavam a Bau eram tratados com festivais de poder que eles podiam absorver através de marcantes experiências corporais, que iam do prazer ao pavor. Não existia uma temporada de teatro em Bau, mas havia exibições mais ou menos contínuas de sua hegemonia.[91]

* * * *

Não é que se desconheça no mundo contemporâneo um sistema de hegemonia sem soberania que também funcione para a criação de regimes obedientes e recorra tanto ao mortífero quanto ao maravilhoso para produzir efeitos-demonstração. Se alguém quiser um exemplo familiar de um *arché* como Atenas, igualmente construído a partir da força exemplar, do espetáculo cultural e da exportação da democracia, que tal o moderno império norte-americano?

A geopolítica da pleonexia

Em 451, Címon, o general e estadista ateniense, tendo recentemente encerrado a chamada Primeira Guerra Peloponésia com um tratado de paz de cinco anos com Esparta, comandou uma grande expedição de 200 trirremes contra Chipre e o Egito (Tuc., 1.112).[92] De acordo com Plutarco, tornara-se claro para Címon, logo após o estabelecimento da paz, que "os atenienses eram incapazes de se acomodar, estando inclinados a seguir uma política de constante atividade e expansão de seu império através de expedições estrangeiras" (*Cim.*, 13). As partes de Chipre e do Egito em poder dos persas foram escolhidas como alvos porque Címon não queria provocar os outros Estados gregos navegando em volta das ilhas ou do Peloponeso. "Seu plano era manter os atenienses em constante treinamento através de suas operações contra os bárbaros e permitir que se beneficiassem, como mereciam, da riqueza que tomassem de seus inimigos naturais e trouxessem para a Grécia" (ibid).

Isso faz lembrar o já citado comentário de Tucídides sobre o entusiasmo geral em torno da expedição siciliana: "A idéia do povo comum e da soldadesca era ganhar dinheiro no momento e fazer conquistas que gerassem recursos infindáveis para pagamentos futuros" (6.24.3). Na verdade, a política de Címon já exibia muitos dos traços essenciais da duradoura geopolítica da pleonexia ateniense. Refiro-me às dispendiosas aventuras nas periferias do império motivadas por crescentes demandas materiais no centro e pela necessidade de evitar imposições indevidas sobre os aliados e sobre a própria Atenas. Houve um certo desvio no rumo da exploração e da expansão, agora voltadas para fora; isso está evidente na maneira como Címon manteve-se afastado das "ilhas" e, portanto, dos aliados atenienses, ao mesmo tempo em que evitava seus antigos inimigos peloponesos. Em contraste com a taxação e o ressentimento que se poderiam acumular no núcleo do *arché*, as ações militares realizadas nos limites do império e para além deles prometiam novas rendas e recursos, despojos (especialmente escravos) e, para os participantes, um meio de vida enquanto permanecessem no serviço naval. Ao prover "treinamento constante", a expedição de 200 trirremes chefiada por Címon também deve ter oferecido pagamento constante para muitos milhares de atenienses – mesmo presumindo algo menos que a usual tripulação de 200 homens em cada embarcação. Como o pagamento de muitos desses gastos viria de fundos públicos, e outra parte de contribuições (liturgias) de homens ricos que assumiam a manutenção de determinadas embarcações, essas aventuras devem ter antecipado retornos consideráveis, tanto imediatos quanto de longo prazo, sob a forma de comércio e tributos. No caso de Címon, todavia, a expedição provavelmente resultou numa perda líquida, inclusive a de sua própria vida. Esse infortúnio levou os gregos a interromper o sítio a Chipre, e, a não ser por uma única vitória, a esquadra voltou para casa com pouco a mostrar como resultado de seus grandes esforços (Tuc., 1.112).

O dilema geopolítico do *arché* é que uma talassocracia desse tipo, sujeita ao aumento cumulativo dos custos à medida que se expande, acaba descobrindo a necessidade equivalente de aumentar a extorção de seu próprio povo ou de povos submetidos – ou, se não for assim, encontrar outros para explorar. Subsidiar a expansão marítima gera demandas sobre os recursos e a mão-de-obra do poder hegemônico numa medida mais exponencial que linear. Situada no centro de uma esfera de dominação que se estendia em muitas direções, Atenas podia ver seus interesses e suas despesas multiplicarem-se por algo como o quadrado de sua distância de uma circunferência em expansão vezes 3,1416. O problema era ainda mais sério que o sugerido pela geometria, na medida em que as principais fontes atenienses de suprimento de grãos estavam situadas nos extremos de seu poder, especialmente na Criméia. Manter as rotas comerciais abertas exigia considerável presença naval e ação militar periódica: o patrulhamento contínuo de 80 navios durante oito meses do ano, de acordo com Plutarco (*Per.*, 11). Ehrenberg resume assim: "Podemos tomar como certo que a mera tarefa de manter as rotas do milho livres de interferência era, em si mesma, uma questão de alta política e objeto de freqüentes medidas militares. A necessidade e a dificuldade de obter grãos e outros suprimentos vitais para o Estado e o povo produziram um meio pelo qual a política podia influenciar a economia, e, mais ainda, a economia podia afetar a política" (Ehrenberg, 1951:325; Tuc., 2.69.1; Casson, 1991:111-12).[93]

A parte "política" crítica dessa geopolítica tinha a ver com os riscos de jogar os cada vez mais elevados custos materiais do *arché* sobre suas populações nucleares, o povo da Ática e os aliados tradicionais. Os riscos eram sedição em casa e rebelião fora. Das rebeliões, já sabemos; a sedição potencial era inerente à condição de caírem sobre os ricos e poderosos as maiores obrigações de sustentar o Estado, tanto em termos morais quanto legais. A criação da marinha fora parcialmente financiada por liturgias, obrigações públicas assumidas por ricos cidadãos privados para construir, equipar, manter e pagar os salários da tripulação das trirremes, das quais eles também desfrutavam o comando (nominal) no mar. (Não se sabe a exata medida em que a marinha ateniense no quinto século era financiada por liturgias, nem o quanto estas eram legalmente cobráveis.) Num trabalho recente sobre o financiamento da frota ateniense, Vincent Gabrielson (1994:12) chama atenção para o grande interesse do Estado em garantir "a preservação e a boa vontade de seu principal objeto de taxação", isto é, os ricos: "Seu interesse era econômico *e* político: econômico porque qualquer abuso poderia levar a uma menor cooperação por parte dos detentores de propriedades, ou, pior ainda, à exaustão de seu potencial financeiro; e político porque demandas fiscais ilimitadas levariam à agitação social ou mesmo à estase (impasse, discórdia civil)." Aqui estavam, entre os ricos potencialmente rebeldes e os tributários formalmente independentes, as pressões centrífugas que desviaram o olhar predatório ateniense para as terras interiores de seu *arché*, chegando tão longe quanto a Sicília e a Nuverlândia.

A Guerra do Peloponeso tornou tudo pior: mais impostos sobre os atenienses, arrecadações mais pesadas sobre os aliados, expedições de coleta de tributos às fronteiras do *arché*. E, após o desastre siciliano, tudo isso foi insuficiente para impedir a rebelião disseminada no exterior e um golpe oligárquico em casa. A primeira observação de Tucídides sobre a taxação extraordinária dos atenienses já mostra a correlação com a tendência de aumentar a extorção nos limites do *arché*. Em 428, necessitando de dinheiro para sustentar o sítio a Mitilene, em Lesbos, Atenas pela primeira vez impôs a seus cidadãos um imposto de guerra. Mas os 200 talentos assim obtidos não foram suficientes, o que fez com que 12 navios fossem despachados para "coletar dinheiro de seus aliados" (Tuc., 3.19.1). Tais arrecadações de tributos eram excursões armadas. Neste caso, após a coleta em lugares que podiam ser alcançados por mar, o comandante da expedição marchou para o interior, na região da Cária, na Ásia Menor, onde ele e muitos dos soldados foram mortos num ataque do povo local (3.19.2). Dois anos antes, a mesma sorte havia cabido, na mesma região, a uma outra força ateniense despachada para coletar tributos e desencorajar a pirataria (2.69). Incluindo duas outras missões semelhantes mencionadas por Tucídides, todas essas excursões de coleta de tributos realizadas na década de 420 tinham por objetivo áreas nos extremos da hegemonia ateniense e, aparentemente, às vezes além deles, indo das regiões carianas e licianas na Ásia Menor, através do Helesponto, até Eion, na Trácia (2.69.1; 4.50; 4.75). Além disso, em 425, os atenienses elevaram as taxas de tributos por todo o império. Pelo menos alguns aliados tiveram suas obrigações dobradas; na verdade, Moses Finley afirmou que as demandas de receita ateniense mais que triplicaram (1972:24). E então, nas circunstâncias calamitosas de 413, os atenienses recorreram a novas medidas de taxação. Pressionados ao mesmo tempo em Siracusa e na Ática (pela ocupação espartana do forte estratégico em Decelea), os atenienses "impuseram sobre seus súditos, em vez de um tributo, a taxa de um vigésimo de todas as importações e exportações por mar, pois agora pensavam que isso lhes renderia mais dinheiro; suas despesas não eram as mesmas do início, mas haviam crescido com a guerra, enquanto as receitas caíram" (Tuc., 7.28.4). Naquele ano, os aliados/súditos começaram a revoltar-se: lesbianos, eubeanos, quianos, as cidades do Helesponto e muitas outras, algumas ajudadas pelos espartanos e outras conspirando entre si (livro 8, passim). Assim também os atenienses ricos, "os cidadãos mais poderosos que também sofreram mais severamente com a guerra" e que "agora alimentavam grandes esperanças de ter o governo em suas mãos" (8.48.1). O governo que eles queriam era uma oligarquia – que conseguiram por um curto tempo até que o golpe foi revertido, em grande medida pelo exército de inclinações democráticas. Mas o fim do *arché* ateniense estava próximo.

O *arché* fijiano de Bau enfrentava uma geopolítica semelhante, e, como já foi mencionado, a pleonexia correspondente teve um desenlace similar – incluindo, de fato, uma tentativa fracassada de golpe. Mas, desde o começo, Bau também estava disposta a lutar por riqueza e poder nas extremidades de sua esfera de dominação. Foram necessárias inúmeras provocações ao longo de mais de dois anos para os bauenses engajarem-se no confronto com a vizinha Rewa. E mesmo quando a grande Guerra da Polinésia já estava prestes a começar, os bauenses, ou pelo menos alguns chefes bauenses, ainda preferiam ter como inimigos os territórios distantes e prósperos do nordeste e leste de Fiji com os quais tinham estado em guerra intermitente durante anos – como Címon escolhendo seus alvos no Egito e em Chipre.

No final da década de 1830 e início da seguinte, sob o comando de Ratu Cakobau, Bau havia realizado repetidas incursões de guerra ou extração de tributos contra os principais reinos de Verata, Macuata, Namena, Cakaudrove e Lau. As frotas de Bau ou de seus aliados partiam para longe, e com freqüência para recuperar a dominação que o reino havia desfrutado na década de 1820 sob o Vunivalu (Ratu Naulivou), mas que fora ameaçada e enfraquecida durante a estase de 1832-7, que assistiu ao exílio de Ratu Tānoa, seu sucessor. Agora o velho reino de Verata tentava afirmar sua antiga ascendência atacando as canoas bauenses e pondo em perigo o controle bauense das ilhas, muitas das quais haviam sido territórios veratanos. Além disso, em troca do refúgio que lhe fora dado em Somosomo, em 1832, Ratu Tānoa cedera ao rei de Cakaudrove o direito bauense de coletar tributo em Lau (Hale, 1846:59). Cheios de si, os chefes dirigentes de Cakaudrove haviam deixado de mandar seus próprios tributos a Bau. No final da década, tinham persuadido os dirigentes de Macuata a fazer o mesmo e a entrar numa relação de troca com Cakaudrove, em vez de enriquecer Bau. Os chefes cakaudrove também conspiraram com certos povos de Viti Levu (Namena e Telau) para se juntarem a eles nas hostilidades contra Bau. Em suma, o reino de Cakaudrove tinha aspirações de substituir Bau como poder hegemônico em Fiji – até que Ratu Cakobau repetisse essencialmente as mesmas persuasivas demonstrações de força que haviam sustentado o poder bauense no início do século.[94]

Bau e Cakaudrove nunca entraram em conflito direto, embora um estado de guerra tenha existido entre eles desde 1839, e Cakaudrove fosse repetidamente agitada por rumores de um iminente ataque bauense. Em vez disso, Bau primeiro tratou de subjugar Verata. As canoas bauenses navegaram contra cidades de Verata nove ou dez vezes entre outubro de 1839 e novembro de 1840, entrando em conflito com o inimigo em diversas ocasiões e finalmente forçando uma submissão formal (*i soro*) dos chefes veratanos em dezembro de 1840. Numa das mais sutis e bem-sucedidas conspirações (*vere vakaBau*) de Ratu Cakobau, os territórios de Namena e Telau tiveram seus guerreiros massacrados em 1839, durante uma visita amistosa à ilha Viwa, perto de Bau. Em seguida, ele empreendeu diversos ataques marítimos a Namena propriamente dita (na costa nordeste de Viti Levu). Assim ocupada com seus inimigos de Viti Levu, Bau não tinha os meios para confrontar Cakaudrove diretamente. Em vez disso, Ratu Cakobau mandou uma frota de guerreiros de Viwa e Tonga – cerca de 500 tonganeses viveram em Bau durante seis meses, em 1840 – para atacar Macuata. No entanto, depois que Verata capitulou, o Vunivalu de Bau liderou uma malsucedida expedição para defender de um ataque cakaudrove a cidade de Vuna, em Taveuni, e uma outra, triunfante, contra Macuata; esta última prosseguiu até o nordeste de Viti Levu, aterrorizando muitas cidades ao longo do caminho. Tais demonstrações de poder bauense, junto com uma revolta dos aliados guerreiros de Cakaudrove (Natewa), convenceram os chefes de Somosomo a pedir a paz no início de 1843. Pouco depois, uma impressionante flotilha carregada de tributos saiu de Cakaudrove para Bau, e uma visita de Ratu Cakobau a Lau restaurou as arrecadações usuais de Bau nessas prósperas ilhas. Para completar as dimensões geofísicas dessa histórica recuperação do *arché* bauense, precisamos apenas mencionar que as ilhas vassalas – especialmente Koro, Moturiki, Ovalau e Nairai – contribuíram com recursos significativos para mobilizar os exércitos de Bau, sustentando-os durante as campanhas e recompensando seus sucessos. Tais tributos sobre os súditos bauenses, no entanto, nem sempre eram destinados a encorajar sua lealdade. Conta a tradição que, após um bem-sucedido ataque a duas cidades veratanas por uma grande força de bauenses e seus aliados de Viti Levu, Ratu Cakobau disse a seu povo para navegar até as ilhas do mar Koro e confiscar porcos e riquezas (*i yau*), contra a vontade dos donos, se preciso, para os grandes banquetes da vitória (Anon., 1891 [4]:11). A garantia da continuidade do *arché* fora alcançada à custa dos súditos mais próximos e do centro: perdas que, presumiam, seriam compensadas por retornos obtidos nas conquistas periféricas.[95]

No entanto, essa geopolítica da pleonexia não era uma simples termodinâmica geográfica, nem na Grécia nem em Fiji. As forças físicas foram postas em movimento por uma estratégia ditada pela natureza do *arché*, o sistema de hegemonia sem soberania. Interesses, resistências, ambições e outras intenções da ação política, incluindo as irracionalidades delas resultantes, derivavam sua motivação de um contexto estrutural específico, de um determinado esquema de relações e valores. Não se pode fazer uma leitura simples ou direta da política do *arché* a partir de disposições humanas universais, como desejo de poder e ganho, da forma como Tucídides recomendava – e como muitos, desde então, têm feito, seguindo seus passos.

A historiografia da natureza humana

> *Melos*: E como, suplicamos, poderia resultar para nós tão vantajoso servir quanto para vocês dominar?
>
> *Atenienses*: Porque vocês teriam a vantagem de se submeter antes de sofrer o pior, e nós ganharíamos por não termos que os destruir. ...
>
> *Melos*: Estejam certos de que temos tanta consciência quanto vocês da dificuldade de lutar contra sua força e sua sorte, a menos que as condições fossem iguais. Mas confiamos em que os deuses possam nos conferir uma sorte tão boa quanto a sua, já que somos homens justos combatendo homens injustos, e que o que nos falta em força será compensado pela aliança com os espartanos, que estão inclinados, se não por outra razão, por uma questão de honra, a vir em ajuda daqueles com os quais têm afinidades étnicas. ...
>
> *Atenienses:* Dos deuses acreditamos, e dos homens sabemos, que, por uma imposição da própria natureza, sempre que podem eles mandam. E não é como se tivéssemos sido os primeiros a fazer essa lei ou a aplicar seus preceitos: já a encontramos existindo antes de nós, e continuará existindo para sempre depois de nós; tudo que fazemos é usá-la, sabendo que vocês e todos os outros, tivessem a mesma força que nós, fariam o mesmo. Assim, no tocante aos deuses, não tememos, e nenhuma razão temos para temer, que venhamos a estar em desvantagem. ... Os espartanos, quando seus próprios interesses ou as leis de seu país estão sob questão, são os homens mais virtuosos de todos os que existem; sobre a conduta que têm diante de outros, muito poderia ser dito, mas nada poderia dar melhor idéia disso que simplesmente dizer que, de todos os homens que conhecemos, são os que mais evidentemente consideram honroso aquilo que lhes agrada, e justo o que serve a seus interesses. (Tuc., 5.92-93; 104-5)

Essas passagens do famoso "Diálogo dos Melos" seriam poderosas testemunhas a favor da pretensão de que Tucídides é o verdadeiro pai da história – quer dizer, da história ocidental. "A primeira página de Tucídides é, em minha opinião, o começo da verdadeira história", escreveu David Hume. "Todas as narrativas que a precederam estão de tal modo mescladas com fábulas que os filósofos devem abandoná-las, em grande medida, às elaborações de poetas e oradores" (1985:422). Esta foi uma avaliação apropriada vinda de um filósofo para quem, "em todas as nações e épocas, ... a natureza humana permanece a mesma em seus princípios e operações. ... A humanidade é tão igualmente a mesma em todos os tempos e lugares que a história não nos conta nada de novo ou estranho sobre esse particular" (1975:83). A partir disso, pode-se julgar, com bastante certeza, que Tucídides foi o final e também o começo da história, pois já havia identificado o persistente auto-interesse que filósofos ocidentais esclarecidos, desde bem antes de Hume até os dias atuais, têm também considerado o propulsor universal da ação histórica.[96] Para ser mais preciso: da "tríplice libido" augustiniana, ou seja, os três apetites por sexo, ganho e poder que têm dominado nossa antropologia nativa por milênios, Tucídides concentrou-se no ganho e no poder. O sexo foi amplamente negligenciado – e as mulheres também, quase inteiramente. Das aversões humanas naturais, a principal em Tucídides foi o medo. (Novamente, pode-se ver de onde vinha Hobbes.)[97]

Estava aqui, então, a brilhante origem da infeliz consciência ocidental da história como a expressão do pior em nós (Orwin, 1988:832). Tem havido uma enorme quantidade de debates sobre outros aspectos da historiografia de Tucídides. Os classicistas parecem ter dito praticamente tudo que se poderia dizer sobre o assunto, incluindo o oposto de tudo. Tucídides era um pragmático e um mitologista, objetivo e subjetivo, um poeta da prosa e um historiador científico, realmente um moralista e um realista amoral, um homem de seu tempo, um modernista antes de seu tempo e – por que não? – um pós-modernista (Connor, 1977). Ainda assim, a respeito dos dois maiores princípios que devem ter atraído Hume, Hobbes & Cia – a intenção de escrever uma história de relevância universal e a atribuição da ação histórica a uma natureza humana auto-interessada –, tem havido ampla concordância sobre a historiografia de Tucídides. Eu acrescentaria apenas a afirmação de que uma história baseada em tais fundações é, decididamente, anticultural – e, na mesma medida, anti-histórica. O recurso à natureza humana deprecia a construção cultural de formas de vida humana. Se Tucídides foi o verdadeiro pai da história, então a história começou removendo de si a verdadeira antropologia. Ou, para usar as próprias palavras de Tucídides, começou com a eliminação do maravilhoso, interessado em tornar sua história relevante para todos os tempos, desde que as pessoas sejam o que elas naturalmente são:

> Bem pode ser que minha história pareça menos fácil de se ler dada a ausência do fabuloso na narrativa. No entanto, será para mim o bastante se essas minhas palavras forem consideradas úteis por aqueles que querem entender claramente os eventos acontecidos no passado e que (sendo a natureza humana o que é) voltarão a acontecer no futuro, num momento ou outro, e de formas bastante semelhantes. Meu trabalho não foi feito para agradar a um público ocasional, mas para durar para sempre. (1.22.4)[98]

As modestas ambições intelectuais de Tucídides envolviam uma dupla humanização da história, uma secularização e uma universalização, que ele então passou a confundir, embora não necessariamente uma implique a outra. Ao eliminar o "fabuloso", Tucídides pretendia livrar-se da intervenção divina como uma causa de eventos históricos. Ele tornaria a história inteligível como criação humana, e tem sido muito celebrado por isso – independentemente do pecado capital etnográfico de ignorar o que as pessoas pensavam que fosse importante. No entanto, tornar os gregos humanamente responsáveis por sua própria história não é a mesma coisa que fazer de sua própria história um modelo para a humanidade. Ao contrário, para tornar universalmente aplicável a história grega, seria preciso subtrair dela o que quer que fosse distintamente grego, o que quer que a tivesse condicionado especificamente, e, em vez disso, ancorar sua inteligibilidade numa natureza humana genérica. Eliminar o fabuloso tornou-se, assim, uma prescrição para desvalorizar o cultural em favor do natural, em benefício do universal.

Natureza humana: essa animalização da retórica da história é a contraparte, argumenta David Grene (1965), de sua humanização na consciência ateniense no quinto século. Tirada do controle dos deuses e posta em mãos da decisão humana, a política foi assim entregue aos desejos corporais: "É porque a grandeza do império ateniense era, aos olhos de seus habitantes, feita pelo homem e baseada quase exclusivamente em sua exploração de recursos materiais, e porque não há nenhuma tentativa de se acreditar numa tarefa imposta divinamente, ou numa obrigação mais que humana, ou na perfectibilidade do homem, que a retórica política na Atenas do quinto século desenvolve uma teoria da natureza humana baseada essencialmente em nada mais que os desejos animais e sua satisfação" (28).

No evento historiográfico, o que é intelectualmente posto de lado não são apenas as ações dos deuses e os melhores sentimentos da humanidade; o mesmo acontece com a cultura, na medida em que significados e regras humanas não têm como enfrentar as poderosas forças do desejo natural. Se a história é uma "coisa humana", como era para Tucídides, então chegamos a uma disputa desigual entre palavras mutáveis e corpos implacáveis. Em sua história, *nomos*, "convenção", não era páreo para *physis*, "natureza". *Nomos* estava para *physis* assim como o contingente para o necessário, e o mutável para o imutável. "Em suma, é impossível", diz Diôdotos no debate mitileno, "e seria a maior ingenuidade acreditar no contrário, impedir que a natureza humana faça, pela força da lei, ou por qualquer outra ameaça, alguma coisa que esteja decidida a fazer" (3.45.7). É bastante impressionante em Tucídides a lista de práticas culturais e de instituições que, de uma maneira ou de outra, estão sujeitas à natureza humana, quer suplantadas por ela, quer dependendo dela para suas próprias características. A lista inclui parentesco, amizade, afiliação étnica, império e instituições sociais tradicionais em geral; lei, moralidade, honra, tratados e justiça em geral; os deuses, o sagrado e religião em geral; e, não menos importante, a linguagem, o significado das palavras em geral. Todas essas coisas são nada em comparação com os desejos humanos, seja no sentido de que podem ser subvertidas pelo auto-interesse – como na revolução da Córcira ou na praga de Atenas –, ou de que o auto-interesse é a razão real de sua existência – como na busca de ganho e poder que criou o império ateniense, ou, mais especificamente, que levou à destruição dos melos. Observe-se, então, o notável poder explanatório das invocações à natureza humana feitas por Tucídides. O argumento dará conta tanto da ordem quanto da desordem, da estrutura e da anomia, da construção da cultura e de sua desconstrução. Sendo uma posição invejável na qual ninguém sai perdendo, ainda encontrada em antropologias reducionistas da natureza humana, o procedimento explica tudo, e seu oposto também.[99]

Mesmo assim, a confiança de Tucídides na natureza humana estava em dificuldade desde o começo, na medida em que não se ajustava às diferenças entre espartanos e atenienses expostas pelos coríntios no Livro Um. Refiro-me aos temperamentos nacionais que Tucídides tanto destacava. Da forma como são estabelecidos os contrastes no caráter nacional, o resultado é que, em condições exatamente iguais, os espartanos e os atenienses comportavam-se de maneiras exatamente opostas (cf. Bagby, 1944:137-8). Tomo um exemplo que tem ecos dramáticos em diversas discussões de Tucídides sobre a natureza humana. Dirigindo-se aos espartanos, os coríntios observam que, enquanto os atenienses "são aventureiros além de sua força, ousados além de seu discernimento e confiantes diante do perigo, vocês costumam tentar menos do que é justificado por sua força, desconfiar até do que é sancionado por seu discernimento e imaginar que não têm como se livrar do perigo" (1.70.3). Considere-se, primeiro, a resposta diferencial ao "perigo", porque perigo atende à condição tucidideana para a liberação dos instintos naturais. O perigo é o que leva o auto-interesse a destruir as instituições estabelecidas, em especial na revolta dos corcireus. Desse modo, temos o direito de perguntar: como é possível, sendo a natureza humana a mesma em toda parte, que espartanos e atenienses reajam de modo tão diferente nas mesmas circunstâncias? Estas eram exatamente as condições – similaridade de circunstância e identidade da natureza humana – que se supunha fazerem da história de Tucídides um tesouro para todo o sempre. É claro que se pode dizer que o auto-interesse dos espartanos baseados na terra não era o mesmo dos talassocráticos atenienses. Mas, tautologia à parte, o que isso realmente diz é que seus interesses dependiam de seus esquemas culturais. Seus valores e aquilo que eles valoravam – e, correspondentemente, suas motivações e ações – derivavam da ordem cultural, e não da natural. As pessoas diferem em termos daquilo que amam, como disse santo Agostinho.

E então há a relação com o "poder" observada pelos coríntios: quando se trata de dominação, os atenienses são ambiciosos além de sua força; os espartanos tentam menos até do que poderiam conseguir. Dificilmente esta seria a única situação na qual os espartanos são desafiados pela natureza humana ou em que os atenienses revelam-se os modelos exclusivos de disposições humanas universais. Sendo uma aliança voluntária de Estados autônomos com os mesmos direitos de voto, na qual Esparta era a única *primus inter pares*, e faltando a essa aliança o poder de arrecadar tributos e outros privilégios de dominação de que Atenas desfrutava em seu império, a confederação espartana é testemunha suficiente do déficit de *libido dominandi* de seu Estado líder. Entretanto, a vontade de mandar quando se pode é uma lei da natureza humana que Tucídides invoca com bastante freqüência. Devem-se recordar aqui os atenienses dizendo aos melos que não foram eles os primeiros a fazer essa lei e nem seriam os últimos a obedecê-la, e que a única coisa que faziam era usá-la, "sabendo que vocês e todos os outros, tendo a mesma força que nós, fariam o mesmo". Ainda assim, já estava claro que os espartanos, tendo a mesma força, nem sempre fariam o mesmo (que vocês aí). Além disso, nessa instância, os melos também se provaram desprovidos das inclinações naturais-universais adequadas: eles não sabiam como ter medo para se preservar. Quando escolheram lutar – enquanto esperavam, também contra todas as probabilidades, uma intervenção divina ou espartana –, foram destruídos. Se o fracasso em perceber seus interesses, como tão claramente expresso no diálogo, ironicamente confirma o ponto de vista de Tucídides de que *logos* não é prova alguma contra as paixões humanas, ele também sustenta o aspecto bastante antitético de que a esperança nem sempre responde racionalmente à realidade – "pois é um hábito da humanidade alimentar esperanças infundadas com relação ao que deseja e usar a razão soberana para pôr de lado o que lhe desagrada" (4.108.4). Permitindo que seus desejos interfiram até mesmo em suas percepções – esperança e ganância, "embora invisíveis, são agentes muito mais fortes que os perigos que podem ser vistos" (3.45.5) –, os homens não estão por isso inclinados a seguir o curso que seria de seu melhor interesse. Enganoso presente de Pandora, a esperança então neutraliza o objeto do interesse, tornando impossível refletir sobre ele. Em vez disso, leva as pessoas a agirem segundo considerações de outro tipo, tais como deuses, justiça ou parentesco com os espartanos – todas elas, Tucídides também diz, presumivelmente menos poderosas que a natureza humana, em especial numa crise. Este é, mais uma vez, o melhor de todos os mundos possíveis para a teorização histórica, no qual existe apenas a natureza humana a agir contra a natureza humana, e em que a natureza humana transforma-se na imbatível campeã mundial da historiografia.

Mas quais são exatamente os interesses em jogo nesta história? Não os das mulheres, certamente, nem os dos sacrificados camponeses da Ática, a julgar por Aristófanes. Nem os interesses dos hilotas espartanos, com certeza. No entanto, em 422 os espartanos estavam ansiosos para fazer as pazes com Atenas a fim de resgatar 120 de seus homens capturados na ilha de Sfactéria (Tuc., 5.15.1). Ah, mas estes eram verdadeiros esparciatas, e das "famílias fundadoras" da cidade. Então, o que são "famílias fundadoras" nesta famosa sociedade de "iguais", e por que têm status tão elevado?[100] Estamos claramente lidando com esquemas de interesse e poder diferenciados, tanto em termos sociais quanto políticos, o que também significa dizer esquemas diferenciais de ação histórica. Mas Tucídides escrevia nos estágios iniciais do que se iria tornar o vasto delírio ocidental de conceber a sociedade como uma coleção de indivíduos autônomos: como se não houvesse nada a considerar na produção da história – nem na produção da economia ou da política – além da interação entre indivíduos *sui generis* e a totalidade indiferenciada que se chama sociedade. Tudo é reduzido ao homem e à cidade (como formulou Leo Strauss), como se nada houvesse entre eles, como se nada os articulasse e como se a questão histórica fosse determinada por negociações entre os interesses da cidade e os interesses individuais (na formulação de Péricles).

A estratégia de basear toda a análise numa oposição entre esses curiosamente abstratos sujeitos históricos talvez já esteja aparente – como tem sido aparente para os muitos historiadores modernos que fazem bravos esforços para, com recursos limitados, preencher o vácuo cultural da história natural de Tucídides. "Terá Tucídides alguma vez imaginado um tempo", pergunta Simon Hornblower, "em que seres humanos civilizados não falariam o que chamamos grego clássico?" (1987:96). Ausente do relato de Tucídides está todo o conjunto mediador de instituições e valores envolvidos na constituição da ação histórica: as relações complexas, tanto conjunturais quanto sistemáticas, que conferem autoridade a certas pessoas e grupos que restringem o destino coletivo às suas disposições particulares. Trabalhos recentes de estudiosos da era clássica sugerem que o que ficou de fora do relato da Atenas do quinto século foi ... a Atenas do quinto século. Ausentes estão os clãs (*gene*), demes*, tribos e casas cognáticas (no sentido de Lévi-Strauss); relações maritais, redes de amizade, agremiações políticas e seus seguidores; ou, em geral, a economia (em sua maior parte), a religião (em sua maior parte) e a organização do *arché* (em sua maior parte). A esse respeito, Tucídides, como observa Albert Cook, "deixa as investigações etnográficas de Heródoto quase totalmente de fora. Ele não precisa desses detalhes" (1985:2). Talvez não sentisse falta, mas o que os estudiosos vêm tentando encaixar no relato de Tucídides, desde então, é precisamente a etnografia que ele deixou de ver, e que perdeu.[101]

A razão disso é que, sendo os povos culturalmente distintos e agindo de modos diferentes no mundo e sobre ele, será necessário conhecer seus esquemas de valor e de relações a fim de entender suas histórias. De outra forma, numa histo-

* Após sua vitória, Cleistenes começou a reformar o governo de Atenas. Eliminou as quatro tribos tradicionais, baseadas em relações de família, e organizou os cidadãos em dez tribos, de acordo com suas áreas de residência (suas *demes*). Havia provavelmente cerca de 130 *demes*, organizadas em três grupos chamados *trittyes*, com dez *trittyes* divididas entre três regiões em cada *deme* (uma cidade, uma região costeira e uma região no interior). (N.T.)

riografia sem antropologia, nossos relatos ficam reduzidos às indeterminações de uma natureza humana genérica, ou ao implícito senso comum da própria tribo do historiador – sendo o etnocentrismo do último, na forma de auto-interesse racional, muitas vezes confundido com a universalidade da primeira.

No entanto, o que todos esses exercícios provam é que, se Tucídides nos envolveu nessa confusão, a reflexão sobre suas páginas imortais pode nos ajudar a sair dela. Nossas apologias a Tucídides, então. Devemos um bocado a este ancião.

CAPÍTULO 2

Cultura e ação na história

Tomemos o texto fundacional de Tucídides sobre a Guerra do Peloponeso: quem, exatamente, está agindo aqui? Quem ou quais são os agentes dessa história? Cidades-Estado? Pessoas? Certas pessoas? Os mesmos quebra-cabeças sobre a ação de agentes históricos estão presentes em Heródoto. Aventuro-me a imaginar que eles afligem quase toda a história escrita até hoje, a despeito das tentativas da escola dos *Annales* de banir os indivíduos para privilegiar as estruturas, pelo menos no caso de certas histórias de *longue durée*. Como já era o caso na Antigüidade, o problema historiográfico segue mais ou menos o roteiro seguinte. Ao narrar a Guerra do Peloponeso, Tucídides movimenta-se livremente, e sem motivação aparente, entre dois tipos diferentes de agentes históricos: sujeitos coletivos, como atenienses, espartanos ou coríntios, e indivíduos proeminentes, como Péricles, Brasidas ou Alcibíades. Assim, numa passagem famosa sobre a "mais verdadeira causa" da guerra – diferente dos incidentes que a deflagraram –, Tucídides falava do "crescente poder dos atenienses e do medo que isso inspirava nos espartanos". As coletividades exerciam poder e influência. No mesmo registro totalizado estavam as diversidades caracterológicas entre os ousados atenienses e os conservadores espartanos, o que supostamente explicava significativas diferenças em suas respectivas estratégias militares e hegemonias imperiais. Ainda assim, foi o sagaz Temístocles quem fez de Atenas potência marítima, o ambicioso Alcibíades quem concebeu e montou a grandiosa expedição siciliana – e o supersticioso Nícias quem a arruinou. No que W. Robert Connor chama de "narrativas de comandante", os indivíduos ganham todo o crédito histórico, em oposição às passagens nas quais as cidades-Estado, ou, mais precisamente, as pessoas dentro delas, agem como corpos coletivos (Connor, 1984:54-5).

Connor observa que esses dois tipos de sujeito histórico dominam o texto de Tucídides de forma alternada – exceção feita à complexa história de pessoas e facções que competem durante a estases ateniense de 411 –, mas não oferece nenhum princípio geral para a oscilação do historiador entre elas. W.D. Westlake (1968) e, mais recentemente, Simon Hornblower (1987:145-6) sugerem algum tipo de razão, baseada na observação de que os indivíduos se destacam e são descritos mais detalhadamente nos últimos livros da *História* de Tucídides que nos primeiros. Eles acreditam que Tucídides foi-se tornando cada vez mais consciente do significado histórico dos indivíduos à medida que a guerra e seu relato avançavam. Mas este é, de fato, um argumento circular, uma falácia, pois supõe que já tenhamos entendido quando e por que razão a história deveria ser narrada individual ou coletivamente. O grande Arnaldo Momigliano parece ter suposto o mesmo quando tentou explicar a "incômoda presença" de pessoas particulares nos textos históricos sobre a Grécia do quinto século – "incômoda" à luz dos evidentes poderes da cidade-Estado para determinar a ação política e de seu lugar privilegiado no pensamento político (Momigliano, 1993:40-2). Dado que as decisões importantes eram tomadas pela cidade em assembléias ou conselhos, isso "produziu ou pelo menos reforçou a impressão de que as operações militares e políticas estavam nas mãos de corpos coletivos". Mas, apesar disso, diz Momigliano, a despeito de a cidade ser tanto o principal sujeito quanto o principal tema da história, os cronistas não podiam ignorar pessoas particulares, como Péricles e outros generais e estadistas (*strategoi*) atenienses – porque eles estavam lá. "Nenhuma história, independentemente de quão inclinada esteja a enfatizar decisões coletivas, pode livrar-se da incômoda presença de indivíduos: eles simplesmente estão ali." Entretanto, por mais que isso seja razão suficiente para escalar montanhas*, a mera existência não parece uma razão suficientemente boa para se escrever história.

O argumento de Momigliano sobre decisões políticas fala-nos de um costume peculiar dos historiadores atenienses, em especial Tucídides e Heródoto. Os antigos viam-se inclinados a identificar o sujeito coletivo como o povo da cidade ou do Estado, e não o próprio Estado. Atenas, Esparta, Corinto, Pérsia etc. não são, elas próprias, os atores históricos nesses textos; não são sujeitos gramaticais de verbos de ação nem agentes da voz passiva. Os atores são os atenienses, os espartanos, os coríntios, os persas e assemelhados (Finley, 1984:26). A "causa mais verdadeira" da Guerra do Peloponeso não foi o crescente poder de Atenas e o medo que inspirava em Esparta – embora a passagem seja assim freqüentemente traduzida –, mas "o crescente poder dos atenienses e o medo que isso inspirava nos espartanos". Em nossa linguagem comum – e acredito que isso seja válido para muitos outros lugares, mesmo nas ilhas Fiji –, a nação, a cidade e outros coletivos do mesmo tipo são facilmente antropomorfizados: aparecem como entidades em falas históricas e outros discursos, com caráter e capacidades de pessoas não-humanas. Os "Estados Unidos" podem ser beligerantes ou sentir-se ameaçados, intervir numa crise ou dar as costas a ela, desfrutar um período de prosperidade, lutar contra a epidemia de Aids e assim por diante. Mas não a clássica "Atenas" – por causa, diz-se em

* Alusão à resposta dada pelo montanhista inglês George Leigh Mallory numa entrevista ao *New York Times* em 1923, quando lhe perguntaram por que queria escalar o Everest: "Porque ele está lá." (N.T.)

geral, de sua democracia. Na democrática Atenas, com decisões tomadas na assembléia de todos os cidadãos e com a maior parte dos cargos preenchidos com elementos do *demos*, por sorteio, a história da cidade era percebida como o povo em ação. Os cidadãos e o Estado eram uma coisa só. O Estado ateniense, como diz Ehrenberg, "não era chamado 'a República de Atenas', (como a *res publica romana*) nem 'Ática' (como um Estado territorial moderno), mas 'os atenienses'. Os cidadãos, e apenas eles, constituíam o Estado que estava encarnado na pessoa e na idéia de *demos*, o povo" (Ehrenberg, 1951:337). Pode ser que essa dificuldade de perceber o Estado como uma entidade em si mesma e para si mesma fosse corolária às reflexões apenas limitadas de Tucídides sobre a ordem social e cultural ateniense como tal, e que tivessem a mesma base que tais reflexões.

Mas ainda ficamos com a questão do sujeito histórico: quando deveria ser Temístocles e quando os atenienses? Por trás de tais questões historiográficas estão outras, estruturais, que também esperam uma resposta: quais são as condições estruturais e situacionais que determinam que às vezes totalidades e às vezes indivíduos se elevem à condição de fazedores da história? "Quem deve decidir", pergunta A.B. Gallie, "e com base em que seria possível decidir se o que tem mais importância na história é acompanhar tendências gerais ou acompanhar motivos e razões individuais?" (1963:175). Mesmo assim, esse fraseado ligeiramente diferente, no qual "tendências gerais" – uma forma de mudança – substituem agentes coletivos da história, pode bem sugerir como "seria possível decidir" a questão. Em termos amplos, a sugestão é que as coletividades estão para as tendências assim como os indivíduos estão para os eventos; em outras palavras, que a escolha de sujeitos históricos depende do modo de mudança histórica. Tal é o argumento que examino neste capítulo, a começar com um exemplo aparentemente curioso extraído dos anais do beisebol norte-americano.

O beisebol é a sociedade representada como um jogo

No final da década de 1960, o historiador J.H. Hexter, de Yale, escreveu um ensaio revelador sobre "A retórica da história", tendo como núcleo uma elaborada resposta à questão: "Como os Giants de Nova York conseguiram jogar nas World Series (Campeonato Mundial) de 1951?"[1] Como o campeonato daquela época incluía times de beisebol de uma área que ia do rio Mississipi até a Costa Leste dos Estados Unidos, e da fronteira com o Canadá até a linha Mason-Dixie, pode-se apreciar o significado histórico mundial da questão. Se não, então você provavelmente não é um fã ardoroso, e devo pedir desculpas por esse comentário sobre o texto de Hexter. Devo desculpas especiais às pessoas que não são norte-americanas, canadenses, japonesas, dominicanas, venezuelanas e cubanas, que não são fãs de beisebol e com certeza não dão a mínima importância ao assunto – embora qualquer pessoa torcedora de algum tipo de jogo deva ser capaz de transpor a narrativa para outra espécie de disputa entre times. Posso oferecer o consolo de que a história de como os Giants de Nova York derrotaram os Dodgers do Brooklyn, no campeonato da National League, e, com isso, conseguiram jogar na World Series também tem elementos de guerra de classe, à medida que opôs os patrícios de Manhattan, seguidores dos Giants, contra os plebeus do Brooklyn. De qualquer modo, será útil sofrer pelo relato da vitória dos Giants no campeonato de 1951, junto com a comparação que Hexter faz com o campeonato da Liga Americana de 1939, vencido pelos Yankees de Nova York, porque as duas histórias não apenas mostram a ação individual e coletiva, respectivamente, como também motivam a diferença narrativa, ao fazer o contraste entre tipos de mudança histórica.

Há estruturas *da* história e *na* história. Nem tudo são truques que os vivos fazem com os mortos. A história dos Yankees quando venceram o campeonato de 1939 desenvolveu-se, enquanto a dos Giants, em 1951, foi eventual. A primeira foi evolucionária, e a segunda, um tipo de *volte-face* revolucionária. Os Yankees dominaram a temporada de 1939 do começo ao fim, de abril a outubro, afastando-se sistematicamente dos times da segunda categoria. Os Giants venceram às 15h58 do dia 3 de outubro de 1951, quando Bobby Thomson acertou o famoso *home run** que derrotou os Dodgers do Brooklyn na segunda metade da última entrada do jogo final de uma série de três jogos de desempate pela disputa do título – uma vez que os times estavam empatados no final da temporada regular. Hexter optou por comparar as duas temporadas porque, em contraste com o modo narrativo apropriado para a vitória dos Giants, que ele chama de "contar história", o campeonato dos Yankees é mais bem compreendido como "análise": um relato simples de seus atributos como time, sem a necessidade de se referir a feitos individuais ou jogos particulares. Assim, para comparar coisas pequenas com outras grandes, novamente, como diria Tucídides, aqui também estão histórias de competição que, por suas formas específicas, motivaram de diversas maneiras um relato coletivo ou a intervenção de pessoas que faziam a diferença. Mais ainda, a comparação entre times de beisebol feita por Hexter permite uma razão baseada em princípios, sustentada pela natureza da história em questão, para as temporalidades ou periodizações com as quais nós as relatamos. Eureka! Contrariamente ao estado de espírito epistemológico prevalecente, de uma auto-reflexão pessimista – que é, muito freqüentemente, auto-reprovação por lançar preocupações do presente so-

* Lance no qual, segundo as regras do beisebol, o jogador dá a volta completa por todas as bases e assegura um ponto após sua rebatida ter saído da área de jogo, sem cair no chão. (N.R.)

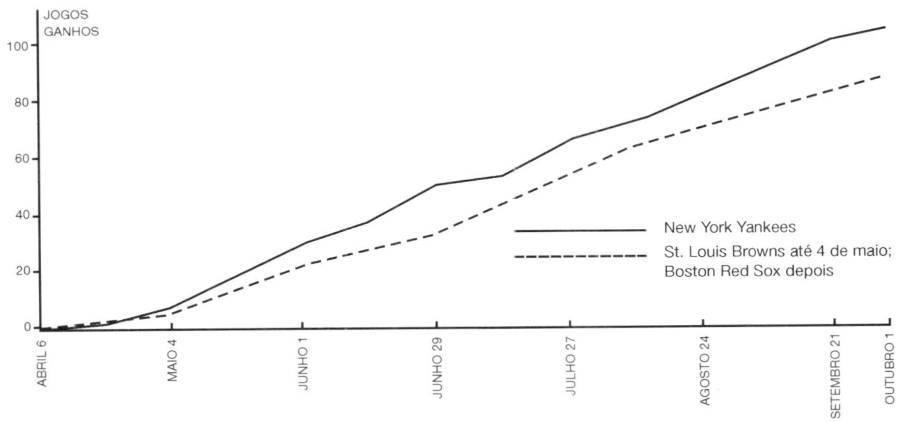

Figura 2.1 – Desempenho do New York Yankees no Campeonato de 1939

bre um passado que aparentemente não oferece resistência alguma às manipulações do historiador –, as estruturas da história e na história impõem alguns fortes limites à nossa arrogância.

Não houve uma competição acirrada na Liga Americana de 1939, nenhum ponto de inflexão, nenhuma disputa (Figura 2.1). Sem considerar pequenas flutuações cotidianas, desde o começo os Yankees progressivamente se distanciaram da competição, até terminar a temporada com uma extraordinária vantagem de 17 jogos sobre (quem mais?) os Red Sox de Boston. Pela mesma razão, não houve atos ou heróis decisivos responsáveis pela vitória no campeonato. Embora certos jogadores dos Yankees tivessem atuações excepcionais, e um ou outro possa ter feito um jogo extraordinário para decidir alguma partida em particular, nenhum desempenho individual e nenhum evento específico podem responder adequadamente à questão (de fato) apresentada por Hexter: como os Yankees conseguiram vencer o campeonato? Para entender essa história de dominação progressiva, é suficiente demonstrar a superioridade dos Yankees como time, ao longo de toda a temporada, nas funções críticas do beisebol: rebater, devolver e arremessar. O sujeito histórico é o coletivo, e, de modo apropriado, os fatores históricos relevantes são suas características como um coletivo. Ou, como afirmou Hexter: "Não há nada a fazer além de analisar a melhor qualidade de Nova York (os Yankees) para buscar seus ingredientes e torná-los inteligíveis ao leitor" (1971:39-40). Nesse ponto, qualquer fã de beisebol torna-se um estudioso, agregando as estatísticas imediatamente disponíveis sobre o desempenho do time: média de manejo do bastão do rebatedor, percentagem de *fielding* (devolução da bola), *home runs*, pontos marcados, média de pontos ganhos pelo primeiro arremessador, defesas do arremessador substituto, e assim por diante. Foi por isso que os Yankees ganharam o campeonato. No entanto, não se pode ignorar o formato e as medidas do diagrama de Hexter para a temporada. Eles nos contam a história numa certa temporalidade, bem como numa certa ação.

A forma da mudança histórica aqui em questão, uma mudança que se desenvolveu a longo prazo, valoriza um ou outro esquema de periodização como o mais adequado para descrevê-la. Embora Hexter não discuta explicitamente a escolha, os cortes temporais que adota para relatar diagramaticamente a temporada de 1939 são iguais, tanto que podem mostrar o domínio dos Yankees como uma tendência de longo prazo. Além disso, são de duração suficiente, intervalos de quatro semanas, para garantir que a trajetória não se torne exagerada ou obscura. Períodos mais longos teriam representado enganosamente o sucesso dos Yankees como um lançamento de um foguete. Um relato diário, por suas oscilações, não responderia diretamente à questão de por que os Yankees venceram, à medida que nenhum jogo particular, ou seqüência de jogos, decidiu o campeonato. Em contraste com isso, a vitória dos Giants em 1951 foi precisamente um outro "caso", uma outra "história".

Para explicar a vitória dos Giants, diz Hexter, é preciso ajustar-se às regras da lógica de "contar história" – o que ele segue na prática, sem explicitamente nos dizer quais são as regras. Ele realmente diz que a ficção pode servir como um guia: observação que Don DeLillo recentemente confirmou (mas bem ao reverso, com a arte seguindo a vida) fazendo da história do jogo decisivo entre os Giants e os Dodgers o capítulo de abertura e o refrão repetido ao longo de seu romance *Underworld* (1997). Talvez Hexter tenha permanecido reticente sobre a lógica retórica que adotou porque não fez a pergunta que a teria motivado. A pergunta crítica não era a que ele fez: "Como os Giants de Nova York conseguiram jogar na World Series de 1951?" A pergunta crítica era: como os Giants impediram os Dodgers de vencer o campeonato (e, assim, de jogar nas World Series)? Pois o que aconteceu, novamente, foi um tipo específico de mudança histórica: a derrubada, no último instante possível, e, assim, de forma dramática, de uma relação de longo prazo entre os dois times; ou, caso se prefira, entre os sujeitos coletivos em competição. Aqui estava uma inversão da ordem das coisas, uma mudança estrutural que qualifica o *home run* de Bobby Thomson como um evento histórico, e que até mesmo o qualifica como um herói, um fazedor de história. E é a partir desse revolucionário *dénouement*, e andando para trás, que descobrimos e retoricamente motivamos os tempos, os pontos de inflexão e os agentes de nossa história. A inversão estrutural na história é o princípio determinante de valor e relevância histórica, um *telos* que comanda a organização do relato. O contar história histórico é o recontar, desde o começo, de um resultado já conhecido, aquele conhecimento que guia a seleção

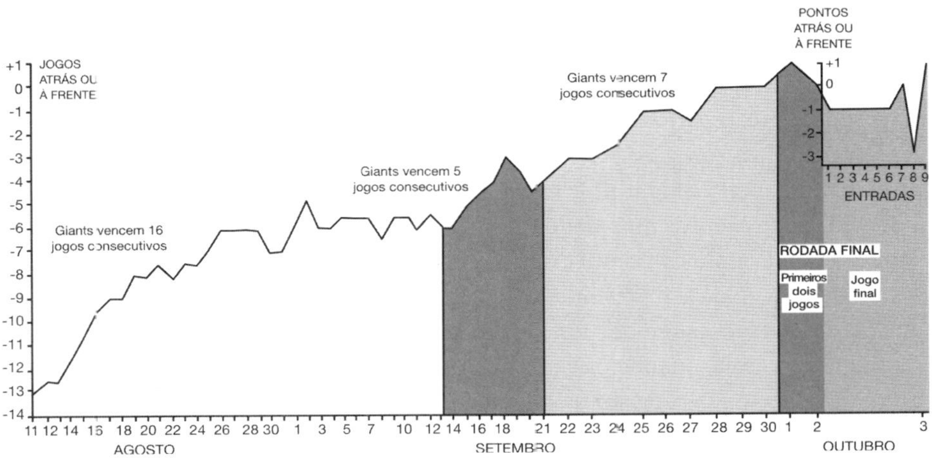

Figura 2.2 – Desempenho dos New York Giants no campeonato de 1951

(dos arquivos) dos sucessivos eventos da narrativa. É como disse François Furet: "Toda história eventual é uma história teleológica; apenas o fim da história permite que se escolham e compreendam os eventos com os quais ela é fabricada" (1982:75; cf. Gallie, 1963:168; Veyne, 1984:31).

Assim, Hexter escolheu começar sua história da disputa do campeonato de 1951 já além da metade da temporada, em 11 de agosto, porque este foi o ponto de inflexão, o começo da virada, embora ninguém pudesse saber disso na época (Figura 2.2)[2] De fato, por volta dessa época Charlie Dressen, o presidente dos Dodgers, fez seu famoso pronunciamento: "Os Giants estão mortos." No final do jogo de 11 de agosto, os Dodgers tinham uma vantagem de 13 jogos sobre os Giants, o máximo que já haviam conseguido. No dia seguinte, os Giants começaram um período de vitórias em 16 jogos, reduzindo a vantagem dos Dodgers a seis jogos. Veja que, embora Hexter não registre isso no diagrama, ele observa que o desempenho dos Dodgers nos vários meses antes de 11 de agosto fazia lembrar o desempenho dos Yankees no campeonato de 1939. Supostamente, seria periodizado adequadamente como uma tendência de longo prazo e analogamente explicado pela "melhor qualidade" dos Dodgers como time. No entanto, a partir de 11 de agosto, a forma historiográfica apropriada mudou, passando de "análise" para o "contar história", uma diferença de modo narrativo marcada por diferenças corolárias em temporalidade e agentes. O tempo é progressivamente ampliado. O relato que começou com meses terminará com momentos, até chegar, finalmente, ao momento culminante de talvez dez segundos, *o home run*. E, numa certa altura, sujeitos individuais substituem os coletivos. O relato que começou com os desempenhos relativos dos Dodgers e dos Giants terminará com Bobby Thomson na base.

A partir de 12 de agosto, o tempo histórico adensa-se, e Hexter, de maneira correspondente, o periodiza em intervalos cada vez mais curtos de tempo. (Isso é representado em seu diagrama pelo alongamento dos intervalos diários ao longo do eixo horizontal da Figura 2.2.). Em geral, "tempo histórico" significa algo como a densidade de eventos num dado intervalo de tempo, reconhecendo que a condição para o que conta como um evento seja a pertinência do acontecimento para o resultado final. No caso presente, então, o que deve motivar e demarcar os períodos históricos são os tempos nos quais a relação entre os times mudou substancialmente – ou seja, quando os Giants conseguiram ultrapassar de forma significativa os Dodgers, que estavam na liderança. Como indica Hexter, existem algumas alternativas razoáveis, mas não correria risco de errar quem escolhesse, primeiro, o espaço de cerca de um mês, de 12 de agosto a 14 de setembro, quando os Giants se aproximaram e mantiveram uma posição de desvantagem de apenas seis jogos; e, segundo, o período de 15 de setembro até o fim da temporada, em 30 de setembro, quando duas rodadas vitoriosas dos Giants permitiram que recuperassem a diferença e empatassem com os Dodgers. A temporada da liga termina em empate. Os times passaram para uma série de melhor de três para definir o campeão.

Como cada jogo do desempate afeta significativamente as posições dos times, mudamos agora para um relato do dia-a-dia. Em 1º de outubro, os Giants ganham de 3x1, mas no dia seguinte os Dodgers empatam, ganhando de 10x0. A temporada inteira se concentra agora no jogo final de 3 de outubro. Esse tipo de compressão estrutural é uma marca característica da história eventual: o resultado de uma longa história num curto espaço de tempo e das macrorrelações em microatos. De fato, é o evento, pelas mudanças que acarreta, que traz de volta o passado e produz uma ordem social mais ampla – que, de certo modo, as reifica e as personifica em atores particulares. A história realmente se torna o que Alcibíades fez e o que ele sofreu. Ou, neste caso, o que Bobby Thomson fez e Ralph Branca sofreu.

Como tudo gira em torno de um único jogo em 3 de outubro, estamos virtualmente reduzidos a uma descrição ponto a ponto. Mais precisamente, o tempo da narrativa muda para um relato da mudança do placar, ponto a ponto, já que esta seria uma indicação sucinta das chances de cada um dos times de ganhar o campeonato. O Brooklyn vai à frente, com a vantagem de 1x0 na primeira entrada, e mantém a liderança até a sétima, quando os Giants empatam. Uma temporada inteira, dois jogos de desempate e mais sete entradas: eles ainda estão empatados. Mas os Dodgers marcam 3 no auge da oitava e continuam na frente até a nona, as últimas rebatidas dos Giants. É claro que, a essa altura, jogadores individuais poderiam ser introduzidos na narrativa desse jogo, como faz DeLillo, por exemplo, embora comedidamente. Mas até a entrada final a temporada inteira não se resumia ao que os jogadores particulares fizeram. Agora, é isso que acontece.

(Será que preciso relembrar a eleição presidencial de 2000, quando, da mesma forma, o resultado, em virtude da estrutura da conjuntura, foi decidido pelo que algumas poucas pessoas fizeram ou deixaram de fazer? Reconhecidos como "aqueles que faziam a diferença", foram pessoas como Katherine Harris, a secretária de Estado da Flórida, e Antonin Scalia, o juiz da Corte Suprema, que usaram a vantagem de seus dois votos (enquanto os outros só tinham um) para fazer valer a opinião de que, se os votos da Flórida fossem recontados, isso produziria danos na legitimidade da presidência de Dubya – presumivelmente mostrando que Al Gore vencera.)[3]

No final da nona entrada, Don Newcombe, que havia começado o jogo, ainda arremessava para os Dodgers do Brooklyn. O primeiro homem para os Giants, Al Dark, lança pela direita: um grande *ball** que mal escapa ao primeiro rebatedor dos Dodgers, Gil Hodges. Homem na primeira base. Hodges – ou o presidente, Dressen – decide segurar o corredor em vez de passar para uma posição no campo entre a primeira e a segunda bases, onde o próximo rebatedor dos Giants, Mueller, prontamente acerta um único *ball*, e Dark vai para a terceira. (A história não registra quem decidiu segurar o corredor, mas, como os conhecedores sabem e as conseqüências mostram, foi uma péssima decisão no beisebol, já que Dark era um trunfo a ser colocado naquela situação, com um 4x2 e o coração da torcida acelerado.) Monte Irvin rebateu a bola no alto (tornando fácil apanhá-la). Então Whitey Lockman, um rebatedor canhoto, golpeia com um *double* no campo oposto sobre a terceira base, Dark marca, Mueller para na terceira. (Contundido ao deslizar na terceira, Mueller é carregado para fora do campo e substituído por um corredor reserva.) Está 4x2 para os Dodgers, um fora, os corredores do Giants na segunda e terceira, Bobby Thomson é o próximo rebatedor escalado. Dressen decide que seu lançador Don Newcombe está rendendo pouco e o substitui por Ralph Branca. Seguindo o conselho de seu treinador dos reservas – de quem usualmente Charlie Dressen nunca ao menos pedia conselho, quanto mais os aceitava –, Branca foi escolhido para substituir Newcombe, em vez de Carl Erskine, que também estava no aquecimento. Dressen usou Branca a despeito de Thomson haver feito um *home run* sobre ele no primeiro jogo de desempate – de fato, dez dos dezessete *homers* que Branca havia conferido naquela temporada foram pelos Giants, bem

* No jogo de beisebol, o rebatedor se posiciona dentro da casa do rebatedor para tentar acertar a bola lançada pelo arremessador. Atrás do rebatedor ficam o recebedor e o juiz principal, que decide se as bolas lançadas pelo arremessador foram boas para ser rebatidas *(strike)* ou não *(ball)*. (N.R.)

como cinco de suas onze perdas. Obviamente tais decisões, incluindo o posicionamento de Hodges após o ataque de Dark, eram cruciais. Poderíamos passar para os bastidores, mas aí reside o caos (teoria), já que todos os atos anteriores eram necessários para o resultado, e nenhum em si ganhou o campeonato para os Giants.[4] O que ganhou o campeonato foi o *home run* de Bobby Thomson. Assim, intervindo contra Branca, "o escocês de Staten Island", estava o jogador da terceira base Thomson, nascido em Glasgow, atingindo uma considerável percentagem de 0,292 durante o ano com a artilharia no time de 31 *home runs*. E, quando assim centramos o foco nos últimos atores, passamos para a câmera lenta.

Na parcela final de tempo, é arremesso por arremesso. O primeiro arremesso é uma bola rápida na altura da cintura que Thomson leva a um *strike*. Era uma boa ocasião para um arremesso de rebatedor, mas Thomson inexplicavelmente não o fez. O seguinte é uma curva interna elevada. Thomson desfere a bola no lado inferior esquerdo do campo (Figura 2.3). Um *home run*. Três pontos no placar. Os Giants vencem o jogo. Os Giants vencem o campeonato. Por cima da comoção, o atônito Russ Hodges, o locutor de rádio dos Giants, gritava, sem parar: "Os Giants venceram o campeonato! Os Giants venceram o campeonato! Os Giants venceram o campeonato! Os Giants venceram o campeonato!" O locutor do Brooklyn, o incomparável Red Barber, no que tem sido chamado de a mais eloqüente descrição de beisebol jamais irradiada, permanece completamente silencioso durante 59 segundos. No dia seguinte, o famoso repórter esportivo Red Smith, antecipando Don DeLillo, escreve que, de fato, dali em diante, a arte podia apenas copiar a vida: "Agora está feito. Agora termina a história. E não há como contá-la. A arte da ficção está morta. A realidade estrangulou a invenção. Apenas o totalmente impossível, o inexprimivelmente fantástico pode alguma vez ser plausível de novo" (*New York Herald Tribune*: 4 out 1951).

A temporada implausível dos Giants tornou-se "O milagre de Coogan's Bluff" (o lugar onde fica seu campo, o Polo Grounds). O *home run* de Bobby Thomson foi "o tiro ouvido pelo mundo inteiro". Todo norte-americano de sangue quente e fã de beisebol, e de uma certa idade, lembra-se de onde estava quando ouviu a transmissão do grande feito de Thomson – assim como se lembra das notícias sobre Pearl Harbor, da morte de Franklin Roosevelt, do assassinato do presidente Kennedy. Depois de escrever essa frase, encontrei a seguinte passagem sobre o *home run* de Bobby Thomson em *Past Time: Baseball as History*, de Jules Tygiel (2000:144):

> "Foi, provavelmente, o mais dramático e chocante evento no esporte americano e, desde então, assumiu o caráter histórico transcendente de Pearl Harbor e do assassinato de Kennedy", observou o jornalista George W. Hunt em 1990. "Qualquer pessoa que estivesse viva naquela época e fosse vagamente interessada pode responder com tediosa exatidão à pergunta: 'Onde você estava quando ouviu isso?'"

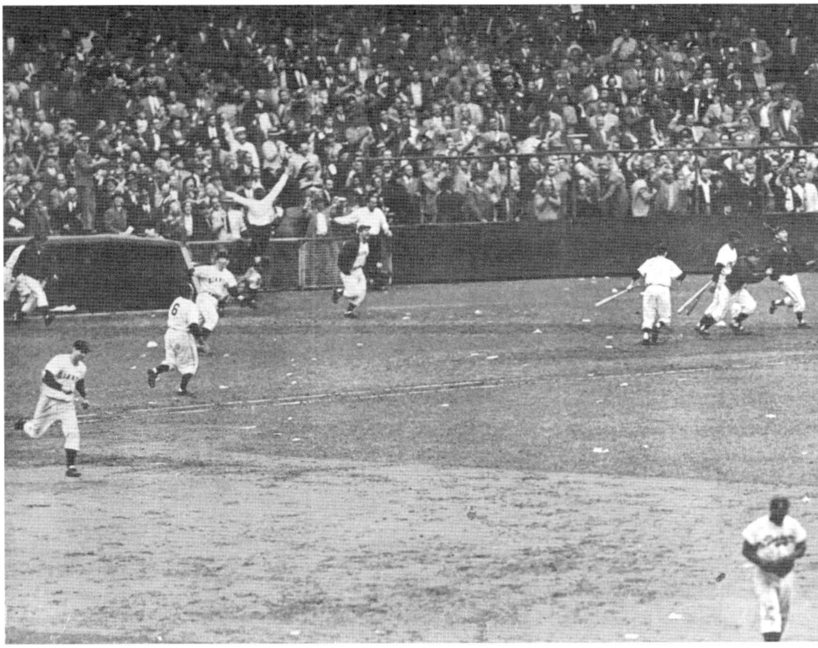

Figura 2.3 – Thomson percorre as bases

Talvez tenhamos subestimado o esporte, assim como subestimamos conversas sobre o tempo, como a camada superficial de uma comunidade que, de outro modo, é dividida e somente imaginada. Tygiel observa a reflexão de DeLillo sobre esse placar: "Não será possível que esse momento em meados do século (i.e., o *homer* de Bobby Thomson) se entranhe na pele de maneira mais duradoura que as amplas e condicionantes estratégias de líderes eminentes, de generais de aço com seus óculos escuros – as imagens mapeadas que penetram nossos sonhos?" (ibid, 144-5).

Assim, pergunto: seria de fato uma insolência colocar "o lance ouvido pelo mundo inteiro" no mesmo plano da Guerra do Peloponeso ou da eleição presidencial de 2000 nos Estados Unidos? Hexter disse que o *homer* de Thomson foi "o equivalente (em sua área) à derrota da Armada, à batalha de Estalingrado, ao desembarque na Normandia" (1971:42).

Alternativamente, e no mesmo estilo hiperbólico, foi o equivalente à revolução copernicana. A diferença entre os tipos de mudança histórica que discutimos é muito parecida com a famosa distinção feita por Thomas Kuhn entre "mudanças de paradigma" revolucionárias e "ciência normal" – as primeiras descritas em termos como "ruptura" e "transformação", e a segunda, "progressiva" e "cumulativa" –, tanto em suas respectivas temporalidades e agentes quanto em suas formas dinâmicas (Kunh, 1970, 1977, 2000). Do mesmo modo que o campeonato dos Yankees em 1939, a ciência normal é a operação de uma tendência que se desenvolve, como aquela iniciada por uma descoberta científica ou por uma formulação teórica que rompem com o existente. O completar da tabela periódica dos elementos, por exemplo. Assim, a historiografia da ciência normal, no tratamento dado por Kuhn, é muito parecida com a "análise" de Hexter. O sujeito histórico é igualmente coletivo e, em grande medida, anônimo, sendo "a comunidade científica", "a profissão", ou às vezes a própria "ciência normal". Essa comunidade "sabe" como é o mundo, mostra "disposição" de defender seus pressupostos, ou então "perde-se" a ponto de não mais poder "evadir" as anomalias experimentais que a "ameaçam", e assim por diante – novamente um coletivo, uma pessoa não-humana (p.ex., Kuhn, 1970:5-7). Mas quando Kuhn fala das revoluções científicas, a narrativa registra mudanças para pessoas reais. Mudanças de paradigma realmente ganham nomes próprios individuais – dinâmica newtoniana, astronomia copernicana, relatividade einsteiniana. É verdade que Kuhn confessa certo desapontamento quanto à "desafortunada simplificação que rotula um extenso episódio histórico com um único nome, às vezes arbitrariamente escolhido (como, por exemplo, Newton ou Franklin)" (1970:15). E ele registra dúvidas quanto ao caráter de evento atribuído às mudanças de paradigma. Considerando a descoberta do oxigênio e o final do pensamento flogístico, por exemplo, ele nega que a ruptura possa ser datada em um momento específico ou atribuída a uma pessoa em particular – embora, segundo ele mesmo, seja datável em um período finito de poucos anos (1774-77) e limitada a um pequeno elenco de personagens (Priestly, Lavoisier, Scheele e Bayen) (1977:166-7). De qualquer modo, e em contraste com as tendências progressivas da ciência normal, uma mudança de paradigma é "relativamente súbita", como diz Kuhn (2000:17), e "emerge primeiro na mente de um ou de poucos indivíduos" (1970:144). Agora estamos no "contar história" à moda de Hexter, e, de fato, em algumas passagens, surgem observações algo semelhantes às tradições folclóricas de heróis culturais: "Às vezes, a forma do novo paradigma é prefigurada. ... Mais freqüentemente, ... o novo paradigma, ou uma insinuação suficiente para permitir sua articulação posterior, emerge todo de uma vez, podendo acontecer no meio da noite, na mente de um homem profundamente imerso numa crise" (Kuhn, 1970:89-90).

Parecemos prestes a descobrir algo importante. De volta a Tucídides, seria extravagante supor que o aparecimento de indivíduos e coletivos em sua *História* sempre marca a diferença entre pontos de inflexão e mudanças progressivas, quando mais não seja porque tais atores desempenham várias outras funções narrativas além da de agentes históricos – incluindo, em especial, a função identidade.[5] A questão é mais bem compreendida se inquirirmos o contrário, ou seja, se aos dois tipos de mudança histórica correspondem ou não diferentes sujeitos históricos. Pode parecer que sim, considerando a anonimidade ou quase anonimidade encontrada nas descrições feitas por Tucídides do desenvolvimento do *arché* ateniense, das cíclicas invasões espartanas da Ática e de outras manobras inconclusivas como essas, em comparação com as estratégias marítimas de Temístocles ou Péricles, as extraordinárias vitórias de Brasidas na Trácia, os papéis de Alcibíades, Nícias, Hermócrates e Ephemus na campanha siciliana e outras intervenções semelhantes de pessoas particulares que alteraram o curso político ou mudaram a correlação de forças militares. Mesmo quando identifica oradores, Tucídides parece seguir a regra. Eles são coletivos e anônimos, "os atenienses" ou "os melos", por exemplo, quando se trata de relatar as políticas acolhidas pelas cidades que eles representam; ou, de novo, quando argumenta sobre a continuação de um certo *status quo* – por exemplo, os atenienses que tentaram convencer os espartanos a manter a paz em 432. Mas, quando se trata de entrar em guerra ou decidir sobre uma estratégia crucial, os que falam são em geral identificados individualmente. Mesmo Diôdoto, o que convenceu os atenienses a não exterminar os mitilênios, parece provar a regra, já que foi apenas em virtude dessa fala que seu nome passou para a história; a não ser por isso, não sabemos nada sobre ele. Assim, sem insistir muito nas relações entre tipos de agente histórico e modos de mudança histórica, admitindo que estamos longe de exaurir a questão do sujeito histórico atuante – além de a termos simplificado bastante –, a aparente correlação realmente levanta questões interessantes sobre as condições situacionais e organizacionais que dão poder a um ou a outro tipo de fazedores de história.

Ou será que estamos apenas envolvidos nas velhas trevas epistemológicas da "teoria da história baseada no grande homem" e atolados na areia movediça ainda mais antiga de "indivíduo *versus* sociedade"? Vale a pena nos determos temporariamente para fazer uma arqueologia dessas questões: não exatamente uma escavação foucaultiana, mas pelo menos algo como um mapeamento de superfície.

Digressão: baleias brancas mortas, ou da leviatanologia à subjetologia

Diz-se que a teoria dos "Grandes Homens" para explicar a história era um problema do século XIX. No entanto, ela ainda continua entre nós no século XXI.[6] Além disso, não parece estar resolvida, na medida em que sua forma genérica, a oposição entre o indivíduo e a sociedade, continua a ser inconciliável nas ciências humanas. Não há dúvida de que ela estará entre nós enquanto a última versão do "capitalismo tardio", agora neoliberalismo, continuar a inserir o conflito entre liberdade pessoal e restrições sociais nas práticas cotidianas e na consciência nativa da cultura. O argumento, tal como chegou a nós, assume uma forma mais fraca e outra mais forte. A mais fraca, notadamente defendida pelo conde Tolstoi, é que o poder real de fazer história reside na massa do povo, e não em seus líderes; sendo assim, deveríamos deixar de lado nossas histórias de reis e batalhas e dar preferência às histórias "de baixo para cima". Mas, considerando o argumento de Marx de que o conceito de população sem referência a sua organização – modo de produção, sistema de classe, sistema político e assim por diante – é uma abstração vazia, a oposição mais forte entre agente individual *versus* ordem social, ou entre indivíduo e cultura (em sua versão antropológica), tem constituído o campo das mais significativas batalhas historiográficas.[7] Pode-se dizer que as posições estão mais que nunca polarizadas entre duas idéias: de um lado, a de que pessoas são criaturas de alguma grande maquinaria social; e, de outro, a noção de que os indivíduos são autônomos e auto-impulsionados, sendo a sociedade nada mais que o resíduo, na forma de relações entre eles, de seus projetos auto-referenciados.

Ainda assim, esta é uma dificuldade ocidental de há muito tempo. A oposição entre o homem e a cidade já esta lá, em Tucídides, na forma explícita de conflito entre interesses pessoais e a *polis*. Também já está presente a fundamentação de interesses numa natureza humana movida por inexoráveis desejos de poder e ganho. Como no *Protágoras* ou no *Górgias* de Platão, as pessoas debatem nas páginas de Tucídides se os interesses públicos ou privados realmente prevalecem ou deveriam prevalecer moralmente nos assuntos da cidade. Péricles, que já encarna a antítese como um chamado primeiro cidadão de uma democracia igualitária, tenta reconciliar os extremos partindo do princípio de que os interesses individuais serão mais bem servidos pela promoção do bem público. Daí sua famosa exortação aos atenienses: "Amem sua cidade e estarão amando a si mesmos." Como o bem público era o império ateniense, reconhecido como uma tirania tanto pelos que o governavam quanto pelos governados, a política de Péricles foi bem o inverso da lição na *Fábula das abelhas* de Mandeville: aqui, os Vícios Públicos eram Virtudes Privadas. No entanto, a maneira como Tucídides enquadra a oposição indivíduo/sociedade tem em comum com Mandeville – e com muitos outros entre os dois, e desde então – o que só pode ser descrito como dualismo sociológico simplório de uma relação não mediada. Indivíduos em particular e sociedade em geral confrontam-se num espaço social vazio, como se não existissem instituições, valores e relações de diversos tipos que ao mesmo tempo os conectam e diferenciam. Como veremos agora, o mesmo acontece até em noções avançadas de limitações sociais, como a hegemonia gramsciana e o poder foucaultiano. É verdade que estas falam de instituições intermediárias, mas, basicamente, apenas para atribuir a elas a função de transmitir a ordem social mais ampla aos conjuntos de indivíduos.

Versões modernas da oposição indivíduo/sociedade também incorporam o sentido de uma luta fatal entre coerção social e liberdade pessoal, luta que foi absorvida pelo dualismo clássico ao passar pelo filtro de uma antropologia cristianizada. Só que, no dualismo cristão, em que a cidade terrena não era Atenas, mas a morada do homem inerentemente pecador, o valor positivo estava todo do lado repressivo, social. Para santo Agostinho, o controle social de corpos indisciplinados – da criança pelo pai, do cidadão pelo Estado – era uma condição necessária da sobrevivência humana neste mundo desprezível povoado por narcisistas adâmicos. Não fosse assim, os homens devorariam uns aos outros como bestas. "Nem mesmo leões ou dragões", disse Agostinho, "jamais empreenderam guerras contra seus semelhantes como as que temos feito uns com os outros" (*De civ. D.* XII.22). Ou, novamente, como peixes: "Como eles se oprimem mutuamente, e como são capazes de devorar! E quando um peixe devorou outro, menor, ele mesmo é devorado por algum maior" (Deane, 1963:47). A metáfora do peixe rapace é uma boa testemunha da longevidade do conceito do homem indisciplinado, auto-interessado. Presente na tradição rabínica que antecedera Agostinho, a idéia continuava proverbial na Idade Média, de acordo com Huizinga (1954:229): *"les grands poissons mangent les plus petits"*. Até hoje, "o peixe maior come o peixe menor" continua a ser uma descrição popular sucinta do capitalismo corporativo. Mas, para uma tradução secular abrangente da mesma antropologia, junto com sua providencial resolução política, veja-se Hobbes. Tradutor de Tucídides, Hobbes, de forma análoga a santo Agostinho, encontrou o remédio para o estado de natureza na natureza do Estado: a instituição de um poder monopolístico que pudesse pôr em xeque as ações destrutivas anti-sociais da libido humana e "mantê-las, todas elas, intimidadas". (Se isso faz pensar em Freud e no superego, não é apenas porque *libido* foi a palavra que Agostinho também usou. Estou dizendo que esse é realmente o folclore ocidental mais básico – ou seja, a ciência social.) Daí o *Leviatã* de Hobbes, uma referência a Jó 40-42:

> Contempla agora o hipopótamo que eu criei como a ti ...
> Seus ossos são fortes tubos de bronze, suas costelas são como barras de ferro.
> Ele é a obra-prima dos caminhos de Deus ...
> Ninguém é tão ousado que se atreva a despertá-lo;
> quem, pois, é aquele que se pode erguer diante de mim? ..
> Na terra não há coisa que se lhe possa comparar,
> pois foi feito para nunca conhecer o pavor.
> Ele vê tudo o que é alto; é rei sobre todos os filhos da soberba ...
> Então Jó respondeu ao Senhor, e disse:
> Bem sei eu que tudo podes, e que nenhum pensamento pode ser ocultado de ti.

Note-se que este é o mesmo tipo de "interpelação" ("Quem é aquele que se pode erguer diante de mim?") também encontrada no Antigo Testamento e que Louis Althusser (1971:127-86) transformaria numa grande teoria sobre a criação social do indivíduo. Para Althusser, a subjugação do sujeito pelo Sujeito (Deus) é o modelo de como indivíduos, engajados na "ideologia da classe dominante", são forçados a reproduzir "as relações de produção e as relações delas derivadas" (ibid, 182-83).[8]

Penso que a razão para Émile Durkheim ter sido capaz de encontrar Deus na sociedade, sendo essa a força coerciva como os homens a concebem, é que, na antropologia ocidental recebida, Ele já estava lá (cf. M. Sahlins, 1996:407-11). Não apenas o Estado representava a providência divina, ao subjugar o sujeito ingovernável, mas, no longo embate com a Igreja, continuava a usurpar muito da autoridade e das funções dela. Seja como for, como santo Agostinho e outros, Durkheim entendeu o fato social como uma necessária limitação a uma humanidade indisciplinada. O homem é duplo, disse ele, duplo e dividido: composto de um *self* moral e intelectual, recebido da sociedade, e lutando para manter em xeque um *self* egocêntrico e sensual que é essencialmente pré-social. Assim, também Durkheim não é realmente moderno. Sua idéia do homem como meio-anjo e meio-besta retém algo das idades das trevas antropológicas. "Moderna" é a visão que tenta encaixar um lado do velho dualismo totalmente dentro do outro, subsumindo o indivíduo na sociedade ou assumindo a sociedade no indivíduo, de modo que, no fim, apenas um tenha qualquer existência independente. Ou a sociedade não é mais que a soma das relações entre indivíduos empreendedores, como afirmariam Jeremy Bentham e Margaret Thatcher, ou os indivíduos não contam para nada, são nada mais que personificações da ordem social e cultural maior, como em certas noções avançadas da construção da subjetividade que equivalem à morte do sujeito. Parece que o desenvolvimento do capitalismo e de seus críticos deram mais uma virada no antigo dualismo antropológico, especificamente político agora – e, por conseguinte, dialético. Direita e esquerda empurraram-se mutuamente para posições teóricas complementares e extremas de determinismo individual e cultural. Na direita: a teoria da escolha racional e outros tipos semelhantes de *individualismo radical*, todos dispostos a dissolver totalidades sociais em projetos de indivíduos autoplasmados. Na esquerda: conceitos do superorgânico cultural e outros tipos semelhantes de *leviatanologia*, noções draconianas de imensas bestas culturais autônomas com poderes para plasmar sujeitos individuais segundo sua própria imagem.

Não se trata de gastar muito tempo com o individualismo radical, algo fácil de entender como nossa própria sociedade burguesa tomando consciência de si mesma. Da teoria da escolha racional até a sociobiologia, essas problemáticas utilitárias são capazes de incluir o social no individual, ao dotar este último de um princípio operante de maximização do qual parecem decorrer os arranjos do primeiro. Versões extremas, como a adotada e praticada pelos economistas da Universidade de Chicago, são capazes de explicar fenômenos culturais e históricos de todos os tipos e formas – da delinqüência juvenil, passando pelo suicídio, até a queda da União Soviética – como diferentes efeitos coletivos de pessoas que poupam seu "capital humano". O segredo aqui, como descobriu Louis Dumont, é justamente pressupor as estruturas e valores da sociedade nas inclinações do indivíduo, como se ele ou ela fossem seus autores. Dumont (1970) explica: "O reino dos fins coincide com os fins legítimos de cada homem, de modo que os valores são postos de cabeça para baixo. O que se chama de 'sociedade' é o meio, e a vida de cada homem é o fim. Ontologicamente, a sociedade deixa de existir" (9-10). Eu disse que o tango político entre o social e o individual torna-se dialético; e como sugere essa passagem, a afirmação não era de todo uma brincadeira. No individualismo radical, a sociedade é preservada em sua negação, inclusive como a fonte dos valores, "o reino dos fins", que aparece na consciência e na ciência econômica como as intenções de indivíduos. A sociedade é mistificada como as preferências e satisfações da volição individual racional a fim de reaparecer como resultado dela.

A leviatanologia é o inverso simétrico do individualismo radical. Sua tese é de que o indivíduo não existe como tal, mas somente como a expressão de um sistema todo-poderoso que recebe designações variadas: sociedade, cultura ou discurso hegemônico, ou alguma forma desse discurso, seja ele capitalista, nacionalista ou colonialista. A famosa ideologia liberal da Mão Invisível já pressagiara essa negação do sujeito pelo sistema: cabia ao sujeito prestar obediência ao mecanismo social transcendente, que misteriosamente transformava o bem que as pessoas faziam a si mesmas no bem-estar da nação. Aqui estava algo *sui generis*, poderoso e mecânico; algo que podia agregar os atos auto-interessados dos indivíduos de um modo coletivo e providencial. Dumont novamente: "Esse algo é o mecanismo pelo qual interesses particulares harmonizam-se: um *mecanismo* ... ou seja, não algo desejado ou pensado pelos homens, mas algo que existe independentemente deles. A sociedade é, assim, da mesma natureza do mundo dos objetos naturais, algo não-humano" (1977:178).

Portanto, se Adam Smith e companhia puderam usar um argumento singular a favor da liberdade dos indivíduos de ceder à sua propensão natural para trocar e negociar, argumentando que o bem social viria automaticamente a seguir, a crítica do capitalismo contra-argumentou tornando visível esse autoperpetuante *Great Pumpkin* que tem o poder de envolver e conjugar os comportamentos das pessoas de formas que vão além do que elas próprias conhecem e controlam. Assim diz Marx, numa passagem muito conhecida do prefácio do *Capital*: "Aqui os indivíduos são considerados somente na medida em que são as personificações de categorias econômicas, materializações de relações de classe e interesses de classe específicos. A perspectiva que assumo, a partir da qual a evolução da formação econômica da sociedade é vista como um processo da história natural, pode, menos que qualquer outra, tornar o indivíduo responsável por relações das quais ele permanece sendo uma criatura, por mais que possa subjetivamente alçar-se acima delas" (1967:10). Para não deixar de fora a classe operária: "Não é uma questão de o que este ou aquele proletário, ou mesmo o proletariado como um todo, vê no momento como seu objetivo. É uma questão do que é o proletariado, e do que, de acordo com este ser, ele será historicamente compelido a fazer" (Marx e Engels, 1956:37).

Esse tipo de dissolução do sujeito no sistema de relações de classe – e (no velho e bom "em última instância") nas forças e relações de produção – é aquilo que os adeptos de causas emancipatórias que não podem ser reduzidas a relações de classe vieram a chamar de o "anti-humanismo" do marxismo. Engels, Plekhanov e Trotsky fizeram notáveis tentativas de levar a idéia adiante do ponto de vista histórico, de considerar pessoas que fizeram história inseridas em forças suprapessoais que tinham suas próprias leis de movimento. Especialmente Trotsky, em sua alentada análise das personalidades paralelas de Nicolau II, Luís XVI e Carlos I: todos eles vítimas de regicídio, cuja superficialidade, afabilidade, preguiça, hipocrisia e indecisão eram não tanto marcas de individualidade, mas o que deles fizera o declínio do absolutismo (Trotsky, 1980:112ss). Icônicas da decadência, essas características – superficialidade, afabilidade, preguiça, hipocrisia e assim por diante – pareceriam ser um bom argumento caso também não representassem uma descrição bastante possível de George W. Bush, para não mencionar inúmeros outros políticos, alguns administradores de universidades e muitos vendedores de carros usados. Um dentre os diversos problemas de tais correlações de disposições pessoais com formas estruturais ou mudanças históricas, qualquer que seja a direção da seta da causalidade, é que não existem à mão disposições gerais em número suficiente para fazer face ao número indefinido de variações culturais. Mas isso nunca impediu Trotsky de privilegiar "as grandes forças que movem a história, que são suprapessoais em caráter", e argumentar que "os 'traços distintivos' de uma pessoa são meramente rabiscos individuais feitos por uma lei maior de desenvolvimento" (ibid, 73).

Isso faz lembrar as idéias de A.L. Kroeber e Leslie White no início do século XX sobre o "superorgânico", uma antropologia de sujeitos sem agentes, meramente refletindo e expressando uma ordem cultural onipotente. Kroeber (1917) foi um pouco mais generoso com os indivíduos que White (1940). Para ele, a cultura era como um grande recife de coral, um vasto edifício construído por milhões de minúsculos microorganismos, cada qual secretando um quase imperceptível acréscimo a esse duradouro exoesqueleto cuja escala e organização muito o ultrapassavam:

> Vidas de grandes homens lembram-nos
> Que nossa vida pode ser divinal,
> E, ao passar, atrás de nós deixar ...
> Um pequeno depósito de cal.

O "superorgânico" de White, no entanto, menosprezava ainda mais os indivíduos. Inteiramente sob o controle das grandes entidades culturais, as pessoas pareciam ser apenas aquilo que secretavam. Ou, disse ele novamente, o indivíduo é como um avião sem piloto controlado do solo por ondas de rádio (White, 1949:157). Aqui estava uma fonte primária daquela infeliz concepção antropológica da cultura como uma prescrição autoritária da conduta, em especial da conduta autoderrotante, como a chamada cultura da pobreza ou a "cultura tradicional", que supostamente impedem as pessoas subdesenvolvidas de se tornarem tão felizes como nós! Como sugere o termo *superorgânico*, essas concepções de dominação cultural preservam a subjetividade que negam quando a reproduzem no nível da totalidade social ou cultural.

Mas o superorgânico cultural foi apenas uma das diversas espécies de leviatanologia a evoluir no século XX, culminando em certas formas avançadas, como as interpelações derivadas de Althusser, as hegemonias inspiradas em Gramsci e os discursos foucaultianos carregados de poder. Todas retinham características de seus antigos ancestrais, inclusive o sentimento disseminado de repressão virtualmente sem mediação na construção da subjetividade sem agentes. Pois as instituições que fazem a mediação entre a totalidade social (da forma como se organiza no interesse das classes dominantes) e o sujeito existiam meramente para transferir os valores da primeira no processo de constituição do último. De novo, a modelagem dos sujeitos individuais é sinônimo de subjugação. "O indivíduo", diz Foucault, "é, na verdade, um efeito do poder e, ao mesmo tempo, à medida que é um efeito, é seu centro de transmissão: o poder passa através do indivíduo que ele constituiu" (2003:30). Aqui está o sujeito social essencializado, preso no ventre da baleia, moldado à imagem da totalidade social – para reproduzi-la, ao personificar e expressar os interesses dominantes em suas inclinações pessoais.

Existe hoje uma tremenda quantidade de terrorismo culturológico nas ciências humanas e sociais, ambos, ao que parece, complemento da popular noção acadêmica de que cultura é basicamente poder. O poder revela-se como o segredo (isto é, a função) de quase qualquer instituição que um antropólogo possa nomear (M. Sahlins, 2002:20-3). A capacidade simbólica, que é a essência da cultura – e sem a qual as inclinações corporais humanas não teriam objetos determinados e as relações humanas careceriam de um padrão –, aparece apenas como uma imposição, uma viagem hegemônica imposta às pessoas por quaisquer poderes que possam existir, e para o benefício desses poderes. Ainda assim, sem cultura as pessoas seriam, como disse Clifford Geertz, "monstruosidades inoperantes, com poucos instintos úteis, ainda menos sentimentos reconhecíveis e nenhum intelecto: quadriplégicos mentais" (1973:49). A evolução produziu uma criatura cuja habilidade para satisfazer suas necessidades orgânicas depende da habilidade de organizá-las de modo a fazerem sentido – a maneira como o sexo é organizado pelos sistemas de parentesco; a fome, por prescrições e preferências alimentares; e a dominação, se é de fato uma necessidade, pelo futebol. Mas tendo assim confinado o corpo à organização simbólica da existência, o ser humano não sobrevive sem cultura. Sob essa luz, a cultura é, fundamentalmente, fonte investidora de poder. E, de qualquer modo, nunca é repressiva de forma monolítica como as atuais antropologias da hegemonia tendem a vê-la. Refiro-me aos textos que falam de idéias dominantes que "acumulam o poder simbólico para mapear e clarear o mundo para os outros", gerando categorias significativas que "adquirem não apenas o costumeiro poder de dominância sobre outros modos de pensar, mas também a autoridade inercial de hábito e instinto".[9] Não importa que todo uso de uma palavra num mundo e para um mundo que não controlamos constitua um risco para seu significado. Alguns chegariam até a separar um inalcançável âmbito da hegemonia que, como uma ontologia constitutiva do mundo, é capaz de colonizar o resto da cultura, tanto ao determinar o que as pessoas não podem pensar quanto ao prescrever o que é. Surpreende que os antropólogos acreditem nisso, pois é algo que torna sua profissão absurda. Como vítimas (tanto quanto qualquer um) de tal ordem hegemônica, eles não seriam capazes de pensar o que outras pessoas estão pensando. Desta e de muitas outras maneiras recentes, os antropólogos parecem totalmente decididos a demonstrar antropologicamente que a antropologia é impossível.[10]

Seja como for, a mais terrível transubstanciação daquele velho Espírito Santo, a Mão Invisível, numa cultura abrangente que tudo controla, teria de ser a pancrática visão de poder de Foucault. (Não parece ter incomodado aos estudantes culturais que a leviatanologia de Foucault tenha sido originalmente concebida para ser aplicada ao Ocidente moderno: a idéia foi espalhada no varejo por toda parte, etnográfica e historicamente.) Aqui está o poder, tão irresistível quanto ubíquo; poder emanando de todos os lados e invadindo todo mundo, saturando as coisas cotidianas, as relações e instituições da existência humana, e daí transmitido para dentro de corpos, percepções, conhecimentos e inclinações pessoais. "Arrasador do sujeito", é como o chama J.G. Merquior (1985:82). O argumento é mais hegemônico que a hegemonia gramsciana, na qual a seletividade das definições dominantes de realidade, num contexto histórico, acabava por garantir a coexistência do residual e de formas novas. Foucault acertadamente nega também que seja um estruturalista, pois tudo que sobra do estruturalismo em sua problemática é o quanto ela evita a ação humana. Sua posição é, na verdade, "pós-estruturalista", na medida em que teoricamente dissolve as estruturas – famílias, escolas, hospitais, filantropias, tecnologias e semelhantes – em seus efeitos funcionais-instrumentais de disciplina e controle.[11]

Será a família simplesmente uma instituição de poder, um entre diversos arranjos sociais para tornar o indivíduo um "efeito do poder" da moderna sociedade capitalista? Certamente, é verdade que a família (nossa família) é patriarcal. Mas o patriarcado é uma relação pré-capitalista. De fato, a família – com seus trabalhos não remunerados, sua alocação de trabalho e recursos por meio de relações sociais solidárias, seus fluxos de valores dos que têm para os que não têm, em suma, sua economia de parentesco, para não mencionar as emoções associadas a tudo isso – a família é, estruturalmente, um sistema anticapitalista. Para adaptar uma frase do velho Lewis Henry Morgan, é mais como "um comunismo no jeito de viver" – de cada mulher segundo sua habilidade a cada homem segundo sua necessidade. (Eu disse que era patriarcado...) Mas, na perspectiva foucaultiana, a família é um modo de criticar severamente as pessoas. Como em outros funcionalismos, então, as questões culturais são conhecidas não pelo que são, mas por seus supostos propósitos; não por sua ordem, mas por seu ordenamento. Desse modo, não é apenas "cortem a cabeça do rei"*. O poder é uma versão mais generalizada do terror acadêmico, a morte instrumental tanto da forma cultural quanto do conteúdo.[12]

Ironicamente, então, com essa dissolução de formas culturais e sua transformação em efeitos de subjugação, a única coisa deixada de pé é o sujeito. O único objeto que restou de substantivo para a análise histórica e antropológica é o sujeito no qual a totalidade cultural foi inserida, aquele sujeito sumariamente interpelado. A subjetividade, em algum momento considerada o mais impalpável dos conhecimentos etnográficos, torna-se o local crítico da cultura e da história. Assim fala Foucault sobre a Reforma:

> Todos aqueles movimentos que tiveram lugar nos séculos XV e XVI, que tinham a Reforma como sua principal preocupação e resultado, deveriam ser analisados como uma grande crise da experiência ocidental da subjetividade e uma revolta contra o tipo de poder religioso e moral que deu forma, durante a Idade Média, a essa subjetividade. A necessidade de assumir uma ação direta na vida espiritual, no trabalho da salvação, na verdade contida no livro – tudo aquilo foi uma luta por uma nova subjetividade (Foucault, 1994:332).

* Alusão a uma passagem de *A história da sexualidade*, vol.1, p.86: "No pensamento e na análise política, ainda não cortaram a cabeça do rei." (N.T.)

Instituições, estruturas, relações e coisas semelhantes estão aqui representadas como modos de um poder criador de sujeitos. Elas dão forma à subjetividade. Mas, com isso, à medida que as estruturas transformam-se em suas funções de poder, *apenas a subjetividade teria forma*. Foucault concorda que a subjetividade está em relações recíprocas com princípios de verdade marxistas tais como "forças de produção, lutas de classe e estruturas ideológicas que determinam a forma da subjetividade". Mas tais instituições não entram na explicação foucaultiana como tal: não há explicação alguma de seus atributos, suas relações e transformações. Elas têm inclinação para a análise histórica, como o Estado moderno que completou o movimento de salvação do indivíduo no outro mundo para uma salvação neste mundo – um *deus ex machina*, uma solução inesperada e miraculosa em mais de um sentido. E, com essa redução de foco, elas são compreendidas não como formações históricas ou institucionais, mas por (e como) seus efeitos de subjugação/subjetivização, como se nisso consistissem a religião, o Estado, a família e assim por diante; como se fossem apenas isso. Sua função de poder basta para sua constituição. O que é então deixado com o privilégio de ser historicizado, de ser o verdadeiro *locus* da história e até mesmo sua efetiva mola mestra, é a subjetividade do sujeito. Digo que isso é irônico porque o projeto original da leviatanologia era reduzir o sujeito individual à nulidade. Mas, no fim, como o sistema foi dissolvido no banho de ácido do instrumentalismo, estamos aprisionados na metafísica do sujeito, aquilo que a análise estava originalmente destinada a excluir.[13]

Entretanto, a moderna sujeitologia não é apenas o resíduo de um estruturalismo decadente. Uma avaliação positiva complementar do sujeito, combinada com uma oposição política a qualquer tipo de sistematicidade superorgânica, tem acompanhado os movimentos de emancipação nas ciências humanas, inclusive os estudos culturais, que vêm florescendo desde as décadas de 1960 e 1970. Refiro-me não apenas ao feminismo e a estudos exóticos, embora estes com freqüência tenham tomado a liderança teórica na criação de uma agenda orientada para o sujeito. Mesmo na antiga província antropológica dos povos indígenas, agora usualmente redefinidos como povos colonizados e pós-coloniais, a ênfase passou de um interesse aparentemente desapegado por diferentes formas de ordenar a vida humana – que agora parecem politicamente ineficazes, se não cúmplices da destruição daqueles povos – para a etnografia da dominação, do sofrimento e da resistência. Noções de sistematicidade cultural são atacadas quando aparecem como o inimigo político e intelectual. Dificilmente elas podem sobreviver quando se referem ao mundo alienado e impessoal de estruturas associadas com homens e os poderes vigentes, em oposição ao mundo encarnado, da experiência, de sujeitos excluídos que demandam suas próprias identidades e contestam as narrativas autoritárias da sociedade maior – cuja realidade como sistema coerente, demarcado, totalizado e essencializado tem, então, de se tornar problemática. Nesse estado de espírito da academia, é melhor a psicanálise lacaniana que qualquer tipo de análise estrutural.

De todo modo, e sob qualquer forma, a sujeitologia já chegou. As páginas das revistas acadêmicas avançadas estão cheias de todos os tipos de sujeitos, subjetividades e *selves*, diferenciados por uma prefixada identidade de espécie – daí então o "sujeito burguês", a "subjetividade pós-colonial", "o *self* cartesiano" e outros do mesmo tipo. O resultado é uma antropologia do gênero da alegoria, contando histórias de formas e forças culturais em termos de pessoas abstratas. Substituindo instituições, relações, costumes etc., existe toda uma nova *dramatis personae* de sujeitos burgueses, sujeitos coloniais, sujeitos nacionalistas, sujeitos capitalistas tardios, sujeitos modernos, sujeitos pós-modernos e sujeitos africanos pós-coloniais, para não esquecer o facilmente reconhecido sujeito ferido do Estado neoliberal; também em cena estão o *self* alienado, o *self* neoliberal, o *self* melanésio, o *self* socialista e o *self* consumista; e então vêm as várias subjetividades, incluindo a racial, a globalizada, a hibridizada, a democratizada e a modernizada, entre muitos outros tipos semelhantes. É um admirável mundo novo antropológico o que tem tais criaturas. Ou, ao contrário, um mundo antiquado. Assim como mitologias arcaicas podem representar forças cósmicas em disfarces antropomórficos, nas páginas de nossas revistas mais especializadas as personificações de macrocosmos culturais agora pavoneiam-se e agitam-se no palco, fazendo ... o quê?

Se não exatamente nada, tampouco muito, parece – não completamente sozinhas, sem a ordem cultural que foi perdida na tradução. Escorregadia em sua definição, a subjetividade torna-se um buraco negro e também uma caixa-preta. Ouvem-se ocasionais demandas infladas, como aquelas feitas por um certo "sujeito socialista tardio" que, de acordo com um artigo em *Public Culture*, foi a "fonte" e a "lógica intrínseca" do colapso da União Soviética (Yurchak, 1997). Ou promessas como as da "teoria social progressiva", que estão "preocupadas com o status e a formulação do sujeito, as implicações da teoria do sujeito para uma teoria da democracia". Mas como pode tudo isso compensar as formações históricas e os movimentos que dessa forma têm sido funcionalizados, subjetivados e ontologicamente difamados? O que conseguimos são sujeitos coloniais disciplinados e reprimidos – como? de que formas? – que, portanto, resistem – novamente, de que modo? –, ou sujeitos burgueses alienados – como você e eu? – que consomem – o quanto do quê? – e outras espécies desse mesmo gênero tautológico. Para fazer alguma antropologia ou história com isso, será preciso retornar às formações e relações culturais específicas que foram "desaparecidas" na tradução para disposições subjetivas indeterminadas. Tampouco a invocação de "múltiplas posições de sujeito" resolverá o problema. Ou a multiplicidade se dissolve em puro individualismo, já que, em princípio, existem tantas posições de sujeito quantos são os indivíduos, ou replica a leviatanologia ao gerar uma escola de baleias, um bando de pessoas coletivas abstratas, e não uma única gigantesca, como o leviatã. Em qualquer desses casos, a sujeitologia termina com a tautologia antropológica com a qual começou o individualismo: com um sujeito abstrato ideal em quem reside todo o reino dos fins sociais, mistificados como os fins privados dele ou dela. Isso é o retorno do indivíduo reprimido, agora abrigando a praga das duas casas – e com o velho essencialismo jogado também lá dentro, como parte da barganha. Pois se trata agora do indivíduo essencializado, aquele que encarna a totalidade cultural em seu próprio ser: o sujeito burguês comum, mediano, por exemplo, cujas características pessoais expressam as características definidoras da sociedade burguesa. Assim, o próprio essencialismo – que hoje está na moda negar à cultura – arrasta-se de volta para o indivíduo como microcosmo. O unívoco, atemporal, totalizado sistema de categorias e relações, indesejado na cultura, foi transposto para um sujeito ideal.

O que devemos concluir desse giro por círculos hermenêuticos continuamente decrescentes? Talvez que, parafraseando Marx, a culturologia nunca tenha ido além da antítese entre si mesma e o individualismo, e que este a acompanhará como sua legítima negação até o amargo fim de ambos.

O problema não é que sujeitos, pelo menos os concretos, ou disposições subjetivas, mesmo as partilhadas, são irrelevantes para as histórias das sociedades. (Haverá em breve ocasião de agregar instâncias que ilustram o contrário disso.) A questão é a tentativa de reduzir formas sociais gerais a disposições subjetivas, ou vice-versa, como se estivessem em algum tipo de correspondência mimética. A leviatanologia e a sujeitologia ignoram o que Paul Ricoeur (1984:193) chama "a cesura epistemológica" entre elas: entre as entidades sociais das quais trata a história – nações, cidades-Estados, classes, tribos, governos – e as subjetividades das pessoas envolvidas. Poder-se-ia falar de múltiplas cesuras, basicamente ontológicas, que tornam impossível converter o social no individual, impedindo que se possa abranger ou determinar um diretamente a partir do outro, seja numa direção ou em outra. Uma dessas quebras é a diferença de ordem fenomenal entre os fenômenos sociais e culturais, tais como constituídos por atributos simbólicos, e as disposições de sujeitos individuais. A monarquia divina, o Partido Democrático, os Yankees de Nova York, a diferença entre primos paralelos e cruzados, o protestantismo, a Reforma, a ascensão e queda do império ateniense: essas formações e transformações culturais não podem ser predicadas, em suas próprias características, a partir de atributos dos sujeitos. Tampouco é a cultura adequada para a descrição do sujeito, já que ela está total ou isomorficamente replicada nele. A ordem cultural (mesmo se fosse monolítica) funciona num campo intersubjetivo. Nela os indivíduos têm relações parciais e diferenciais – por essa razão, incidentalmente, pode não parecer convincente o argumento de que as categorias culturais são vagas ou de que as lógicas culturais são indeterminadas porque as pessoas têm versões contrastantes e negociáveis sobre elas. Para os atuais propósitos de entender os agentes históricos, é especialmente relevante que não exista qualquer sujeito-padrão burguês ou outros do mesmo tipo, pessoas que são nada e nada fazem além do que delas fizeram sua classe, país ou grupo étnico. O indivíduo concreto, cujas relações com a totalidade são mediadas por uma experiência biográfica particular na família e em outras instituições, tem assim de expressar os universais culturais numa forma individual. Esse indivíduo é um "complexo histórico *sui generis*", como afirma Alexander Goldenweiser em resposta ao influente artigo de A.L. Kroeber publicado em 1917 sobre "O Superorgânico".

> O termo "indivíduo", neste contexto, requer especificação. Não é o indivíduo biológico, nem o ser abstrato da psicologia geral, nem este ou aquele mais ou menos indivíduo bem-dotado, nem mesmo o indivíduo médio que compartilha determinada civilização. O indivíduo que conta aqui pode ser designado como o indivíduo biográfico. Ele é um complexo histórico *sui generis*. Fator algum – biológico, psicológico ou civilizacional – exaure seu conteúdo. Ele tem compartilhado a cultura de seu ambiente social, mas apenas certos aspectos dela, e estes chegaram a ele numa certa ordem individual, foram recebidos e absorvidos por uma psique que era peculiar, única. Este é o indivíduo concreto da sociedade histórica. (Goldenweiser, 1917:449)

O processo que Goldenweiser descreveu de indivíduos que compartilham os universais culturais seletiva e peculiarmente, num ambiente social diferenciado, é semelhante ao que Sartre mais tarde resumiria sob o termo *médiations*. Também Sartre insistiu nas maneiras singulares como as pessoas vivem a cultura, suas formas e mentalidades dominantes – a nação, relações de produção, relações de classe, cristianismo, ciência, democracia – em virtude da filtragem disso que é geral nas relações interpessoais e das experiências particulares, e que ocorre através delas, especialmente da vida familiar. Vivendo a cultura de uma maneira específica, a pessoa também a expressará de sua própria maneira, como se estivesse indo além dela, ao mesmo tempo que é nela (cf. Wagner, 1973). "Resumido e, por essa razão, universalizado por sua época", o ser humano "por sua vez a recupera ao reproduzir a si mesmo em sua singularidade" (Sartre, 1981-93, 1:ix). Em aspectos fundamentais, a noção é o oposto da interpelação authusseriana ou da subjetivação foucaultiana, incluindo notavelmente a resistência estrutural do âmbito interpessoal à hegemonia da ordem social maior. Em *Search for a Method* (1968), Sartre faz uma crítica fundamentada a sujeitos abstratos e suas subjetividades essencializadas, como se isso pudesse explicar os trabalhos da sociedade e da história. Como diz Sartre, "Valèry é um intelectual pequeno-burguês, não há dúvida quanto a isso. Mas nem todo intelectual pequeno-burguês é um Valèry" (1968:55-6).

E nem todo intelectual pequeno-burguês ganha leitores na burguesia por seu aparente realismo antiburguês, como Gustave Flaubert. Aqui estava outro intelectual literário fazedor de história que, como descrito por Sartre em tediosos detalhes (1981-93), viveu as grandes relações e contradições de seu tempo numa família cuja organização e dinâmica deram a essas forças coletivas dimensões inusitadas, específicas e íntimas. Estou simplificando enormemente. Nascido em 1821, Flaubert era, num sentido, um filho da Restauração, da Monarquia de Julho e de seus conflitos correlatos entre uma nascente burguesia e um revivido *Ancien Régime* de rei, clérigos e nobres proprietários de terra; entre liberais utilitários anticlericais e pios *ultras*; e também entre materialismo e fé, ciência e doutrina cristã. Porém, mais precisamente, Flaubert era o segundo filho sobrevivente de um eminente médico e diretor de hospital de Rouen que havia alcançado o status de classe média com base em antecedentes rurais, dominados por fortes traços camponeses – seu próprio pai era um veterinário –, e de uma mãe que tinha algumas pretensões à nobreza em virtude de vínculos matrilineares com uma família bastante proeminente de magistrados e clérigos. O pai, Achille-Cléophas Flaubert, que aplicou sua riqueza em terras enquanto mantinha amizades e clientela entre a burguesia industrial e mercantil, tinha suas próprias contradições. Mais decisivo para os filhos era seu uso de uma autoridade patriarcal tirânica, camponesa em origem e feudal em caráter, para neles instilar suas ardorosas opiniões liberais, positivistas, materialistas e anticlericais – embora fosse circunspecto a respeito de seu anticlericalismo em público, demonstrando para fora uma relação respeitável com a Igreja. As afirmações de Sartre sobre a piedade da mãe de Flaubert têm sido questionadas e aparentemente refutadas,[14] mas quaisquer que fossem seus valores *ancient régime*, ela, misto de esposa e filha sob o *patri potestas* de Achille-Cléophas, não questionava seus ensinamentos analítico-racionalistas. Para Gustave, tudo isso ficava ainda mais complicado pela existência do irmão mais velho Achille, o ungido sucessor do pai – primogenitura feudal como modo de reprodução científica – que de fato fez da carreira do grande médico seu modelo, mas com quem o pobre Gustave era incapaz de competir. Ao contrário, em comparação com os feitos de seu irmão mais velho, o aparente retardo e desengajamento de Gustave quando criança, incluindo o que Sartre vê como uma resistência a aprender a ler, fizeram cair sobre ele a suspeita de ser "o idiota da família".

Discutindo a dinâmica dessa família, Sartre tem o cuidado de não perceber seus elementos como simples personificações de estruturas maiores – como sujeitos burgueses, sujeitos feudais, ou coisas assim –, dado que cada um deles internalizava todos os universais relevantes de maneiras distintas, "dando a essas estruturas a unidade de sua pessoa". A família Flaubert não era partida por clivagens pessoais que diretamente correspondessem às forças maiores da contenda social e as incorporassem. "As forças antagonistas que cindiam a França e cindiam Gustave não estavam encarnadas em pessoas (em sua casa) no Hôtel-Dieu" (Sartre, 1981-93, 1:487). É claro que tornava-se crítico para o status de Flaubert, sendo ele um intelectual pequeno-burguês diferente de qualquer outro, que seu pai fosse o próspero cientista burguês, e sua mãe, a pia mulher de evanescentes memórias nobres. Se o complexo de Édipo tivesse sido vivido ao contrário, a história da literatura francesa teria sido diferente. Mas, como Sartre descreve a dinâmica: "Para entender Flaubert, é necessário nunca esquecer que ele foi forjado pelas contradições fundamentais do período, mas que isso se deu num certo nível social – a família – no qual elas estão mascaradas sob a forma de ambivalências e desvios irônicos" (ibid, 488). É uma ironia que Achille-Cléophas use a "autoridade soberana" para impor sua "ideologia liberal" sobre os filhos como um "imperativo categórico". Ele exibe sua autoridade divina e a adoração de seus filhos para desenganá-los de qualquer reverência a Deus. Exceto que a descristianização não pôde funcionar com Gustave, precisamente porque funcionou tão bem com seu irmão. Incapaz de competir com Achille, Gustave é incapaz de se identificar com o pai, e durante toda a vida permanece ambivalente com relação a um Deus ao qual ostensivamente renunciou (em nome do pai). Mas, ao mesmo tempo, renuncia a esse mundo do pai em favor de um imaginário no qual, ao contrário de muitos outros autores em conversa e cumplicidade com seus leitores, ele almeja ser "como Deus no universo, presente em toda parte e em nenhuma delas visível".[15] Esteticamente, é a escrita pura, por si mesma, uma arte pela arte que é complementada e sustentada por amargos sentimentos antiburgueses e generalizado desprezo pela humanidade. "Axioma: o ódio pelo Burguês é o começo da virtude", escreveu a George Sand. "Mas, para mim, o termo 'burguês' inclui tanto o burguês de macacão quanto o burguês que veste uma casaca" (Steegmuller, 1953:211).

Este não constituía um intelectual burguês simples, e *Madame Bovary* era certamente uma nova espécie de idealismo – que a burguesia erroneamente interpretou como realismo e rapidamente comprou, a despeito (ou por isso mesmo) de ter levado Flaubert a ser processado sob a acusação de corromper a moral pública. Sartre achava que a popularidade de *Madame Bovary* resultava de uma conjunção fortuita de cronotipos ("*programmation*") que combinavam as atitudes antiburguesas de Flaubert com a culpa da burguesia existente na época, sempre capaz de ser evocada pelo olhar fixo do proletário que a acusava de haver traído a classe operária nos eventos de 1848. Pode ser, mas o fenômeno de autores burgueses antiburgueses cujas obras têm amplo apelo para uma certa fração do público burguês tem sido recorrente nos últimos 200 anos, durante a alta cultura do capitalismo cristão. Capitalismo cristão: uma contradição em termos que envolve a elaboração do pecado original – agradando a si mesmo na carne, em desafio a Deus – como um modo de vida. Não devemos esquecer a existência dual do "sujeito burguês" numa família que, em aspectos críticos, se opunha à economia e aos sentimentos da sociedade maior.

Estruturas de ação

Volto agora a atenção para a ação histórica individual, examinando algumas das estruturas da história que a justificam.[16] Ao assumir que indivíduos podem ter efeito histórico, diz-se que eles devem estar em posição de fazer isso, como nos recorda Raymond Aron, e "posição" significa um lugar num conjunto de relações, sejam elas institucionais, conjunturais ou ambos. Temos de superar certas idéias recebidas a respeito de uma oposição intransponível entre ordem cultural e ação individual – agora reforçada pelas mais recentes sujeitologias e leviatanologias –, bem como as antíteses correlatas: sociológico e psicológico, objetivo e subjetivo, recorrente e contingente, universal e particular, e todas as outras da mesma espécie. É verdade que esses aspectos contrastantes da existência humana são irredutíveis uns aos outros, o que é uma razão para historiadores e cientistas sociais se verem freqüentemente motivados a questionar o caráter não conseqüente de estruturas ou de pessoas. Mas o que todo esse maniqueísmo ignora é o modo como pessoas podem ser investidas de poder para representar coletivos: para ilustrar ou personificá-los, às vezes até mesmo para trazê-los à existência sem contudo perder sua própria individualidade. Ou, em outras palavras, não é suficientemente considerado como a história faz os que fazem a história. Aqui eu falo novamente de duas dessas estruturas de ação como se fossem tipos polares: *ação sistêmica*, como a desfrutada por Péricles, Napoleão ou os reis das ilhas Fiji, e *ação conjuntural*, como a de Bobby Thomson ou Scalia, Harris & Cia.

Por alguma razão, Napoleão tem sido um exemplo mais popular nas discussões sobre ação na história do que Bobby Thomson. Algumas dessas discussões, especialmente as do conde Tolstoi e de Jean-Paul Sartre, de novo, parecem-me reveladoras do processo de infundir poder institucional no grande homem, ou o que estou chamando de ação sistêmica. Não me refiro aos famosos argumentos de Tolstoi no epílogo de *Guerra e paz* (1962) sobre história de baixo para cima. Ao longo de uma complexa exposição dessa tese populista, Tolstoi introduz um terceiro termo na polaridade entre líder e massas. Ele fala da relação entre eles, ou seja, de formas institucionais ou estruturais de investidura de poder, fenômenos que são diferentes, em termos de qualidade, das pessoas históricas como tais, seja individualmente ou em massa. O *tertium quid* tornou-se relevante quando Tolstoi ponderou sobre como Napoleão fora capaz de comandar toda a força e o destino da

França. Napoleão tinha o poder de mobilizar um exército de 600 mil homens e mandá-los para a guerra: mas o que era aquele poder, perguntou Tolstoi, e de onde vinha? (Note-se, num parêntese, que ele incluía o poder de pôr tudo a perder com uma inútil invasão da Rússia – apenas para o caso de alguém se sentir tentado a acreditar que a figura histórica de Napoleão fosse verdadeiramente um exemplar da engenhosidade da razão. Uma das vantagens de se conceber a ação como constituída por uma ordem cultural da qual ela é uma expressão idiossincrática é que podemos desse modo entender uma história que acaba sendo uma tragédia e esquecer as antropologias panglossianas – desde o chamado materialismo cultural, passando pelo funcionalismo estrutural, a ecologia cultural, a teoria da escolha racional e o realismo nas relações internacionais – que estão sempre na expectativa do melhor ou mais racional de todos os mundos possíveis.) Usado para o bem ou o mal, o poder de Napoleão não era pessoal, argumentou Tolstoi; ele não emanava de seu próprio ser físico ou moral. Por certo, lidando com uma situação militar em que tantos comandos são distorcidos, Tolstoi podia estar duplamente convencido de que o poder de fazer as coisas acontecerem reside fora da pessoa que aparentemente o exerce. Em vez disso, o poder estava "naquelas relações que a pessoa que o possui tem com as massas" (Tolstoi, 1962:1110). O que, então, é o poder? "Aquela relação da pessoa que comanda com aqueles que ela comanda é precisamente o que se chama poder" (ibid, 1118). Mas, agora, falando das *relações* daqueles no comando com os comandados, estamos no âmbito da ordem cultural. Por conseguinte, as narrativas de comandantes são motivadas por relações sistêmicas de investidura de poder: por retransmissores estruturais da organização maior da sociedade para pessoas de autoridade particulares.

Sartre complementa este argumento enfatizando a dialética do universal e do singular que necessariamente se segue: os efeitos históricos de pessoas investidas de poder por ordens culturais que, no entanto, são vividas por elas de maneiras particulares. Citando a opinião de Plekhanov de que, se outro que não Napoleão tivesse chegado ao poder, o resultado revolucionário teria sido o mesmo, Sartre diz que essa passagem sempre o fizera rir. As únicas diferenças teriam sido as sangrentas guerras napoleônicas, a influência da ideologia revolucionária sobre o resto da Europa, a ocupação da França pelos aliados, o retorno dos grandes proprietários rurais, a regressão econômica da Restauração, o Terror Branco, Victor Hugo (cujo pai era um general do império), *et des choses comme ça*. Tudo isso Sartre cita como aposto a um brilhante parágrafo sobre as dialéticas de estrutura e ação, numa passagem que tem sido para mim uma afirmação crucial sobre esse tema:

> Devemos considerar em cada caso o papel do indivíduo no evento histórico. Pois esse papel não é definido de uma vez por todas: é a estrutura dos grupos considerados que o determina

> em cada caso. Desse modo, sem eliminar inteiramente a contingência, nós a restauramos em seus limites e em sua racionalidade. O grupo confere seu poder e sua eficácia aos indivíduos feitos por ele e pelos quais, por sua vez, fora feito, e cuja irredutível particularidade é uma forma de viver a universalidade ... Ou, mais exatamente, essa universalidade assume a face, o corpo e a voz dos líderes que deu a si mesma; assim, o próprio evento, embora seja um aparato coletivo, é mais ou menos marcado com sinais individuais; pessoas refletem-se nele na mesma medida em que as condições do conflito e as estruturas do grupo permitiram que elas fossem personalizadas. (Sartre, 1968:130)

Resta-nos então a pergunta: o que governa a extensão (obviamente variável, tanto cultural quanto historicamente) em que os grupos e seus conflitos se permitem ser personificados? Podemos dizer algo mais geral sobre essas transmissões estruturais do macrocosmo ao microcosmo, sobre como pessoas particulares são autorizadas a fazer as histórias de coletividades? A possibilidade de que possamos é o segredo da aparente loucura de justapor Napoleão Bonaparte a figuras como Bobby Thomson ou Katherine Harris. São formas contrastantes da estruturação da ação. Thomson é um bom exemplo de ação conjuntural, e Bonaparte, de ação sistêmica.

Bobby Thomson foi circunstancialmente selecionado para o papel heróico que desempenhou pelas relações existentes numa conjuntura histórica particular; os poderes históricos de Napoleão foram prescritos pela posição que ocupava numa ordem institucional duradoura. Para Thomson, foi a situação somente que lhe permitiu determinar a história. A situação o pôs numa posição de fazer uma diferença significativa, e a situação constituía o significado da diferença que ele fez. Tal era a racionalidade daquela contingência. Mas a singularidade de Napoleão foi historicamente investida de poder em virtude da posição suprema que ocupava em entidades coletivas – a França, o exército – que eram organizadas do ponto de vista hierárquico precisamente para transmitir e implementar sua vontade. É verdade que posições institucionais estavam em jogo no caso de Bobby Thomson, relações localizadas que sempre entram na ação conjuntural. Foram as regras do jogo e sua localização na ordem de arremessos que permitiram que toda a temporada fosse transferida, naquele momento, para os ombros de Thomson. Mas o poder de decidir o campeonato não estava, como tal, entre os elementos intrínsecos à posição que Thomson ocupava na ordem de arremessos – assim como ocupar o cargo de secretária de Estado da Flórida estabeleceu que coubesse a Katherine Harris a tarefa de determinar quem seria o presidente dos Estados Unidos. A ação de Bobby Thomson dependeu da felicidade de seu ato naquelas circunstâncias. Se tivesse batido fora, não seria nem mesmo uma nota de rodapé da história (a menos que o próximo arremessador acertasse um *home run*, fazendo de Thomson o coadjuvante eliminado). Em contraste, os atos de Napoleão, investidos de poder por sua posição institucional, teriam sido decisivos qualquer que fosse sua decisão: invadisse ou não a Rússia, ele teria influenciado o curso da história. De fato, se o heroísmo de Bobby Thomson foi resultado da situação, Napoleão fez a própria situação, na medida em que fez surgir uma certa relação existente entre as forças coletivas e, do mesmo modo, foi responsável pelo resultado – mesmo que seus planos e comandos tenham sido distorcidos.

Localizada na instituição, uma autoridade de comando sobre a história, semelhante à desfrutada por Napoleão, permanece enquanto a pessoa ocupa a posição. Em contraste, Bobby Thomson foi apenas um herói momentâneo, desabrochando por um instante, a partir de um lugar-comum, direto para o esquema maior das coisas, e retornando para uma relativa obscuridade após ter despontado. (Na verdade, total obscuridade, pois logo depois foi vendido para o Chicago Cubs.) A histórica presença de Thomson foi tão efêmera quanto conjuntural: efêmera porque era apenas conjuntural. É verdade que ele seria lembrado por muito tempo pelo que fizera. Na *memória social*, esses heróis de ocasião podem desfrutar mais que os 15 minutos de fama que lhes cabem – algo como 15 minutos de imortalidade. Os inventores podem especialmente vir a ser beneficiários do que se poderia chamar de "eventos *post-factum*", na medida em que aquilo que fizeram, e de acordo com sua estatura, cresça ao longo do tempo em proporção às conseqüências sociais de sua invenção. Os experimentos dos irmãos Wright em Kitty Hawk ou a primeira conversa telefônica de Alexander Graham Bell podem ter sido pouco notados na época, mas têm sido muito e bem lembrados em proporção ao desenvolvimento da aviação e das comunicações telefônicas. Em contraste, a imortalidade dos 15 minutos de Bobby Thomson decorre apenas da periódica reciclagem de seu memorial, quando, por alguma razão em geral estranha ao evento, o país entrega-se a uma onda de nostalgia com relação ao beisebol ou à década de 1950. Isso aconteceu em 2001, no 50º aniversário do lance ouvido pelo mundo inteiro, que foi marcado por uma avalanche de histórias nos jornais e um especial de uma hora de duração na HBO. Houve até uma controvérsia mais recente, deflagrada por uma história no *Wall Street Journal*, que dizia que os Giants passaram seus oponentes para trás ao adulterar as marcas dos arremessos em jogos no Polo Grounds, o que incluiria até mesmo a final do campeonato. Um artigo no *New York Times* contestou com um argumento estatístico de que, se assim foi, não representou grande ajuda aos Giants, dado que sua pontuação fora de casa no período crítico era melhor que sua pontuação jogando em casa – para não mencionar que, no dia anterior ao *home run* de Thomson, eles haviam sido bombardeados de 10x0 no Polo Grounds. Entrevistado a respeito da adulteração das marcas, Bobby Thomson negou, embora de maneira pouco convincente, como pareceu a alguns. Ralph Branca, que havia muito se tornara amigo de Bobby Thomson, co-estrela no circuito de banquete e co-vendedor de memorabilia assinadas de beisebol, foi citado dizendo que "ele ainda tinha de acertar isso". Mas, deixando de lado essas questões de memória social, o herói conjuntural, ao contrário daqueles que institucionalmente comandam a história, desaparece mais ou menos rapidamente da vista do público uma vez passado seu momento histórico. Apenas de vez em quando aparece numa história de "interesse humano" do tipo: "Onde está Monica Lewinsky? O que ela estará fazendo agora?" (E, aliás, quem se importa?)

Fazendo história: os reis divinos das ilhas Fiji

Por outro lado, todas as manhãs, todo mundo sabia onde estavam os reis sagrados da Fiji do século XIX, já que, todas as manhãs, o rei solenemente recriava a sociedade assumindo o papel do deus no templo principal, tornando assim possível a existência do povo. Quero discutir aqui o grande trabalho cultural envolvido em retransmitir o destino social a indivíduos-chave, tanto na ação sistêmica quanto na conjuntural, tomando como exemplo da primeira os reis divinos de Fiji e, da segunda, a saga de Elián Gonzalez.

Os reis sagrados de Fiji eram, de muitas formas, as condições estruturais da possibilidade dos países que governavam. Por sua presença e ação, evocavam a existência coletiva do reino como tal, a própria presença reificada do reino e a ação coletiva. Sem o rei, a organização política apresentava uma tendência distinta de desagregar-se em várias partes não relacionadas: seus "povos diferentes" (*dui kaikai*), como dizem os fijianos. Estes eram os diversos grupos ancestrais localizados, muitas vezes designados na literatura etnográfica como "clãs" (*mataqali*) ou "linhagens" (*yavusa*), mas coloquialmente conhecidos como "O povo tal" (*Kai* + o nome próprio). De origens distintas, esses clãs eram também diferenciados em status e especializados em função, como já vimos na discussão anterior sobre Bau e Rewa. Eram chefes de vários tipos, ou sacerdotes, arautos, pescadores, camponeses, carpinteiros, navegadores ou guerreiros. As diferenças de funções não refletiam uma estrita divisão de trabalhos econômicos, já que a maior parte dos grupos cultivava a terra e provia suas próprias necessidades; mais exatamente, elas representavam os serviços diacríticos que diversos clãs, respectivamente, prestavam ao rei. De fato, os "povos diferentes" do reino freqüentemente pareciam ter pouco a ver uns com os outros em sua existência diária. As diversas passagens elevadas (quatro, em geral) que permitiam passar sobre o fosso das cidades fijianas tradicionais conectavam os diferentes clãs a seus respectivos territórios e poços de banho (de acordo com informantes modernos), e, pelo menos nos locais mais importantes, os complexos domésticos eram cercados, de modo que não era fácil para alguém se mover rapidamente na vila entre os terrenos de pessoas não relacionadas.[17] Com efeito, o reino tinha um modo estrutural dual, alternando entre o um e os muitos: entre o *matanitū* (reino) como uma entidade e os diferentes povos seguindo seus próprios caminhos. Em vez de uma solidariedade orgânica durkheimiana, o sistema fijiano caracterizava-se por uma solidariedade hierárquica, na qual a relação dos diferentes grupos uns com os outros era uma função de sua subordinação comum ao rei sagrado. Se o rei então fazia história era porque, pelo ato de estar ou pelo ato da fala, a manifestação de sua presença ou vontade fazia o reino. Da mesma forma, o rei também podia fazer história por sua ausência ou morte, já que, sem ele, as coisas ruiriam (M. Sahlins, 1985).

Ao fazer e desfazer a sociedade, o rei era a forma humana, visível, da divindade. "Não parece haver muita diferença entre apresentar uma oferenda a seu deus e dar um presente a um chefe", observou o missionário John Hunt em seu diário. "A grande e justa diferença observada pelos cristãos entre aproximar-se dos homens e de deus não parece ser conhecida deste povo" (Hunt, *J*: 1º set 1840; cf. Hocart, 1912:447). De certa forma, é um paradoxo que os cristãos, como adoradores de um deus em forma humana, devessem fazer tamanho estardalhaço em torno dessa "grande e justa diferença"; ainda assim, a observação do senhor Hunt não era totalmente fora de propósito. Os reis dos grandes territórios da Fiji Oriental – incluindo Bau, Rewa, Verata, Cakaudrove, Macuata e outros – eram, de fato, *kalou tamata*, "deuses humanos". "Os grandes chefes às vezes diziam 'Eu sou um deus'; e também acreditavam nisso" (Waterhouse, 1866:402). Ou, para selecionar uma testemunha fijiana entre muitas: "Os chefes: eles são os deuses de Fiji" (Rabuku, 1911:156). Os fijianos geralmente não tinham imagens religiosas em seus templos; quando tinham, e era raro, somente nos principais templos dos deuses do estado. "Embora adorem falsos deuses", disse o senhor Hunt, "eles não têm ídolos" (*J*: 28 out 1843). Em vez disso, instalados nos principais templos estavam os sacerdotes, a quem os deuses possuíam ocasionalmente, e reis sagrados, os equivalentes de Roko Tui Bau, que eram personificações duradouras das grandes e invisíveis deidades da terra.

O rei sagrado de Fiji era um ser geminado ou uma pessoa dupla, semelhante ao tipo que vivia na Europa medieval segundo a descrição de Kantoriwicz, em *The King's Two Bodies* (1957). Ele tinha uma forma humana por natureza, que encarnava uma forma divina por consagração – em Fiji, pelas solenes cerimônias de investidura real (Hocart, 1969). Isso não significa especificamente que o rei fosse, ele mesmo, em seu próprio corpo mortal, o deus. Como diz Hocart: "Essa é uma afirmação ocasionalmente feita por monarquistas, mas apenas na intoxicação da autocracia que de modo invariável busca impedir a queda: é um sintoma de decadência" (1933:244-5). Apesar de todo o abrigo que busca na divindade, o rei não perde com isso sua humanidade, individualidade ou mortalidade, ainda que seja exaurido o ser divino por sua incorporação no rei. Hocart diz que o governante é o "*locum tenens* do deus" (ibid). Às vezes os fijianos falam que ele é o "sucessor" de deus (*i sosomi*), querendo com isso dizer que ele toma o lugar de deus entre a humanidade (Rokowaqa, 1926:31). Os deuses também podiam ser "encarnados" (*vakatolo*) em certos animais ou outros seres não humanos, bem como nos sacerdotes nos quais penetravam (*curumi koya*) durante rituais no templo – e, nessas ocasiões, as pessoas dirigiam-se aos sacerdotes como "deuses" (*kalou*), e como tal os tratavam. Então, pode-se dizer que a divindade do rei era como a de qualquer figura ritual principal. Mas, então, o que distinguia os reis de qualquer um outro que pudesse ser o receptáculo do deus no curso do ritual era, precisamente, que "sua vida inteira é um curso de ritual" (Hocart, 1933:245). Todas as atividades do rei e os objetos relativos a elas, desde as cerimônias de seu nascimento até as de sua morte, passando por tudo em sua vida cotidiana, testemunhavam a dualidade de sua pessoa. Era essa a observação que o homem de Cakaudrove fazia para Hocart quando contrastava o rei com espíritos que apenas ocasionalmente se manifestavam, como nos rituais da guerra, quando temporariamente penetravam os sacerdotes:

> "Nos tempos mais antigos", disse-me um fijiano, "era o chefe que era nosso deus." "Apenas se acreditava no chefe", disse um súdito do Senhor do Coral (Tui Cakau, rei sagrado de Cakaudrove); "ele era como um deus humano (*kalou tamata*). Espíritos (*tevoro*) eram úteis somente na guerra; em outras coisas, não." (Hocart, 1952:93)

De fato, no início de todos os dias, ao consumir a oferta de *kava* sagrada recebida como presente dos chefes da terra, o rei não apenas sucedia o deus a quem essa *kava* tinha acabado de ser presenteada, mas, desse modo, assumia a função divina de instituir a vida social humana. Fazendo a sociedade humana, ele assim demonstrava uma visão sublunar (terrestre) do poder divino (*mana*). É claro que estou falando aqui do primeiro rei da diarquia: mesmo em Bau, onde o rei da guerra (Vunivalu) reinava *de facto*, o rei sagrado (Roko Tui Bau) recebia a *kava* no templo principal.[18] Assim também faziam outros chefes supremos em outros grandes reinos da Fiji Oriental (como Verata, Rewa, Macuata e Cakaudrove) e, evidentemente, também em muitos territórios de destaque (como Tokatoka, Nakelo e as unidades políticas Waimaro).[19] Nesses locais, até que o governante recebesse a oferta de *kava* ao nascer do sol, no templo principal da terra, toda atividade humana era efetivamente suspensa. O total silêncio e imobilidade impostos à cidade do rei pelo chamado do arauto (ou, em alguns lugares, do sacerdote) ao amanhecer marcavam o tempo (fora do tempo) quando a presença do deus substituía a existência das pessoas – a fim de tornar esta última possível. Em princípio, a conversa não era permitida, nem o choro de crianças, o latido de cachorros ou o cacarejo das galinhas. Nenhum trabalho podia ser feito. Era proibido andar pela terra ou no mar. Reunidos no templo, os arautos, sacerdotes e os chefes de clãs preparavam e apresentavam a *kava* cerimonial para os deuses e ancestrais reais, rezando por prosperidade e vitória. Um antigo comerciante norte-americano, Warren Osborn, descreveu a prece como "um longo recitativo solicitando os favores dos espíritos para que pudessem ter uma boa colheita de inhames, que seus inimigos morressem, que muitos navios visitassem suas costas e naufragassem, para que eles pudessem ficar com a propriedade dos brancos, e outros pedidos de índole semelhante" (Osborn, *J*: 25 mar 1835). A oferenda era então servida ao rei. Tão logo o rei bebesse – isto é, imediatamente aceito o sacrifício –, um grito era mandado, ressoando por toda a capital, recebido e amplificado por cada um, significando que as atividades normais podiam ser retomadas.[20] Ao mesmo tempo, servia-se *kava* aos vários chefes de clã que se encontravam no templo. Eram servidos na ordem hierárquica, assim reproduzindo a sociedade em sua hierarquia e diversidade. Enquanto as pessoas iam trabalhar, o rei e os chefes continuavam sentados em volta da vasilha contendo a mistura, discutindo as questões do reino, grandes e pequenas. Assim, pela oferenda apropriada feita pelo rei, todas as funções da sociedade eram reinstituídas, junto com sua ordem.

A morte do rei, ao contrário, constituía uma crise da sociedade. Isso podia significar mais que a suspensão ritual e/ou inversão da ordem social que, em muitas sociedades hierárquicas, acompanham a morte do rei. A morte do rei de Rewa, Ratu Qaraniqio, em 1855, conseguiu pôr a perder uma vitória garantida e resultou na completa rendição a Bau na maior guerra já vista por Fiji em todos os tempos – a grande Guerra da Polinésia entre Bau e Rewa. No final de 1854, os rewanos haviam revertido completamente as perdas sofridas desde 1843, incluindo o saque de sua capital duas vezes pelos bauenses, a morte do predecessor real de Ratu Qaraniqio nas mãos do inimigo, em 1845, e uma debilitante guerra civil que durara vários anos. Havendo recuperado essas perdas e mais, Ratu Qaraniqio agora mantinha os bauenses imobilizados sob tamanha força que eles aparentemente não conseguiriam escapar.

Não que os rewanos tivessem todos os méritos de seus próprios feitos. Uma boa parte resultara dos malfeitos de Ratu Cakobau, o grande rei da guerra de Bau.[21] Devemos recordar como Ratu Cakobau fracassou ao tentar estender sua influência política e econômica sobre a parte norte de Fiji na malfadada expedição em busca de pepinos-do-mar de 1852, contra Macuata. A embaraçosa batalha com Macuata não apenas custou aos bauenses o controle do comércio de pepinos-do-mar, mas estabeleceu as forças unificadas dos negociantes brancos e dos rewanos, junto com antigas cidades bauenses e um grupo rebelde dentro da própria Bau, contra o humilhado Ratu Cakobau (cf. Derrick, 1950:108-9; Calvert, *J*: 15 mai 1855; Williams e Calvert, 1859:471-2). As pessoas do litoral norte de Fiji começaram a estabelecer negociações independentes com os europeus, enquanto os residentes brancos de

Levuka (Ovalau), em conluio com as embarcações visitantes de pepinos-do-mar, efetivamente impunham um embargo a Bau, causando séria carência de munição e outros bens de valor. Ao mesmo tempo, o mal-humorado cônsul norte-americano John Williams denunciou publicamente Ratu Cakobau num jornal de Sydney, convocando as "nações civilizadas" para destruí-lo. Os vários grupos brancos – excluídos os missionários metodistas, já que Cakobau havia estrategicamente se convertido em 30 de abril de 1854 – logo estavam conspirando com os rewanos e fornecendo suprimentos para eles e outros rebeldes em Bau e nas redondezas. Liderado por um irmão classificatório de Ratu Cakobau, o levante mobilizou inimigos internos de longa data dos reis da guerra de Bau e ativou uma recorrente disposição para a usurpação. Todos esses inimigos estabeleceram uma fortaleza central em Kaba, na península perto de Bau (Figura 1.1). A perda da própria Kaba foi um golpe para Ratu Cakobau, não apenas porque era a terra natal epônima de seu próprio clã (Tui Kaba), mas porque lá ele havia guardado, além de uma grande canoa de guerra e um esconderijo de armas, a escuna *Thakombau*, uma das duas embarcações européias cuja aquisição levara ao fiasco da pesca de pepinos-do-mar em 1852. Além de Kaba, inúmeras outras cidades com fortes laços de parentesco e lealdade ao rei da guerra de Bau juntaram-se à aliança de seus inimigos rewanos, estrangeiros e bauenses. Então, no início de março de 1854, grande parte de Bau foi incendiada, e o que restou foi arrasado por um furacão duas semanas depois.

Enquanto isso, o próprio Ratu Cakobau estava doente, e parecia tão desesperançado na mente quanto afligido no corpo por uma "fístula no períneo", de acordo com o médico missionário reverendo R.B. Lyth (*DB*: 19 jul 1854). Já em novembro de 1853, o senhor Lyth notara que "Bau está agora cercada por inimigos. A orgulhosa cidade rebelde, junto com seu cabeça Thakombau (Ratu Cakobau), parece à beira da guerra ou da revolução" (*J*: 5 nov 1853). Seu colega, o reverendo James Calvert, que pregava em Bau naquela época, tinha uma visão igualmente sombria da condição pessoal de Ratu Cakobau e da situação militar: "Ele foi afetado de maneira peculiar e severa. Havia uma forte corrente contra ele. Os deuses e os homens estavam unidos para derrubá-lo – ele sofreu em corpo, circunstâncias e mente" (Calvert, *J*: 15 mai 1855). Os metodistas, em especial o senhor Calvert, manobraram intensamente para livrar seu mais importante convertido dos numerosos perigos que o cercavam. Com suborno e ameaça, ajudaram a manter os poderosos guerreiros-pescadores de Bau, o povo Lasakau, do lado de Ratu Cakobau. Foram também instrumentos para trazer em sua ajuda o exército do governante cristão de Tonga, rei George Tupou.[22] As forças combinadas de Tonga e Bau derrotaram os rebeldes bauenses em Kaba em abril de 1855. Mas, àquela altura, os maiores inimigos de Ratu Cakobau, os rewanos comandados por seu rei Ratu Qaraniqio, estavam de fora.

Todas as vantagens que Rewa ganhara nos últimos anos de guerra amarga com Bau dissiparam-se quando Ratu Qaraniqio morreu, inesperada e subitamente, em 25 de janeiro de 1855. Poucos dias depois começaram negociações para uma rendição a Bau, e foram concluídas quando Ratu Cakobau aceitou a oferta de submissão (*i soro*) em 9 de fevereiro. Ainda assim, apenas algumas semanas antes, Ratu Qaraniqio havia construído um templo no qual celebraria sua iminente vitória contra Bau, havendo desprezado diversas mensagens nas quais Ratu Cakobau indicava que estava pronto para fazer as pazes. Tudo aconteceu como se o grande lamento levantado em Rewa na morte do rei (de acordo com o missionário católico residente) fosse verdade: "O chefe caiu! Nosso grande chefe caiu. Bati Vundi (Bati Vundi, outro nome de Ratu Qaraniqio) já não existe. Ai de nós! Ai de nós! Estamos todos perdidos" (Rougier, *FL*).

O choque da morte de Ratu Qaraniqio pode ter sido maior porque foi algo como uma surpresa oficial, mesmo que as circunstâncias imediatas não fossem propícias para uma sucessão suave – e daí a continuação da guerra. De acordo com o missionário metodista residente, reverendo William Moore, que, durante algumas semanas, estivera tratando Ratu Qaraniqio de uma severa disenteria, o rei estava ocultando sua doença, "temendo deixar que seu povo soubesse". "Como você sabe", escreveu ele ao reverendo Lyth, "a saúde de um chefe tem a maior importância em tempos de guerra" (Lyth, *L*: 7 jun 1855). A implícita (frazeriana) correspondência entre a saúde do rei e o bem-estar do corpo político ajuda a tornar inteligível o colapso da determinação coletiva que se instalou com a queda de Ratu Qaraniqio. Outro fator, no qual muito acreditavam os missionários protestantes, era que Ratu Qaraniqio tinha estado inconsciente algumas horas antes e morrera sem falar, sem transferir a responsabilidade da guerra a seus chefes ou a um sucessor. De fato, foi apenas após os costumeiros dez dias de luto que Ratu Rabici, o filho de um irmão falecido do rei (Ro Batiwuaka), um jovem de menos de 20 anos, chegou da ilha Kadavu e aparentemente reclamou o governo. Ratu Rabici, junto com certos sacerdotes, diversos aliados-guerreiros (*bati*) de Rewa, e muitos outros, incluindo os missionários católicos, culparam os metodistas, em particular o senhor Moore, de matar o rei. Foi dito que o medicamento que o senhor Moore lhe dera era um veneno, ou então que o missionário delegara o trabalho sujo a certos bauenses de seu próprio grupo. A acusação no mínimo reflete o fato de que a neutralidade dos protestantes ficara comprometida pela recente conversão de Ratu Cakobau. O senhor Moore não deu razão aos rewanos para que pensassem que ele era inocente quando os instou, após a morte do rei, a fazer a paz com Bau. A conseqüência imediata disso foi a destruição da casa do senhor Moore por um incêndio pelo qual, assim a maioria acreditava, Ratu Rabici era o responsável.

Mas isso era o melhor que o jovem sucessor de Ratu Qaraniqio podia fazer. Suspeito que a desordem que se seguiu à morte do rei pode ser atribuída a algo mais que o choque causado por ela. Os aliados (*bati*) de Rewa dos territórios do norte eram a favor da continuação da guerra, e aparentemente Ratu Rabici também, mas não os outros principais poderes vigentes. Também questiono se eles favoreceram Ratu Rabici, não apenas por ser ele muito jovem, mas também porque poderia representar uma opção controvertida de sucessor numa linhagem governante notória, durante gerações, pelas disputas patricidas e fratricidas em torno do governo do reino. Fosse pelas circunstâncias da morte de Ratu Qaraniqio, fosse pela falta de um sucessor legítimo imediato, no final de janeiro Rewa estava sem governante efetivo. Ratu Qaraniqio foi enterrado no templo que construíra para agradecer aos deuses a vitória sobre Bau – que foi, em vez disso, enterrada junto com ele. O padre Rougier escreveu o epitáfio político: "Tenha ele morrido de morte natural ou não, o certo é que o único inimigo poderoso e realmente formidável (de Bau) caiu com ele. Rewa, sem sua cabeça, não podia dirigir um exército contra Bau. Considerando os costumes fijianos, isso era praticamente impossível" (Rougier, *FL*).

A morte de Ratu Qaraniqio foi, assim, um ponto de inflexão eventual, outra reversão histórica do tipo que estamos discutindo. E embora, nesse caso, não tenha levado a nada tão importante quanto saber quem iria jogar no Campeonato Mundial, de fato sedimentou as relações de dominação e oposição entre Bau e Rewa que continuaram ao longo do período de colonização de Fiji (1874-1971), e ainda são discerníveis na política turbulenta da nação pós-colonial.

Segue-se agora outro exemplo de política turbulenta, mas uma que, ao contrário, apresenta a construção de uma ação conjuntural.

A iconização de Elián Gonzalez

Uma das mais duradouras imagens do caso Elián Gonzalez é uma charge sem título mostrando a cabeça do garoto cubano presa ao corpo de um peão de xadrez (Figura 2.4).[23] Descoberto vagando no mar no dia 25 de novembro de 1999, dia de Ação de Graças nos Estados Unidos, Elián era o sobrevivente de uma malfadada tentativa de chegar a Miami que custou as vidas de sua mãe e de dez outros cubanos. Quase imediatamente Elián foi transformado numa *cause célèbre*. Até 22 de abril de 2000, quando foi pego por agentes federais e devolvido a seu pai, usou-se o pequeno Elián como um argumento, para não dizer pretexto, por uma variedade de grupos de interesses políticos organizados em complexas relações de oposição, em princípios e alianças de conveniência. O que se transmite com a imagem de

Figura 2.4 – O peão

Elián como um peão é a inserção desses grandes conflitos nacionais e internacionais no conflito familiar sobre a custódia da criança: uma ampliação estrutural significativa das relações interpessoais que deu a ela grandes efeitos políticos correspondentes (cf. Rowe, 2002).

Poucos dias depois de Elián ter-se instalado na residência de seu tio-avô Lazaro Gonzales, em Miami, a comunidade de exilados cubanos na Flórida e o aparato do governo cubano em Havana haviam tornado sua a causa de Elián na luta entre eles. A questão de saber se um menor que perdera a mãe fica sob a custódia do pai, facilmente solucionável na lei americana, havia sido traduzida em contrários ideológicos tão inconciliáveis quanto abstratos.[24] Em Miami, o argumento de por que Elián não deveria ser devolvido ao pai desenvolveu-se em termos de liberdade democrática *versus* ditadura comunista; em Havana, a razão para ele ser devolvido ao pai era a moralidade revolucionária *versus* a perversão capitalista. Logo os dois lados estavam objetivando esses valores em demonstrações populares diárias. Multidões juntavam-se em frente à casa de Gonzalez todas as noites, e durante todo o dia, nos fins de semana, cantando o nome do garoto e implorando sua aparição – que era saudada com uma alegria beirando a adoração. Cuba respondeu com demonstrações que arrastavam milhares de pessoas de todos os pontos da ilha, complementadas por diversas horas de cobertura pela televisão e discussões diárias. "Aqui em Cuba", chegou o relato, "só dá Elián o tempo todo" (*WP*: 17 abr 2000). Em Miami, o "menino milagre" (como Elián era amplamente conhecido por lá) ganhou a cadeira de honra na procissão anual dos Reis Magos. Em Havana, o "menino mártir" (como Elián era amplamente conhecido lá) dividia a ribalta, *in absentia*, na celebração anual do aniversário de José Martí. *Granma*, o diário do Partido Comunista, também comparou Elián a Che Guevara, dizendo que o menino "fora convertido para sempre num símbolo dos crimes e das injustiças que o imperialismo é capaz de cometer contra um inocente" (*MH*: 29 jan 2000). A comparação podia apenas confirmar os piores receios dos cubanos em Miami sobre Elián, caso ele fosse repatriado. Não muito depois de seu retorno a Cuba, um de seus parentes em Miami observou: "Eles lhe estão ensinando a ser como Che – um assassino e asmático" (*MH*: 25 mai 2000). Em Miami, como já se sabe, a ideologia da liberação era mais messiânica que revolucionária, associando o garoto a Cristo e Moisés, em lugar de a Che Guevara e José Martí.

Junto com a política de Elián, essas associações ideológicas e performáticas apresentam o maior interesse, aqui, por serem como tantas outras infiltrações estruturais do macrocosmo no registro do familiar e do pessoal. Assim, questões internacionais são exauridas em relações domésticas. Conseqüentemente, o caso Elián levanta não poucas questões sobre a ação histórica. Entre elas está como certas pessoas, bastante comuns, podem tornar-se figuras históricas grandiosas e fundamentais. Desafiando ordens de um Tribunal Federal e do Serviço de Imigração e Naturalização dos Estados Unidos – ou seja, do Departamento de Justiça, do presidente da Corte de Justiça e, em última instância, do presidente do país –, a família Gonzalez de Miami foi capaz de manter as relações cubano-americanas reféns de sua própria intransigência. Além disso, haveria resíduos históricos de longo prazo e larga escala, não excluindo (como aconteceu) os efeitos decisivos do caso Elián sobre a eleição presidencial de 2000. (Assim, para novamente relacionar a teoria antropológica à teoria do caos, não sem alguma justificativa: se não houvesse Elián, não haveria guerra no Iraque.) Aqui estão fusões vitais, predeterminadas, de diferentes registros culturais ou níveis estruturais cujos efeitos dialéticos atribuíram a questões nacionais-políticas o caráter de valores de família, e a questões de família conseqüências nacionais-políticas. As relações entre Estados, que, desde Tucídides, acreditávamos serem governadas pela *Realpolitik*, estão entretecidas em dramas sentimentais de parentesco.

Vamos chamá-los *melodramas históricos*. O nacionalismo é mais facilmente propagado quando a comunidade imaginada é reconhecida como uma família de verdade. Atualmente, o termo da moda é *méconnaissance*. Mas, se devemos ter molho francês em nossa salada teórica, prefiro o rousseauniano molho *pitié*: experimentar as dores e os prazeres de criaturas semelhantes a nós como se fossem nossos próprios sentimentos. A Inglaterra há pouco tempo passou por uma temporada dessas com as tribulações e morte da princesa Di. É claro, como já sabemos, que famílias reais levam uma vantagem já de saída, pois são significantes da totalidade. Mas, na triste esteira dos eventos de 11 de setembro de 2001, cada corpo recuperado dos destroços do World Trade Center era enrolado numa bandeira norte-americana – qualquer que fosse a verdadeira nacionalidade da pessoa. As histórias elaboradas do *New York Times* sobre as vidas e virtudes cotidianas das vítimas fizeram cada uma delas parecer outro verso de "Deus salve a América".

Essas sínteses do nacional com o pessoal também são familiares nos estudos antropológicos de novelas, incluindo, em particular, as muito populares telenovelas latino-americanas – que são, quase com certeza, tanto metonímica quanto metaforicamente pertinentes no caso Elián. "Nos bairros latinos de Washington e outras cidades do país, os latinos seguem a saga de Elián Gonzalez como se fosse uma novela da vida real, cheia de intrigas políticas e brigas de família. Conhecem todos os personagens – o pai Juan Miguel, o tio Lazaro e o ditador cubano Fidel Castro, espreitando ao fundo – e entendem muito bem a trama, em especial como a imigração pode separar pais e filhos" (*WP*: 9 abr 2000).[25] Exatamente assim, na telenovela, as categorias sociais e universais como Estado, classes e etnias, bem como princípios morais gerais, todos assumem a carga emocional das relações humanas nas quais foram incorporados. As categorias coletivas e os costumes são então narrados alegoricamente, e seu destino é configurado como o desenlace de uma pungente história de vidas privadas. Falando das multidões que iam ver Elián, o prefeito de Miami-Dade, Alex Penelas, observou que "o que você vê aqui nas faces dessas pessoas são mais de 41 anos de perseguição. ... Essas são emoções de famílias reais. ... Isso é dor verdadeira" (*MH*: 14 abr 2000). Houve muitos relatos como estes de grande emocionalismo em torno de Elián em Little Havana, um fervor pelo qual a comunidade anglofônica tem pouca simpatia e do qual tem pouca compreensão. Mas, para os cubanos em Miami, as transferências simbólicas entre o macrocosmo político e o microcosmo familiar estavam muito claras, o suficiente para permitir que fossem explicitamente articuladas, como no caso do popular padre local, Francisco Santana. "Tenho certeza absoluta de que o comunismo começou em Cuba por dividir a família", disse ele, "e o comunismo terminará em Cuba quando esta família for reunida." Seu argumento era de que "se a família em guerra do menino, seu pai comunista e os parentes anticomunistas em Miami, puderem fazer as pazes, então Castro cairá" (*WP*: 21 abr 2000). Ou, novamente, numa outra tomada da *pitié* rousseauniana:

> As pessoas vêem na situação angustiante de Elián sua própria tragédia (disse Ramon Saul Sanchez, líder do Movimento Democracia, um dos mais eloqüentes grupos de exilados cubanos). Elas vêem a desintegração da família cubana e o drama humano de uma criança pequena que experimentou a perda de sua mãe. E há também uma outra questão: elas vêem um ser humano indefeso defrontando-se com os enormes poderes de um poder mundial, como os Estados Unidos, e de uma ditadura cubana decididos a utilizá-lo como moeda política. (*WP*: 1º abr 2000)

Ao mesmo tempo, capital político semelhante estava sendo feito em Cuba a partir das agruras do "Elián seqüestrado". O seqüestro de crianças, não por acaso, tem uma ressonância específica na memória histórica cubana: os lendários casos da captura de crianças brancas sacrificadas para Xangô por afro-cubanos em 1904 – embora os verdadeiros antagonistas, na leitura de Stephan Palmié, fossem o colonialismo espanhol e norte-americano decididos a seqüestrar o futuro de Cuba (citado em Rowe, 2002:144).[26] Ainda mais diretamente associada – tal como foi mencionado, em conexão com Elián, por Gabriel Garcia Marquez (Commondreams.org, 2000), entre outros, foi a notória Operação Pedro Pan de 1960-62, que transformou milhares de crianças cubanas em "falsos órfãos". Sob os auspícios da Igreja católica nos Estados Unidos – trabalhando em acordo secreto com o governo norte-americano –, mais de 14 mil crianças cubanas entre 6 e 16 anos foram separadas de seus pais e despachadas para os Estados Unidos, onde foram tratadas como "órfãs de pais vivos". Acredita-se amplamente que a CIA foi responsável pelos terríveis rumores circulados pela Igreja cubana e pela Rádio Swan para induzir os pais a se separarem de seus filhos: o regime de Castro lhes iria tomar as crianças para doutriná-las politicamente ou então mandá-las à Rússia, para isso. Entre as "mentiras ainda mais cruéis" disseminadas estava a de que "as crianças mais apetitosas seriam mandadas para matadouros na Sibéria e transformadas em carne enlatada" (ibid) – um refrão canibal que seria revivido em Miami como o provável destino de Elián se ele fosse mandado de volta a Castro. A Operação Pedro Pan foi encerrada em 1962 em conseqüência da crise dos mísseis cubanos, que também suspendeu a migração para os Estados Unidos, deixando as crianças que já estavam lá separadas de seus pais durante anos (muitas delas continuam assim). Então, como acabou acontecendo, milhares de crianças cubanas realmente foram tiradas de seus pais à força por um poder estrangeiro para doutrinação política e cultural, de forma tão bem-sucedida que muitas delas apareceram mais tarde como testemunhas da causa para impedir Elián de retornar ao terrível regime comunista de Cuba. Ainda assim, as memórias de seu próprio "seqüestro" também ressurgiam em Cuba, precisamente para testemunhar como o capitalismo "ignora a mais fundamental das relações humanas". Em ambos os casos, o propósito-chave ideológico foi fundir as abstrações políticas na patética situação de uma família desfeita e uma criança sofredora. Depois que Elián fora repatriado, o presidente da Assembléia Nacional cubana disse ao correspondente do *New York Times* que, infelizmente, a agitação dos meses recentes teria de ser reduzida: "Você não pode pedir às pessoas que tenham o mesmo nível emocional a respeito de um menino sem mãe, separado de seu pai, que desenvolvem sobre uma discussão da revisão da lei (norte-americana) de imigração" (5 jul 2000).

Damian Fernandez, professor de ciência política na Florida International University, resume o significado histórico-melodramático do náufrago Elián: "Para compreender o caso Elián, você na verdade precisa entendê-lo simbolicamente. Elián é uma metáfora da nação cubana, e é uma nação em crise, uma nação naufragada. E os dois lados, aqui em Miami e lá em Havana, estão lutando pela nação de amanhã" (PBS: fev 2001).

Aqui, então, está outro ponto crítico sobre esses intercâmbios entre o coletivo e o pessoal: não é qualquer história antiga que serve. Deve ser uma boa história antiga, estruturalmente falando – o que esta foi, de diversos modos. Como a imprensa norte-americana diversas vezes destacou, todo o caso Elián se teria encerrado num instante, se teria passado sem conhecimento público, se fosse o pai da criança quem tivesse morrido no mar, e sua mãe estivesse em Cuba. Quem teria criado um caso mantendo a criança longe da mãe amorosa? Na psique norte-americana, a relação pai-filho é menos irresistível que o vínculo mãe-filho, assim como o meramente cultural com relação ao fundamentalmente biológico.[27] Outro aspecto conveniente era a pouca idade de Elián; portanto, sua inocência e desamparo, que podiam ser um argumento tanto para devolvê-lo ao pai quanto para protegê-lo contra um governo brutal, fosse norte-americano ou cubano. E não se deve esquecer a beleza desse menino, seu apelo fotogênico – ou sua raça. Que Elián fosse branco, não negro, esta era uma condição da possibilidade de sua iconização, não apenas na população anglo, mas também na comunidade cubana de Miami cujos traços demográficos refletiam um processo migratório racialmente seletivo: "De fato, não é incomum o racismo entre exilados (cubanos) em Miami, dos quais quase 90% são brancos, e tem-se especulado amplamente que, se Elián Gonzalez fosse negro – como é o caso de 50% dos cubanos na ilha –, 'ele teria sido jogado de volta ao mar', como um ouvinte falou a um programa de rádio em Miami" (*George*, mai 2000:67).[28]

Então havia as virtudes estruturais de se colocar a atenção nos laços de parentesco próximo, uma aparente base comum para todas as partes envolvidas, sobre a qual elas prosseguiriam a desenvolver os mal-entendidos que já tinham em si. Para os cubanos, esta era uma questão de alguma forma diferente e maior que para os anglos: um caso muito familiar de uma família extensa desfeita pela imigração. (A esse respeito, a família Gonzalez partilhava alguma coisa com Fidel Castro, que uma vez ganhou uma batalha semelhante sobre a custódia de seu próprio filho, e cujo sobrinho, o deputado Lincoln Diaz-Balart, da Assembléia Estadual da Flórida, deu a Elián um filhote de labrador, corporificando outro dos árduos argumentos que usou para manter o menino nos Estados Unidos.) Da perspectiva cubana, as relações das pessoas envolvidas na custódia de Elián desciam até pelo menos quatro gerações passadas, incluindo uma bisavó, avós, e seus primos distantes. Os americanos estavam singularmente fixados no núcleo familiar mãe, pai e filho – "laços primários" que, por seu caráter "sagrado", podia fazer com que as demandas da guarda de Elián por parentes colaterais parecessem ainda mais frívolas. De fato, passou quase sem ser notado na mídia norte-americana o fato de que, enquanto dois dos tios-avós de Elián, Lazaro e Delphin Gonzalez, lutavam para mantê-lo no país, seu irmão Manuel, também em Miami, acreditava que o menino devia voltar para o pai – o que apenas fez de Manuel um homem solitário e importunado nas ruas da cidade, um "comunista e traidor" (*WP*: 6 abr 2000). Tampouco notou-se muito que, embora a mãe de Elián tivesse "se sacrificado pela liberdade do filho" (como disseram os cubanos em Miami), a própria avó materna de Elián, vivendo em Cuba, tivesse vindo para a América, fazer *lobby* para a repatriação do menino para a "Cuba comunista".[29]

As *dramatis personae* desse melodrama histórico também deveriam ser ocasião para alguma reflexão sobre quem exatamente se torna um fazedor da história, e em que circunstâncias. Claramente, a adequação estrutural da história é mais crítica que o caráter dos agentes históricos aos quais ela confere poder. A delegação de poderes de relações internacionais a tipos semelhantes a Lazaro e Delphin Gonzalez não parece ser um dos melhores exemplos da engenhosidade hegeliana da Razão. Ela evoca mais o comentário de Marx sobre Luís Napoleão no prefácio da segunda edição de *O 18 Brumário de Luís Bonaparte*: que o conflito de classe na França havia "criado circunstâncias e relações que tornaram possível a uma grotesca mediocridade desempenhar o papel de herói". Mas aquele era um caso de ação sistêmica. Nem nascidos grandes, nem investidos de poder por cargos que ocupassem, vários dos integrantes do clã dos Gonzalez em Miami eram tipos bastante improváveis de terem a grandeza confiada a seus cuidados.[30] Deve-se admitir, no entanto, que, com algumas fichas policiais por dirigir sob o efeito de bebidas alcoólicas, os tios-avôs Lazaro e Delphin tinham quase tantas qualificações para a liderança heróica quanto George W. Bush e Richard Cheney. E Lazaro, um mecânico de automóveis desempregado, teve habilidade para resistir às autoridades norte-americanas, finalmente forçando a polícia federal a uma operação armada para se apossar de Elián. Essa atitude desafiadora combina com a imagem de macho que ele às vezes adotava quando aparecia nos tribunais americanos vestindo uma camisa preta brilhante e uma gravata roxa cintilante – outro equívoco condizente. Marysleysis, prima de segundo grau de Elián (conforme a linhagem norte-americana comum), era popularmente considerada sua "mãe substituta", em aparência, porque era quem cuidava diretamente do menino – quando não era levada às pressas para o hospital por um de seus freqüentes "ataques de ansiedade" (*Salon*: 29 jun 2000; *MH*: 26 mai 2000). Tendo abandonado a faculdade local, Marysleysis, de 21 anos de idade, entrou e saiu do pronto-socorro oito vezes durante a estadia de Elián nos Estados Unidos. Tomados como sinais de sua espiritualidade e de seus sofrimentos, os desmaios tornaram-na ainda mais amada na comunidade de Little Havana. Mas uma inclinação que muitos anglos perceberam como bastante histérica, embora tenha garantido a ela muito tempo da televisão, não angariou grande simpatia da audiência norte-americana mais ampla. De fato, a mídia americana em geral manteve um certo desprezo por Marysleysis, chamando-a "a atriz" ou algo pior, de acordo com Gene Weingarten, do *Washington Post* (6 abr 2000). A reportagem em três partes feita por Weingarten, "A Modern Play of Passions", é a melhor que já vi sobre a saga de Elián, embora sua observação sobre o comportamento de Marysleysis pudesse fazer lembrar os relatos do pouco compreensivo missionário dos ritos funerários dos ilhéus dos Mares do Sul. "Marysleysis às vezes parece fria e arrogante, excessivamente bem-arrumada e evidentemente manicurada; e às vezes pode ser vista rindo com amigos momentos antes de virar-se para as câmeras e chorar por Elián" (WP: 6 abr 2000).

Da perspectiva predominante nos Estados Unidos, os personagens secundários do melodrama de Elián eram ainda mais problemáticos. Os primos gêmeos que freqüentemente iam brincar com o garoto, José e Luis Cid Cruz, eram ambos delinqüentes com longa ficha nas prisões. Um era processado por roubo com arma de fogo cometido a 600 metros da casa dos Gonzalez. Além de roubo com arma de fogo, os registros policiais desses dois incluíam acusacões de assalto a mão-armada, resistência violenta à prisão, furtos grandes e pequenos, invasão de propriedade alheia para roubar e omissão no pagamento de pensão dos filhos. Então havia a figura famosa na mídia, "El Pescador", que ajudara a resgatar Elián. Capitalizando a reputação adquirida, tornou-se um visitante freqüente na casa de Lazaro e um herói na vizinhança – embora, de fato, não fosse nem pescador nem latino. Donato Dalrymple era um tipo com ascendência escocesa, irlandesa e italiana de Poughkeepsie, Nova York, que fazia faxinas em casas de família e, naquele dia, embarcara numa viagem de pesca pela primeira vez na vida porque um primo lhe pedira para ir junto e pilotar o barco. Por outro lado, no entanto, com duas prisões por violência doméstica e três casamentos fracassados, El Pescador encaixava-se bastante bem no perfil dos guardiões de Elián. Suas diversas e ansiosas aparições na TV grangearam-lhe, de um lado, congratulações pessoais de figuras como Oliver North (notoriamente pró-Contra), e, de outro, caracterizações depreciativas como "o Fonz"* e "o bombástico bufão" pela imprensa mais liberal (*Salon*: 29 jun 2000). "Oitocentos mil cubanos me amam", disse ele a Michael Leahy do *Washington Post*. "É isso aí, eu poderia me ver passando por aquela porta e talvez me candidatasse a prefeito, ou talvez para aquele cargo mais baixo, você sabe, qual é mesmo? Comissário, ou alguma coisa assim?" (WP: 26 abr 2000). Gene Weingarten observou que a história de Elián "transformou muitas pessoas em celebridades improváveis, e a mais improvável de todas pode ser Donato Dalrymple" (WP: 7 abr 2000). "Celebridades improváveis" – esse é o aspecto historiográfico.

Mas, como digo eu, um esforço político considerável foi investido na execução dessa ação histórica improvável. Em Havana e Miami, cubanos dos dois lados foram levados a aumentar os investimentos políticos em Elián em virtude das sortes declinantes de suas causas políticas fundacionais. Uma revolução cansada em Cuba confrontava-se com uma declinante contra-revolução na Flórida, e os da linha-dura

* Referência a Arthur "The Fonz" Fonzarelli , um personagem esperto, oportunista e cativante da novela televisiva norte-americana *Happy Days* (1974-84). (N.T.)

de cada lado sentiam o declínio do compromisso político, especialmente entre seus jovens. Proeminente no movimento de manter Elián em Miami foi a conservadora Fundação Nacional dos Cubano-Americanos (CANF), notória por suas atividades anti-Castro. A CANF é amplamente creditada por ter dado início ao caso Elián mandando exibir um pôster de propaganda com o menino no encontro da Organização Mundial do Comércio em Seattle, onde Fidel Castro deveria aparecer. Ele não apareceu, mas o pôster sim, não apenas em Seattle, mas, a partir dali, em todas as ruas de Miami. "Antes de Elián", observou o cientista político Dario Moreno, "estávamos crescendo, passando para outro estágio menos extremo, menos passional. Elián Gonzalez permitiu que a velha guarda restabelecesse o controle sobre a política, porque Elián era a causa simbólica perfeita" (*WP*: 7 abr 2001; cf. *PBS: Frontline*, fev 2001; *NYT*: 16 jan, 2 set 2000). O mesmo em Havana: "Um garoto dá novo alento ao velho ditador", ecoava a manchete do *The Guardian* (12 abr 2000).

Claramente, o que ajudou a tornar Elián "a perfeita causa simbólica" foi a felicidade de sua situação difícil servir para a elaboração de uma política da juventude (*CT*: 24 jun 2001). Por conseguinte, as escolas tornaram-se locais de agitação de ambos os lados dos estreitos da Flórida. Em Cuba, crianças estudantes foram dispensadas *en masse* para demonstrar sua solidariedade ao "menino herói". Enquanto Elián estava em Miami, sua carteira escolar vazia, na escola em Cuba, foi usada como um símbolo do pérfido capitalismo; quando voltou para Cuba, sua carteira escolar vazia, em Miami, tornou-se um símbolo do pérfido comunismo – de fato, sua sala de aula em Miami recebeu seu nome em uma placa, e foram feitos planos para a exibição permanente de seus trabalhos escolares. Em declarações que igualmente se espelhavam, porta-vozes de ambos os lados comentaram depois os lucros políticos que haviam tido ao recuperar seus jovens – um "lado luminoso", num caso, uma "bandeja de prata", no outro. Os cubanos em Miami consolaram-se da perda de Elián "ao verem jovens cubanos norte-americanos, antes desinteressados em Cuba, se comprometerem com a causa" (*MH*: 23 nov 2000), mesmo quando um famoso político de Havana disse ao *New York Times*: "Eles nos deram o menino numa bandeja de prata. Esta é uma batalha de idéias que claramente apreciamos. ... Aqueles diversos meses nos permitiram descobrir novas formas, métodos e atores – acima de tudo, grande número de jovens" (*NYT*: 5 jul 2000).[31]

A mobilização dos cubanos de Miami cruzou-se, de modos complexos, com a política nacional norte-americana, produzindo novos alinhamentos das forças políticas, inclusive vários totalmente bizarros e inesperados. Às vezes ridicularizada em programas de entrevistas na TV, em horários tardios, freqüentemente criticada por jornalistas e encontrando forte oposição na administração democrata de Clinton, a causa dos cubano-americanos, conforme tudo indicava, estava em baixa perante a nação como um todo. A se acreditar em pesquisas de opinião, a convicção de que

Elián deveria ser devolvido a seu pai cresceu progressivamente de dezembro (46% a favor, 33% contra) até abril (59% a favor, 33% contra) (ABC: 2 abr 2000). A opinião popular a favor do fim do embargo comercial contra Cuba também estava crescendo. Ao mesmo tempo, um interesse em controlar a imigração para os Estados Unidos deu aos presidentes Fidel Castro e Bill Clinton uma razão comum para devolver Elián. Por outro lado, o senador Joseph Lieberman, que logo seria o candidato democrata à vice-presidência, estava preparado para juntar-se a certos republicanos conservadores para contornar o Serviço de Imigração e Naturalização e aprovar um projeto de lei para fazer de Elián um cidadão honorário dos Estados Unidos. Um ato muito raro no Congresso, essas honras haviam sido reservadas até então a figuras como Winston Churchill e madre Teresa de Calcutá. "Não creio que seja no melhor interesse (de Elián) mandá-lo para um lugar onde o governo pode dizer a ele o que pensar e o que ele se tornará", disse o senador republicano Connie Mack ao apoiar o projeto que daria ao governo dos Estados Unidos a atribuição de decidir qual o melhor interesse de Elián e o que ele se tornaria (WP: 16 jan 2000). A propósito, Lieberman era um queridinho da comunidade cubano-americana desde 1988, quando se candidatou ao senado contra o independente Lowell Weicker, que favorecia uma abertura a Fidel. No início de 2000, quando candidato à reeleição para o Senado, Lieberman recebeu uma contribuição para a campanha de pelo menos dez mil dólares do Comitê para a Ação Política da Cuba Livre. A despeito de tudo isso, e da alcovitagem de Al Gore para conseguir o voto cubano-americano, defendendo que Elián fosse mantido nos Estados Unidos, os cubanos da Flórida compareceram *en masse* à eleição presidencial, quando a administração Clinton repatriou o menino, a fim de "punir os democratas". A chapa Gore-Lieberman de 2000 conseguiu aproximadamente 50 mil votos menos entre os cubano-americanos que a chapa Clinton-Gore conseguira em 1996. Acrescente-se Elián Gonzalez às inúmeras razões desnecessárias e suficientes para Al Gore haver perdido a Flórida e a presidência. Ainda assim, muitos democratas liberais tinham-se oposto, desde o início, a medidas como o projeto para conferir cidadania norte-americana a Elián – com base em princípios conservadores republicanos. A maneira como Maxine Waters, uma congressista representante da comunidade afro-americana da Califórnia, defendeu na televisão nacional a devolução de Elián a seu pai, fez lembrar as vacas sagradas republicanas – os "valores da família" e os "direitos naturais" (CNN: 4 jan 2000).

É claro que a direita política norte-americana tinha suas próprias contradições, das quais o compromisso com os "valores da família" representava um lado, e o anticomunismo libertário o outro. Suas resultantes contorções dialéticas tanto enfraqueceram politicamente a mão da direita quanto a empurraram para incômodos extremos ideológicos de individualismo possessivo. De um lado, um número significativo de proeminentes republicanos manteve-se firme em torno dos valores da família. "Não tem nem de pensar", disse o republicano Steve Largent, de Oklahoma, um antigo ás do futebol. "Ele deve ser mandado de volta para o pai" (CT: 22 jan 2000). Ou Kathleen Parker, uma colunista conservadora: "A primazia do direito de cuidarem de seus próprios filhos, direito dado por Deus aos pais, deve sempre prevalecer sobre a política" (CT: 19 jan 2000).[32] Por outro lado, então, a direita radical, forçada a abandonar os planos elevados dos valores da família, voltou à posição básica de que a liberdade individual é o bem maior: um direito do *self* ao *self* que deve ter prioridade sobre qualquer demanda dos pais. Durante meses, os programas de entrevistas no rádio, as estações locais de televisão e a Internet permitiam-se chegar aos paroxismos do fundamentalismo libertário, ligando o caso Elián a todas as ameaças, grandes e pequenas, à livre empresa e ao *american way of life*.

Aqui estão alguns exemplos do extravagante site direitista na Internet "capitalismmagazine.com". Seus autores são herdeiros de Ayn Rand, e essa revista eletrônica apresentou uma seqüência de comentários durante todo o evento chamado "Mantenha Elián livre". A tese geral era que seria "um pecado" equivalente a "abusar de uma criança", ou mesmo a "regulamentar as atividades de Bill Gates", mandar o menino de volta para o "campo tropical de prisioneiros" da Cuba de Castro, onde ele se tornaria "um escravo do Estado"; pois, em tais casos, "o direito de um pai nunca pode superar os de um filho", e, de qualquer modo, se o pai é um comunista convicto, "isso o desqualifica para ser pai". Essas últimas e extremadas reflexões sobre os direitos paternos vêm de entrevistas com um tal de Edwin Locke, professor de negócios e psicologia na Universidade de Maryland, que também pensava que devolver Elián a seu pai era exatamente o tipo de coisa encorajada pelo multiculturalismo relativista que então assolava a América. Pois o multiculturalismo, disse esse Locke, "sustenta que não existe o certo e que todo mundo tem sua própria opinião. Se você aceita o multiculturalismo, então todo mundo é igual. Castro não é diferente de Thomas Jefferson" (*cm.c*: 25 mar 2000). Em outro artigo (em co-autoria com Richard Salsman), Locke indica que dificilmente alguém poderia esperar justiça da chefe da Corte Suprema, Janet Reno, que, numa questão de meses, havia não apenas conseguido "sentenciar um menino à escravidão numa ditadura", como também, (referindo-se a processos contra fabricantes de cigarro) "destruir uma indústria inteira"; e (referindo-se à Microsoft) "esmagar a empresa mais bem-sucedida da América". Com relação aos processos por dano à saúde contra os fabricantes de tabaco, Locke pensava que era "absurdo abolir os direitos dos vendedores porque os compradores abusam de produtos que lhes dão prazer" (será que isso vale para traficantes de heroína?), assim como era absurdo penalizar a Microsoft porque alguns "molengas ressentidos" convenceram o governo a lhes dar uma vantagem competitiva que "não poderiam ganhar por seus próprios esforços". Daí a óbvia conexão com Elián Gonzalez, que estava igualmente privado do direito de maximizar seus próprios interesses: "Quer a questão envolva uma indústria inteira, uma única companhia ou um único indivíduo, o princípio fundamental é o mesmo. Ou as pessoas possuem o direito à sua própria vida, o que inclui o direito de negociar livremente com outros homens, ou não" (*cm.c*: 23 abr 2000). Isso foi Edwin Locke. Sobre o individualismo possessivo, John Locke não poderia ter dito melhor.

Houve uma outra contradição valorativa incitada pelo Furacão Elián que varreu todo o espectro político. Parte da oposição norte-americana a manter Elián foi fundamentalmente autocrítica. Ela veio da dúvida desconfortável, e nem sempre sutil, surgida da experiência com a cultura jovem americana contemporânea, de que o futuro de Elián como criança nos Estados Unidos pudesse ser tão benéfico quanto clamavam os defensores de seu "direito à liberdade". Poderia até mesmo ser pior aqui do que lá. Tampouco as imagens transmitidas de um Elián carregado de brinquedos e outros agrados – inclusive armas de brinquedo com que gostava de atirar – pareciam confortadoras para um grande número de norte-americanos que lidam com problemas de violência adolescente e com o uso auto-indulgente de drogas. A história de Elián surgiu no mesmo ano do massacre perpetrado por dois estudantes adolescentes na escola Columbine High, Colorado. Considere-se, então, a opinião de um jornalista conservador bastante representativo: "Sob o disfarce de liberdade, nós inundamos (Elián) com brinquedos, fizemos dele uma celebridade, demos-lhe um filhote de cachorro, tiramos fotos suas, levantamos suas mãos num sinal de vitória e então lhe perguntamos se queria voltar para aquela porcaria da velha Cuba." Pode imaginar um país estrangeiro mantendo seu filho lá "porque nossa sociedade está permeada de drogas, sexo e violência?" (Parker, *CT*; 19 jan 2000). Gabriel García Marquez (commondreams.org, 2000) observou que fotos tiradas de Elián em seu sexto aniversário – em 6 de dezembro de 1999, mostrando-o com um capacete de combate, cercado de réplicas de armas verdadeiras e enrolado numa bandeira americana haviam sido feitas pouco antes de uma criança em Michigan, da mesma idade, matar um colega de escola com um revólver – o que motivou a observação de García Marquez de que o real naufrágio de Elián não fora no mar aberto, mas na terra firme onde viera parar.

O extravagante consumismo de tudo aquilo: a casa cheia de brinquedos que funcionam a pilha, incluindo o bugre que ele mesmo podia dirigir, os relógios de pulso, telefones celulares, equipamentos de esporte, roupas e tudo o mais.[33] "Vocês acham que tem sido fácil lidar com todos esses presentes?" pergunta o novelista e comentarista Carl Hiaasen, da Flórida. "Todo dia alguma coisa nova é desembrulhada, algumas coisas caras que o menino jamais teria se vivesse em Cuba" (*MH*:

30 jan 2000). A maior parte veio de cubanos em Miami. E não há dúvida de que os abundantes presentes tinham significados e funções locais, indo desde comprar o afeto de Elián até afirmar seu status como uma "criança especial", algo próximo a "O Rei do Mundo". A mensagem era clara, como diz Hiaasen: "Quem precisa do papai quando você tem um armário cheio de Legos de Guerra nas Estrelas?" Elián foi levado à Disneylândia antes mesmo de completar duas semanas desde o resgate; lá, de acordo com um jornal cubano local, "foi pessoalmente recebido por Mickey Mouse ... às 11 horas da manhã" (Libre, 2001:16).

Não obstante, as imagens de um Elián supermimado podiam ter significados diferentes para os norte-americanos médios. Uma charge no *New Orleans Picayune* feita por Walt Handelsman mostra Elián literalmente cercado por caixas de brinquedos enquanto uma figura do Tio Sam, de pé, ao lado diz: "Nós erguemos um bloqueio para impedir que Cuba o levasse de volta" (Figura 2.5). Uma outra, de Joe Heller, no *Green Bay Press-Gazette* (Figura 2.6), mostra Elián brincando com um garoto de quem ele tomou o que parece ser um boneco Falcon, enquanto ao fundo estão um homem e uma mulher identificados como parentes de Elián e uma caricatura de Janet Reno intitulada "Feds". Elián grita com a outra criança a propósito do boneco: "Você não pode ter ele de volta! Ele é meu agora! Você nunca vai pôr as mãos nele! Agora não! Agora não!" E um dos parentes diz, explicando para Reno: "Você vê? Elián é verdadeiramente um de nós!" Falando sobre representações semelhantes no programa *Newshour* do PBS, o jornalista Richard Rodriguez considerou que elas refletem um certo embaraço entre os norte-americanos a respeito "das pessoas que eles se tornaram": "Um cartunista no jornal da manhã, talento medíocre, que toda vez que tem uma chance de desenhar Elián, o põe de óculos escuros e tênis Nike, você conhece a criança consumista do tipo Nike. E penso que se você realmente fosse perguntar a um monte de pais norte-americanos, 'será que esse menino estaria melhor em Havana ou em South Beach, de patins e óculos escuros', um bando de americanos de meia-idade, cautelosos, diria que não gostariam que Elián crescesse como seus filhos cresceram" (*PBS*: 26 abr 2000).

A política dos cubano-americanos tinha suas próprias contradições e ironias. A posição da maioria, de que a liberdade para Elián tornava-se um trunfo a ser usado contra os direitos paternos, era ridicularizada pela minoria moderada diante do que estava sendo propagandeado como "liberdade" e "democracia" em Little Havana. "Quando quer que eles usem a liberdade como uma razão para fazer alguma coisa, eu rio", disse Francisco Aruca, um comentarista da Rádio Progresso em Miami.[34] "Eles" eram os anticastristas da linha-dura que monopolizavam o poder na comunidade cubana: uma rede de organizações de controle e figuras do tipo "poderoso chefão", cuja ideologia se disseminava sem possibilidade de dissenso na principal mídia em espanhol. Durante décadas, marchar de acordo com esse

Figura 2.5 – Mantendo Elián na América

tambor havia sido uma condição necessária para ter oportunidade econômica e tranqüilidade pessoal na Miami cubana.[35] Para os chamados moderados – também pejorativamente conhecidos como *dialogueros*, porque queriam abrir a comunicação com Cuba –, o sistema local de dominação e repressão não era um exemplo das virtudes democráticas norte-americanas. Ao contrário: "O que eles fizeram aqui", disse Aruca, "foi eliminar a constituição americana a partir de Miami." Disse outro intelectual liberal, Max Castro: "Num mundo pós-comunista, onde o marxismo-leninismo implodiu como ideologia e o bloco soviético desapareceu, os exilados (cubanos) freqüentemente acabam parecendo mais autoritários, mais fora do alcance que o regime cubano" (PBS: 26 abr 2000). Algumas das contradições da "liberdade" prometida a Elián já estão incorporadas na identidade de "exilados" geralmente assumida pelos cubanos expatriados – ou seja, "exilados" para distinguir-se dos "imigrantes". Pois, agarrando-se desse modo a uma legitimidade pré-revolucionária, também demandam a herança do regime autoritário de Batista. Os moderados dizem que existe, de fato, uma *family resemblance*.

Façamos aqui um intervalo para uma reflexão antropológica sobre a ordem na cultura. Todo esse intricado complexo de posições políticas, com suas relações

Figura 2.6 – Elián, a criança americana

entrecruzadas e oposições dialéticas, deveria ser de alguma relevância para a tendência pós-moderna atual de "sempre desconectar". Ou seja: a perversa satisfação de que muitos nas ciências humanas, seguindo a liderança de certos estudos culturais, parecem sentir quando encontram incoerência na cultura e em culturas. Você sabe, as celebrações de categorias contestadas, fronteiras difusas, polifonia sem harmonia, a impossibilidade de metanarrativas e outras maravilhas da desconstrução. Fico me perguntando, no entanto, como faz Julian Barnes num contexto análogo: "Quando um narrador contemporâneo hesita, diz-se incerto, entende mal, executa jogos e cai em erro, será que o leitor de fato conclui que a realidade está sendo mais autenticamente narrada?" (1984:89). A esse respeito, a questão levantada pela política de Elián é se existe alguma coisa sistemática acontecendo. Certamente, quando olhamos para os cismas dialéticos na direita norte-americana entre liberdade individual e direitos parentais, ou as reservas sobre crescer na América numa certa fração da classe média, ou a ênfase sobre a juventude em Havana e em Little Havana, a resposta parece um sim: as posições dificilmente são randômicas; não são nem estruturalmente nem simbolicamente aleatórias. Talvez tenhamos ido rápido demais ao igualar diferenças, como as existentes entre "discursos conflitivos", a desordem. Torna-se então fácil demais suspender a busca de relações *nas* diferenças e *das* diferenças – suspender a busca *a priori*, argumentando ser impossível tal sistematicidade. Prefiro Bourdieu (citando Goethe) ao falar sobre essa tática: "Nossa opinião é que está bem para um homem presumir que exista algo incognoscível, mas isso não deve estabelecer nenhum limite à sua investigação" (1996:xvii). O ponto que quero destacar vai além do argumento de que as posições políticas diante do caso Elián, sendo posições do sujeito diferentemente situadas, são coerentemente motivadas pelos interesses respectivos dessas partes – embora isso já seja dizer alguma coisa sistemática, como nos fala Bakhtin. Essas posições do sujeito mantêm-se em específicas relações lógicas e sociológicas umas com as outras e, assim, implicam uma ordem maior, complexa, marcada por uma dinâmica de doutrinas morais e políticas contrastantes. Sim, Jim (ou George, ou quem seja), é verdade: existe de fato uma cultura. Haveria até uma metanarrativa, embora, com seu diversificado elenco de personagens e trama complexa, nunca pudesse ser uma narrativa simples. Fim do intervalo teórico.

Enquanto isso, de volta a Miami, um dos freqüentadores regulares da multidão à porta da casa dos Gonzalez disse que, "se Elián fosse apenas uma criança, Fidel não teria se ocupado dele. Fidel sabe que ele é divino e quer destruí-lo" (*NYDN*: 9 abr 2000). A tempestade política de âmbito nacional, espalhando-se a partir de Little Havana, estava sendo continuamente incitada por uma poderosa inspiração divina religiosa. "O Menino Milagre" (*El Niño Milagro*) ou até "O Menino Rei" (*El Niño Rey*), Elián chegara para redimir os sofrimentos dos exilados em Miami, destruir seu faraônico ou herodiano opressor Fidel Castro e reinstalá-los em sua terra natal.[36] "Tenho a sensação de que será ele", disse Marta Rondon, uma mulher que se juntara a uma das vigílias de gente ansiosa para ver Elián (*MH*: 10 jan 2000). Parecidas às procissões rituais de imagens de santos, os desfiles noturnos do menino em volta do jardim da família Gonzalez, carregado no alto diante de uma multidão de adoradores, eram um aspecto regular do fenômeno Elián. Desta vez, quando o garoto finalmente surgiu nos ombros de Delphin Gonzalez, fazendo sinas de "V" com ambas as mãos e depois fingindo molhar a multidão com um revólver de água vazio, Marta foi tomada: "Senti tamanha emoção, tanto calor em meu coração por ele. Ele é uma criança especial. Definitivamente, ele é uma criança especial" (ibid). Muitos padres católicos cubanos também pensavam assim, – embora a hierarquia anglofônica em Miami fosse cética a respeito do suposto milagre e não estivesse inclinada a juntar-se ao movimento de canonização de Elián. "Herodes – Castro – está esperando em Cuba", disse o padre José Luis Mendez, pastor da igreja de Corpus Christi. "Pôncio Pilatos está lavando suas mãos em Washington, e ele é o presidente Clinton. O sofrimento desta criança é o sofrimento do povo cubano" (*WP*: 20 abr 2000). Ou, sucintamente, como se lia numa faixa em frente à casa dos Gonzalez: "Elián é Cristo. Castro é Satã."

O rumor correlato na rádio castelhana de Miami e nos cafés cubanos – bem como no site oficial de Elián na Internet – era que o menino fora salvo por golfinhos que cercaram a bóia na qual ele flutuava e o protegeram dos tubarões. "Qualquer cubano saberia que essa é uma história tirada diretamente da Bíblia", disse um outro seguidor a um repórter do *Miami Herald* (MH: 8 jan 2000). Na verdade, não é da Bíblia, embora seja de Aristóteles. De fato, "navegante naufragado salvo por peixe", ou algo parecido, é um topos mítico em todo o mundo: "Escapou do mar nas costas de um peixe" (tema em Stith Thompson, B541.1); "Peixe carrega homem sobre a água" (B551.1); "Animal do mar leva viajante à terra em suas costas" (B556), ou "Salmão mágico carrega herói sobre a água" (B175.1), entre outros temas análogos (B256.12, F1099.3.2, B551.5).[37] Histórias semelhantes são contadas sobre a padroeira de Cuba, Nossa Senhora da Caridade: de como ela milagrosamente interveio para aplacar uma tempestade e salvar um pescador, ou como ela protegeu e trouxe um pescador, ou três pescadores, ou um menino para a praia durante uma tempestade. Foram escritos poemas sobre o resgate de Elián pelos golfinhos: "E a criança navegante foi protegida por golfinhos/Que pareciam anjinhos sobrevoando o pequeno náufrago" (Jose Manuel Carballo, *MH*: 23 jan 2000). Charges, quadros e murais mostravam Elián flutuando no mar cercado por golfinhos benignamente dirigidos do céu por anjos que voavam, Nossa Senhora da Caridade ou a mão de Deus. Um mural folclórico mais elaborado (Figura 2.7), sintetizando motivos cristológicos e do candomblé com ícones da luta política, está descrito em *Religion in the News*: "Elián flutuando no mar numa bóia, tendo a seu lado Nossa Senhora da Caridade, Oxum (o orixá) e Exu (filho de Oxum). Três golfinhos nadam em volta, enquanto acima deles presidem as mãos de Deus e uma pequena Virgem com o Menino Jesus. A cena é emoldurada por uma grande balança da Justiça na qual repousam a cabeça do papa João Paulo II de um lado e a do presidente Clinton do outro. Ao fundo pairam duas imagens sombrias de Fidel Castro, uma Estátua da Liberdade com ar macabro, o próprio Jesus e um arcanjo segurando outra balança" (*RIN*: 2000).

Falávamos de evocar a participação histórica de um melodrama familiar! Parte Jesus, parte Moisés e parte orixá, para nomear apenas as identidades mais salientes, Elián foi iconizado como uma esperança messiânica, e assim deu significado cósmico às relações familiares e aos conflitos políticos nos quais seu destino era resolvido. Mais que reflexos ideológicos, essas representações religiosas eram, como digo, inserções estruturais, mediações motivadas pelas quais a história do nacional foi imiscuída no interpessoal, de tal modo que, no fim das contas, o que os Gonzalez fizeram *tornou-se* o evento.[38]

Já tivemos algumas indicações do aspecto cristológico. "Elián fez uma via-sacra para escapar do inferno", disse o semanário *Libre* de Miami. Sinais de Elián

Figura 2.7 – A cosmologia de Elián, um mural popular em Miami

como Jesus eram freqüentemente vistos na multidão em volta da casa dos Gonzalez, como um cartaz que dizia: "Após a crucificação, Elián e Cuba também ressuscitarão" (*WP*: 20 abr 2000); ou o crucifixo feito em casa, com uma boneca, após a repatriação de Elián, com os dizeres: "Clinton e Reno crucificaram Elián" (*RIN*: 2000). Alguns conferiam a Elián poderes divinos de cura: pais levantavam seus filhos doentes sobre a cerca da casa dos Gonzalez na esperança de conseguirem uma cura (BBC News: 29 jan 2000). Como se poderia esperar tanto das circunstâncias da sobrevivência de Elián quanto da tradição religiosa, os temas de Elián como Cristo também eram marcados por um simbolismo mariano. A mãe falecida de Elián foi celebrada ritualmente e posta em altares artesanais. No dia em que Elián foi enviado de volta a Cuba, ouviu-se uma mulher dizer: "Talvez sua mãe apareça e tudo isso termine" (*MH*: 28 jun 2000). A Virgem Maria já havia aparecido duas vezes: como uma imagem no espelho do quarto de Elián, na casa dos Gonzalez, e, mais publicamente, na janela de um banco a poucos prédios de distância. A imagem no banco era inconfundível, de acordo com uma funcionária, Maria Rodriguez, embora "você não pudesse ver o corpo nem a face" (*WPL*: 6 abr 2000). Essa Virgem do Totalbank, no número 468 da 27ª avenida, atraiu vários graus de veneração, desde mães que vinham apertar seus bebês contra a vidraça, até os céticos que declararam que a chamada Virgem era um resíduo de Windex, um líquido de limpar vidros (*MH*: 26 mar 2000; *Newsday*: 9 abr 2000). Talvez os incrédulos tenham se convencido algum tempo mais tarde, logo depois que Lazaro Gonzalez comprou a famosa casa na NW Second Street nº 2.319, quando saíram os números 2-3-1-9 na loteria da Flórida, pagando cinco mil dólares a cada um dos 192 acertadores, a maior parte deles com certeza cubanos.[39]

É claro que a figura da mãe também teve um papel no topos de Elián como Moisés (*CT*: 17 jan 2000; *WP*: 22 jan, 20 abril 2000; ReligiousTolerance.org). "Um Moisés cubano", diz o título na contracapa de uma revista local em espanhol (*RIN*: verão 2000). "A vontade de Deus é absolutamente inescrutável para a mente humana, mas as características desse caso indicam que Elián é algo como Moisés", de acordo com um ex-prisioneiro político de Castro (*WP*: 20 abr 2000). Uma hábil exegese da história de Elián por José Marmol, colunista de um jornal cubano em Miami, mostrou, ponto a ponto, que ela correspondia a uma segunda vinda de Moisés. A mãe de Moisés também o soltara numa cesta na água com esperança de salvar sua vida, disse Marmol. E então "a filha do faraó achou Moisés e isso mudou a história dos hebreus. ... Moisés viveu para tirar seu povo do Egito e guiá-lo para a terra prometida de Israel após um cativeiro de 40 anos – mais ou menos o mesmo tempo de nosso exílio de Cuba" (*CT*: 17 jan 2000).

A motivação lógica de tais amplificações simbólicas de Elián é impressionante. Estende-se até à incorporação do menino no candomblé como Exu (ou filho dele): o matreiro orixá cujos poderes apropriadamente incluem abrir e fechar os caminhos. (Essa identificação não era necessariamente contraditória com a figuração de Elián como Cristo Menino, já que esta é uma das muitas formas de Exu.) Além disso, o candomblé tinha o valor geral de fazer uma conexão direta e malevolente com Castro. Como o próprio candomblé, Castro estava fora da igreja estabelecida e, assim, podia ser crivelmente percebido como estando sob a influência dos orixás e de seus sacerdotes, ou ao menos um adesista secreto. Um pedaço de papel furtivamente passado para Gene Weingarten do *Washington Post* por um demonstrador em frente à casa dos Gonzalez parece dizer tudo:

> É realmente impressionante. Diz que Fidel é um devoto da misteriosa religião afro-cubana do candomblé. Alega que o ditador cubano teme haver entrado em conflito com a poderosa entidade Exu. Diz que consultou os búzios e "jogou coquinhos"; sacrificou macacos, bodes, bois e carneiros, inutilmente. Alega que ele acredita que Exu tomou posse do corpo de Elián Gonzalez e que, para que mude a sorte de Castro e ele salve seu regime, tem que trazer o Exu de volta. Isso implica que, quando o conseguir de volta, Elián será sacrificado ao deus que ocupa seu corpo. (*WPL*: 6 abr 2000)[40]

A despeito do caráter furtivo da história, Weingarten descobriu mais tarde que esse documento não era secreto. Estava disponível por toda a Miami como matéria de capa num tablóide em espanhol cuja manchete era “O Menino e a Besta”. O jornal era distribuído de graça. Weingarten pegou um exemplar numa pilha no escritório do respeitável Alex Penelas, prefeito do condado de Miami-Dade. Mas, então, de acordo com Jonathan Alter, na *Newsweek* de 24 de abril de 2000, o Congresso norte-americano ouviu de testemunhas sob juramento que Castro comeria Elián quando o menino voltasse.

Algumas das exibições rituais da santidade de Elián eram mais públicas ainda. Não tanto as sessões de candomblé ou as incontáveis preces pessoais, é claro, mas, certamente, as muitas rezas dominicais nas igrejas e, no final da permanência de Elián, as rezas noturnas na casa dos Gonzalez e em volta dela. Seis noites por semana era celebrada uma missa interna, agradecendo a Deus “o milagre que lhes trouxera o pequeno Elián Gonzalez de seis anos de idade salvo para eles”, enquanto do lado de fora, das 17h30 às 22h30, seis padres católicos e seis pastores evangélicos, “no mesmo número dos apóstolos”, revezavam-se dirigindo preces – exceto às sextas-feiras, dia da crucificação, quando todos os 12 rezavam em conjunto (*MH*: 10 abr 2000). Dada a muito conhecida oposição entre católicos e carismáticos, o ecumenismo era outro milagre atribuído a Elián. Mas isso não se estendeu, apesar de tudo, aos mais liberais protestantes norte-americanos que, como representados pelo Conselho Nacional das Igrejas, ativamente apoiavam a repatriação de Elián. Embora o entusiasmo religioso em Little Havana ajude a explicar as pesquisas de opinião que mostravam até 83% a favor da permanência de Elián, o mesmo poderia causar desagrado na comunidade anglo, como testemunha a charge do *Miami Herald* na Figura 2.8.

Mesmo assim, o milagre conseguiu tocar alguns corações anglo – que tivessem alguma inclinação conservadora. Peggy Noonan, intelectual republicana e ex-escritora de discursos do presidente Bush I, encheu as páginas do *Wall Street Journal* com pieguices banais sobre a história de Elián – uma história, disse ela, marcada, desde o início, pelo “miraculoso” (*WSJ*: 24 abr 2000). Pois foi “um milagre que, quando ficava cansado e começava a escorregar, os golfinhos que o cercavam como um contingente de anjos o empurravam para cima”.[41] Um milagre também, escreveu Noonan, que Elián tenha sido salvo no dia de Ação de Graças norte-americano, mesmo que fosse um sinal da blasfêmia dos democratas que ele tivesse sido abduzido por agentes federais na véspera do dia da Páscoa. “É uma pena que o senhor Reagan não fosse mais presidente”, disse ela. “Ele não teria desprezado a história dos golfinhos como *kitsch* cristão, mas nela veria uma possível evidência da razoável presunção de que criaturas de Deus tenham recebido a ordem de proteger um dos filhos de Deus.” Aí está a história. Milagre! Milagre! Leia tudo sobre ela no *Wall Street Journal* – um sistema que, de qualquer modo, sempre acreditou firmemente na Mão Invisível.

Figura 2.8 – Os Dolphins salvam Elián

Então, finalmente, houve Tom DeLay, o líder da maioria republicana na Câmara, que chamou Elián de "uma criança abençoada" no programa *Larry King Live* – levando o *Star Tribune* a este editorial: "E deu-se então que Tom DeLay, o Justo, apareceu a Larry, o Rei, num sonho. E Larry disse a ele: 'Que fizeste tu do menino Elián, arrebatado pelos agentes do Imperador Bill?' E DeLay, o Justo, respondeu a Larry: 'Esta é uma criança abençoada. Dois dias esteve nas águas sem ser atormentada pelos grandes peixes, e estes não a devoraram. Nem tampouco teve bolhas causadas pelo sol ardente.'" (*RIN*: 2000). Toda essa piedade em lugares elevados e entre gente importante convenceu o jornalista Richard Cohen de que Elián realmente fora salvo com um propósito – que era "fazer de bobos os políticos" (ibid).

E, assim, fazer história.

CAPÍTULO 3

A cultura de um assassinato

Em reação ao assalto da teoria marxista a Paris nos anos que se seguiram à Primeira Guerra Mundial, Raymond Aron encontrou em Tucídides um contra-exemplo tático de como a história deveria ser escrita. À maneira de Tucídides, a história deveria ser escrita considerando a "ação humana como tal, e com isso eu quero dizer a ação de um homem ou de diversos homens engajados uns com os outros" (Aron, 1961:103-4). Isso certamente se aplica à história política e militar pela qual é decidida a sorte das sociedades. A se acreditar em Aron, Tucídides, graças a seu olho peculiarmente sensível às ações individuais, e não às forças sociais, de fato nos presenteou com um tesouro historiográfico para todos os tempos, exatamente como havia pretendido.

Aron reconhece que Tucídides de fato deixou muita coisa fora de sua descrição sociológica – mas legitimamente, assim pensava. Ao contrário de Aristóteles ou Xenofonte, Tucídides tinha pouco interesse pelas constituições das cidades, nem estava muito preocupado com seus regimes econômicos, histórias coloniais ou mesmo formas e regras vigentes de combate militar. Por conseguinte – diferentemente de muitos contemporâneos de Aron – Tucídides tampouco precisava de leis gerais sobre o funcionamento econômico e político. Na realidade, a cultura, em termos gerais, deveria ser deixada de fora, argumenta Aron. Uma história de eventos políticos, seja da Grécia clássica ou da Europa moderna, não pode ser convertida na história de sociedades. As condições coletivas não predizem, nem *a fortiori* podem predizer, as vontades e palavras dos oradores particulares que sacudiram as assembléias ou dos generais que comandaram as batalhas:

> A história dos eventos é irredutível à das sociedades, classes ou economias. Era assim irredutível no quinto século antes da nossa era; é irredutível no vigésimo século depois de Jesus Cristo. ... O evento, no sentido que damos ao termo, ou seja, *o ato realizado por um ou por diversos homens, localizado e datado*, nunca é redutível à conjuntura (situacional ou estrutural), a menos que eliminemos, mentalmente, aqueles que agiram e declaremos que qualquer outro em seu lugar teria feito o mesmo. (Aron, 1961:116)

O argumento de Aron é uma síntese radical, embora não atípica, da desvinculação entre evento e estrutura, ação intencional e ordem cultural – e também, além disso, entre história narrativa e etnografia histórica. Não que fosse totalmente errado para alguns propósitos, admite ele, transcender eventos a fim de atender aos movimentos maiores da sociedade. Tucídides estava correto ao fazer isso no Livro I, onde se propõe "traçar as grandes linhas de uma evolução" – a chamada "Arqueologia" – esquematizando o desenvolvimento dos helenos desde seus começos primitivos. Preocupado com questões políticas e militares, no entanto, os livros seguintes foram escritos de maneira adequada num gênero de evento-história totalmente diferente, marcados pela intervenção de pessoas que faziam diferença. Aron não escolhe observar que mesmo na "Arqueologia" existem alguns indivíduos historicamente significantes, sobretudo aqueles cujos feitos prefiguraram ou contribuíram para o surgimento de Atenas como império marítimo. Nem estavam os sete livros seguintes sobre a guerra desprovidos de seus sujeitos históricos coletivos – quais sejam, os povos contendores que agiam de acordo com seus interesses racionais ou caracteres nacionais, se não exatamente segundo suas formações culturais.[1] Mas essas exceções são consistentes com a afirmação de Aron de que mesmo onde leis sociais gerais estão em atuação, e mesmo onde essas leis tornam determinadas decisões humanas mais prováveis que outras, em caso algum podem elas especificar os atos e intenções que realmente determinam o curso da história. Pode ser que nenhum homem específico tenha desejado ou pensado a Guerra do Peloponeso por antecipação, "porém, mais que as cidades, os regimes ou as necessidades de combate, é o próprio homem, o homem eterno, movido por motivos constantes, que é revelado nesse trágico evento, o trabalho de homens conscientes de seus atos, mas inconscientes de seu destino" (Aron, 1961:114).

Cabe observar que o argumento de Aron é pelo menos dual e, em alguma medida, autocontraditório, pois invoca, num momento, a peculiaridade dos atores que fazem história, sua absoluta individualidade, e em outro, "o homem eterno" que age segundo motivos comuns a toda a humanidade. Liberdade e natureza humana. De um lado, Aron necessita enfatizar a individualidade como uma condição da irredutibilidade da história a leis sociais ou circunstâncias coletivas. Aqui, tudo resulta em incomensurabilidades ontológicas, como entre os atos reais e as leis abstratas, e daí a legitimidade de uma história que privilegia os feitos de "um ou vários indivíduos". De outro lado, Aron necessita de universalidade – como condição da inteligibilidade e capacidade de aplicação de Tucídides ao vigésimo século d.C. tanto quanto para o quinto século a.C.. A ação histórica se afasta, então, dos atores individuais. Considere-se esta passagem: "Escrever a história da Guerra do Peloponeso é contar como os atenienses, tomados pelo orgulho e levados pelo desejo do poder, tendo desafiado os conselhos de Péricles, acabaram sucumbindo a despeito de seu heroísmo e esforços sobre-humanos" (Aron, 1961:105). Agora os sujeitos históricos são de fato coletivos, os atenienses, e não Péricles; e, coerentes com a própria doutrina de Tucídides, são movidos por inclinações humanas genéricas – nesse caso, orgulho e desejo do poder. Aqui Aron mobiliza Weber contra Marx: a história torna-se o projeto racional para obter fins tais como poder e glória usando os meios disponíveis. Ainda assim, contraditórios como possam ser os dois argumentos de Aron – aquele que procede das qualidades universais da ação humana e o que deriva de suas particularidades individuais –, ambos têm a função comum de banir a ordem cultural para fora do domínio historiográfico.

Mas Aron implicitamente atraiçoa o argumento quando, na tentativa de recuperar mudanças econômicas básicas dentro do político – ou a infra-estrutura dentro da superestrutura, outro movimento antimarxista –, diz que tais mudanças econômicas são também essencialmente políticas, à medida que seus autores são indivíduos "capazes, *em razão de suas posições,* de afetar as vidas de seus concidadãos" (Aron, 1961:118; grifos meus). Mas "posição", como aprendemos com Tolstoi, se não com Saussure, é um local diferenciado numa comunidade de relacionamentos.[2] Aron está falando de investidura estrutural de poder. Está aí implicada a "posição" num sistema ou situação social que infunde aos atos de certas pessoas poderosas conseqüências decisivas para a comunidade como um todo. "Posição" sempre envolverá um esquema cultural maior de pessoas, coisas e valores que investem de poder os fazedores de história e dão eficácia a seus feitos – mesmo que os resultados possam não ser os pretendidos.

Este capítulo é uma tentativa de dar substância a essas afirmações examinando um assassinato político decisivo, ocorrido em 1845, que afetou dramaticamente a história das ilhas Fiji, com efeitos evidentes até os dias de hoje. A discussão atenta em particular para certos esquemas da cultura fijiana que constituíam a situação histórica e organizaram seu desenlace – sem, contudo, determinar o que realmente aconteceu. Nada na estrutura maior poderia ter prescrito o fato de que o assassinato acabaria por atingir aquele que teria sido o assassino, transformando-o em vítima histórica.

Os personagens principais

Em 5 de agosto de 1845, ou por volta dessa data, Ratu Raivalita, um chefe da alta hierarquia da ilha de Bau, em Fiji, foi morto por ordem de seu meio-irmão paterno, Ratu Cakobau, aparentemente agindo sob o comando do pai de ambos, Ratu Tãnoa, e com certeza em benefício deste. Sendo o rei da guerra titular (Vunivalu) de Bau, o envelhecido Ratu Tãnoa havia transferido grande parte de suas funções de governo, inclusive a própria guerra, a Ratu Cakobau. Como outros dos principais territórios fijianos (*vanua turaga*, ou "terras principais"), Bau tinha uma realeza dual, formada por um rei sagrado, o Roko Tui Bau, e pelo rei da guerra, sobre quem recaía a incumbência de muitas funções executivas. Na maior parte dos reinos fijianos, o rei da guerra era subordinado; ele "sustentava o mando" (*cola sau*) para o rei sagrado, a figura dominante da diarquia. No entanto, como sabemos, em Bau a posição hierárquica *de facto* dos dois reis tinha sido invertida pelo menos desde o início do século XIX, provavelmente desde muito antes (ver Capítulo 1). Para todos os efeitos práticos, até mesmo para propósitos rituais fora do principal templo do reino, o Vunivalu comandava em Bau. O rei sagrado "apenas quedava e repousava" (*tiko ga*) – embora isso fosse indispensável, pois, sendo o "homem-deus" (*kalou tamata*) do reino, ele era a condição espiritual da integridade e prosperidade deste (ver Capítulo 2).

Dentro da família do rei da guerra, o mesmo contraste entre um governante ativo e um quieto detentor do título havia progressivamente caracterizado a relação entre Ratu Cakobau e Ratu Tānoa desde o final da década de 1830. Em 1845, quando o assassinato de Ratu Raivalita garantiu a preeminência de Ratu Cakobau, pareceu ao reverendo Thomas Jaggar que o idoso Ratu Tānoa tinha "pouco a ver com as questões de governo, exceto através de seu filho, Thakombau (Ratu Cakobau). O velho está evidentemente enfraquecido. Passa a maior parte do tempo em casa, enfermo" (WMMS/L: 5 jul 1845).

O "velho" ainda agüentaria outros sete anos, e freqüentemente desaprovava as guerras aventureiras empreendidas pelo implacável braço-forte que era seu filho. Tendo sido ele mesmo um guerreiro formidável, Ratu Tānoa, como muitos ambiciosos filhos mais jovens de reis, havia cultivado uma reputação de violência e crueldade durante o reino de seu irmão mais velho, Ratu Naulivou (morto em 1829), como Vunivalu. Aqui, novamente, a rivalidade entre irmãos os diferenciaria como era característico dos aspectos *gravitas* e *celeritas* da chefia fijiana: o detentor do título mantinha a dignidade real, e seu rival fraterno sobrepujava-o com demonstrações de força exorbitante. De acordo com informação colhida por William Driver, negociante de pepinos-do-mar (*J*: 6 out 1827), Ratu Tānoa, cuja "inclinação canibal" ocasionara severas disputas com seu irmão, em algum momento transferiu-se para as ilhas Lau junto com grande parte da população bauense. Ratu Naulivou mandou um grupo atrás deles, embora não saibamos com que objetivo, se punição ou reconciliação. Seja como for, Ratu Tānoa carregaria duas "terríveis cicatrizes" dessas diferenças fraternas até a velhice: duas depressões na cabeça, atrás da orelha direita, causadas por golpes de maça de guerra, supostamente desferidos por Ratu Naulivou (Cargill, *J*: mai 1839). Em público, Ratu Tānoa usava um grande turbante de tecido de cortiça arrumado de modo a ocultar o dano (Prancha 1).

A descrição de Ratu Tānoa feita pelo tenente Wilkes, em 1840, é típica de diversos relatos europeus do período (1845, 3:56). O rei de Bau, então entre os 65 e 70 anos, era alto, talvez medisse 1,80m, mas estava curvado pela idade, bastante magro, quase frágil, tentando disfarçar inutilmente os efeitos da velhice, ao pintar de preto sua face, o peito e a barba abundante. O tenente Wilkes achava que Ratu Tānoa ganhara entre os brancos o apelido de "Velho que Cheira Rapé" por causa de sua "aparência encardida". Mas outros atribuem isso a uma dificuldade de fala que o deixava com uma voz alta e esganiçada, como se estivesse falando pelo nariz, e bastante difícil de decifrar para os europeus (Eagleston, UD, 1:283; Jackson, 1853:459).[3] Apesar de tudo isso, havia uma certa sagacidade e inteligência na aparência do velho homem, pensava o senhor Wilkes, e "diz-se que sua mente é bastante ativa" (Wilkes, 1845, 3:56). Nem estava ele totalmente fora da cena em termos políticos, não importando quanto seu filho guerreiro Ratu Cakobau reclamasse de suas decisões, as contornasse ou, de alguma forma, manobrasse o velho para que concordasse com seus próprios projetos.

Relatos de missionários e outros diários desde o final da década de 1830 repetidamente mostram Ratu Tānoa menos disposto que Ratu Cakobau a entrar em conflitos com territórios poderosos como Rewa, Macuata e Cakaudrove. O velho guerreiro era também circunspecto no modo como tratava os europeus, em especial os homens-de-guerra visitantes, e fazia isso em tal medida que eles usualmente o descreviam como "amigável" e, às vezes, como "tímido" (Pickering, 1846:155).[4] Os chefes fijianos sabem muito bem como proporcionar prazer a interlocutores estrangeiros, sendo mestres nas políticas de polidez, mas, mesmo assim, havia algum contraste a esse respeito entre Ratu Tānoa e seu filho de fala brusca. Durante a grande guerra com Rewa, Ratu Cakobau entrou em sérias confusões com certos brancos, com a pequena comunidade européia na ilha Ovalau coletivamente e com os navios mercantes, sempre para sua desvantagem militar e política. A maneira como ele mantinha fora de Bau os missionários católicos e protestantes deu surgimento a algumas das mais divertidas passagens da história fijiana registrada. De fato, o missionário metodista reverendo Waterhouse divertiu-se um pouco com o desrespeito de Ratu Cakobau ao "bispo papal" que estava de passagem, e queria que ele recebesse um missionário francês. O bispo havia perguntado a Ratu Cakobau se ele sabia por que os missionários protestantes ingleses não haviam conseguido ganhar uma posição firme em Bau. E explicou: era porque "a Virgem Maria estava guardando Bau para os católicos", e quando Ratu Cakobau se tornasse católico, ele ordenaria os convertidos protestantes a mudar sua fé. "E então o rei disse ao bispo que o deixasse e à sua cidade aos cuidados da Virgem e voltasse de novo quando esta os tivesse convertido" (Waterhouse, 1866:196). Mas as páginas de *The King and People of Fiji* escritas pelo reverendo Waterhouse estão, sem que ele talvez se desse conta, salpicadas de opiniões igualmente desdenhosas de Ratu Cakobau sobre sua pregação, também ela vazia:

> Encontrei o alto sacerdote sentado à direita de Thakombau, enquanto uma grande raiz de *kava* ofertada pelos sacerdotes quedava aos pés reais. Durante duas horas eu argumentei com o príncipe, mas em vão. Quando, em conclusão, lembrei a ele que nós três nos encontraríamos novamente diante do assento de Deus no dia do julgamento, ele disse, debochando: 'Ó! Suponho que um navio do outro mundo tenha chegado à Inglaterra. Você parece muito bem informado sobre o dia do julgamento'. (Ibid, 192)

Tampouco as supostas torturas do inferno com as quais era repetidamente ameaçado pelos protestantes desconcertavam Ratu Cakobau; afinal, dizia ele, "é bom ter um fogo em tempo de frio" (ibid, 103).[5]

Em 1845, na época em que Ratu Raivalita caiu por ordem de Ratu Cakobau, este estava com cerca de 35 anos de idade ou um pouco menos, e perto do auge de seu poder, tanto pessoal quanto político. A morte de seu irmão e chefe rival foi mais um testemunho de sua coragem, já que seria ele a vítima do assassinato planejado, e Ratu Raivalita teria sido o assassino. À medida que a história for se desdobrando, veremos que a reversão da trama do assassinato também significou uma virada na guerra que Bau estava empreendendo contra Rewa. A mãe de Ratu Raivalita era de Rewa, enquanto a mãe de seu meio-irmão Ratu Cakobau era uma mulher da alta hierarquia de Bau. Assim, Ratu Raivalita era o líder "de uma parte rewana em Bau" (Derrick, 1950:85). Seu conflito com Ratu Cakobau era um microcosmo familiar da guerra maior com Rewa, e o resultado do primeiro teve sérios efeitos sobre o curso da segunda.

Durante mais de uma década, Ratu Cakobau viera demonstrando suas extraordinárias habilidades políticas e militares, inclusive seus dons para fazer e desfazer conspirações. Conspiração era algo que acompanhava o território, com a posição de Vunivalu de Bau, e Ratu Cakobau era especialmente bom nisso. Durante o próprio reino de Ratu Naulivou como rei da guerra, suas conspirações, segundo diziam, chegaram a "cem vezes cem". No final da década de 1830, Ratu Cakobau saiu-se com duas conspirações espetaculares, verdadeiramente merecedoras de seu tio e predecessor. Uma foi o contragolpe de 1837, que restaurou o título de Ratu Tānoa: envolveu um súbito levante contra os usurpadores, dirigido por um dissimulado Ratu Cakobau, mesmo enquanto estava vivendo em Bau e, portanto, entre os inimigos de seu pai. Um segundo episódio, ocorrido em 1841, foi o massacre de um grande número de inimigos (das ilhas Namena e Telau) que haviam sido convidados para um banquete cerimonial em Viwa, uma ilha perto de Bau. Viwa era o lugar onde ficava a missão do reverendo William Cross, que foi uma testemunha atônita do evento (Cross, D: 19-29 mai 1841). Mesmo o chefe supremo de Viwa

(Ratu Namosimalua) foi surpreendido quando o exército bauense liderado por Ratu Cakobau, ostensivamente preparando uma carga contra a própria Viwa depois de ameaçá-la com arrogância durante dias, foi, em vez disso, levado para dentro da cidade, tal como previamente arranjado com o sobrinho do chefe (Ratu Varani), e, em seguida, as forças combinadas de Bau e Viwa voltaram-se e estraçalharam os surpresos visitantes. Esse feito foi apenas um numa série de campanhas realizadas por toda parte por Ratu Cakobau para reclamar a hegemonia de Bau sobre a Fiji Oriental, que viera se enfraquecendo durante o exílio de Ratu Tānoa nos anos 1830.

Ao liderar o movimento de restauração do domínio bauense no final daquela década e início da seguinte, Ratu Cakobau mostrou-se infatigável. Deve ter sido particularmente mortificante em termos pessoais, bem como significativo politicamente, quando os pescadores-guerreiros de Verata atacaram uma canoa bauense por volta de meados de 1839, matando um importante chefe e vários outros. Verata, como sabemos, detinha a liderança dos reinos fijianos antes de Bau, e a legitimidade de Bau como poder hegemônico ainda dependia do reconhecimento da nobre Verata e de sua submissão ao superior poder *de facto* de Bau. A beligerância de Verata implicava que ela pretendia lucrar com a fraqueza de Bau para recuperar sua antiga superioridade. Era então imperativo responder ao ataque veratano. Conta a tradição que os guerreiros de Bau, ainda se recuperando da recente guerra civil, não tinham disposição para a luta, mas Ratu Cakobau confinou todos eles numa grande casa só para homens durante oito dias e oito noites até que concordassem em atacar (Anon. de *Na Mata*, 1891 [5]:10).[6] Durante os próximos 13 meses, as frotas de Bau partiram, em grande número, para assaltar inúmeras cidades de Verata, até que os veratanos, após uma tentativa abortada de rendição – desejada por Ratu Tānoa, mas frustrada por seu filho belicoso –, finalmente conseguiram que os chefes de Bau aceitassem sua capitulação (*i soro*) no final de novembro de 1840 (Cross, D: 12 mar, 22 nov 1840). O tenente Wilkes, que estava em Fiji durante o curso do conflito, relatou que Ratu Tānoa lhe pedira, quando visse Ratu Cakobau, "para falar duro com ele e dar-lhe muitos bons conselhos, pois era um homem jovem e exuberante; mas ele próprio era velho, e via o que era bom e o que era ruim" (Wilkes, 1845, 3:59). Mas *gravitas* não podia conter *celeritas*. Ratu Cakobau aceitou a rendição de Verata apenas porque queria seguir atacando Macuata e Cakaudrove em Vanua Levu. Cerca de um ano depois da partida do tenente Wilkes, ele recebeu de David Whippy, o líder da pequena colônia de brancos na ilha Ovalau, um comunicado sobre as atividades de Ratu Cakobau, que concluía dizendo: "As ilhas estão piores a cada dia, pois o tirano Seru (Ratu Cakobau) as está despovoando, e fará grande dano se sua carreira não for interrompida. Ele é, de fato, o rei, pois Tānoa não ousa agir sem a permissão de Seru" (Wilkes, 1845, 3:362).

As descrições de Ratu Cakobau por volta dessa época, feitas pelo tenente Wilkes e por outros *papalagi*, indicam que ele exibia toda a pujança física e mental que correspondia a seus consideráveis ganhos políticos (Prancha 2). Era um homem alto e imponente, com mais de 1,80m, pele clara e barba cerrada; e a costumeira vestimenta de chefe que usava, um pano de fibra de árvore em volta dos quadris, expunha um corpo imponente e bem construído, e dava aos europeus um senso adicional de sua igualmente poderosa disposição – como ele deve ter bem sabido. Às vezes brincalhão, usualmente digno e sempre "orgulhoso", ele mostrava, como consta de um relato anterior, "elevados sentimentos reais" (Eagleston, UD, 1:386). Um missionário visitante falou de uma certa "consciência de poder que transpira por todos os poros" (Lawry, 1850:47). "Carismático", dir-se-ia hoje; "em tudo um rei", declarou o capitão Erskine, da Marinha Real (1853:186). Todos ficavam impressionados por sua habilidade política. Rememorando Ratu Cakobau – que, após sua conversão ao cristianismo, ostensivamente passou por algumas mudanças –, o reverendo Calvert escreveu que, "antes, ninguém em Feejee igualava sua capacidade de planejar, montar esquemas, administrar os assuntos fijianos. Ele era muito hábil na trapaça" (*J*:15 mai 1855).

Certamente, seu irmão Ratu Raivalita, que tramara matá-lo e substituí-lo, provou não estar à sua altura em maquinações e perfídia.[7] "Um chefe jovem de considerável disposição, mas não de iguais talentos", disse o reverendo Hunt sobre o malfadado Ratu Raivalita. A primeira notícia que temos dele é de 1835, quando era um garoto de cerca de 12 anos e já mostrava suas "disposições" imoderadas. O negociante Warren Osborn encontrou-o em Rewa, onde estava vivendo com sua mãe, Adi Qereitoga. Como ela era irmã do governante sagrado de Rewa (Roko Tui Dreketi) e também a "esposa favorita" de Ratu Tãnoa, o rei da guerra governante de Bau, o jovem Ratu Raivalita desfrutava das prerrogativas de um grande *vasu* (*vasu levu*) em Rewa, o privilegiado sobrinho uterino do reino. Personagem de tal status pode dar-se liberdades que, caso assumidas por qualquer outro, seriam consideradas injuriosas, o que ajuda a explicar a descrição do menino feita por Osborn: uma figura de alto nível em Rewa, que era "tratado com respeito" e dado a impertinências. Embora fosse compelido a comportar-se bem, quando diante da mãe, suas "travessuras" não eram, de outro modo, muito notadas, disse Osborn – que, de modo geral, acreditava que o desrespeito aos pais era comum entre as crianças fijianas (*J*: 31 jan-25 fev 1835). No entanto, as brincadeiras de Ratu Raivalita logo descambariam para algo mais sério, e ganham um certo significado no contexto da política bauense.

Em 1840, quando o tenente Wilkes o viu ("um homem jovem de boa aparência, com cerca de 18 anos de idade"), a espoliação de aldeões indefesos por Ratu Raivalita foi, aos olhos do oficial norte-americano, um perfeito exemplo dos "absurdos" que os bauenses "tinham o hábito de cometer", e explicavam por que razão "devem ser tão detestados por habitantes do grupo" (Wilkes, 1845, 3:149). Embora obviamente não fosse único entre a elite de Bau, o "despotismo" (*sal katakata*) de Ratu Raivalita era diferente o bastante para lhe garantir um lugar na tradição bauense como um tipo especialmente ruim; de fato, "um vilão de primeira ordem", de acordo com o historiador Ratu Deve Toganivalu, e até pior que Ratu Cakobau (*TkB*, [5]; cf. Anon. de *Na Mata* 1891 [7]:14-15). Ratu Deve condena Ratu Raivalita como um homem preparado para punir brutalmente os que falhassem em cumprir suas ordens nos mínimos detalhes – como ocorreu com certos súditos de Bau, por exemplo, que não prepararam um banquete de seu agrado, e por cuja crueldade o jovem chefe ganhou o apelido de "Comida Quente" (*Buta Katakata*). Como Ratu Deve era um tipo de apologista do rival de Ratu Raivalita, Ratu Cakobau, os julgamentos do historiador poderiam ser considerados extremados, não viessem em seu apoio relatos contemporâneos. De fato, a tendenciosidade da fonte agrega significado político à violência de Ratu Raivalita – qual seja, que ela deve ser entendida no contexto de sua rivalidade com Ratu Cakobau. A demonstração de terror exorbitante e divino é o modo característico de um filho ou irmão mais jovem desafiar a autoridade do mais velho. E Ratu Raivalita era um terror.

O tenente Wilkes soube que, pouco antes de conhecer Ratu Raivalita, este incendiara sumariamente uma cidade na ilha de Ovalau porque os habitantes haviam fugido com seus bens de valor quando ele se aproximava, temendo que fosse tomar tudo deles (1845, 3:149). Wilkes também relata que Ratu Raivalita matara um "sobrinho" (provavelmente o filho de uma irmã) do importante aliado bauense, o chefe de Levuka: aparentemente por acaso, quando o jovem bauense interceptou um grupo de pescadores de Levuka a fim de lhes tomar o que haviam pescado. Mutilando a face da vítima para que ficasse irreconhecível, Ratu Raivalita trouxe o corpo para Bau, a fim de ser comido. No entanto, Ratu Tānoa impediu isso, e mandou um dente de baleia e as juntas de alguns dedos mínimos sacrificados de alguns bauenses para conciliar com o chefe levuka (ibid, 3:103). Poucos anos depois, o vagabundo de praia John Jackson viu algo semelhante acontecer quando acompanhava Ratu Raivalita "num tipo de excursão às cidades tributárias de Bau". Não tendo recebido a notícia da vinda do chefe com antecedência, o povo da ilha Batiki não teve tempo de cozinhar completamente a comida quando esta foi demandada por seus "provadores e ajudantes de campo etc., e acho que isso foi a causa, em grande parte, da atitude tirânica contra o povo". Esses homens de confiança foram rapidamente informar Ratu Raivalita de que a comida apresentada pelo apressado povo batiki ainda estava crua, observando que "era uma antiga ofensa daquele lugar em particular". Juntando os ilhéus ofensores na praia, Ratu

Raivalita abusou deles regiamente, dizendo que os matar seria bom demais para eles, e, em vez disso, adotou a punição sugerida por um de seus homens: que os ofensores, escravos endurecidos que eram, poderiam fazer uma refeição com as pedras-pomes da praia mais facilmente que o chefe conseguiria comer o porco ainda cru. Recebendo assim a ordem de comer as pedras, fizeram-no com tamanha rapidez que, disse Jackson, você podia ver a praia diminuir visivelmente (Jackson, 1853:456). "Comida Quente", de fato.

Ratu Raivalita praticava sua tirania contra os súditos de Bau, em vilas dependentes que não tinham como resistir a ele. Suas depredações errantes eram o equivalente moral da violência conquistadora de Ratu Cakobau, embora nem de longe se aproximassem a ela em escala ou efeito. Nem em 1845, quando tinha vinte e poucos anos de idade, sua tentativa de assassinar Ratu Cakobau equivaleu ao contragolpe de sua pretensa vítima. Em vez disso, Ratu Raivalita foi morto. "Este era o ponto fraco de sua filosofia" (como disse Joseph Heller a respeito do coronel Clevinger).*

Morte em Bau

"Há muitas histórias", disse o reverendo John Hunt a respeito da morte de Ratu Raivalita. Instalado na ilha vizinha de Viwa desde setembro de 1842, o mais bem informado entre os missionários ingleses sobre as questões de Bau, o senhor Hunt escreveu um relatório sobre o evento poucos dias depois, numa carta a seus colegas, Lyth e Calvert em Lakeba (em Lyth, *L*: 9 ago 1845; cf. Lyth, *J*: 9 ago 1845). Alguns meses mais tarde, acrescentou outros detalhes e reflexões num relato dos primeiros dois anos da grande guerra Bau-Rewa.[8] O senhor Hunt deve ter recebido informação de fontes locais, mas não as nomeia. Outra narrativa quase contemporânea, ainda mais detalhada que a do senhor Hunt, foi feita pela senhora Mary Wallis, a esposa do comerciante norte-americano de pepinos-do-mar. Seu informante, "Tommy", era um habitante da ilha Rotuma a serviço do reverendo Thomas Jaggar, que havia recentemente se juntado ao senhor Hunt em Viwa. Outros entre os colegas metodistas do senhor Hunt mais tarde tiveram ocasião de descrever a morte de Ratu Raivalita em cartas e livros, provavelmente baseados, em parte, nas informações recebidas dele ou do senhor Jaggar, embora os senhores James Calvert e Joseph Waterhouse também tenham tido a oportunidade de ouvir versões dos bauenses quando estiveram na ilha, no início dos anos 1850. Um complemento interessante aos escritos dos metodistas de Bau é fornecido pelos padres católicos

* Referência a uma passagem de *Catch 22*, romance de Joseph Heller publicado em 1961. (N.T.)

residentes em Rewa, que relatam o testemunho crucial sobre o envolvimento dos poderes rewanos na conspiração de Ratu Raivalita. Finalmente, para completar este *aperçu* das fontes primárias, devem-se mencionar as tradições bauenses, embora apareçam em versões consolidadas e publicadas somente cerca de 50 anos mais tarde.

Na carta escrita logo após a morte de Ratu Raivalita, o senhor Hunt relatou que o chefe estivera armando uma conspiração contra Ratu Cakobau e fora traído por alguém de seu próprio lado (em Lyth, *L*: 9 ago 1845). A observação do senhor Hunt de que havia "muitas histórias" referia-se mais a essa penumbra de intrigas envolvendo o evento que a qualquer incerteza sobre seu desenrolar.[9] A maneira como ele se desdobrou pode ser bastante bem reconstruída especialmente a partir de seu próprio texto e do da senhora Wallis. Eles relatam que Ratu Raivalita fora morto a pauladas em Bau no final de julho ou início de agosto de 1845, pouco depois de retornar de uma viagem.[10] Ratu Raivalita estava em companhia de seu amigo íntimo, Selemi, que, por seu próprio pedido, seria seu companheiro também na morte. (Selemi é o nome fijiano para "Salem", porto de origem de muitos dos residentes e mercadores norte-americanos que negociavam nas ilhas desde a década de 1820, inclusive David Whippy e os capitães Wallis e Eagleston.)[11] Ratu Raivalita seguia o costume fijiano apropriado, segundo o qual deveria ir à casa de seu pai Ratu Tānoa ao desembarcar – essa casa "Muaidule" (Figura 3.1) ficava próxima ao principal atracadouro de canoas – para anunciar seu retorno e garantir as boas-vindas do pai com uma oferenda de *kava* (*i sevusevu*). Feita através dos préstimos de seu arauto (*matanivanua*), a apresentação da *kava* em princípio deveria incluir uma narrativa dos eventos da jornada do jovem chefe. Não apenas costumeira, a oferenda teria sido ainda mais necessária se, como relatam tanto o senhor Hunt quanto a senhora Wallis, Ratu Raivalita soubesse que sua vida corria risco em Bau, pois a aceitação do sacrifício pelas mãos do velho dirigente deveria ter garantido a ele alguma segurança. No entanto, como os reis da guerra de Bau eram freqüentemente inclinados a violar os costumes – esse era, de fato, seu costume –; assim, nessa instância, o gesto de Ratu Raivalita não lhe granjeou nem a piedade nem a proteção de seu pai. Segundo a maior parte dos relatos, a decisão de matar Ratu Raivalita partiu do velho, mesmo porque se acreditava amplamente que Ratu Raivalita pretendia livrar-se do pai e também de Ratu Cakobau.

Concluída a apresentação da *kava*, Ratu Raivalita pediu para se retirar, em vez de tomá-la com Ratu Tānoa, e seguir para sua própria casa "Naisogolaca" do outro lado da cidade (Figura 3.2). Ao longo do caminho, foi agarrado, alguns dizem que pelo próprio Ratu Cakobau, outros que por um irmão (classificatório) de ambos, Komainaua (Ratu Wainiu). Este último, também descendente de reis da guerra e *vasu* (sobrinho uterino) da casa reinante de Cakaudrove, era então chefe de algu-

Figura 3.1 – "Muaidule", a casa de Ratu Tānoa

ma importância em Bau. O que usualmente significa dizer que era um homem com substanciais talentos para manobras e intrigas. Apenas poucos anos antes, por exemplo, fora arquiinimigo de Ratu Cakobau, planejando com seus parentes de Cakaudrove fazer guerra contra Bau. No entanto, Bau e Cakaudrove estavam reconciliadas desde 1842, ou, mais precisamente, Cakaudrove estava reconciliada com o domínio de Bau, o que pode ajudar a explicar as aparentes boas relações de Komainaua com seu irmão real.[12] E agora ele era algo como o executor designado de Ratu Cakobau, não apenas nessa instância, mas também poucos meses mais tarde, quando recebeu ordem de fazer o mesmo trabalho com o rei de Rewa – ordem que, no entanto, não acatou.

No presente episódio, Komainaua derrubou Ratu Raivalita com uma paulada na cabeça. Imediatamente antes disso, enquanto o chefe condenado estava imobilizado por Ratu Cakobau e implorava por sua vida, ele negou haver tramado contra este último: "Meus inimigos lhe contaram mentiras", supõe-se que tenha dito (Wallis, 1851:104). O protesto foi aparentemente recebido pelo que valia naquelas circunstâncias. "Que coisa mais sem misericórdia é o paganismo", comentou o reverendo Hunt (*J*: 19 out 1845). O golpe que se seguiu, no entanto, aparentemente não foi letal. Uma história popular é que o atordoado Ratu Raivalita foi enterrado vivo, alguns dizem que sob o piso de sua própria casa, e durante

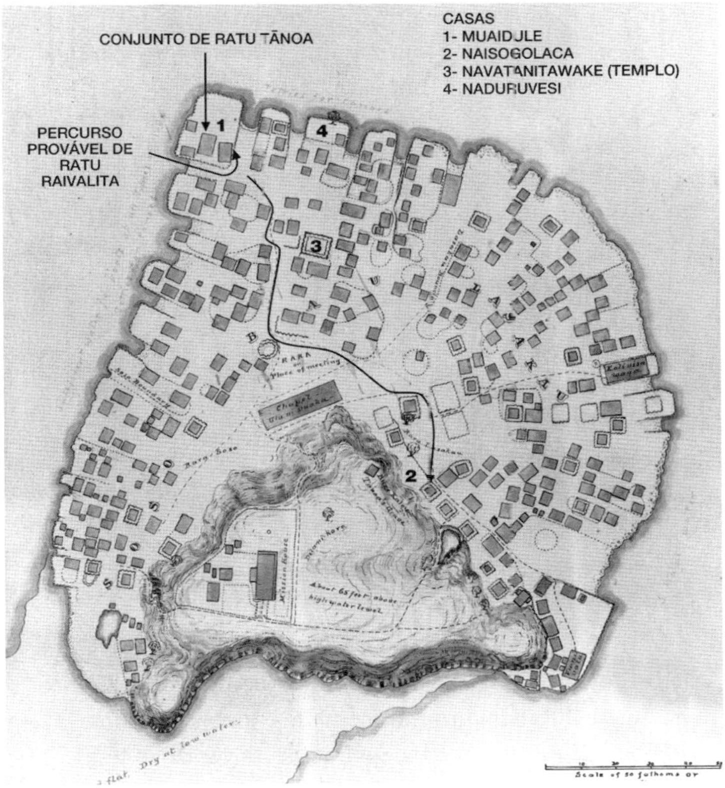

Figura 3.2 – O percurso fatal de Ratu Raivalita em Bau

dois dias podia ser ouvido gemendo sob o chão. Mas a versão do reverendo Waterhouse parece mais crível: ele diz que, logo após ter sido golpeado, Ratu Raivalita foi estrangulado "da forma usual", e enterrado naquela noite próximo à casa de Ratu Cakobau, "onde sua sepultura cercada ainda permanece como um sinal para quem quer que venha a conspirar contra os poderes instalados" (Waterhouse, 1866:110).[13]

Duas fontes missionárias – ambas mais distantes da cena que o senhor Hunt ou a senhora Wallis – falam de um ator adicional na história da morte de Ratu Raivalita (Waterhouse, 1866:109; Williams, 1931, 2:322-3). Tratava-se de um certo homem branco não nomeado, que ficou do lado do desafortunado jovem chefe, pondo em risco tanto a vida de Ratu Cakobau quanto a sua própria. Diferentes o bastante para indicar que foram compilados de fontes diversas, os relatos dos senhores Williams e Waterhouse não podem ser dispersados sem mais nem menos, embora também não possam ser confirmados por outros documentos. Muitos chefes de alta hierarquia na época tinham entre seus acompanhantes "animais de estimação" estrangeiros (*manumanu*, literalmente "pássaros", "animais") que desempenhavam diversos serviços, desde consertar mosquetes até destilar uísque e fornecer proteção pessoal. Um destes era um inglês, e estava sentado ao lado de Ratu Raivalita quando esse foi atingido, de acordo com o senhor Williams. O *papalagi* imediatamente sacou uma pistola armada e mirou Ratu Cakobau, que se encontrava a pouca distância dele. Mas a pistola falhou. Ratu Cakobau ordenou que o inglês fosse golpeado, mas ninguém ousou fazê-lo. Houve uma conversa entre eles, e o resultado foi que Ratu Cakobau, admirando a coragem do homem, ofereceu-se para tomá-lo a seu serviço (Williams, 1931, 2:323). O relato do senhor Waterhouse, muito provavelmente apoiado em fontes locais bauenses, conta que o *papalagi* acompanhou Ratu Raivalita quando esse deixou a casa de Ratu Tãnoa. Quando dois chefes agarraram Ratu Raivalita, o estrangeiro puxou a pistola, mas um dos chefes, com um aceno de mão, fez com que ele desistisse de atirar. Ratu Cakobau não entra nessa narrativa. Em vez disso, o homem branco, chorando, corre para contar o ataque a Ratu Tãnoa, que envia alguém para ver o que está acontecendo (Waterhouse, 1866:109).

Uma breve tradição bauense (Toganivalu, 1912b:171), registrada muito depois dos relatos dos missionários, também fala de um companheiro *papalagi* de Ratu Raivalita que se dirigiu para a cena com uma pistola quando o jovem chefe foi agarrado pelo povo de Ratu Cakobau. Segundo essa versão, o homem branco correu e escapou quando Ratu Cakobau gritou para alguém golpeá-lo com uma maça.

O que fazer com esses relatos? Seu valor de verdade é difícil de estabelecer, exceto, talvez, por uma implicação, ela mesma condicional: Ratu Cakobau poderia também ter sido morto naquele dia. Por mais que limitemos a contingência histórica com a análise cultural que se segue, não a eliminaremos.

Voltando ao testemunho imediato, logo após a morte de Ratu Raivalita seu companheiro Selemi voluntariamente encontrou a sua. Selemi escolheu acompanhar seu chefe – embora não professando inocência, mas, ao contrário, revelando um amplo complô contra Ratu Cakobau. Depois que o chefe fora derrubado, Selemi foi para casa cuidar para que seu povo estivesse apropriadamente vestido e o enfeitasse para o estrangulamento. Ratu Cakobau então foi convidado para a cena: talvez como testemunha, mas com certeza para ouvir Selemi confessar o complô, que envolvia diversos bauenses importantes e chefes aliados. Depois disso, Selemi partilhou o destino de seu chefe – o costume é que o estrangulamento seja feito por um parente próximo da pessoa –, e "os espíritos dos amigos foram reunidos, quem dirá onde?" (Wallis, 1851:105). Morrer com o chefe, de forma simbólica ou de fato, é um tema que permeia a antiga cultura fijiana. Na verdade, o país inteiro morre simbolicamente nos atos de automutilação, os ritos de circuncisão dos jovens, e na desordem geral que se segue à morte do rei – para ser revivido e reconstituído pelo surgimento de seu sucessor. Havia também as mortes verdadeiras de esposas e de servos como Selemi, abatidos a fim de acompanhar o chefe no outro mundo (*Bulu*), onde ele estaria então preparado para continuar garantindo a prosperidade e, de outro modo, controlando o destino de seu povo.

Algo deve ser dito sobre "companheiros" (*i tō*) de chefes governantes, como Selemi no presente contexto, pois eles evidentemente tinham papéis significativos no fazer e desfazer as conspirações: armando-as, espionando e defendendo seus chefes contra elas. Para chefes jovens como Ratu Raivalita e Ratu Cakobau, seus acompanhantes provavelmente representavam a continuação, na vida política, de turmas de jovens que antes brincavam juntos, faziam desordens juntos e comiam e dormiam juntos numa casa dedicada a seu uso (*bure ni sā*). Tal coorte de homens jovens acompanhou Ratu Cakobau numa visita ao navio de Wilkes em 1840 (Wilkes, 1845, 3:66-67). O que tornava esses grupos politicamente funcionais era o fato de não serem recrutados exclusivamente do clã (*mataqali*) do alto chefe que era seu líder natural. Em vez disso, esses companheiros (*i tō*) eram filiados a vários clãs; em alguns casos – como o de Ratu Varani, de Viwa, um importante parceiro de Ratu Cakobau –, vinham de outras terras, aliadas. Em algum momento na década de 1840, o reverendo Lyth (RC:13) compilou uma lista de cerca de nove homens aos quais chamou de "Os Companheiros de (Ratu) Cakobau" (*Ai Tokani i Cakobau*). É difícil determinar a filiação clânica de alguns, pois todos são identificados com títulos guerreiros (*koroi*), e não com seus próprios nomes – em si um fato interessante, que indica que eram todos reconhecidos matadores. Os cinco que consegui localizar vinham de quatro clãs diferentes de Bau, nenhum deles do povo de Ratu Cakobau, mas três de grupos que eram seus inimigos hereditários. Numa sociedade tão clânica como a fijiana, onde as lealdades eram em geral organizadas por descendência e aliança marital, o grupo de acompanhantes do chefe correspondia a um instrumento excepcionalmente flexível de ação política. Chefes estabelecidos tinham seus arautos, sacerdotes e guerreiros, todos hereditários, para fazer seus negócios – embora grande parte desses negócios fosse fazer companhia ao chefe em volta da vasilha de *kava*. Mas, para sangues jovens como Ratu Raivalita e Ratu Cakobau, os vínculos mais pessoais e pragmáticos que formavam com jovens ativos de inclinações semelhantes às suas davam-lhes oportunidades de exercer atividades de inteligência política e de infringir lesões corporais que iam igualmente além das normas estruturais. As camarilhas eram assim a forma social dos poderes *celeritas* de chefes ambiciosos e em ascensão. Já vimos, pelas histórias sobre as depredações de Ratu Raivalita, que eles não eram exatamente bons rapazes.

A conspiração

Em sua narrativa retrospectiva, o senhor Hunt falou de um "grupo forte" a favor de Ratu Raivalita, embora "não se saiba se foram encontrados todos os que estavam engajados no complô" – apesar de haver também aqueles que pensavam que o jovem chefe era inocente de qualquer conspiração e que fora vítima de uma cilada (*J*: 19 out 1845). Entre os diversos relatos corroborantes, contudo, havia um número muito grande de confissões de participação, o que não nos permite duvidar da realidade da conspiração; esta, de fato, conforme revelado pelo companheiro de Ratu Raivalita, Selemi, era ampla e formidável. Ainda assim, ele não contou a história toda. Nomeados por Selemi como integrantes do complô para matar Ratu Cakobau estavam o chefe supremo (Roko Tui Viwa) da ilha Viwa, Ratu Namosimalua, e seu filho Mai Sapai; o chefe supremo (Roko Tui Veikau) da terra de Namara, um importante guerreiro (*bati*) de Bau, tradicionalmente ligado ao rei sagrado de Bau (Roko Tui Bau); os dois principais chefes (não nomeados) dos guerreiros do mar do povo Lasakau de Bau, o clã dos "homens perigosos"; e os dois líderes (também não nomeados) dos poderosos guerreiros da praia, o povo Soso (Wallis, 1851:105). A lista está bem reforçada por outra evidência, mas já poderia sustentar-se sozinha porque incluía certos adversários de longa data da família do rei da guerra de Bau, participantes do levante que exilara Ratu Tānoa uma década antes. Um outro companheiro próximo de Ratu Raivalita, Ratu Nayagodamu, que recentemente o acompanhara a Cakaudrove, também tinha antecedentes suspeitos. No golpe da década de 1830, o irmão de seu pai substituíra Ratu Tānoa como o Vunivalu de Bau. A inimizade entre sua própria casa e a de Ratu Tānoa seria novamente provada no início dos anos 1850, quando Ratu Nayagodamu figurava mais uma vez entre os membros importantes da facção em Bau que tentou derrubar Ratu Cakobau. Nem era ele o único dos inveterados inimigos dos reis da guerra governantes, aos quais repetidamente tentavam dar um fim, em confrontações que, como veremos agora, tinham origem no século XVIII.

Outro bauense importante, o notório "homem forte" (*qāqā*) Ratu Gavidi (Prancha 3), desempenhou papel ambíguo no complô de Ratu Raivalita. Sendo o principal chefe da metade (*moiety*) dos guerreiros do mar do povo Lasakau, cuja própria via para o poder havia sido pavimentada pelos assassinatos de parentes rivais, Ratu Gavidi era, com toda probabilidade, um dos dois chefes Lasakau implicados como co-conspiradores na confissão de Selemi. Embora a senhora Wallis, que relatou aquela confissão, também tivesse informação de que Ratu Gavidi andara participando da empreitada durante meses, ela ainda assim acreditava que sua conduta final o eximia. Em seu entender, Ratu Gavidi, tendo sabido do plano por parte de Ratu Raivalita, revelou-o a Ratu Cakobau, que, pelos bons serviços, lhe prometera uma das próprias irmãs como esposa (Wallis, 1851:103). (O presente de uma irmã real, deve-se notar, era uma das mais efetivas transações políticas fijianas: não apenas faria do herdeiro do chefe que estava recebendo a esposa um filho privilegiado da irmã, ou *vasu* da casa reinante, como também garantiria, em grande medida, que o sobrinho uterino real recebesse, como sucessor, a liderança do povo de seu pai.) Mas Ratu Gavidi dificilmente merecia os altos traços de caráter e lealdade que a senhora Wallis ingenuamente se dispunha a lhe conferir. Não nos esqueçamos do relato do senhor Hunt de que Ratu Raivalita fora traído "por alguém de seu próprio grupo". Conhecendo o histórico de traição de Ratu Gavidi, é provável que estivesse novamente empenhado num jogo duplo – no qual ganharia independentemente de quem matasse quem –, caso não estivesse apenas entregando Ratu Raivalita em troca das vantagens (a mulher real) que poderia ganhar com a sobrevivência de Ratu Cakobau. Cinco anos mais tarde, Ratu Cakobau seria alvo de ampla suspeita de que tivesse se livrado de Ratu Gavidi, providenciando para que fosse baleado nas costas durante um ataque bauense a Verata.[14] "A política fijiana é tão misteriosa quanto a arte negra", observou uma vez o senhor Hunt, "e, de fato, tem alguma semelhança com ela. É quase impossível descobrir quais são suas intenções, especialmente as dos chefes bauenses" (WMMS/L: 26 fev 1845).

Um fragmento remanescente do diário de um missionário indica que a conspiração de Ratu Raivalita de forma alguma era secreta, e que estivera em preparação durante algum tempo. Pode-se entender então o que Ratu Namosimalua de Viwa disse ao senhor Jaggar – baseando-se em Adi Vatea, uma meia-irmã do próprio Ratu Cakobau: "Namosimalua nos falou esta manhã que Dovevarata (Ratu Raivalita) dissera a Vatea que ele e Luke (provavelmente Ratu Mualevu, dos velhos inimigos bauenses da casa de Ratu Tānoa) não estavam vindo a Vewa (*sic*) porque dizem que estão conspirando juntos, que N está tentando derrubar Dovev" (Jaggar, PJ: 9 set 1844; "N" pode referir-se a Ratu Namosimalua ou a Ratu Gavidi, que às vezes aparece como Ngavindi nos relatos europeus)

Quase todos os documentos contemporâneos destacam o notável da ilha Viwa, Ratu Varani, como o que desmascarou as intenções de Ratu Raivalita, ainda que outros pudessem também ter avisado Ratu Cakobau. Embora tivesse se convertido ao cristianismo havia pouco tempo e repudiado a guerra, este que até então fora companheiro de lutas do rei da guerra de Bau não se retirara totalmente das maquinações políticas nas quais por muito tempo se distinguira. *Varani* é uma transliteração de "França", nome que o chefe havia recebido por ter assumido papel de liderança na captura do brigue francês *Josephine* pelos povos de Bau e Viwa, em 1835. Ratu Varani era o filho do irmão do chefe reinante de Viwa, Ratu Namosimalua, e virtualmente tão importante quanto ele por causa de suas proezas militares e de seu trabalho para organizar o comércio de pepinos-do-mar em benefício de Bau. Em 1845, a despeito de suas preocupações com o outro mundo, ele fez algum esforço para proteger Ratu Cakobau. De acordo com a informação da senhora Wallis, Ratu Varani entreouvira Ratu Raivalita "falar sobre a questão" com o já mencionado Ratu Gavidi a bordo do *Gambia*, o brigue de pepinos-do-mar do capitão Joseph Hartwell. De fato, Ratu Varani ("Frene") aparece no diário do *Gambia* como tendo subido a bordo do navio ao largo da costa norte de Viti Levu em meados de dezembro de 1844, aparentemente como um agente dos interesses de Ratu Cakobau no negócio (Anon. do diário do *Gambia*: 15 e 16 dez 1844). Pelo relato da senhora Wallis, Ratu Varani mandou um homem de confiança para espionar o que estavam tramando no *Gambia*. O homem imediatamente concluiu que era uma conspiração, ou "*vere*, para matar Thakombau (Ratu Cakobau), Verani (Ratu Varani) e um outro", de modo que "Revelete (Ratu Raivalita) passasse a ser o rei de Bau" (Wallis, 1851:103). Como acabou ocorrendo, quando mais tarde o homem de Ratu Varani revelou o plano a Ratu Cakobau, este supostamente não acreditou e dispensou o informante. Mas isso parece estar de acordo com o usual *modus operandi* de Ratu Cakobau, um dos estratagemas da política bauense que tornavam "impossível saber quais eram suas intenções" – mas, certamente, não quais as intenções que ele havia concebido quando Ratu Raivalita desembarcou em Bau em agosto do ano seguinte.

Ratu Cakobau teria razão para supor que as forças conspiratórias unidas contra ele eram maiores que os diversos chefes expostos na ocasião em que o assassinato planejado revertera contra os conspiradores. Um profundo fosso atravessa o universo político de Bau: não a divisão estabelecida entre metades chefiadas respectivamente pelo Vunivalu e o Roko Tui Bau, embora essas relações certamente estivessem em jogo, mas uma ruptura histórica entre facções cujas lutas mutuamente destrutivas pelo controle do reino, em especial pelo título de rei da guerra, vinham perturbando a ilha desde o período pré-histórico e continuariam a fazê-lo nos tempos pós-coloniais. Basicamente, a cisão era entre a antiga nobreza bauense (como os chamaremos), incluindo as casas de reis da guerra anteriores e o povo Roko Tui Bau, e os reis da guerra arrivistas, o povo Tui Kaba de Ratu Tānoa e Ratu Cakobau, que apenas há pouco tempo tinham recebido o título de Vunivalu e o governo supremo – junto com o ressentimento dos grupos que haviam deposto. Observando essa cena política em 1840, Horatio Hale falou de dois "partidos" de chefes divididos por uma história recente de usurpação, enquanto o restante do povo de Bau aderia a um ou outro segundo seus interesses (Hale, 1846:60-1). Opondo-se à multidão do Vunivalu, ou "Povo da Casa Governante", como Hale os chamou (*Kai Vale Levu*), estava um grupo que identificou como os "Mbatitombi" – ou seja, Batitobe, também usualmente conhecidos como Nabaubau.[15] Os Batitobe, descobriu Hale, "inicialmente possuíam o poder supremo, do qual foram privados pelo avô do rei atual" (ibid, 60). O tenente Wilkes identifica o usurpador mais especificamente como Ratu Banuve, quando se refere à "família de Mbatitombe (Batitobe) que reinou em Ambau (Bau) antes que Bamiva (Banuve), o pai de Tānoa, conseguisse ganhar o reino" (Wilkes, 1845, 3:131). Mas Hale, de qualquer modo, havia apreendido a dinâmica central das recorrentes crises políticas bauenses: a disposição dos chefes antigos, que nutriam ressentimentos de antiga e recente memória, para apoiar qualquer desafio ao povo do rei da guerra usurpador – incluindo desafios que vinham de dentro da casa governante, como no caso de Ratu Raivalita. Além disso, baseando-se no princípio de que o amigo de meu inimigo é meu inimigo, a antiga nobreza de Bau fez guerra contra Rewa quando os rewanos abrigaram Ratu Tānoa durante o golpe dos anos 1830; embora, segundo o princípio de que o inimigo de meu inimigo é meu amigo, o mesmo povo tenha dificultado a campanha de Ratu Cakobau contra Rewa uma década mais tarde.

Uma palavra adicional sobre esses contenciosos grupos governantes de Bau. É significativo que o Nabaubau, o Roko Tui Bau e seus equivalentes aristocráticos, como antigos soberanos, fossem, a esse respeito, os mais verdadeiros chefes de Bau, em contraste com o arrivista Tui Kaba ou Ratu Tānoa e outros. Os atuais reis da guerra eram em essência descendentes do já mencionado usurpador Ratu Banuve, o Vunivalu no final do século XVIII (n. 1804) – ou então, por outras genealogias, o usurpador era o pai de Ratu Banuve. Ainda assim, como foi dito à Comissão das Terras Nativas no início do século XX por um óbvio simpatizante bauense: "Esse Ratu Banuve, não é muito claro quem fora seu pai" (NLC/TR [Tailevu Norte (Yavusa Kubuna)]). A afirmação aparece em uma de três complicadas e conflitiva histórias do reino de Bau registradas pela comissão – às quais poderiam facilmente ser acrescentadas outras versões, não menos contraditórias, recolhidas antes e depois. Muitos dos problemas residem em questões estruturais e polêmicas relativas à genealogia: a costumeira redução de linhagens a seis ou sete gerações anteriores, além das quais fica a era dos heróis divinos da cultura; a existência de diferentes nomes para a mesma pessoa e os mesmos nomes (e às vezes as mesmas histórias) para diferentes pessoas; e, é claro, contestáveis manipulações da ancestralidade de chefes. Por outro lado, a história que está codificada no solo – pela presença de distintos grupos locais cujas posses de seus próprios deuses e templos é testemunha de seu parentesco próximo e origens independentes –, essa história é um tanto menos difícil de decifrar. Lendo-a, descobrimos que os proeminentes inimigos do povo governante Tui Kaba encaixam-se em duas categorias: (1) antigos reis da guerra, linhagens que alguma vez detiveram o título de Vunivalu – das quais as mais proeminentes no século XIX foram os Nabaubau ou Batitobe registrados por Horatio Hale –, junto com seus aliados via casamentos dentro e fora de Bau; e (2) o povo do rei sagrado, o Roko Tui Bau, junto com certos clãs, também dentro e fora de Bau, que tradicionalmente o reconheciam como seu chefe. Incluindo pelo menos três outros clãs além dos Nabaubau, a categoria de antigos reis da guerra é testemunha de toda uma série de antigas usurpações e duradouros antagonismos, mas tinha alguma existência e coerência coletiva em oposição ao povo de Ratu Tānoa.[16] O povo Nabaubau liderava essa coalizão, não apenas porque era o último a deter o poder, como porque, pela mesma razão, tinha a rede mais ampla de apoio político. As mulheres Nabaubau haviam sido amplamente buscadas para dar a casas governantes de outros lugares o status superior de *vasu*, ou filhos privilegiados da irmã, da realeza bauense. Como foi dito por um homem moderno, bem informado, de uma cidade submetida a Bau: "A história de 'Nabaubau' conta que, nos velhos tempos, todos os altos chefes e senhoras de Bau vinham de 'Nabaubau', suas mães e mães de suas mães eram usualmente de 'Nabaubau'. ... Você pode ver que todos os grandes nomes existem em Bau hoje, tanto os dos chefes quanto os das senhoras" (Rosenthal, *FN*; cf. Lyth, *DB*, 4:40b).

Um número significativo dos maiores chefes fijianos do século XIX era composto, de fato, por sobrinhos uterinos da aristocracia Nabaubau, os filhos de mulheres nobres Nabaubau. Aí se incluíam dois chefes implicados na tentativa de golpe de Ratu Raivalita, os chefes supremos de Viwa e Namara. (O próprio Ratu Cakobau era um *vasu* dos Nabaubau, embora sua mãe tivesse morrido logo depois de seu nascimento, e a relação de pouco lhe tenha servido em 1845; no entanto, no levante contra Ratu Tānoa na década de 1830, foi o que garantiu sua sobrevivência, como será visto adiante.) Os Nabaubau eram participantes de peso de todas as principais rebeliões contra os arrivistas reis da guerra de Tui Kaba, desde uma revolta perto do final do século XVIII que pretendeu, sem sucesso, restaurar a supremacia do sagrado Roko Tui Bau, até o movimento, também mal-sucedido, contra Ratu Cakobau em 1854-5.[17] Da mesma forma, proeminentes participantes em pelo menos três desses movimentos contra o povo Vunivalu governante (em 1800, 1832 e 1854) eram os guerreiros hereditários da terra (*bati*) chamados Vusaradave, um clã muito grande de Bau especificamente afiliado aos reis Roko Tui Bau – e seus históricos ressentimentos. Assim, embora não conheçamos todos os integrantes do "forte partido" a favor de Ratu Raivalita, os chefes da guerra de Vusaradave e a antiga nobreza de Bau certamente se qualificariam como os suspeitos habituais.

Alguns outros notáveis filhos da irmã da antiga nobreza Nabaubau – ou seja, os governantes de Rewa – não apenas estavam envolvidos no complô de Ratu Raivalita, mas, a se acreditar em algumas crônicas da época, foram seus protagonistas. Como tios maternos de Ratu Raivalita, o rei rewano Ro Kania e seu irmão Ratu Qaraniqio tinham um parentesco direto com o esquema de assassinato; eram algo mais que amigos dos inimigos de Ratu Cakobau. Não que os rewanos estivessem simplesmente movidos pelos costumeiros sentimentos ou obrigações que deviam a Ratu Raivalita como seu *vasu*. Rewa estava em guerra aberta com Bau em 1845, e, nessas circunstâncias, essa já marcada relação entre tio materno e sobrinho uterino assumiu o valor adicional de uma vantagem tática. Tornou-se uma estrutura destacada de interesse e ação. De fato, mesmo enquanto os governantes de Rewa davam apoio a Ratu Raivalita em Bau, suas contrapartes bauenses, Ratu Tānoa e Ratu Cakobau, exploravam um cisma virtualmente simétrico na casa governante de Rewa.

A guerra com Bau começara havia poucos meses quando Ro Cokānauto, um meio-irmão paterno de Ro Kania e Ratu Qaraniqio, de Rewa, passou-se para o inimigo – que acontecia ser o povo de sua mãe.[18] Ela era uma filha de Ratu Tānoa, e ele era, assim, um "filho da irmã perante Bau" (*vasu ki Bau*), exatamente o mesmo que Ratu Raivalita era para Rewa (Figura 3.3). Levando diversas cidades e clãs leais para o campo bauense, Ro Cokānauto partiu Rewa quase ao meio e enfraqueceu seriamente sua posição militar. Mudou-se para uma cidade ao sul do delta do Rewa, Nukui, que logo foi ocupada por bauenses e usada para hostilizar Rewa por terra e por mar. Instigado por Ratu Tānoa, seu neto rebelde Ro Cokānauto foi investido como rei sagrado de Rewa, Roko Tui Dreketi, estabelecendo assim um governo substituto. Desse modo, dificilmente não teria precedentes a tentativa de Ro Kania de Rewa fazer algo semelhante em benefício do filho de sua irmã, Ratu Raivalita, em Bau – em especial quando era tão duramente pressionado militar e politicamente.

Poucos anos depois, os leais parentes de Ratu Raivalita de Rewa, representados por Ratu Qaraniqio, não apenas admitiram participação no complô para assassiná-lo, como demandaram o crédito disso. Em 1851, Ratu Qaraniqio disse ao missionário católico francês padre Mathieu que seu irmão, o rei de Rewa, estava por trás de tudo aquilo: "Antes ... meu irmão Ratu Banuve, Roko Tui Dreketi (título real de Rewa), empreendeu uma guerra contra Cakobau. Ele se juntou a Raivalita, *vasu* perante Rewa, que o ajudaria. Mas o famoso Varani, o assassino do comandante do *L'Aimable Josephine*, ouviu sobre o complô e foi informar Cakobau. Na noite seguinte, este fez com que seu irmão fosse morto" (em Deniau, *HF2*).[19]

A implicação de que o projeto de derrubar os governantes bauenses teve origem em Rewa é ainda mais clara na versão do senhor Calvert – que, pela data e por convicção religiosa, tinha de ser independente da do padre católico. Na versão de Calvert, a principal motivação da conspiração estava na situação estratégica desfavorável de Rewa na guerra com Bau: "Até então, Rewa, embora sendo parte muito mais fraca, obstinara-se em continuar a guerra, na esperança de receber ajuda de (Ratu) Raivalita, o *vasu* rewano perante Bau, que estava decidido a matar o irmão Thakombau (Ratu Cakobau) sob a condição de que Rewa se tornasse sua tributá-

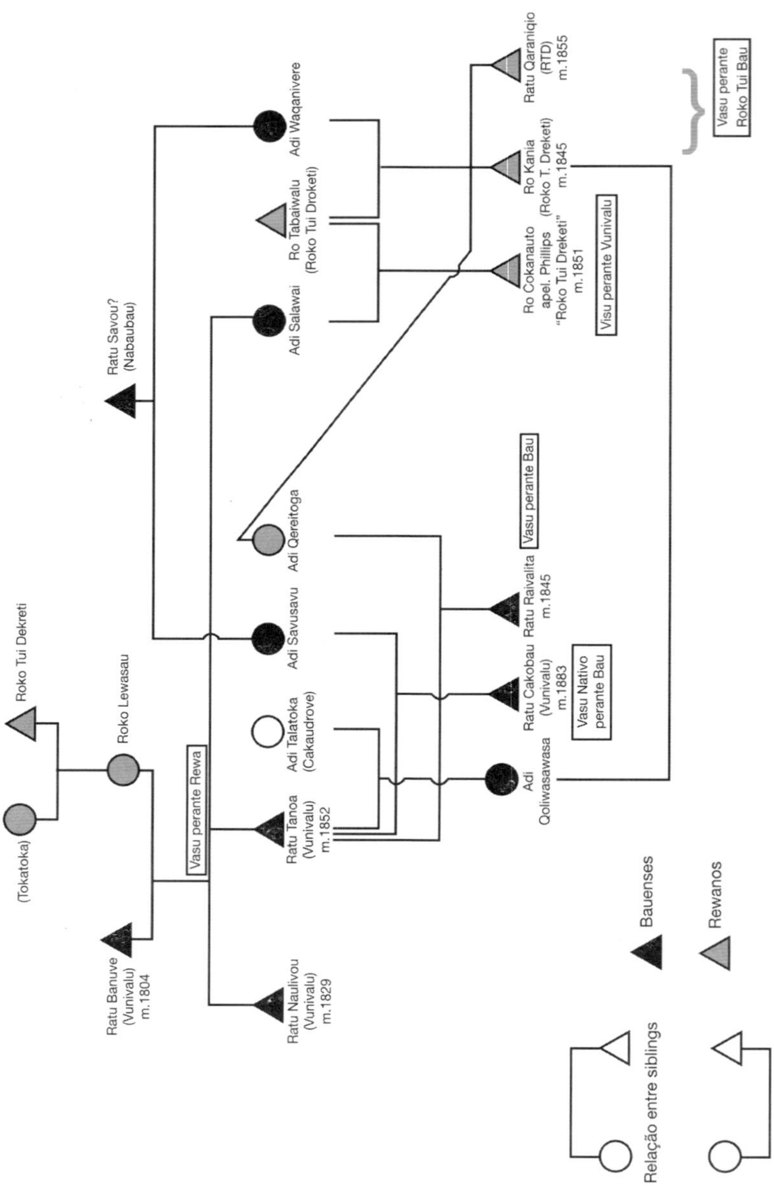

Figura 3.3 – Relações de parentesco entre os governantes de Bau e Rewa

ria quando ele, Raivalita, assumisse o governo de Mbau" (Williams e Calvert, 1859:350).[20] Em outras palavras, os dirigentes de Rewa estavam dispostos a negociar sua sobrevivência pelo baixo preço de um tributo a Ratu Raivalita como Vunivalu de Bau – tributo que dificilmente poderia ser algo diferenciado do direito costumeiro já desfrutado por Ratu Raivalita como *vasu* perante Bau, ou envolver valores maiores que os já usuais. Naquele caso, a situação política teria sido restaurada à condição *antebellum*: em tudo amigável, com o governante de Bau, o grande *vasu* de Rewa, Ratu Raivalita, simplesmente substituindo Ratu Tānoa naquela relação.

Existe alguma evidência contemporânea de que Ratu Raivalita estava de fato em Rewa conspirando com seus parentes reais nos meses antes de sua morte. Sendo o *vasu* de Rewa, Ratu Raivalita teria, em princípio, livre trânsito entre Bau e Rewa, a despeito das hostilidades. De acordo com o senhor Calvert (Williams e Calvert, 1859:350), o bauense mandava mensagens para Rewa à noite. O missionário também ouviu que Ratu Raivalita tinha contato pessoal com seus tios maternos, o rei rewano e Ratu Qaraniqio. As menções no diário do já mencionado *Gambia*, o brigue de pepinos-do-mar, emprestam algum crédito a essas afirmações. Enquanto navegava ao longo do sudeste de Viti Levu, em novembro de 1844, o *Gambia* foi abordado por algumas canoas de Rewa. Numa delas estava "Roveleet (Raivalita), um chefe de Bau" (Anon. do diário do *Gambia*: 8 nov 1844). O diário indica que certas "negociações" não especificadas foram feitas com Ratu Raivalita. Se tinham a ver com o comércio de pepinos-do-mar, aqui estaria um indício de que Ratu Raivalita poderia respaldar suas ambições regicidas com alguma munição. De qualquer modo, é suficientemente claro que os interesses do inimigo rewano infiltraram-se, através de relações de parentesco transpolíticas, nas políticas contenciosas de parentesco de Bau.

Os eventos então se desdobraram em dois níveis, como um diálogo entre os dois conflitos. A tentativa de Ratu Raivalita de tomar o poder promoveu a articulação entre um conflito coletivo pela supremacia entre reinos rivais, de um lado, e uma disputa interpessoal pela sucessão entre parentes reais, de outro. Cada conflito recebeu uma carga adicional de intensidade e efeito histórico em virtude de sua interpolação com o outro. Investida da hostilidade da guerra entre Bau e Rewa, a inimizade entre Ratu Cakobau e Ratu Raivalita – inerente nas relações de chefes fijianos, como iremos ver agora – foi então levada a um extremo assassinato. Por sua vez, o fratricida desestabilizou ainda mais a situação militar de Rewa e quase literalmente abriu os portões da cidade para as forças de Bau. O conflito entre os principais personagens no plano individual imediatamente respondeu ao curso da guerra maior e, em grande medida, a decidiu.

Mas se a história de fato exerce influência sobre esse tipo de integração entre o coletivo e o interpessoal, é necessário dizer algo mais sobre os reposicionamentos estruturais que transmitem os impulsos de um para o outro. O esforço também valerá a pena porque ajuda a estabelecer a racionalidade e, assim, os limites da contingência – a indeterminação envolvida em quem terminará matando quem –, enquanto também a dota de determinados efeitos históricos. As instituições mediadoras, como o costume *vasu* dos fijianos, abrangem, nelas mesmas, uma síntese do universal e do particular, algo como o efeito similar que alcançam na ação histórica. Referindo-se às peculiares relações entre irmãos e irmãs e seus respectivos descendentes, o que ele chamou "o sistema de primos cruzados", A.M. Hocart (1933:253) destacou que há muito mais coisas envolvidas que a classificação de parentes. Existe aqui, disse ele, "toda uma teologia" (Hocart, 1970b:237). Para entender nossa narrativa de eventos discretos e personalidades particulares, temos que fazer aqui um intervalo de proporções cosmológicas.

O filho da irmã (*vasu*)

> Os *vasus* não podem ser considerados à parte da organização civil do grupo, pois são, de fato, um de seus componentes integrais e suprem o poder de alta pressão encontrado no despotismo fijiano. ... No entanto, independente de quão elevada seja a posição de um chefe, de quão poderoso possa ser um rei, se ele tem um *vasu*, tem um senhor.
>
> THOMAS WILLIAMS, em *Fiji and the Fijians*
> (Williams e Calvert, 1859)

Uma resposta rápida dos fijianos à pergunta sobre as razões da morte de Ratu Raivalita provavelmente seria "examine as relações de *vasu*". O peculiar status do sobrinho uterino explica grande parte da inimizade entre Ratu Raivalita e Ratu Cakobau, bem como por que a guerra entre Bau e Rewa se dava em torno da animosidade pessoal entre os dois. Pois o que opunha esses dois filhos do rei da guerra de Bau, Ratu Tānoa, era a mesma coisa que conectava seus destinos pessoais ao fado dos reinos em guerra – as relações *vasu*. Ratu Raivalita era um grande *vasu* perante Rewa, um sobrinho uterino tabu para todo o reino porque sua mãe era a irmã do governante Roko Tui Dreketi, aqui tanto rei supremo quanto sagrado (Figura 3.3). A mãe de Ratu Cakobau era dos Nabaubau, uma casa de antiga glória real em Bau; embora a dinastia Nabaubau estivesse agora superada, isso o tornava ainda mais honrado como um "filho da irmã nativa" (*vasu i taukei*). (Ratu Tānoa tinha esposas de sobra, e sem dúvida a mãe de Cakobau fora destinada a neutralizar a hostilidade do deposto povo Nabaubau.) Por seus respectivos ancestrais maternos, então, os dois irmãos tinham diferentes valores estratégicos na política bauense: vantagens e desvantagens que eram, no entanto, sujeitas a alteração em virtude das mutáveis relações entre Bau e Rewa. Boas relações com Rewa favoreceriam a carreira de Ratu Raivalita em Bau; a inimizade com Rewa seria melhor para Ratu Cakobau.

A relação *vasu* é a principal forma estrutural da prática política fijiana. Em contraste com as inflexibilidades da descendência comum e de grupos organizados naquela base, a relação "filho da irmã – irmão da mãe", como função de alianças matrimoniais, é muito mais facilmente adaptável a condições cambiantes de força e destino. O casamento é, ao mesmo tempo, um arranjo que permite alguma escolha e uma promessa de vínculo durável de lealdade e obrigação entre filho da mulher e irmãos e pais desta, seu grupo de nascimento. Aqui está um espaço de liberdade relativa no sistema, uma dimensão historicamente aberta da ordem cultural que permite o estabelecimento de novas alianças de utilidade política à parte das alianças de solidariedade atribuídas por descendência e hierarquia comuns, fixadas pela antigüidade de nascimento. Nessa ordem normativamente patrilinear, casamento e relações *vasu* são o terreno onde ocorre a ação. A *Realpolitik* está nas conexões entre homens estabelecidas por meio de mulheres e, portanto, estabelecidas *por* mulheres, à medida que elas são capazes de moldar essas relações entre seus maridos, irmãos e filhos – algo freqüentemente considerável, como veremos no caso de Ratu Raivalita. Importa observar que *vasu* é um termo mais político que propriamente de parentesco pessoal, pois designa a relação entre uma pessoa e um grupo, o povo do irmão de sua mãe. O termo apropriado de parentesco para o filho de uma irmã é *vugo* (acrescido de um sufixo possessivo), usado reciprocamente para o irmão da mãe, em referência a ele. Mas *vasu* é um título de parentesco, como disse Hocart (1929:40), referindo-se ao status de um homem com relação à coletividade de parentes paternos de sua mãe – e, no caso de irmãos de mães que são, eles mesmos, chefes governantes, tanto a seus países quanto a seus súditos.[21] Tampouco nenhum desses parentes maternos (ou seus súditos) refere-se ao *vasu* com um possessivo na primeira pessoa: não se pode dizer "meu *vasu*", apenas "nosso *vasu*" (*neitou vasu*). É esse caráter da relação *vasu* como um vínculo entre um homem e o povo de sua mãe, como um status que ele detém entre eles, que a torna a estrutura privilegiada da política da traição tanto quanto da aliança, e da usurpação tanto quanto da sucessão. E é assim tão prática simplesmente porque é teológica.

A cosmologia do parentesco cruzado

Será conveniente falar de uma categoria de "parentesco cruzado" referido a pessoas relacionadas por meio de um par irmão-irmã (sexo cruzado). Primos cruza-

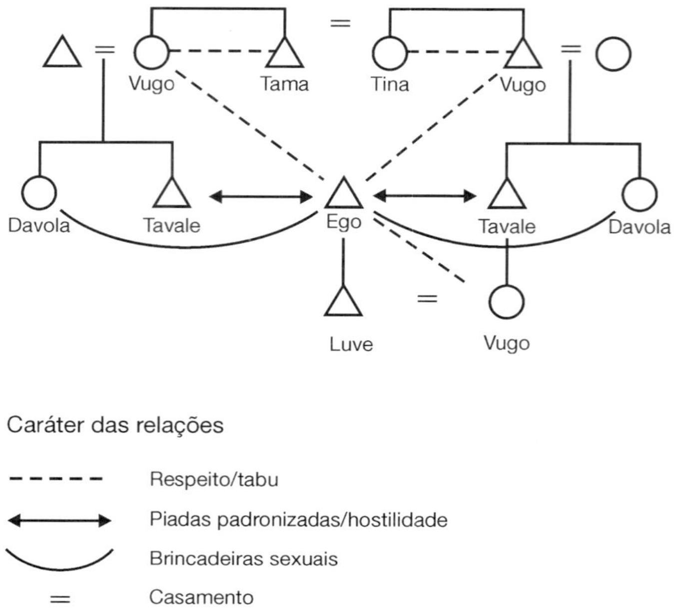

Figura 3.4 – Parentesco cruzado fijiano

dos são os filhos de um irmão e de uma irmã, ou, de meu ponto de vista, os filhos dos irmãos de minha mãe e das irmãs de meu pai (Figura 3.4). No caso fijiano, acontece que o jogo de palavras em "parentesco cruzado" é pertinente, pois um elemento de hostilidade apresenta-se no que, em outros aspectos, é uma relação de extremo respeito.*

Comecemos com uma experiência etnográfica de parentesco cruzado fijiano – uma explicação dele em termos locais – no qual sua política e teologia são uma única e mesma coisa. Aqui está um homem da vila Keteira, situada na ilha Moala, explicando-me, em 1955, as diferenças entre suas relações de parentesco com sua irmã e também através dela, e as relações em sua linha paterna ou casa natal, como representada por seus irmãos. Taka, o homem em questão, desenvolve um contraste duplo: de um lado, entre o aspecto recente do parentesco cruzado, em comparação com a estabilidade de laços fraternos, e, de outro, entre a natureza "sagrada" (*tabu*) do primeiro em comparação com o caráter não regulado do segundo. Todos os seus parentes através de sua irmã e da irmã de seu pai, disse Taka,

* Em inglês, *cross-kinship* também pode ser lido como "parentesco contraditório", que tem algo atravessado em seu caminho. (N.T.)

eram "sangue sagrado" (*dra tabu*) para ele, principalmente suas irmãs. E, continuou, "o filho de minha irmã é muito sério (*dredrē*). É meu sangue; minha irmã foi (para outra terra) para dar nascimento àquele homem. Irmãos são apenas irmãos (*veitacini as veitacini ga*), mas o filho ou a filha da irmã são um novo caminho. Sua filha ou sua irmã fazem uma nova linha (*kawa*). Irmãos estão apenas na casa; têm estado lá desde o passado até hoje. Mas a descendência de minha irmã é uma nova linha" (em M. Sahlins, 1962:168). Já podemos sentir aqui as virtudes políticas do parentesco cruzado, perceber como são capazes de tumultuar os grupos constituídos e as relações de linhagem. De fato, várias expressões do poder da irmã e do filho da irmã sugerem um modo alternativo de legitimidade política. A antigüidade de descendência tem sua própria santidade, mas, em relação a ela, o *vasu* personifica uma extravagante força divina – algo além da sociabilidade humana normal.

Já vimos algo semelhante quando o sobrinho uterino violou a oferenda sacrificial, como se apossou do que era oferecido ao deus do povo do irmão de sua mãe e, assim, de fato assumiu o lugar do deus (ver Capítulo 2). Versões das prepotentes quebras das regras normais pelo *vasu*, implicando a mesma usurpação da autoridade, aparecem, de forma recorrente, em diversos e distintos registros culturais: desde costumes de troca cerimonial a mapas de formação de reino, passando pela interação cotidiana entre parentes. Estendendo-se do nível interpessoal através do cósmico, tais replicações estruturais seriam assim relevantes para a historiografia da morte de Ratu Raivalita, precisamente por abarcarem a adição de forças coletivas às rivalidades individuais, por intermédio de relações *vasu*. Um *glissando* semelhante, do cosmológico até o registro da ação social, envolvendo a mudança de oferendas sacrificiais em utilidades materiais, pode ser observado na prática que os fijianos conhecem pelo verbo transitivo *vasuta*, "*vasuar* (alguma coisa), tomar um objeto por direito *vasu*". Essas tomadas de propriedade sempre envolvem em algum sentido o "sangue sagrado" do sobrinho uterino. De qualquer modo, seria difícil diferenciar o divino do mundano nas situações em que o sobrinho expropria os bens de valor recebidos pelo tio materno em transações cerimoniais, já que, no costume tradicional, todos esses bens são ritualmente apresentados, antes de tudo, aos deuses daqueles que recebem e, assim, têm o caráter de oferendas. Passar daí à regular *vasu*-ação das colheitas, porcos ou bens móveis do tio materno é apenas um pequeno passo, e não muito diferente.

No entanto, de acordo com o costume adequado, tais apropriações das coisas do tio, sem permissão e tipicamente sem aviso, deveriam ser feitas com moderação, e enquanto o *vasu* ainda é criança. Em princípio, seria algo abaixo da *gravitas* de adultos e, particularmente, de pessoas dirigentes.[22] Isso não impedia que alguns chefes bauenses de cabeça quente, já adultos, fizessem demandas temerárias, mesmo de mulheres, a seus tios reais maternos – como o irmão classificatório e futuro rival de Ratu Cakobau, Ratu Mara Kapaiwai, estava disposto a fazer em Lau.[23] Não que o exercício da prerrogativa do *vasu* sempre se desse sem ressentimento. Ao contrário, um certo sentido de violação está presente na prática. Pode-se dizer, com Hocart, que é essencial à prática (1929:235). Recorde-se que, quando o *vasu* expropria a oferenda ao povo de sua mãe (ou a seu deus), os filhos de seu tio materno, seus primos cruzados, têm o direito de esmurrá-lo – embora não recobrem os bens perdidos. Como disse a Hocart um de seus interlocutores de Bau: "Se *wekana* (seus parentes) conhecem bem o *vasu*, batem nele e em seu povo; mas não adianta, porque ele fica com os *i yau* (bens de valor)" (*FN*: 2777).

Se seguirmos as normas de conduta entre essas várias relações – irmãos e irmãs, tios maternos e sobrinhos uterinos, primos cruzados –, é interessante ver como traçam um curso de interações ao longo do tempo análogo ao ritual arquetípico de *vasu*-ar as oferendas. A seqüência de interações e transações entre parentes cruzados é como uma narrativa que cobre três gerações, indo da constituição ao desfecho do direito *vasu*. A "teologia toda" começa com a conduta apropriada entre irmão e irmã. Se (como disse Taka, de Keteira), a irmã leva consigo o "sangue sagrado" de sua linhagem, então a evitação prescrita entre ela e seus irmãos, que proíbe que se dirijam uns aos outros diretamente, tenham contato corporal ou façam qualquer referência sexual, garante que os poderes divinos que ela incorpora, seus poderes reprodutivos, sejam alienados à casa na qual entra pelo matrimônio. Seus irmãos perdem os poderes ativos de reprodução e crescimento. Passando adiante seu controle (humano), esses poderes encarnam-se no filho da irmã, seu transgressivo *vasu*. Daí que a tirania do *vasu* sobre seus parentes maternos – espiritual, ritual, material e politicamente – seja, em certo sentido, legítima, pois ele agora carrega o "sangue sagrado" da linhagem. Os fijianos às vezes dizem que, para eles, o *vasu* é sua "terra sagrada" (*vanua tabu*) – tal como, inversamente, alguns deuses fijianos são *vasu* perante a terra dos que os adoram (Hocart, *HF*:445, sobre Gau).

Ao longo das gerações, o que permanece em questão entre a casa natal de uma mulher e a casa na qual entra pelo matrimônio é o poder reprodutivo que ganha a última à custa da primeira. O sistema de parentesco é um conflito, que se estende por gerações, de alienação e reconciliação, ao final, marcado por estágios sucessivos de respeito exagerado e hostilidade exagerada, tudo em torno da disputa sobre proeza sexual e espiritual. Então, como na interação entre irmão e irmã, a relação entre o tio materno e o filho da irmã é também marcada por tabus de evitação a referências sexuais. Com o significado claro de grande respeito, o que os fijianos chamam de "uma relação de parentesco pesada" (*veiwekani bibi*), o comportamento também deixa de mencionar – e, assim, garante – a transferência da mulher-poder para a casa do *vasu*. O que é protegido por evitação e respeito é o privilegio assimétrico do *vasu*: "independente de quão elevada seja a posição de um chefe, se ele tem um *vasu*, tem um senhor." Uma exibição ritual da criança *vasu*, junto com uma oferenda de riqueza pelo povo de seu pai ao povo do irmão de sua mãe, legitima os direitos desse sobrinho uterino. O *vasu* pode assim exercer agressivamente suas demandas sobre a propriedade de um tio materno *gravitas* que é forçado a suportar tudo (*vosota ga*) – ou mesmo, agindo de uma maneira apropriada à chefia (*vakaturaga*), acolher o que acontece.

No próximo capítulo desta narrativa sobre parentesco, no entanto, as hostilidades encobertas assomam à superfície sob a forma de um antagonismo prescrito entre o *vasu* e os filhos do irmão de sua mãe, ou seja, seus primos cruzados (Hocart, 1915, 1923). A alienação de poderes decorrente da passagem de uma mulher de uma casa para outra agora encontra expressão entre os homens das gerações seguintes. A surra ritual arquetípica dos filhos da irmã pelos filhos do tio materno como retaliação a seu roubo dos sacrifícios expressa-se em várias formas de prática – o que David Graeber chamou "a troca de males" (em oposição à troca de bens). Os primos cruzados podem, de fato, roubar uns dos outros. Ou, numa analogia verbal com a briga ritual, eles engajam-se numa clássica "relação de brincadeira" cujo bom humor (no duplo sentido) é uma forma ostensiva de troca de insultos, incluindo sobretudo insultos sexuais. Esse abuso marcadamente sexual evoca a alienação inicial da mulher, como para confirmá-la ou remediá-la. Assim também é o apreciado flerte em que se engajam os meninos com as irmãs dos primos. Suas provocações explícitas em termos de namoro podem levar à relação sexual, mas, como é tradição nos reinos litorâneos, o casamento entre primos cruzados de primeiro grau era desencorajado. A união preferida era entre primos cruzados de segundo grau, precisamente os filhos dos – mutuamente provocadores – *vasu* e dos irmãos de sua mãe.

Aqui, na união de primos cruzados de segundo grau, estava o desfecho do drama de parentesco e o começo de sua repetição. Pode-se dizer que o casamento sublima o litígio do *vasu* com o povo de sua mãe (os filhos do irmão de sua mãe), exceto que, se repetisse a união original de duas gerações anteriores, restabeleceria as mesmas relações – a mesma hierarquia e o antagonismo subjacente. Não há regra rígida aqui; os que levam a esposa e os que dão a esposa não precisam repetir seus papéis anteriores. Mas, dependendo da estabilidade do contexto político, existe uma tendência de assim fazer, pelo menos entre as casas dirigentes. As linhagens nobres de Bau, por exemplo, repetidamente refazem alianças anteriores, obtendo pelo menos algumas de suas esposas da mesma terra várias vezes seguidas. É claro que a continuidade desses arranjos seria afetada pela sorte política dos grupos que casam entre si, mesmo que ela pudesse depender do contínuo casamento entre eles. Eram essas as políticas ideológicas do parentesco.[24]

Outra expressão disso foi a fundação do parentesco como uma relação do filho da irmã com o povo da terra. Como foi observado antes (ver Capítulo 1), um mapa de origem dinástica que se repete em muitas terras fijianas envolve o advento de um príncipe estrangeiro que obtém o governo casando-se com a filha do chefe nativo e gerando um sucessor, que é então o *vasu* do povo nativo (*vasu i taukei*). Como disse o lauense a Hocart, "Os chefes vêm de fora, pelo mar; é assim em todas as terras de Fiji" (1929:129). Essa união do chefe estrangeiro com a mulher nativa combina as principais dicotomias da ordem cultural fijiana: as oposições correlatas de mar e terra, estrangeiro e nativo, chefe e povo, céu e terra. Sintetizando essas polaridades, o descendente real hierarquicamente abrange a sociedade, encarna sua totalidade. No entanto, seu status e poderes são sempre ambíguos: dentro da comunidade política, mas, mesmo assim, estrangeiro por origem; acima do povo, mas, em certo sentido, mais jovem que ele; uma fonte de prosperidade e uma força de destruição. O chefe governante recebe o tratamento honorífico de "chefe criança" (*gone turaga*), uma honra e também um lembrete de que ele é descendente da mulher nativa, e que as pessoas nativas são os "mais velhos" (*matua*). A lenda conta da benemerência de reis e seus atos criativos: como juntaram os acampamentos dispersos do povo nativo numa organização política unificada e ordenada, por exemplo. Mas ainda permanece, a respeito do chefe governante, uma aura residual de usurpador, e, por baixo de sua gravidade e dignidade, está à espreita uma ameaça de violência. Em outras palavras, o chefe tem o persistente caráter do *vasu*. Buell Quain oferece uma boa observação etnográfica sobre as ambigüidades da chefia fijiana, esta sobre o interior de Vanua Levu:

> Um bom chefe desaprova a violência e desencoraja-a entre seus súditos. Ele ignora pequenos atritos pessoais e nunca eleva a voz acima de um tom suave, polido, coloquial. Esse caráter contido condiz com um chefe; por si mesmo, agrada os ancestrais e encoraja "um bom espírito" entre todas as pessoas que, como mortais ordinários, são incapazes de aprender tamanho autocontrole. Mas um chefe macho tem que ser sempre um "homem". ... Se satisfaz seus desejos e contraria todas as regras sociais, as pessoas dirão que ele é "mau", mas também dirão que é "um chefe de verdade". Ratu Seru (um outro com este nome, não Ratu Cakobau), que usa uma "mão pesada" contra suas mulheres e cuja falta de modéstia choca a vila, é um chefe de verdade; e as pessoas falam cochichando, com temor e admiração, de um certo chefe de Rokowaqa, há muito falecido, que costumava esperar perto do local onde as crianças se banhavam e escolher uma particularmente gorda a ser assada para o jantar. (Quain, 1948:203)[25]

*O filho da irmã (*vasu*): política*

Dada a autoridade do filho da irmã entre o povo de sua mãe, e considerando os privilégios de que gozava, as negociações dos casamentos pelos quais eram estabelecidas essas relações *vasu*, principalmente dos casamentos dos grandes chefes, estavam no centro da política fijiana. Junto com as conspirações, das quais freqüentemente eram parte, essas negociações eram uma elevada arte em Fiji. Os cálculos tinham de levar em conta as permutas estruturais dos poderes *vasu*, que dependiam do status dos chefes por casamento, e também as demandas práticas estratégicas do momento. E nem sempre era possível maximizar as vantagens matrimoniais, pois provavelmente havia interesses conflitivos dentro da casa de qualquer um dos chefes governantes – ou seja, as preocupações divisivas das diversas esposas do chefe sobre o destino matrimonial de seus filhos, preocupações partilhadas pelos respectivos irmãos de cada uma delas. Para compreender a práxis do casamento e da relação *vasu*, então, temos primeiro de examinar os princípios estruturais que regem as negociações.

Primeiro princípio: a escala política das pretensões do *vasu* dependia da condição superior do filho da irmã e de seu tio materno em seus respectivos territórios. Isto, em si, já é complexo, pois envolvia tanto a posição social da mãe do *vasu* quanto a de seu pai, mas chamo a atenção para como variava a escala social dos direitos do *vasu* em função do status. Um homem pode ser simplesmente um *vasu* perante outra casa, ou, assim, perante todo um clã, terra ou mesmo reino, dependendo de sua própria posição e da dos parentes de sua mãe. Num extremo, entre pessoas sem nenhum peso político específico, a relação *vasu* e suas prerrogativas dizem respeito apenas aos mais importantes imediatamente envolvidos: o filho da irmã, os irmãos de sua mãe e a família destes últimos. No outro extremo – digamos, no caso do filho de um rei da guerra (Vunivalu) de Bau cuja mãe é a irmã do rei sagrado de Rewa (Roko Tui Dreketi) –, o bauense é *vasu* perante todo o reino de Rewa. Ele é um "grande *vasu*" (*vasu levu*) ou um "*vasu* chefe" (*vasu turaga*). Aqui o *vasu* de fato detém um título de parentesco, um status relativo a todo um grupo constituído. O que torna isso possível, estruturalmente falando, é o fato de o grupo estar hierarquicamente englobado na pessoa de seu chefe – neste caso, o chefe que é irmão da mãe –, o que faz com que as relações pessoais do chefe tenham de envolver todo o povo que reconhece seu comando. O filho da irmã do chefe é o *vasu* perante o povo do chefe. Ratu Raivalita, filho da irmã do rei de Rewa, era um "*vasu* perante Rewa" (*vasu ki Rewa*), um "grande *vasu*" (*vasu levu*) cujas pretensões a honra e propriedade estendiam-se a todos os lugares sujeitos a seu tio real materno. Pelo mesmo princípio, um sobrinho uterino de status elevado engaja seu próprio povo em seu status de *vasu*. Não que as próprias pessoas exerçam os privilégios *vasu*, mas elas participam da aliança e dos benefícios que isso envolve. Daí os valores políticos presentes nos casamentos entre chefes e, mais particularmente, os críticos interesses estratégicos em certas mulheres reais.

O status elevado conjuga a relação *vasu* de uma outra maneira, potencialmente estendendo-a em termos temporais, durante gerações, bem como em termos sociais e espaciais. O status *vasu* era, em alguns casos, hereditário. Sabe-se que certos bauenses influentes ficaram conhecidos por demandar privilégios *vasu* por descendência – descendência bilateral, no caso – de ancestrais de duas ou três gerações passadas. Considere-se o seguinte trecho, escrito em 1913 por Ratu Joni Madraiwiwi, filho de um famoso chefe rebelde intimamente relacionado a Ratu Cakobau, justificando seu status em comparação ao de velhos inimigos de seu pai numa carta para o governo colonial britânico:

> Meu pai [Ratu Mara Kapaiwai], tendo nascido verdadeiramente da família Vunivalu, e também minha mãe, tendo sido a filha mais velha do Vunivalu [Ratu Tānoa] e a Radini Levuka [título da principal esposa do rei da guerra, Adi Talātoka, de Cakaudrove], sendo ela [sua mãe] a senhora de mais elevada posição entre todas as filhas do Vunivalu de Bau e das terras bauenses, portanto eu sou *vasu* perante Bau (toda ela) e todas as terras de Bau. Portanto, minha posição é a mais elevada entre nós, a família Vunivalu que está agora viva. ... Também sou um alto chefe em Cakaudrove por causa de minha mãe [a filha de Adi Talātoka, de Cakaudrove], e poderia coletar tributos lá indiscriminadamente, nos momentos adequados ... O mesmo é verdade [em] toda Lau por causa de meu pai [o filho de uma mulher pertencente à antiga casa dirigente de Lau, Cekena], e poderia coletar tributos lá indiscriminadamente, como fazia meu pai. (Ratu Joni Madraiwiwi, FM/MS, 629: 26 ago 1913)[26]

Ratu Madraiwiwi não menciona que seu pai – que, de fato, indiscriminadamente tomava propriedades e mulheres dos lauenses – muitas vezes teve problemas por causa disso. Para os presentes propósitos, é notável que Ratu Madraiwiwi pudesse agir como um *vasu* perante Lau porque seu pai era um *vasu* lá, e perante Cakaudrove porque a mãe de sua mãe era da família governante lá.[27] Mas também digno de destaque é o status que ele demandava como um *vasu* nativo (*vasu i taukei*), o descendente de uma mulher de alta estirpe de sua própria terra.[28] Aqui está outro valor estrutural que entra com um papel significativo em negociações práticas políticas.[29]

Integrante de status elevado do grupo dirigente de Bau – o povo Vunivalu, ou o clã Tui Kaba –, Ratu Madraiwiwi dobra seu prestígio também como filho da irmã daquele povo, pois sua mãe é a filha do Vunivalu. Ratu Madraiwiwi é, assim, um filho titular da irmã perante o povo de seu próprio pai, com o direito prescrito de reinar sobre ele. É um *vasu* nativo, embora não o mais respeitável naquela categoria. Este seria um descendente dos antigos reis da terra, da antiga e verdadeira realeza. Daí a importância da união do rei estrangeiro – "os chefes vêm de fora, pelo mar" – com a filha do dirigente indígena nos mapas de formação do reino. A prática é observada em outras usurpações, como acontece quando uma linhagem dirigente é deposta por um *vasu* que pertence à mesma terra, bem como nos rituais de rendição, na guerra, marcados pela oferta ao chefe vitorioso de uma cesta com terra e uma filha ou filhas de seu principal adversário derrotado. Já vimos essa tática matrimonial praticada pela casa de Ratu Tānoa, que havia usurpado o título de rei da guerra e assassinado o rei sagrado de uma geração anterior. Dizia-se de uma das esposas de Ratu Tānoa, Adi Savusavu, que era filha da velha nobreza Nabaubau, ou então do sagrado Roko Tui Bau, e que o descendente dessa grande mulher (*marama levu*) era o próprio Ratu Cakobau. Como um *vasu* nativo perante Bau por descender de seus autênticos governantes, Ratu Cakobau estava assim completamente identificado com o reino, tanto através de sua mãe quanto de seu pai Vunivalu – por odioso contraste, nas circunstâncias de 1845, com o grande *vasu* do inimigo de Rewa, Ratu Raivalita.

Finalmente, quanto à questão de permutas estruturais, os poderes do *vasu* são modulados em função da posição política de sua própria terra e da de seu tio materno. Quando uma mulher casa-se com um homem de status inferior ao seu (casamento hipogâmico), como no caso de uma nobre bauense enviada para se casar com o mais poderoso de uma vila vassala, o status *vasu* de seu filho é atenuado pelo nível inferior do pai. Esse *vasu* seria um "homem respeitável" (*tamata dokai*) em Bau, e seu território poderia estar protegido contra tributos onerosos e depredações, mas não poderia ter as prerrogativas materiais ou a influência política do *vasu* na situação inversa. Nesta, na qual a mulher casa-se "para cima" (casamento hipergâmico), como no caso de uma mulher de uma terra vassala tomada como esposa por um alto chefe bauense, é provável que ela dê à luz um "filho da irmã" que será algo semelhante a um monstro no que se refere ao exercício de seus direitos *vasu*. Estes são o tipo de jovens chefes que andam soltos aterrorizando os parentes maternos, fazendo demandas excessivas sobre suas propriedades e seus labores. Bau e Rewa eram especialmente conhecidas por esses *vasus* tirânicos.[30] Em Cakaudrove, filhos e irmãos do rei estavam acostumados a viver em terras vassalas perante as quais eles eram *vasu*, e virtualmente tomavam posse delas.[31] No início do período colonial, durante reunião do Conselho de Chefes instituído pelo governo britânico, um membro relatou o comportamento injurioso dos homens brancos em Fiji, que agiam como se fossem "*vasus* perante o Céu" (Conselho dos Chefes, *Proceedings*, 1876:14).[32]

Vasu e a política matrimonial de Bau

Dada a importância do sistema *vasu*, as estratégias matrimoniais eram a continuação de guerra e paz por outros meios. Isso valia em especial para Bau, graças a sua peculiar combinação de pobreza e poder (ver Capítulo 1). Um comentário que ouvi sobre Bau era que as mulheres de grupos dirigentes eram a principal exportação bauense. Na verdade, o mais conhecido produto valioso de Bau (*i yau*) eram as saias de noiva profusamente decoradas, mas como as saias acompanhavam as filhas e irmãs cedidas em casamento, dava no mesmo. Também não constituiria uma violação de categorias fijianas falar das mulheres de status elevado dessa maneira. Ao contrário, mulheres virgens ou "cruas"; vítimas sacrificiais ou "homens cozidos"; e dentes de baleia cachalote eram, todos, "coisas grandes" (*ka levu*) intercambiáveis, os mais valiosos bens fijianos (M. Sahlins, 1983). Pode-se dizer, no estilo de Radcliffe-Brown, que seu valor extraordinário baseava-se, precisamente, em seus poderes de organizar e reorganizar a sociedade: as alianças que faziam e desfaziam, os assassinatos e as sucessões, as guerras e as submissões. E, então, para Bau, sempre ocupada com tais assuntos, havia os adicionais problemas materiais de sustentar sua grande população e encontrar os meios necessários para prover suas numerosas transações político-rituais (ver Capítulo 1). Pois as relações *vasu* também tinham valor para obter essa provisão. Embora as espetaculares prerrogativas do sobrinho uterino envolvessem roubar canoas, porcos ou outras propriedades do povo de sua mãe, mais importantes eram as demandas que, a longo prazo, poderiam ser feitas sobre as terras, o trabalho e a produção desse povo. Bau, como vimos, prosperava com bens que fluíam de todo o mar Koro e do interior adjacente de Viti Levu, e uma parte significativa do tráfico baseava-se em antigas e recentes conexões *vasu*. Isso significa que as mulheres vinham para Bau a fim de produzir filhos de irmãs para outras terras, bem como iam para fora como "coisas grandes".

Não é fácil saber como eram tomadas em Bau as decisões estratégicas de casamento. Claramente, as conversas e especulações ocorriam em duas esferas diferentes: entre homens de posição elevada reunidos nos círculos de *kava* dos templos, nas casas de homens e casas de chefes; e na esfera doméstica, onde mulheres de alta estirpe tinham vozes poderosas, e as relações entre elas, bem como entre elas e seus esposos, podiam decidir a questão. Quanto a isso, o registro histórico destaca duas díades funcionando respectivamente nessas duas esferas: na arena maior, o controle do arauto sobre as uniões das filhas do rei; e, em famílias poligênicas, a influência de mães nobres sobre as carreiras de seus filhos de status superior. É possível interpretar essas referências comuns na literatura como indicadoras dos casos normais (não regulados), ignorando a influência tanto dos arautos reais sobre os casamentos dos filhos do governante quanto a das esposas reais sobre as uniões de suas filhas. O que eles destacam e contrastam são os diferentes interesses imediatos inseparavelmente mesclados nos casamentos de filhos e filhas. O que se encontra em questão nas filhas reais são os interesses das terras de seu pai, a distribuição de demandas *vasu* sobre elas – a respeito das quais é preciso ser perspicaz do ponto de vista político e um pouco defensivo. Mas o envolvimento das esposas reais nas conquistas de seus respectivos filhos, por meio de matrimônio e de outras formas, afeta os destinos de suas próprias terras natais, os parentes maternos do filho. É bom ter um *vasu* no poder em um reino poderoso.

Em Bau, o "face-da-terra" (*matanivanua*), ou arauto real, que tem o título de Tunitoga, era o conselheiro, executivo e mestre-de-cerimônias do rei da guerra, o Vunivalu; o rei sagrado Roko Tui Bau tinha seu próprio auxiliar, o Masau. Chamado o "face-da-terra-em-casa" (*matanivanua e vale*), por contraste com os arautos "de fora da casa" que representavam o povo com relação ao rei no terreno cerimonial da cidade, esses homens de dentro eram, de fato, sacerdotes dos deuses vivos, a contraparte dos sacerdotes que serviam os deuses invisíveis nos templos, suas moradas, (Hocart, 1913).[33] Dar mulheres reais em casamento aos chefes de outras terras era um de seus ofícios rituais (Rabuku, 1911:157). Baseado em sua experiência em Bau, o reverendo Joseph Waterhouse disse que o grande arauto, o Tunitoga, era o "guardião natural" de todas as filhas dos reis e dos chefes; que ele "dispunha absolutamente" delas; que as propostas de casamento chegavam primeiro a ele; que sua vontade nessas questões era superior à dos pais, e sua decisão era final (1866:15). Não se devem tomar essas palavras do reverendo como inquestionáveis. É claro que homens de poder, vontade e astúcia como Ratu Tānoa e Ratu Cakobau sabiam como fazer suas próprias manobras com as mulheres sob seu controle: veja-se Ratu Cakobau dando uma irmã de presente ao chefe Lasakau, Ratu Gavidi, por este haver traído Ratu Raivalita. Também é claro que o arauto do Vunivalu não dispunha das filhas de muitas casas governantes de Bau; estas vinham fazendo suas próprias alianças com alguns dos mesmos povos externos havia diversas gerações. Ainda assim, a oferta calculada de mulheres de alta estirpe em casamento, em especial mulheres reais, era institucional e explicitamente uma questão de interesse de Estado.

Diversos padrões táticos eram comuns em Bau. Um dos prediletos era a oferta de uma mulher real a uma das casas que competiam pelo governo de outra terra – à casa mais jovem, no caso mais bem elaborado –, ou, dentro de Bau, à casa que competia pelo controle de um clã importante. Como uma promessa de poder, pois os que recebiam a esposa teriam um futuro *vasu* perante Bau, a aliança bem lhes poderia garantir a chefia – e um chefe vassalo do rei de Bau. Ratu Cakobau era notório por esse tipo de política matrimonial, envolvesse ela investir mais num lugar já submetido, "passando" os aliados (*bati*) de Rewa ou Verata para Bau, ou subverter a lealdade de súditos bauenses, fazendo com que passassem do Roko Tui Bau para ele próprio. Os chefes aliados guerreiros (*bati*) do interior dos principais reinos fijianos eram notáveis por uma independência que refletia o status usual de que desfrutavam como *vasu* perante a grande nobreza – e por sua disposição para mudar de lado diante da oferta mais vantajosa de uma mulher de alta estirpe feita por um reino inimigo. A mesma irmã que Ratu Cakobau deu a Ratu Gavidi, o chefe Lasakau, durante o caso Ratu Raivalita, havia sido antes oferecida a um chefe de um importante aliado rewano no delta, Tui Nakelo (como esposa para um filho seu), numa tentativa bem-sucedida de induzi-lo a passar para o lado bauense. No caso, no entanto, a aliança Nakelo foi novamente revertida em favor de Rewa quando a mulher real foi dada, em vez disso, a Ratu Gavidi (Wallis, 1851:167-68, 211 e 245). É como se Ratu Cakobau não tivesse controle de um número suficiente de elevadas mulheres bauenses para cobrir todas as suas intrigas políticas. Aqui está como aquelas intrigas funcionavam, como eram vistas do outro lado por um bem-informado notável da terra de Namata, um guerreiro-aliado (*bati*) de Bau: "Se nossa terra está sob Bau, e se há nobres mais idosos aqui que são *vasu* perante várias outras terras estrangeiras, eles não serão investidos como chefes da terra. Apenas aqueles que são *vasu* perante Bau são investidos; embora possam ser mais jovens, ainda assim beberão a *kava* sagrada na cerimônia de investidura" (Rabuku, 1911:155; cf. Hocart, 1970a:105-6).[34]

A tática inversa de tomar mulheres de estirpe elevada de outras terras como esposas para chefes bauenses era também altamente recomendada, não apenas porque tornaria as já poderosas casas de Bau *vasu* perante aquelas terras, mas porque os hábitos polígamos dos chefes dirigentes lhes permitiam adquirir essa vantagem em diversos lugares diferentes. Não que os chefes dirigentes de Bau, a quem os missionários e outros *papalagi* castigavam por terem esposas aos montes, pudessem ter a esperança de perfilhar *vasus* na mesma proporção. Apenas aquelas mulheres formalmente casadas (*vakabau*), de acordo com os procedimentos e transações apropriados, podiam ter filhos legítimos e sobrinhos uterinos reconhecidos. A proeza sexual era, de fato, uma marca distintiva das chefias fijianas – uma qualidade consistente não apenas com a dádiva da prosperidade intrínseca aos superiores, mas com a original transmissão dos poderes reprodutivos da terra ao *vasu* dirigente. Ainda assim, a maior parte das chamadas esposas de grandes homens eram mulheres de posição inferior com algo do status de concubinas, às vezes combinado com o de servidoras domésticas. Mesmo assim, a maior parte das tradições e genealogias bauenses credita a Ratu Tānoa nove autênticas e superiores esposas que lhe deram filhos. As terras natais dessas mulheres eram amplamente distribuídas: duas de Bau propriamente; duas de terras vassalas nas ilhas do mar Koro (Koro e Sawaieke, Gau); duas de Cakaudrove; uma do antigo reino nobre de Vuna, na ilha Taveuni (mais tarde dominada por Cakaudrove); uma do reino Nakorotubu, na costa nordeste de Viti Levu; e uma de Rewa, Adi Qereitoga, mãe de Ratu Raivalita. Além disso, as linhas colaterais do clã do rei da guerra (Tui Kaba) repetidamente adquiriam esposas de casas elevadas de Lau, da ilha Nairai, de Cakaudrove e, antes, também de Verata. Tal cosmopolitismo matrimonial contrastava radicalmente com as práticas endogâmicas dos fijianos comuns, que em geral casavam-se dentro de suas próprias terras, quando não de suas próprias vilas. Mas seria particularmente político para os reis arrivistas de Bau lançar sua rede de matrimônios o mais amplamente fora e o mais profundamente em casa: fora, a fim de restaurar as alianças feitas por seus predecessores; em casa, a fim de restaurar os predecessores casando-se com suas filhas – como no caso de Ratu Cakobau, cuja esposa principal e cuja própria mãe vinham dos antigos grandes de Bau.

Conseguir esposa e produzir *vasu* eram, freqüentemente, uma via de mão única a favor de Bau quando as mulheres vinham de terras inferiores. O próprio fluxo podia ser tomado como um sinal de submissão. W.T. Pritchard, cônsul britânico em Fiji no final dos anos 1850 e início da década seguinte, relata um incidente no qual um notável lauense declarou com arrogância, na presença de Ratu Cakobau, que não estava submetido a Bau. Mas o lauense teve de se retratar quando Ratu Cakobau perguntou: "Então, como vieram para Bau tantas senhoras [*marama*] Lakeba? Não foram elas trazidas como tributos a nossos chefes, e daí [o número de] nossos *vasu ki* Lakeba [*vasu* perante Lakeba]?" (Pritchard, 1968:330). A obrigação de um tributo a um superior, no entanto, desaparece nos amplamente recíprocos movimentos de mulheres reais entre Bau e os maiores dos outros reinos fijianos, Rewa e Cakaudrove. Uma densa rede de alianças conectava as casas das dinastias atuais e passadas de Bau, em especial os reis da guerra (Vunivalu), com os atuais e antigos reis de Rewa. O resultado era que virtualmente qualquer dirigente, real ou potencial, de qualquer um dos reinos poderia demandar ser o *vasu* perante o outro. *Vasu* nativo de Bau, Ratu Cakobau era extraordinário a esse respeito, mas seu pai era um *vasu* perante Rewa, cujo rei, um *vasu* perante Bau, era casado com a filha de Ratu Tānoa, o que tornava esse filho *vasu* perante Bau (ver Figura 3.3).

O intricado sistema de uniões que trouxe mulheres de perto e de longe para Bau como esposas de seus grandes homens representava assim – e, através de seus filhos, exauria – as mais amplas relações e forças políticas da Fiji Oriental. Era possível praticamente ler os mutáveis destinos de vários territórios a partir das origens das mulheres integrantes das genealogias bauenses que haviam sido trazidas como esposas e das trajetórias locais de seus filhos.

Entretanto, o que é uma aliança por casamento entre grupos dirigentes de diferentes terras é também uma divisão entre chefes da mesma terra. As mulheres nobres trazidas para Bau, se tiverem filhos, irão diferenciar as casas governantes por suas respectivas afiliações matrilineares, os irmãos de mães dos quais seus filhos (como *vasu*) podem obter apoio. Inversamente, essas mulheres nobres incluídas pelo casamento, continuando a representar seus grupos natais – e, como "sangue sagrado", formando novas linhagens ligadas àqueles grupos –, assim inseriam os destinos das terras de seus irmãos nas possibilidades de participação de seus filhos na hipercompetitiva arena política bauense. Assim, o destino de Rewa na guerra com Bau dependeria das maquinações de Ratu Raivalita, *vasu* perante ambas. Essa inserção de questões políticas maiores nas relações entre irmãos ou casas aparentadas levaria apenas ao agravamento da ferocidade de seus conflitos. Também transformaria certas mulheres em elementos-chave no destino de algumas terras. Como filhas, podiam ter sido dadas em casamento sem seu consentimento e mandadas para outra terra por razões de Estado que não diretamente lhes diziam respeito ou levassem em conta sua felicidade. Mas, como esposas e mães, encontravam-se no meio de uma disputa política da qual eram partes contendoras, com seus próprios interesses e meios de afetar o resultado.

Vasu *e luta fratricida*

A morte estava presente nas relações *vasu* fijianas de diversas formas. Podia ser apenas nos relatos não comprovados de que mulheres mandadas de certas terras como esposas para nobres bauenses eram instruídas a fazer abortos para que suas terras natais não tivessem *vasu* bauenses a tiranizá-las. O povo Macuata tomara como prova dessa política o fato de que "nunca houvera um grande *vasu* perante Mathuata em Bau" (Pritchard, 1968:330). O povo Lakeba foi de fato tiranizado por um grande *vasu* de Bau em meados do século XIX, Ratu Mara Kapaiwai, mas isso não atenuou as memórias contraditórias de um chefe lauense chamado "Esconde Lakeba" (*As Vuni Lakeba*), nome que recebeu "por causa do costume que mulheres Lakeba casadas com bauenses tinham de fazer abortos para não gerarem filhos de irmãs; elas esconderam Lakeba do povo de Bau, que poderia usar o filho da irmã para saquear Lau" (Hocart, *WI*:281). Basil Thomson disse que era regra geral em Fiji, particularmente em Bau, enviar aborteiras profissionais junto com toda mulher de alta estirpe que se casasse fora, com instruções de realizar abortos para que não houvesse sobrinhos uterinos a fazer demandas sobre os povos nativos das mulheres (1908:221). As genealogias de Bau e outras terras com as quais os bauenses contraíram matrimônio deixam claro que esses relatos eram exagerados, se é que alguma vez tiveram um fundo de verdade. Como muitas "lendas" modernas, seu valor de verdade repousa, de fato, em ampliar certas disposições estruturais até o ponto da anti-socialidade ou criminalidade e, assim, revelar certas contradições na ordem normal. O que essas histórias de aborto significam é o lado transgressor da relação *vasu* e seus perigos para o povo da mãe.

No entanto, a morte estruturalmente inversa, matar a mãe viúva que legitima as prerrogativas *vasu* de seu filho, é amplamente testemunhada, com horror, nos textos de missionários e outros *papalagi* no século XIX. O estrangulamento das viúvas de um chefe falecido, de preferência por seus próprios irmãos ou outros parentes, tinha diversos valores, mas a preservação das relações *vasu* – que poderiam de outra forma ficar comprometidas por um novo casamento da viúva – era prática de destaque (Williams e Calvert, 1859:158). O astuto vagabundo de praia John Jackson ("Cannibal Jack") pensou que reforçar os direitos *vasu* bem poderia ser a principal razão para estrangular as viúvas, pois "isso é tido como uma prova definitiva de que [seus] filhos são legítimos, e permite a eles demandar seus direitos como *vasu* nos territórios natais de suas falecidas mães" (1853:448). Assim, com a morte inesperada de um dos filhos do rei de Cakaudrove, seu irmão mandou estrangular apenas as viúvas com filhos, "porque sabia que aquilo seria um meio de obter a propriedade *vasu* de seus sobrinhos, o que lhe garantiria uma inesgotável fonte de bens" (ibid).

Considerada nesse contexto, a discórdia fratricida de Ratu Raivalita e Ratu Cakobau não era extraordinária – ou seja, dado que as relações *vasu* sempre foram, num sentido literal, mortalmente sérias.[35] Mortalmente sérias, novamente, porque o destino das terras natais de suas respectivas mães estava envolvido na discórdia. "Esses irmãos do rei", observou Cannibal Jack, "estão em geral à frente de todas as coisas danosas que ocorrem com tanta freqüência em todas as ilhas, e em todas as partes das ilhas, e muitas vezes ao mesmo tempo, de modo que a totalidade da terra, ou melhor, de seus habitantes, está envolvida num perpétuo distúrbio cujas complicações decorrentes são quase impossíveis de se conceber" (Diapea, 1928:102). Jackson falava mais diretamente de Lau, contudo provavelmente sabia de semelhantes batalhas reais fraternais em Rewa, Bau, Cakaudrove e Macuata, entre outras. Conflitos entre irmãos plenos eram a minoria de tais casos, mas podiam ser bastante perturbadores. Em Rewa houve um que durou anos, imediatamente antes da grande guerra com Bau, que jogou o rei Ro Kania contra o pretensioso e carismático Ratu Qaraniqio. Antes de serem finalmente reconciliados, a disputa foi marcada por incidentes conhecidos também nas lutas entre meio-irmãos: adultério entre o ambicioso irmão mais jovem e uma das esposas do rei e – parte em conseqüência disso – o banimento ou auto-imposto exílio do mais jovem – no caso de Ratu Qaraniqio, em Bau, onde encontrou refúgio durante algum tempo entre o povo de sua mãe.

Uma tática recorrente nesses conflitos entre irmãos, o adultério da esposa de um rei com um rival fraternal era um crime de *lèse-majesté*, visto não apenas como um insulto à masculinidade e aos poderes reprodutivos do governante, mas como uma usurpação de suas alianças matrimoniais. No entanto, tudo sugere que as mulheres reais envolvidas tinham participação ativa nessas relações subversivas. Quaisquer que fossem as atrações pessoais, algumas entre as diversas esposas do rei sempre poderiam promover seus interesses – o que também significa os interesses de seus irmãos e filhos –, formando um vínculo com os competidores de seu marido real. No caso em questão, não sabemos qual das esposas do rei de Rewa envolveu-se com o irmão mais novo. Mas sabe-se que sua esposa principal, Adi Qoliwasawasa, que, "para falar claramente, é quem usa calças ali", servia seu marido com uma língua ferina e, conta-se, uma fieira de seus próprios amantes (Osborn, *J*: 31 jan-25 fev 1834). Considerada uma beldade por visitantes europeus dos anos 1830 e 1840, dizia-se também que Adi Qoliwasawasa tinha certo gosto pelo "luxo estrangeiro" (Jackson, 1853:467-8). Esposas reais claramente podiam desempenhar papel crítico nas disputas fraternas pelo reino.[36]

Seu papel podia ser decisivo para promover as oportunidades de seus próprios filhos herdarem o título do marido. Altercações entre as co-esposas de famílias reais – como, em tempos atuais, entre as esposas de irmãos em famílias extensas – são um tema recorrente na etnografia fijiana. As possibilidades de disputas eram ainda mais exacerbadas pelas indeterminações da sucessão. É verdade que uma das esposas de um rei foi investida do título oficial que cabia a ele. Mas parece que mesmo seu título poderia ser dado a outra pessoa; e, de qualquer modo, nada garantia que, na divisão da herança, seus filhos teriam precedência sobre os filhos de outras esposas reais.[37] É freqüente a observação (em fontes *papalagi*) de que os status relativos de meio-irmãos paternos dependiam dos status de suas mães. Mas, com freqüência, seria difícil determinar os status relativos dessas mulheres, uma vez que elas vinham de terras diferentes. Na prática, muito dependia do poder corrente da terra natal da esposa e de seu valor estratégico para a terra de seu marido. E, então, algo dependia igualmente do favor do rei, de suas preferências pessoais entre as esposas, que podiam ou não refletir os valores políticos de cada uma delas. Aqui estava um espaço estrutural para contingências decisivas.

Começando por volta de 1820 e indo até o tempo da Guerra da Polinésia, o título de Roko Tui Dreketi, governante de Rewa, foi disputado pelos dois filhos de um rei famoso, Ro Tabaiwalu. O massacre mútuo tampouco poupou o pai de ambos, e sua hostilidade levou à estasis de 1844-5, que viu um dos irmãos sobreviventes e seus parceiros desertando para o lado do inimigo bauense que se aproximava.[38] Por causa da carnificina envolvida, esse conflito na casa governante de Rewa mereceu muita tinta nas crônicas de visitantes europeus, mas não tinha caráter diferente dos fratricídios e parricídios reais que a tradição fijiana relaciona ao que ocorrera em Lau e Bau uma ou duas gerações antes (Cross em Lyth, *TFR*, 1:121-23; Hocart, 1929; Reid, 1990). O complô para assassinar Ratu Raivalita pode igualmente ser tomado como uma instância desse padrão recorrente. Daí que o bem documentado caso de Rewa mereça ser examinado aqui por suas implicações sobre o conflito análogo em Bau.

As relações entre as principais figuras reais em Rewa estão indicadas na genealogia da Figura 3.5.

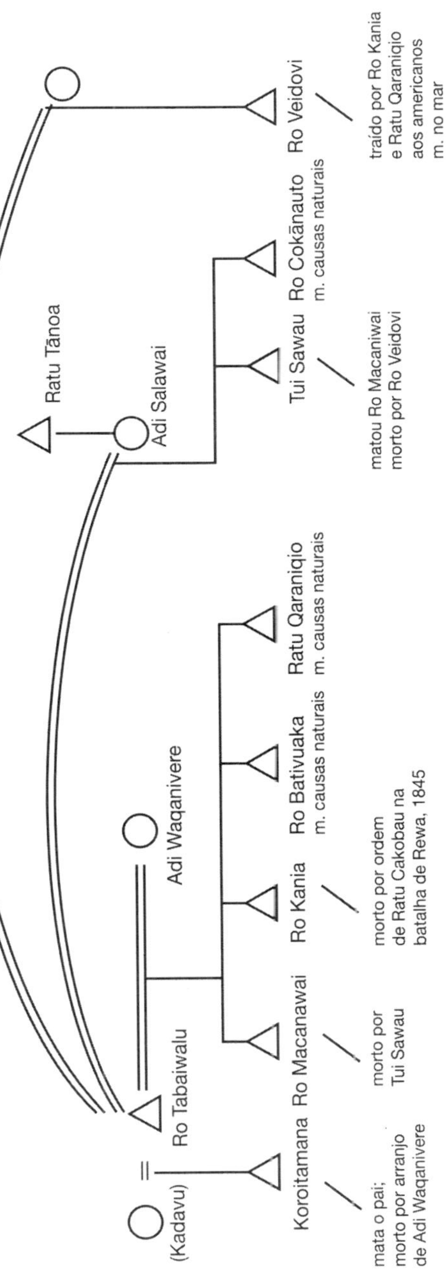

Figura 3.5 – Assassinato em altas posições rewanas

Em 1820, ou próximo dessa data, um certo Koroitamana, filho mais velho de Ro Tabaiwalu, rei de Rewa, e de uma mulher Kadavu (nome desconhecido), portanto um *vasu* perante aquele lugar, matou seu pai a pauladas. Pelo que tudo indica, as chances cada vez menores de Koroitamana herdar o título de Roko Tui Dreketi e tornar-se governante principal foram um motivo do parricídio, talvez *o* motivo. Embora sua mãe aparentemente fosse a primeira entre as esposas do rei, ela agora com certeza era a segunda: havia Adi Waqanivere (também conhecida como Adi Waqaniveno), uma filha da antiga realeza bauense (Nabaubau/Batitobe). Adi Waqanivere antes era a rainha de Rewa (Radi Dreketi) e mãe de quatro dos filhos de Ro Tabaiwalu.[39] No interesse de seus próprios filhos, Adi Waqanivere envenenou a mente de seu marido contra Koroitamana, embora se diga, como é comum em tais casos, que o *vasu* perante Kadavu dera a seu pai razão suficiente para se enraivecer ao cometer adultério com uma de suas outras esposas – tendo ela sido morta por isso. Uma versão preservada numa canção fijiana diz que Koroitamana foi mandado de lugar em lugar por causa da querela com o pai – de Ra para Bau e para Kadavu –, até ter permissão para retornar a Rewa (Waterhouse, 1866:39). Aqui, no entanto, ele estaria abaixo de Ro Macanawai, o primeiro filho de Adi Waqanivere e agora o herdeiro legítimo. Ainda assim, matar seu pai não reverteu a situação. Usando um estratagema, a mãe de Ro Macanawai ocultou a morte do rei por diversos dias, enquanto espalhava a notícia de que ele queria a vida de Koroitamana. Alguns dentes de baleia presenteados a certas figuras importantes garantiram o feito.[40] Agora Ro Macanawai era rei: pelo menos por um curto período, até que seu crânio fosse esmagado pela maça de outro meio-irmão, Tui Sawau. Tui Sawau era também *vasu* para Bau, mas para a casa do atual rei da guerra, e não, como sua vítima fraternal, para a velha nobreza bauense. (A rivalidade entre essas casas reais de Bau sem dúvida contribuiu para o antagonismo entre seus respectivos sobrinhos uterinos em Rewa.) Em seguida à morte de Ro Macanawai, sua mãe, Adi Waqanivere, e os irmãos sobreviventes fugiram para Bau, deixando Tui Sawau governando Rewa. Isso ele fez até 1828, quando foi atingido por um tiro e morto por outro meio-irmão, Ro Veidovi, cuja mãe era também de Kadavu. Diz-se que Ro Veidovi foi levado a fazer isso pelo grupo de Adi Waqanivere em Bau por meio de um grande suborno. Certamente eles se beneficiaram da ocasião retornando a Rewa, onde o irmão mais velho, Ro Kania, agora se tornara Roko Tui Dreketi. Esse foi o fim de explícitos fratricídios, parricídios e regicídios. Ainda assim, a cabeça que carregava a coroa de Rewa continuava desconfortável, pois as hostilidades entre os irmãos assumiram outras formas.

Em 1840, o capitão W.L. Hudson, da Expedição Exploradora dos Estados Unidos, usando os serviços amigáveis do rei de Rewa, Ro Kania, e de seu irmão, Ratu Qaraniqio, caçou e capturou o meio-irmão dos dois, Ro Veidovi, o mesmo que havia atirado e matado o rival Tui Sawau 12 anos antes (Prancha 4). Os norte-americanos procuravam Ro Veidovi por um ataque à tripulação do brigue *Chas. Doggett*, de Salem, ao largo de Kadavu, em 1834, quando foram mortos dez homens – embora, de acordo com alguns, o complô tenha sido tramado com Ratu Qaraniqio e, segundo outros, com o próprio Ro Kania.[41] Acorrentado a bordo do navio norte-americano *Peacock*, Ro Veidovi foi sumariamente condenado e morreu durante a viagem para os Estados Unidos como prisioneiro. Parece que seus irmãos reais ficaram bastante contentes em se verem livres de Ro Veidovi. Alguns anos antes, o comerciante de pepinos-do-mar John Eagleston teve evidência de tais sentimentos fraternos quando tentou capturá-lo por sua participação nas mortes no *Chas. Doggett*. Pois foi Ro Kania quem informou sobre Ro Veidovi e seu suposto cúmplice, um certo homem de Manila (cf. Clunie, 1984).[42] Os mesmos dois foram traídos por um outro meio-irmão, Ro Cokānauto ("Phillips"), e acusados de estar planejando tomar o próprio navio do capitão Eagleston. Por tudo isso, o capitão julgava que os irmãos de Ro Veidovi, "sem demonstrar com relação a ele nenhuma boa vontade, e se eu pudesse discretamente armar uma armadilha para o demônio, teriam o maior prazer, em troca de um belo dente de baleia, de fazer com que ele passasse para o outro lado" (*UD*, 2:14).

Ro Veidovi escapou da armadilha do capitão Eagleston em 1834, mas não da do capitão Hudson em 1840 – graças aos esforços de Ratu Qaraniqio a favor dos norte-americanos. Primeiro mantendo o rei de Rewa e Ratu Qaraniqio como reféns no *Peacock*, o capitão Hudson depois encarregou o último de trazer Ro Veidovi para o navio. Logo a tarefa estava cumprida. O existente estado de animosidades e amizade entre os irmãos rewanos, vindo de longa data, havia dado aos americanos alguma certeza de que Ratu Qaraniqio estaria disposto a entregar Ro Veidovi. O único problema, como disse o tenente Reynolds, "era saber se a vítima estaria viva ou morta" (*Le*: 21 set 1840). Naquela época, Ro Veidovi era um parceiro de Ro Cokānauto e inimigo de Ratu Qaraniqio, muito embora Ro Veidovi tivesse atirado em Tui Sawau, irmão pleno de Ro Cokānauto, na própria casa deste. Conforme entenderam os norte-americanos, a entrega de Ro Veidovi por Ratu Qaraniqio para ser preso representara um movimento oportuno, pois "Veidovi sempre fora seu rival" e o único irmão que apoiava Ro Cokānauto (Wilkes, 1845, 3:129, 136). Imediatamente depois disso, Ratu Qaraniqio apossou-se da propriedade de Ro Veidovi, inclusive de suas esposas. "Ele é um homem de boa aparência", comentou Charles Pickering sobre Ratu Qaraniqio, "mas há algo na expressão de seu rosto que o destacaria como um trapaceiro em qualquer lugar, e diz-se que não lhe poderíamos ter feito favor maior que capturar seu irmão" (*J*: 15 jun 1840).

Isso deixou Ro Cokānauto como o último dos meio-irmãos paternos, filhos de Ro Tabaiwalu, para desafiar o poder de Ro Kania e Ratu Qaraniqio. Ele era, além disso, o *vasu* perante Ratu Tānoa e seu povo, enquanto seus rivais fraternos eram *vasu* perante a velha nobreza bauense de Nabaubau, inimigos de Ratu Tānoa. E Ro Cokānauto tinha suas ambições. "Ó, sim, ... eu gostava de ser Rei!", disse ele ao senhor Pickering. "Eu gostava de andar pelos lugares e mandar fazer isso e aquilo" (*J*: 19 mai 1840). Em 1844 ou 1845, teve a metade de seu desejo realizado. Ratu Tānoa fez com que fosse investido como o Roko Tui Dreketi na cidade rewana de Nukui depois de ele haver desertado para o lado de Bau – embora Ro Kania continuasse reinando com aquele título na capital.[43] Ro Cokānauto morreu de disenteria e *delirium tremens* em 1851, quando Ro Kania também estava morto e Ratu Qaraniqio levava adiante, sozinho, a guerra com Bau.

A pré-história do assassinato

A hostilidade entre Ratu Raivalita e Ratu Cakobau não era apenas pessoal. Ou melhor, a animosidade pessoal era movida pelas dinâmicas da situação política maior, as cambiantes relações de Bau e Rewa, na qual eles tinham papéis específicos em virtude de suas respectivas relações *vasu* diante dos dois reinos. Em resumo, a história é esta. O golpe de 1832-7 que depôs Ratu Tānoa como Vunivalu, fortaleceu de modos diferentes a posição política dos dois jovens chefes bauenses. Ratu Raivalita, *vasu* perante Rewa, beneficiou-se porque Ratu Tānoa dependia criticamente do apoio rewano para restaurá-lo no poder, condição que também valorizava o status da mãe de Ratu Raivalita, Adi Qereitoga, irmã do rei de Rewa. Enquanto isso, como *vasu* perante Bau, Ratu Cakobau foi capaz de permanecer na ilha e organizar um levante contra os chefes que haviam deposto Ratu Tānoa – golpe que restaurou seu pai no status *de jure* de rei da guerra enquanto dava a ele o poder *de facto*. Essas duas políticas de retorno de Ratu Tānoa a Bau eram complementares, pois não apenas os rewanos lhe garantiram abrigo nos últimos anos de seu exílio, como também materialmente subsidiaram a derrubada dos rebeldes em Bau. Nos anos que imediatamente se seguiram à restauração, o capital político de Ratu Cakobau deu um salto dramático, pois ele foi o iniciador das guerras que permitiram a Bau recuperar em Fiji a ascendência que ficara abalada durante o golpe. No início dos anos 1840, no entanto, os sucessos de Bau, simultaneamente a contínuos conflitos entre a realeza rewana, puseram os dois reinos em oposição e, finalmente, levaram-nos a uma guerra aberta. Isso em nada beneficiou Ratu Raivalita no que se referia a seu cada vez mais poderoso irmão, Ratu Cakobau, o *vasu* perante Bau. As relações deterioradas entre Bau e Rewa também puseram os dois irmãos em curso de colisão.

As relações entre Bau e Rewa eram melhores no início do reinado de Ratu Tānoa. Sua ascensão ao título de Vunivalu, em 1829, melhorou as relações com

Rewa – a ponto de irritar seus inimigos em Bau e desempenhar um papel no golpe de Estado de 1832. O próprio Ratu Tānoa era um *vasu* perante Rewa: sua mãe, Roko Lewasau, era filha de um Roko Tui Dreketi anterior, aparentemente de uma casa diferente da de Ro Kania e outros. Essa conexão foi sedimentada com seu casamento com Adi Qereitoga por volta de 1820, bem como pela consideração que ele passou a mostrar por ela. Segundo um relato, Adi Qereitoga era uma irmã plena do rei Ro Kania (Wallis, 1851:152), mas meia-irmã, com uma mãe diferente, segundo outro (Eagleston, UD, 1:380-81). Ela era, conseqüentemente, uma mulher de posição muito elevada em Rewa, a primeira depois do rei e da rainha "e tratada com igual respeito", disse o negociante Warren Osborn, que em 1835 a viu vivendo lá "em grande estilo", com inúmeros ajudantes e uma grande casa própria (*J*: 31 jan-25 fev 1835).[44] Documentos contemporâneos referem-se à posição de Adi Qereitoga em Bau de diversas formas: "a Rainha", "a Rainha Cabeça", ou, novamente, como a "esposa suprema", "esposa principal" ou "esposa favorita" de Ratu Tānoa.[45] Tecnicamente, no entanto, ela não era a "Rainha Cabeça" (Radini Levuka). Aquele título estava nas mãos de outra das esposas de Ratu Tānoa, Adi Talātoka, a filha do rei Cakaudrove (Tui Cakau) que fora casada anteriormente com o irmão e predecessor de Ratu Tānoa, Ratu Naulivou.[46] No entanto, Adi Qereitoga pode ter tido o segundo dos títulos das consortes reais bauenses (Radini Kaba). E embora, aos olhos dos brancos, ela "não desse mostra de nenhuma das finas dádivas da natureza", era certamente bem vista por Ratu Tānoa, de quem recebia tratamento preferencial. Ela bem poderia ser descrita como sua "esposa favorita" – desde que Rewa permanecesse a aliada favorecida do rei.

Ratu Tānoa viera trocando favores com Rewa desde muitos anos antes do golpe – como observado, essa era uma das reclamações contra ele em Bau. O mais provável é que ele tivesse integrado (ou liderado) o grupo de bauenses que William Cary acompanhou a um banquete em Rewa em maio de 1831. Mesmo que os rewanos tenham dado ao visitante apenas a metade dos mil porcos que Cary mencionou, a ocasião teria sido realmente grandiosa para os padrões fijianos (Cary, 1972:70). Grandiosa também foi a canoa dupla dada no ano seguinte por Ratu Tānoa ao irmão de sua esposa, o rei de Rewa. O capitão Eagleston supunha que era provavelmente a maior canoa no oceano Pacífico: cerca de 32m entre os pontos extremos do casco, com um mastro de 19m, vergas de 25m e uma plataforma de 7m; foram necessários sete anos para construí-la, e podia carregar várias centenas de homens, "os nativos dizem 700" (Eagleston, UD, 1:392). O ressentimento que tais trocas incitaram entre certas facções em Bau – não tanto, talvez, por causa do desvio de recursos bauenses, mas por causa do apoio de Rewa a algo que eles realmente odiavam, o governo de Ratu Tānoa – foi agravado pelo fato de Ratu Tānoa proteger os negociantes de pepinos-do-mar cujos navios seus inimigos bauenses estavam ansiosos por pilhar (Clunie, 1984; Eagleston, *UD*, 1:383, 387, 438-40; Osborn, *J*: 7 jul 1835).[47] Guiados pelos chefes guerreiros Ratu Mara e Seru Tānoa, os mesmos elementos bauenses também se perturbaram com a recusa de Ratu Tānoa de sancionar seus ataques contra cidades rewanas.[48] De fato, durante essas hostilidades, Ratu Tānoa fornecia "material de guerra" – provavelmente até armas – para o rei de Rewa, o irmão de sua esposa Adi Qereitoga (Eagleston, *UD*, 1:438). Numa ocasião, Adi Qereitoga visitou Rewa mesmo enquanto os rewanos preparavam os fornos para assar os corpos de dois bauenses abatidos. O capitão Eagleston, que também estava lá, comentou que ela fora bem recebida; e, a esse respeito, ele considerou que o próprio Ratu Tānoa, como *vasu* perante Rewa, receberia o mesmo bom tratamento, houvesse guerra ou não (ibid, 1:391).

Embora a parcialidade de Ratu Tānoa com relação a Rewa e à proteção que dava aos navios europeus certamente tenha acirrado a animosidade contra ele em Bau, a rebelião que o depôs em 1832 era uma herança de conflitos mais antigos da mesma natureza, originados muito antes de sua própria ascensão ao título de Vunivalu. O predecessor de Ratu Tānoa, do clã governante (e usurpador), Tui Kaba, havia igualmente lutado contra a velha nobreza bauense – os Nabaubau, os Dewala e os Roko Tui Bau – junto com seus grandes aliados guerreiros de Vusaradave e outros partidários de dentro e fora de Bau. O rebelde mais importante, Ratu Mara, era membro destacado dessa aristocracia nativa, bem como o *vasu* dos guerreiros Vusaradave.[49] O capitão Eagleston o descreveu como um homem muito alto, "de boa aparência e sentimentos elevados, com um olho como de águia, e grande guerreiro", mas, mesmo assim, "um grande tratante e nem um pouco amigo dos brancos, do rei (Ratu Tānoa) ou de seus favoritos" (*UD*, 1:386). Ao encontrar Ratu Mara logo após o golpe de 1832, o capitão Eagleston o achou "muito amargo em suas expressões contra o velho rei (Ratu Tānoa), e seu maior prazer seria banquetear-se com ele" (*UD*, 1:437). Seru Tānoa, o líder dos homens guerreiros (*bati*) Vusaradave e, assim, "comandante-em-chefe das forças fijianas", segundo estimou o capitão Eagleston, e Ratu Namosimalua, governante supremo da ilha Viwa, eram duas outras personagens significativas no levante de 1832. Foram caracterizados de forma muito semelhante a Ratu Mara pelos comerciantes norte-americanos – exceto que o primeiro era um bebedor excessivo de *kava* e hospitaleiro com os *papalagi*, enquanto o outro era um "pérfido aventureiro" que também não era amigo dos estrangeiros nem de Ratu Tānoa (ibid, 1:385-87; Osborn, *J*: passim). Enquanto Ratu Mara tinha "olho de águia", Seru Tānoa tinha "olho de falcão". Entre parênteses, como sugerem muitas de nossas citações, deve-se comentar aqui, e endossar, a avaliação feita por Fergus Clunie do capitão John H. Eagleston: "Um observador agudo, expressivo, que entendia as maquinações políticas bauenses tão bem quanto qualquer estrangeiro desde então" (1984:58).

As "conspirações à moda de Bau" que o capitão Eagleston conheceu em sua época haviam sido precedidas diversos anos antes por um ensaio geral do golpe de 1832, bem como por uma completa estasis algumas décadas antes, ambos envolvendo os mesmos alinhamentos de forças contendoras. Em 1825, o irmão mais velho de Ratu Tānoa, o rei da guerra reinante Ratu Naulivou, foi ameaçado com uma rebelião por causa de uma inesperada mudança na balança de poder em Bau, resultante de um motim a bordo do brigue espanhol *Laurice* pela tripulação recrutada em Manila. Quando o *Laurice* encalhou em Bau, seus estoques de munição caíram nas mãos do chefe guerreiro Vusaradave, o mesmo Seru Tānoa. (Também é sugestivo da cumplicidade do Roko Tui Bau que os mastros do *Laurice* fossem mais tarde usados como estacas para o principal templo de Bau, Navatanitawake, presidido pelo rei sagrado, e a âncora do navio continue até hoje de pé, encostada na plataforma diante do templo.) O comerciante William Driver, do *Clay*, relatou a seqüência do encalhe do *Laurice* como a ouviu em Bau (*J*: 6 out 1827). Disputas eclodiram e seguiram-se mortes entre os amotinados, e os chefes também estavam "agitados", até que o rei Ratu Naulivou, "percebendo que sua cabeça corria perigo, deu um jeito de queimar a cidade, e assim destruiu as sementes da facção rebelde, com as mercadorias, armas e munições provenientes do brigue todas queimadas".

As relações de hostilidade entre Ratu Naulivou e seu (tipicamente) enfurecido irmão mais novo, Ratu Tānoa, cuja "disposição canibal [*sic*]" já havia levado a brigas com o rei, ficaram ainda piores depois do incêndio (Driver, *J*: 6 out 1827). Ratu Tānoa partiu para Lau com centenas de bauenses – um quarto da população, conforme o capitão Driver – jurando nunca retornar. Quando Driver encerrou seus escritos, ele ainda não havia voltado, embora tenha retornado em 1829 para suceder Ratu Naulivou como Vunivalu. Não se sabe se Ratu Tānoa conspirava com os povos Vusaradave e Roko Tui Bau para derrubar Ratu Naulivou. Embora fossem os mesmos povos que iriam depor Ratu Tānoa diversos anos depois, a aliança deste último com eles, nessa instância, contra seu irmão mais velho, não estaria em desacordo com as "artes negras" da política bauense. Ao contrário, seria bastante análoga à ocasião em que Ratu Raivalita convocou a antiga nobreza bauense em sua luta contra Ratu Cakobau. E veremos situação similar novamente no golpe de 1832, quando certos meio-irmãos paternos de Ratu Tānoa juntaram-se aos mesmos inveterados inimigos dos reis da guerra Tui Kaba para derrubar Ratu Tānoa. A estrutura da rebelião em Bau é quase uma fórmula: uma combinação de conveniência entre o meio-irmão paterno do Vunivalu reinante e clãs nobres nativos que alimentam o ressentimento de antigas usurpações com a esperança de reconquistar sua glória passada.

Tenha ou não Ratu Tānoa conspirado com os inimigos bauenses de Ratu Naulivou nos anos de 1820, o fato é que ele estabelecera primeiro uma assustadora reputação, que perturbou seu irmão real, ao promover a matança, algumas décadas antes, da mesma aristocracia nativa – os povos Nabaubau, Roko Tui Bau e Vusaradave. Em algum momento no início do século XIX, esses povos haviam tentado retomar o controle do reino de Bau expulsando os governantes Tui Kaba. Em vez disso, o complô foi descoberto, e os supostos rebeldes fugiram de Bau, perseguidos por Ratu Tãnoa. Diz a tradição que ele os encontrou em Vanuabalavu, no nordeste de Fiji, e matou muitos, inclusive o rei sagrado (Roko Tui Bau) da época. Com isso, ganhou o apelido de *Visawaqa*, literalmente "queimador de canoa", mas, provavelmente, num sentido figurado, como uma combinação das palavras que compõem "matador de muitos homens" (*visa* + *waqa*), algo como "matador excessivo".

Assim, considerando os adversários, a rebelião de 1832 já era velha de décadas antes mesmo de começar.[50] Fundamentalmente, era a erupção de antagonismos havia muito sedimentados nas relações entre chefes bauenses. Como esses antagonismos eram ancestrais, levando os antigos dirigentes e os arrivistas reis da guerra mais uma vez a uma ruptura, não era necessário desenterrar antigas discussões como se tivessem sido sepultadas havia muito e como se quase ninguém se lembrasse delas. Em Fiji, como sabem os modernos etnógrafos, a reprodução de relações históricas funciona de outra maneira. As feridas infligidas durante antigas altercações ou usurpações são mantidas vivas por meio de interações cotidianas ou pela ausência delas: nas rondas diárias de quem visita quem, quem toma *kava* informalmente com quem, que famílias trocam comida regularmente, e quais não. Uma casa deixa de comparecer aos ritos celebrados por outra em situações vitais críticas. E então, nos rituais públicos, especialmente nos círculos de *kava*, a superioridade da velha aristocracia sobre os novos arrivistas é reconhecida ou ignorada – sempre reavivando as velhas disputas. Assim, não é surpresa que os mesmos chefes que derrubaram Ratu Tãnoa em 1832 novamente conspirassem com Ratu Raivalita para se livrarem de Ratu Tãnoa e Ratu Cakobau em 1845.

Nem será surpresa (agora) saber que certos meio-irmãos paternos de Ratu Tãnoa juntaram-se para derrubá-lo em 1832, e que um deles, Ratu Ramudra, o substituiu como o Vunivalu de Bau. Ratu Ramudra era um *vasu* perante Nairai, uma ilha submetida a Bau, lugar sem qualquer importância no século XIX, embora seu dirigente maior fosse descendente da realeza nativa bauense (uma dinastia de reis da guerra mais antiga ainda que a Nabaubau).[51] Mas Ratu Ramudra era, apesar de tudo, um rei apenas nominal, um fantoche conveniente movido pelos poderosos chefes que o fizeram Vunivalu, e não a causa da rebelião. Em características pessoais, era, de fato, o oposto do ativo rei da diarquia bauense – com a diferença de algumas centenas de quilos. Um "monstro de gordura", assim o chamou o capitão Eagleston, pesando cerca de 500kg, pensou ele: tão gordo que não se podia movimentar sem ajuda (UD, 1:437). O capitão ofereceu o sistema de elevação de carga do navio para içá-lo a bordo quando o rei bauense visitou o *Peru* em dezembro de 1832, mas Ratu Ramudra "não gostou do arranjo e decidiu que seus homens o ajudariam, e levou algum tempo até que seis deles conseguissem realizar a tarefa" (ibid). Seu imóvel, breve e nada ostentatório reinado deram a Ratu Ramudra o duradouro apelido na tradição fijiana de "o Rei da Guerra Reclinado" (*Na Vunivalu Davodavo*). Tão inofensivo era ele que Ratu Tānoa o perdoou quando reassumiu o poder, em vez de comer seu fígado cru – destino que tiveram diversos outros chefes bauenses. Ainda assim, se o obeso rei rebelde veio para nada, as fortunas de Ratu Cakobau e Ratu Raivalita foram alimentadas – e também, de maneira significativa, equilibradas – pelas maquinações que levaram à restauração de Ratu Tānoa. Ratu Raivalita beneficiou-se da posição estratégica de sua mãe Adi Qereitoga, que era o vínculo efetivo de Ratu Tānoa com Rewa. Enquanto isso, Ratu Cakobau organizava a resistência em Bau.

Ratu Cakobau permaneceu em Bau durante os cinco anos do exílio de Ratu Tānoa – o que é algo bastante misterioso, considerando seu compromisso com a causa de seu pai. As tradições bauenses atribuem sua sobrevivência a algo como sorte e ao simulado ar de imatura juventude que ele usava para cobrir suas intrigas subterrâneas (Anon. de *Na Mata*, 1891 [2]:14-15). Mas há mais que isso. A história de que escapou oportunamente de assassinos rebeldes no início do golpe revela, mais uma vez na forma de um *mito da vida real*, as relações estruturais que o protegiam. Conforme prossegue a história, os rebeldes, antes de irem atrás de Ratu Tānoa – que estava na ilha Koro quando o levante começou –, decidiram eliminar dois de seus filhos, Ratu Tubuanakoro e Ratu Cakobau. *Vasu* perante Sawaieke, na ilha Gau, Ratu Tubuanakoro era um homem inteligente e requintado – como já sabemos pelo testemunho de Dumont D'Urville (ver Capítulo 1). A julgar por tais relatos europeus, Ratu Tubuanakoro e Ratu Cakobau (ou Ratu Seru, como era conhecido então) eram os mais importantes e bem-sucedidos dos filhos de Ratu Tānoa. (Ratu Raivalita era um menino de cerca de dez anos em 1832.) Com a pretensão de matá-los, os rebeldes chamaram os irmãos a uma certa casa "Naduruvesi" onde faziam uma reunião – ou, em outra versão, a um embarcadouro adjacente de canoas (ver Figura 3.1). Mas, ao passarem pelo grande templo de Bau (Navatanitawake), o lugar de recolhimento habitual do Roko Tui Bau, Ratu Cakobau foi chamado para dentro pelo rei sagrado, para preparar sua *kava*. O jovem chefe obedeceu, enquanto seu irmão continuava a seguir para o encontro. A lenda bauense conta que, da porta do templo, Ratu Cakobau pôde ver seu irmão atacado com uma maça e fez um movimento para se juntar a ele, mas foi contido pelo Roko Tui Bau, que lhe ordenou que continuasse a servir a *kava*. Por outro relato contemporâneo, contudo, Ratu Tubuanakoro não foi atingido e derrubado em Bau. Além disso, de acordo com o capitão Eagleston, foi seu explícito desprezo pelos rebeldes o que o condenou à morte:

> Fez-se agora um encontro dos chefes e principais líderes para decidir sobre os procedimentos futuros, no qual entraram numa disputa acirrada e no qual Tooboonoocooroo (Ratu Tubuanakoro), o filho do rei, declarou que, se vivesse, ele vingaria os erros de seu pai; isso selou seu destino; e, traiçoeiramente, foi atingido com uma maça a bordo de uma canoa; ao receber o primeiro golpe ele rapidamente se levantou, cuspiu na cara de seu assassino e chamou-o de mulher. Quando o segundo golpe estava prestes a vir, foi contido por um chefe, que disse: "Não o mate como a um porco, deixe-o morrer como um chefe" e, assim, ele foi estrangulado. (Eagleston, *UD*,1:440)

A lenda segundo a qual Ratu Cakobau escapou enquanto servia a *kava* sagrada parece tão pouco convincente como referencial quanto estruturalmente reveladora. Inconvincente porque deixa inexplicado por que razão Ratu Cakobau não foi morto em algum outro momento depois disso, quando não estava servindo o Roko Tui Bau no templo. Reveladora, porque sua relação com o Roko Tui Bau deve ter ajudado a protegê-lo. Lembre-se de que Ratu Cakobau era um *vasu* nativo perante Bau, sua mãe, filha da nobreza antiga, o povo Nabaubau, também intimamente associado com o título de Roko Tui Bau. Ratu Cakobau era, assim, um sagrado filho da irmã perante os principais rebeldes. Então, assim como um *vasu* teria imunidade na terra de sua mãe quando esta estivesse em guerra com sua própria terra, esse *vasu* nativo podia sobreviver a uma rebelião contra seu pai na qual o povo de sua mãe figurasse de modo proeminente. (Também poderia ser relevante que a esposa titulada de Ratu Cakobau nos últimos tempos, Adi Samanunu, fosse uma filha do Roko Tui Bau, embora não haja certeza de que já estivesse casado com ela em 1832-37.) "Parece", diz o historiador fijiano Setariki Koto, "que Ratu Cakobau garantiu para si mesmo a proteção do Roko Tui Bau e de seus tios maternos de Nabaubau" (MS, capítulo Bau).

A tradição paralela, de que Ratu Cakobau foi capaz de desviar a suspeita de sua política desempenhando o papel de um adolescente irresponsável, também pode ser exagerada. "Cakobau passeia por toda parte sem nenhum cuidado / seu complô está escondido no fundo da terra", prossegue o canto histórico (Waterhouse, 1866:64, 432). Ainda assim, a descrição não se ajusta à aparência de Ratu Cakobau, tal como descrita alguns meses antes do golpe pelo capitão Eagleston, numa discussão sobre "os principais e mais proeminentes" personagens de sangue elevado em Bau. Sob o nome de Ratu Seru, Ratu Cakobau era o quinto numa lista de nove notáveis feita pelo bem-informado negociante de Salem, que disse dele: "Saroo, filho do Rei, é um homem alto e de aparência nobre, muito observador e inquisitivo, mas orgulhoso, com elevados sentimentos reais" (Eagleston, *UD*, 1:385-86).[52] Tampouco sugere a tradição que, durante o golpe, Ratu Cakobau tenha escapado totalmente de suspeita (Anon. de *Na Mata*, 1891 [2]; Koto MS). Mas é claro que ele amenizava essa suspeita com sua aberta colaboração com os usurpadores. Viajou com o rebelde Ratu Mara (Osborn, *J*: 2 ago 1834); sua esposa deu à luz e recuperou-se na casa do usurpador, o Vunivalu Reclinado (ibid, 29 mai-1º jun 1834); lutou em pelo menos alguns dos ataques planejados pelos chefes bauenses contra Rewa, os maiores aliados de Ratu Tānoa (ibid, 26 mai, 3 jun 1834). Ainda assim, durante todo o tempo ele secretamente tramava em benefício de seu pai com certos chefes leais do interior de Viti Levu e, o que se provou decisivo, com os pescadores-guerreiros Lasakau em Bau. Diz-se que manipulou o povo Lasakau com comida, dentes de baleia e promessas. Populoso e temível grupo, os notórios "homens perigosos", os Lasakau ocuparam sua própria seção ou *koro* de Bau, e, em algum momento no início de março de 1837, começaram a fortificá-la com uma paliçada, em desafio aos rebeldes. De acordo com outro relato, os Lasakau combinaram com seus adversários que não se usariam mosquetes; de qualquer modo, começou uma batalha na qual lanças incendiárias e flechas revelaram-se as armas mais efetivas. A vitória veio quando um fogo tocado pelo vento espalhou-se pela cidade dos rebeldes e fez com que buscassem a costa de Viti Levu para salvar suas vidas. Alguns morreram tentando alcançar um abrigo. Outros viveram apenas para serem sacrificados mais tarde por seus clãs, como preço imposto por Ratu Tānoa para a reconciliação.

Atribuía-se amplamente a Ratu Cakobau a restauração de Ratu Tānoa, e ele saiu da história como evidente homem forte entre os seus filhos e o óbvio sucessor do Vunivalu de Bau (cf. Cargil, *J*: 6 mai 1839). O nome *Cakobau*, que significa "guerras de Bau", ou "Bau é ruim", foi-lhe então concedido por sua participação no contragolpe.[53] No entanto, esse episódio não ocorreu assim por conta própria, como tipicamente se alega nas narrativas bauenses e nos cantos históricos. O rei rewano e seu povo tinham muito a ver com os acontecimentos. E isso significa que o status político da esposa rewana de Ratu Tānoa, Adi Qereitoga, junto com o de seu filho, Ratu Raivalita, o *vasu* perante Rewa, também foram substancialmente fortalecidos por esses eventos.

Adi Qereitoga era a ligação entre Ratu Tānoa e Rewa durante o exílio do esposo – daí que os europeus a caracterizassem nesse período como sua "esposa favorita", "Rainha Cabeça" e coisas semelhantes. Nos primeiros dois anos, no entanto, a relação era a longa distância. Ratu Tānoa inicialmente refugiou-se em Cakaudrove, onde a proteção que lhe deram sem dúvida devia algo a sua esposa principal *de jure*, Adi Talātoka, uma filha da casa Cakaudrove reinante.[54] Ainda assim, nos anos passados em Cakaudrove, ele manteve um contato afetivo com Adi Qereitoga em Rewa. Esta havia escapado do destino que de início partilhara com as outras esposas de Ratu Tãnoa, que foram tomadas à força, junto com o reino, pelo rotundo dirigente rebelde Ratu Ramudra (Eagleston, *UD*, 2:11; Eagleston, Diário do *Emerald*: 11 mai 1834). Mas no início de 1835, ou talvez antes, ela vivia cercada de pompa e cerimônia em Rewa, com seu filho Ratu Raivalita (Osborn, *J*: 31 jan-25 fev 1835). Quanta comunicação ela manteve com Ratu Tãnoa através de intermediários fijianos, não sabemos, mas os diários de negociantes europeus indicam que certos *papalagi* eram recrutados para esse fim. Em fevereiro de 1835, quando o capitão Eagleston estava em Somosomo, a capital de Cakaudrove, foi encarregado por seu velho amigo Ratu Tãnoa de levar dois grandes fardos de tecido de cortiça para "sua Rainha" em Rewa (Diário do *Emerald*: 23 fev 1835). Um mês antes, Warren Osborn, encontrando Adi Qereitoga em Rewa, testemunhou, de maneira indireta, o afeto recíproco entre ela e Ratu Tãnoa, o "Velho Cheirador de Rapé" (*Old Snuff*). "A ex-Rainha de Bowe (Bau), esposa-cabeça de Old Snuff", escreveu Osborn, considerava o capitão Eagleston "seu amigo particular e, em gratidão à assistência que ele se esforçou para prestar a seu marido, ela traz para ele muitos presentes e provisões, e quando qualquer um de nós a visita, ela é muito hospitaleira" (*J*: 31 jan-25 fev 1835). (Bastante diferente é a descrição de Adi Qereitoga feita pelo capitão Eagleston do golpe: "Ela é uma grande miserável, mas qualquer presentinho a satisfaz numa visita" [*UD*, 1:380-81].)

Em algum momento no final de 1835, Ratu Tãnoa juntou-se a Adi Qereitoga em Rewa, onde o rei, irmão dela, não apenas lhe deu proteção, como ainda fez uma campanha ativa para restaurá-lo no poder em Bau. Conforme descrito pelo reverendo Waterhouse, "Rewa apoiou Tãnoa, seu *vasu*, com todos os homens e meios de que dispunha. Diversas cidades importantes foram conquistadas para o rei bauense pelos exércitos rewanos" (1966:62; cf. Wilkes, 1845, 3:64-65). O senhor Waterhouse também indica que Ratu Cakobau participou da estratégia militar, embora, quando discordou do Roko Tui Dreketi sobre o que fazer com a cidade conquistada de Kaba, tenha sido impedido de destruí-la como queria.[55] Existem alguns indícios de outro apoio externo crítico para a restauração de Ratu Tãnoa. Diz-se que alguns europeus do diminuto assentamento de vagabundos e pequenos comerciantes em Ovalau, que tinham suas próprias disputas com os usurpadores bauenses, "entregaram privadamente uma grande quantidade de munição para [Ratu] Seru, que, numa noite, lhes fora pedir ajuda" (ibid, 63). É difícil confirmar esse relato. Mas o mesmo não se aplica à fonte rewana sobre os incentivos materiais que Ratu Cakobau ofereceu aos guerreiros Lasakau para que se juntassem a Ratu Tãnoa. De fato, o reverendo Cross, em seu "Short account of the late war at Bow, Feejee" (*Ext*: 1º jan 1839), credita todo o contragolpe às intrigas do Roko Tui Dreketi com o povo Lasakau, sem o benefício do envolvimento de Ratu Cakobau. O senhor Cross obteve essa informação em setembro de 1838 de um convertido rewano, "que tinha mais oportunidade de conhecer os particulares da guerra (o levante Lasakau de 1837) que qualquer outro, sendo freqüentemente empregado como mensageiro do rei de Rewa".[56] O mensageiro disse ao senhor Cross: "O rei de Rewa prometeu a eles [os pescadores-guerreiros Lasakau] que lhes mandaria construir diversas canoas caso se empenhassem em destruir ou dispersar os inimigos de Tānoa. Eles concordaram com a proposta, começaram a construir uma cerca e cavar uma trincheira que os separasse da outra parte de Bow" (ibid). De fato, seja lá com o que mais Ratu Cakobau estivesse seduzindo o povo Lasakau, no que diz respeito a dentes de baleia e promessas de futuros poderes e privilégios, o rei rewano presenteou esses guerreiros marítimos com uma extraordinária frota de canoas. Construídas por ordem do rei pelos excelentes carpinteiros de Kadavu, 50 canoas chegaram a Rewa como presente, junto com outros bens de valor, em agosto de 1838 (Cross, *D*: 31 ago 1838). Menos de duas semanas depois, o Roko Tui Dreketi foi a Bau para presentear com 49 canoas o recém-restaurado Vunivalu, Ratu Tānoa (ibid, 15 set 1838).

Nos anos logo após o retorno de Ratu Tānoa ao poder, ele continuou a trocar visitas amistosas e provas materiais de respeito com Ro Kania, o governante de Rewa, enquanto, ao mesmo tempo, Bau agressivamente recuperava sua hegemonia na Fiji Oriental. Seus filhos Ratu Raivalita e Ratu Cakobau lucraram com isso, cada um à sua maneira: o primeiro, com as relações amigáveis com Rewa, sendo ele a conexão de "sangue sagrado"; o segundo, com as relações hostis com outros reinos, sendo ele o efetivo comandante dos exércitos de Bau.

No entanto, os reis mais idosos que estavam no poder, Ratu Tānoa e Ro Kania, eram os elementos principais nas trocas que ocorriam entre Bau e Rewa. Cinco ou seis vezes no período 1838-40, Ratu Tānoa visitou pessoalmente Rewa, enquanto Ro Kania retribuiu o favor com três ou quatro viagens a Bau.[57] Algumas dessas ocasiões foram festivas (*sōlevu*), envolvendo consideráveis grupos visitantes, permanência de vários dias em comunidades anfitriãs, generosa hospitalidade e agrados aos visitantes, diversões e muitos presentes de valor – portanto, "prestações totais", como teria dito Marcel Mauss. Outras visitas podem ser classificadas como diplomáticas: as tentativas de intervenção pacífica nos conflitos internos de outros reinos, por exemplo. Após reassumir o poder, Ratu Tānoa convocou a Bau os chefes rebeldes e os leais para uma reunião, na qual a participação de Ro Kania foi decisiva para obter a reconciliação entre eles (Cross, *Ext*: set 1838). Ele também intercedeu para resolver uma violenta disputa entre duas cidades bauenses (ibid, 4 set 1838). Por sua vez, Ratu Tānoa foi a Rewa para persuadir os chefes a desistirem de seus ataques a cidades vassalas recalcitrantes no território Noco (Jaggar, *J*: 6 nov 1840). Num certo ponto da deterioração das relações entre Bau e Cakaudrove, Ratu Tānoa pediu assistência militar ao Roko Tui Dreketi. A campanha nunca deslanchou, embora Rewa tenha mobilizado forças e reconstruído templos para a guerra (Jaggar, *J*: 15, 17, 25-26 nov 1840). Ratu Cakobau também se envolveu em questões internas de Rewa. Tentou interceder numa antiga disputa entre Ro Kania e seu irmão mais novo Ratu Qaraniqio, presenteando o primeiro com um ritual de reconciliação (*i soro*) em nome do segundo (ibid, 14 abr 1841). O ritual foi recusado, um tapa na cara do chefe bauense que foi exacerbado quando o rei de Rewa e Ratu Qaraniqio logo em seguida se reconciliaram – sem a ajuda de Bau, muito obrigado. Este foi um mau presságio de coisas piores que viriam a acontecer, mas, até o início dos anos 1840, as relações entre os reinos eram em sua maior parte amistosas. E, de todas as trocas entre eles, as mais valorizadas eram os presentes mútuos de vítimas canibais.

Esses corpos eram "coisas grandes". Bau, especialmente, utilizava-se deles para presentear Rewa, começando com a parte de um dos chefes rebeldes enviado a Ro Kania por Ratu Tānoa logo depois que este recuperara o poder (Cross, *D*: 14 jan 1838; Jaggar em *WMMS/L*: 23 ago 1839). Houve uma ocasião em que um homem Verata morto pelos bauenses foi salgado para uma esperada visita de Ro Kania, que trazia uma estaca para a construção de um novo templo (Jaggar, *J*: 18, 22 out 1839). Em duas outras ocasiões, 20 vítimas de massacres bauenses – primeiro, 20 do povo Verata, e depois outras 20 do povo Namena – foram enviadas ao rei de Rewa.[58] A distribuição desses corpos por Ro Kania entre os rewanos e seus aliados de guerra (*bati*) faria algum bem a sua nova autoridade – ao mesmo tempo que o fluxo em mão única de *bakola* ("vítimas canibais") de Bau para Rewa reforçava uma certa deferência a Ratu Tānoa.[59] Nessa época, o rei de Rewa recebia ordens do Vunivalu de Bau sobre como lidar com os apelos missionários para tornar-se cristão (negativamente) e como lidar com o comércio europeu (de modo hospitaleiro).

Mas, enquanto os velhos reis assim sedimentavam seu acordo, Ratu Cakobau e Ratu Raivalita avançavam em seus trajetos de maneiras diferentes; Ratu Cakobau seguia um caminho que logo acabaria na dissolução da aliança com Rewa e poria os irmãos numa oposição mortal. Foi o tempo da reconquista. Instigada por Ratu Cakobau e sob sua liderança, Bau recuperou o terreno que havia perdido durante os anos do golpe (ver Capítulo 1). Para repassar brevemente esses eventos: durante cinco anos, de 1838 a 1843, Ratu Cakobau empreendeu uma brilhante campanha de repetidos ataques contra certos inimigos estratégicos visando também intimidar alguns outros. Verata, Namena e Tela, em Viti Levu, foram atacadas, bem como Macuata e outras terras na parte norte de Vanua Levu. Cakaudrove e Lau ficaram intimidadas. Verata prestou submissão formal (*i soro*) a Bau em 1840, Cakaudrove em 1842. De fato, Lau fez o mesmo, reassumindo seu status de terra tributária quando Ratu Cakobau foi até lá, numa prolongada visita, em 1843. Esses foram anos em que o tenente Wilkes e outros europeus residentes mencionaram

Prancha 1 – Ratu Tānoa

Prancha 2 – Ratu Cakobau

Prancha 3 – Ratu Gavidi

Prancha 4 – Ro Veidovi

Prancha 5 – Reverendo Richard B. Lyth

Prancha 6 – Reverendo John Hunt

Prancha 7 – Reverendo William Cross

Prancha 8 – Reverendo Thomas Jaggar

Prancha 9 – Reverendo e Senhora James Calvert

Prancha 10 – Reverendo Thomas Williams

Prancha 11 – Tenente Charles Wilkes, comandante da Expedição Exploradora dos Estados Unidos (Em Fiji, 1840)

Ratu Cakobau como o criador de um inferno por toda a Fiji, para substituir "Old Snuff", Ratu Tānoa, como o rei *de facto* de Bau. Foi também a época em que os ataques de pirataria de Ratu Raivalita e seu grupo contra cidades submetidas a Bau começaram a atrair a atenção desfavorável dos *papalagi*. Além dessas depredações, Ratu Raivalita realizava novas missões oficiais para Ratu Tānoa, ou então prestava a ele serviços que também sugeriam que o *vasu* perante Rewa partilhava a avaliação que o pai fazia daquele reino. O tenente Wilkes encontrou Ratu Raivalita quando o jovem chefe estava a caminho de Macuata para buscar uma filha do rei que fora prometida como esposa a Ratu Tānoa (Wilkes, 1845, 1:148-9). Ratu Raivalita liderou um grupo de bauenses a Cakaudrove numa visita cerimonial que marcou a recém-concluída paz com aquele reino (Lyth, *J*: 7 jun 1842). Não muito antes de morrer, ele também acompanhou o rei Cakaudrove de volta até sua casa quando este retornava de uma visita de estado a Bau (ibid, 31 mar 1845).[60] Ainda assim, no total, a captura do poder reinante em Bau por Ratu Cakobau tornou a situação política de Ratu Raivalita cada vez mais ambígua, pois as chances de progresso e sucessão do irmão mais jovem ficavam mais tênues.

Tudo sugere que o controle de Ratu Cakobau sobre o poder organizado levava Ratu Raivalita a dar demonstrações do modo de chefia fijiano oposto, o transgressivo. As campanhas militares de Ratu Cakobau tinham um efeito de poder de longo alcance, que ia até mesmo além daqueles envolvidos em mobilizar exércitos e dirigir campanhas. Considere-se também que "a guerra fijiana é um negócio caro", como disse o reverendo Thomas Williams, que requer consideráveis acumulações de riqueza para apoiar e recompensar os exércitos e os deuses. Por conseguinte, o fato de Ratu Cakobau assumir o papel de rei da guerra implicava um controle que alcançava níveis profundos na vida do reino, de suas terras vassalas e de seus aliados. Ratu Cakobau era o mestre de uma extensiva ordem imperial bauense. Qualquer concorrência que Ratu Raivalita pudesse oferecer teria de ser operada segundo uma proposta alternativa de governar a sociedade com base numa superioridade pessoal que transcenderia a ordem estabelecida. Estava aberto para ele o modo *celeritas* do irmão mais jovem: as demonstrações performáticas de seu próprio *mana* através de atos que iriam além das normas de sociabilidade e da ousadia de homens comuns. Ele teria de ser ultrajante – "mau", e, assim, "um chefe de verdade". O lugar que ocupa na memória bauense indica que foi o que ele fez. Lembremo-nos de como o historiador Ratu Deve Toganivalu retrata Ratu Raivalita: "ainda mais déspota que Ratu Cakobau", disse ele, "um vilão de primeira ordem", cujo "único prazer estava na tirania e no sofrimento" (*TkB*, Parte 1).

Foi uma discórdia semelhante na casa governante de Rewa que lançou Ratu Cakobau e Ratu Raivalita numa rivalidade definitiva em Bau. A concorrência entre o Roko Tui Dreketi, Ro Kania, e seu carismático irmão mais jovem Ratu Qaraniqio acabou resultando na deterioração das relações de amizade entre Rewa e Bau – e num correspondente declínio dos recursos políticos de Ratu Raivalita. A animosidade entre o rei de Rewa e seu irmão já estava evidente em 1838 e 1839, primeiros anos de residência dos missionários Wesleyan. De fato, foi parcialmente expressa na atitude provocadora de Ratu Qaraniqio, atormentando esses missionários *papalagi* a quem o rei, seguindo o conselho de Ratu Tānoa, se não por sua própria inclinação, estava disposto a tolerar. Além disso, o conflito fraternal tomou a forma já comentada de uma ligação adúltera entre Ratu Qaraniqio e uma das esposas do rei, seguida pelo banimento do irmão mais jovem para a companhia de seus parentes em Bau. Entretanto, Ratu Qaraniqio era bastante superior a Ro Kania quanto a seu caráter como chefe. Ele claramente tinha a mais imponente casa e família em Rewa, e um modo correspondente de ser e se apresentar. Com uma altura estimada de mais de 1,80m, tinha o corpo bem constituído e torneado, "um dândi", mas com uma expressão facial e comportamentos que os *papalagi* geralmente achavam perturbadores – a face de "um malandro", "uma disposição violenta e sanguinária" (Reynolds, *Le*: 21 set 1840; cf. Pickering, *J*: 15 mai 1840; Sinclair, *J*: 15 jun 1840). Ro Kania às vezes era visto de pior maneira. Um "grande canibal de 1,80m, feio, barbudo, pintado", era como parecia a Warren Osborn, e também "um grande canalha, ladrão e pedinte"; mas, com tudo isso, um bom amigo e protetor dos negociantes brancos (*J*: 31 jan-25 fev 1835). Cannibal Jack descreveu o rei de Rewa quase dez anos depois como "gordo, preguiçoso e efeminado pela vida luxuriosa que leva" (Jackson, 1835:467), e certamente nenhum dos brancos o considerava à altura de seu irmão mais novo, fosse em estilo ou substância.[61] Tampouco foi ele capaz de impedir que Ratu Qaraniqio seguisse com suas bravatas, que acabaram rompendo a paz entre Rewa e Bau.

É opinião tanto dos fijianos quanto dos europeus que os massivos ataques rewanos levados avante por Ratu Qaraniqio contra a cidade de Suva, afiliada a Bau, e que culminaram em 1843 na destruição do local e na matança de muitos de seus habitantes, foram *a* causa da grande Guerra da Polinésia.[62] A idéia talvez seja excessivamente simplista, embora a questão da causa estivesse restrita a eventos precipitadores, mas está claro que o problema de Suva foi um ponto de inflexão nas relações entre Bau e Rewa. Essa mudança de bom para ruim novamente envolve a interação entre eventos no nível interpessoal – disputas entre os chefes governantes, promovendo e defendendo sua honra e poder – e o estado das forças coletivas. Além disso, as hostilidades imediatas em Suva evocaram uma história muito mais longa, mais uma vez como a tucidideana "causa mais verdadeira" da Guerra do Peloponeso, que poderia ser apropriadamente transposta para Fiji e reformulada como "o crescente poder dos bauenses e o medo que isso inspirava aos rewanos".

Tinha importância crítica, em todos os níveis, o fato de que o chefe supremo de Suva, o Roko Tui Suva, fosse um *vasu* perante a casa Vunivalu de Bau, como filho de uma das filhas de Ratu Tānoa. Se este era o status instrumental (e institucional) de Suva como uma cidade bauense, era também crítico que, anteriormente – numa questão de apenas duas gerações passadas, a crer na genealogia –, o chefe de Suva fosse um *vasu* perante Rewa, e, pelo que tudo indica, aliado daquele reino (Hocart, *FN*:2090-1). Contra este panorama vem Ratu Qaraniqio, de Rewa para Suva, em janeiro de 1841, e ali trata de se apropriar de um grande porco que pertencia ao dirigente de Suva (o Roko Tui Suva). Como sobrinho uterino para a realeza Nabaubau de Bau, Ratu Qaraniqio tinha o direito de satisfazer seus desejos em lugares submetidos àquele reino – mesmo sendo um irmão mais jovem do rei de Rewa, ele tinha tal prerrogativa. Assim, quando o Roko Tui Suva impediu que o chefe de Rewa *vasu*asse o porco, os tumultos que se seguiram trouxeram à tona a longa disputa bauense entre a velha nobreza e o Tui Kaba reinante, bem como a mudança histórica no equilíbrio de poder entre Bau e Rewa. A temporalidade do evento é precisamente não momentânea, não confinada a sua própria ocorrência; contém em si uma longa história que afeta de forma negativa seu breve presente. Mas, além de sua história, a situação geográfica de Suva também tem sua importância. Era uma cidade bauense no quintal de Rewa e, além disso, estrategicamente localizada perto da boca do rio Wailevu, o principal acesso de Rewa ao mar e às suas principais dependências nas ilhas.[63] (O efeito de mosaico que isso dava à organização política de Bau, com algumas de suas cidades confederadas incrustadas em áreas dominadas por outros reinos, não é algo inusitado em Fiji. A vantagem para uma cidade avançada como Suva é que está longe o bastante de Bau para não ser muito importunada por ela, mas próxima o suficiente para esperar receber proteção.) Portanto, quando Ratu Qaraniqio, insultado pelo incidente do porco, organizou um grande ataque a Suva, isso teve sérias implicações para as relações políticas entre Bau e Rewa, para as relações pessoais entre seus governantes, Ratu Tānoa e Ro Kania, para a rivalidade dentro de Rewa entre Ratu Qaraniqio e o rei – e, dentro de Bau, para a sorte do "grupo de Rewa", Adi Qereitoga e Ratu Raivalita.

Já em fevereiro de 1842, mesmo antes do ataque inicial rewano a Suva, o reverendo Jaggar estava em Rewa relatando rumores de uma guerra iminente com Bau e a suspensão de toda a navegação entre os dois reinos. Liderado por Ratu Qaraniqio, cujo objetivo explícito era vingar sua humilhação na história do porco, esse ataque indicava que ele estava mais que reconciliado com seu irmão, o rei. Ratu Qaraniqio devia dominar, nesse momento, a vida política rewana, já que não poderia ter reunido a grande força de ataque de talvez dois mil homens, inclusive contingentes de terras aliadas e vassalas (*bati* e *qali*), sem a aquiescência tanto do Roko Tui Dreketi quanto do outro rei de Rewa, o da guerra (Vunivalu), que, em princípio, comandava os exércitos rewanos. Embora bem mais numerosos, os rewanos foram vergonhosamente dispersados pelo povo de Suva (Jaggar, *J*: 23, 25 jun 1842). Mas em abril de 1843 Ratu Qaraniqio ficou satisfeito quando outro grande exército rewano, amplamente recrutado, não apenas invadiu a cidade, como massacrou as mulheres e crianças que abandonavam a área depois de um acordo que supostamente garantiria a segurança delas.

As notícias sobre o massacre em Suva foram recebidas com consternação e cólera em Bau – mas sem retaliação imediata. Nas semanas que se seguiram, missionários nos dois lados – o senhor Jaggar em Rewa, o senhor Hunt em Viwa – relataram uma tensão palpável e premonições de hostilidades iminentes, mas a guerra não começou até o final de 1843, seis meses após a queda de Suva. Pode-se deduzir uma explicação plausível para o adiamento a partir das ações dos dois principais elementos bauenses, Ratu Cakobau e Ratu Tānoa, sobre os quais, em última instância, restaria a decisão sobre a guerra. Ratu Cakobau deixou Bau para uma prolongada estada de quase seis meses em Lau. Ostensivamente, e embora enfurecido pelo massacre em Suva, ele adotava um curso cauteloso, esperando para ver as intenções dos rewanos. A viagem também teve a virtude de confirmar o domínio de Bau sobre Lau – que fora desafiado por Cakaudrove durante o golpe dos anos 1830 – e seu acesso à riqueza do reino a barlavento. Desse modo, o missionário local, Thomas Williams, registrou a chegada da frota de Bau a Lakeba em 21 de maio "para receber a homenagem e as riquezas do Tuinayau (o rei de Lau) e seu povo" (1931, 1:162-3). Mas a avaliação dos motivos que levaram Ratu Cakobau a deixar Bau deve considerar também a reação de seu pai à catástrofe em Suva. Ratu Tānoa ficou perturbado, de acordo com o senhor Hunt, mas não o bastante para começar uma guerra em função disso: "Lembro-me de uma conversa com Tānoa sobre a questão naquela época, e ele me garantiu que alguma coisa ainda tinha de ser feita por Rewa antes que as hostilidades começassem. E observou, com sua calma característica: 'Eles destruíram uma cidade [Suva], mas não importa; deixe que destruam outra, então lutaremos'" (Hunt, *J*: 19 out 1845).

Entre as considerações que inibiam Ratu Tānoa, de acordo com o reverendo Calvert, estava Ratu Raivalita. "O irmão rival de Thakombau", como o caracterizava o missionário, "era um alto *vasu* perante Rewa. ... Ele estaria, portanto, a esse respeito, a favor dos parentes de sua mãe" (Williams e Calvert, 1859:348). Essa observação é significativa, porque, por tudo que se sabe, o que fez Ratu Tānoa mudar de posição, o que fez com que ficasse louco por uma guerra quando Ratu Cakobau voltou de Lau, foi o fato de a mãe de Ratu Raivalita o haver traído. Adi Qereitoga havia cometido adultério e fugido para Rewa junto com várias outras mulheres da família, e lá foram todas distribuídas como consortes entre rewanos importantes. Como foi necessário esse insulto para fazer Ratu Tānoa voltar-se contra

Rewa, pode-se concluir que sua relutância impedira o começo da guerra seis meses antes. Além disso, a saída de cena de Ratu Cakobau implica que pai e filho estavam em desacordo a respeito dessa guerra, tal como haviam discordado sobre outras anteriormente. Inibido por suas relações próximas com o rei de Rewa, para não mencionar sua profunda dívida com ele pelo decisivo apoio recebido durante o golpe dos anos 1830, Ratu Tānoa não seria tão rápido quanto seu belicoso filho Ratu Cakobau para punir Rewa pela destruição de Suva.[64]

Mas o comportamento de Adi Qereitoga mudou tudo, pôs fim ao impasse. Aqui está o resumo do reverendo Calvert de como isso aconteceu:

> Uma outra gravíssima ofensa fora feita a Mbau [Bau] no caso da esposa principal [*sic*] de Tānoa, a mãe de Raivalita, que tinha sido infiel ao Rei e, portanto, foi para a casa de seus irmãos em Rewa, acompanhada por diversas mulheres da casa de Tānoa. Essas mulheres foram dadas a diferentes chefes em Rewa, o que significava o maior insulto possível a seu antigo senhor, que, em seu ódio, esqueceu a ajuda que chefes de Rewa lhe haviam dado durante o exílio, e agora era consumido pelo desejo de vingança. A ferida aberta já não podia mais ser curada, e, perto do fim do ano, uma declaração formal de guerra foi feita por mensageiros de ambos os lados. (Williams e Calvert, 1859:348)

O resumo do senhor Calvert revela entendimento da reação de Ratu Tānoa, mas ignora a motivação de Adi Qereitoga. Claramente, ela era uma agente ativa na questão e sem dúvida consciente das conseqüências. O adultério no qual estava envolvida em Bau começou no final de 1842 ou no início de 1843, com um parceiro que a história não registrou – embora sua infidelidade tenha sido amplamente conhecida, provavelmente porque ela não se preocupava em ocultá-la. (Hunt para Lyth, *L*: 7 jan 1843; Hunt, *J*: 19 out 1845; Waterhouse, 1866:111). Adultério, fuga e as subseqüentes ligações de Adi Qereitoga e suas companheiras: qualquer uma dessas coisas seria *lèse-majesté* em si mesma – aumentadas pela conhecida preocupação do "Velho Cheirador de Rapé" com sua declinante virilidade. Mas, então, era de se esperar que as relações deterioradas entre Bau e Rewa, que começaram com a hostilidade rewana contra Suva, tivessem efeito similar sobre o status de Adi Qereitoga como a chamada esposa favorita de Ratu Tānoa. Seu papel como mediadora entre os dois reinos transformava-se agora numa desvantagem para Bau. E seu filho, Ratu Raivalita, como *vasu* perante Rewa, não apenas partilharia do opróbrio, como também perdia para seu irmão Ratu Cakobau toda chance de governar Bau. O último recurso político disponível para Ratu Raivalita, sua última demanda a favor de Ratu Tānoa, foi dissolvido tal como se dissolvera a amizade entre Bau e Rewa. Assim, do mesmo modo, desfizeram-se os vínculos entre sua mãe e Ratu Tānoa: provavelmente ela já o odiava, como demonstrou claramente em 1845, quando Rewa foi destruída, e ela levada à força de volta a Bau: "A mãe de

Revelete (Ratu Raivalita) declara que, embora seja compelida a viver em Bau, não será estrangulada (como seria apropriado) quando o rei (seu marido) morrer, pois ela o odeia, e desejaria atravessar sua carne com lanças afiadas" (Wallis, 1851:162).

Mas o espetacular desafio de Adi Qereitoga a seu marido dois anos antes, o adultério e a fuga para Rewa, já havia deflagrado uma explosão política, uma guerra com Rewa na qual se perderam as ambições e a própria vida de seu filho. Comparado com o status heróico do *vasu* nativo Ratu Cakobau, Ratu Raivalita era agora algo como um inimigo externo. Um incidente registrado no final de 1844, em Viwa, pela senhora Wallis, indica a ligação de Ratu Raivalita a Rewa; e, parece, o embaraço em que isso se transformara. À luz do dia, o "belo jovem" raptou uma das jovens esposas secundárias de Ratu Nalila, o chefe dos pescadores-guerreiros Lasakau (Wallis, 1851:33).[65] Ratu Raivalita então levou a mulher roubada para uma casa em Bau "destinada à filha do rei de Rewa, de quem ele está noivo" (ibid, 55). Quando ocorreu esse arranjo matrimonial, não se sabe. Pode mesmo ter-se decidido quando os dois eram crianças, repetindo assim o casamento da filha real de Rewa com o chefe bauense, que tornara Ratu Raivalita o *vasu* privilegiado perante Rewa.[66] Agora, no final de 1844, já iniciada a guerra com Rewa, Ratu Raivalita como que profanava a casa especialmente construída para sua futura esposa rewana ao instalar aí uma mulher de nível inferior. Tudo aconteceu como se Ratu Raivalita negasse ostensivamente lealdade a Rewa, que o havia tornado suspeito em Bau, encobrindo o complô que pretendia fazer dele o governante daquele reino.[67]

O efeito da guerra com Rewa sobre o status de Ratu Raivalita e Ratu Cakobau em Bau pode ser julgado por um outro daqueles mitos vivos ligados a esse conflito. É a história de um encontro de seus filhos organizado por Ratu Tānoa em resposta à infidelidade de Adi Qereitoga e à fuga para Rewa, o incidente que finalmente abriu as hostilidades. De acordo com a versão coletada pelo reverendo Hunt, Ratu Tānoa raivosamente declarou que havia sido insultado por seus parentes rewanos, e lamentava que não tivesse nenhum filho que o vingasse, ninguém para amá-lo e punir seus inimigos. "A mais amarga maldade se apossara evidentemente do coração do velho homem", escreveu o senhor Hunt, "e ele determinou a destruição total de Rewa e de todos que estivessem a favor dos interesses dela." Mas, embora todos os seus filhos simpatizassem com o pai, apenas Ratu Cakobau deu um passo adiante e, com toda sua energia, assumiu a causa de Ratu Tānoa (Hunt, *J*: 19 out 1845). Por certo, o valor referencial desse texto, sua factualidade, é duvidoso *a priori*, já que Ratu Cakobau havia muito já estava a cargo das forças de Bau e aparentemente tinha interesse, muito antes de seu pai, de liderá-las contra Rewa – tarefa para a qual, por ser o único *vasu* nativo perante Bau, era ele o mais adequado entre os filhos do rei. Mais uma vez, o valor de verdade do texto reside antes da indicação das relações que os eventos trouxeram à cena. Seu ponto crítico é o injurioso contraste entre Ratu Cakobau e Ratu Raivalita, o primeiro como sucessor definitivo do pai no governo de Bau, o último destinado a uma morte precoce. Pois se Ratu Cakobau avançasse para assumir a guerra de Ratu Tānoa, Ratu Raivalita teria de ficar entre "todos aqueles que estivessem a favor (de Rewa)" e, portanto, destinados a partilhar de sua destruição, "por mais caros que fossem ao próprio Ratu Tānoa". O mito ratifica a ascensão de Ratu Cakobau ao poder e pressagia a morte de Ratu Raivalita.

Nesse mesmo texto, o senhor Hunt enfatiza o caráter excepcionalmente maligno da guerra com Rewa. Tão furiosos estavam Ratu Tānoa e seus filhos que eles imediatamente determinaram uma "guerra de chefes". Isso era a guerra "em sua pior forma, mesmo em Fiji", de acordo com o senhor Hunt, um conflito que não poderia terminar até que "os chefes dirigentes" de um lado ou do outro fossem mortos (Hunt, *J*: 19 out 1845). Parece, no entanto, que, assim como ocorrera com o ódio de Ratu Tānoa, levou algum tempo até que se desenvolvesse um estado de coisas claramente beligerante. Certamente os rewanos não receberam a mensagem de uma guerra até a morte quando a declaração de hostilidades foi enviada a eles. Pois sua resposta foi uma oferta de submeter-se e humilhar-se (*i soro*).[68] Mas era tarde demais. "Thakombau e seu pai haviam passado [*sic*] o Rubicão, e a maligna perseverança do pai e a ambiciosa perseverança do filho, para não falar das habilidades e dos recursos de cada um, tornaram bastante improvável que qualquer coisa que não a retirada de Rewa da lista de Estados independentes em Fiji pudesse satisfazê-los" (ibid).

Pelo menos um historiador moderno tem dúvidas sobre se essa guerra foi diferente de qualquer outro grande conflito fijiano (Scarr, 1975:100). Nem tampouco pensava o próprio senhor Hunt que a guerra fosse tão incondicional quando estourou pela primeira vez, em novembro de 1843. Naquela época, o missionário opinou que o conflito logo terminaria com a submissão de Rewa (Viwa Record: nov 1843). Um mês mais tarde, ele observou que os dois lados estavam igualmente preparados para a guerra, e expressou a crença de que logo se cansariam daquilo (Hunt, *J*: 25 dez 1843). Mas não levou muito tempo para o senhor Hunt estar convencido de que os bauenses não se satisfariam com nada que não a morte do rei de Rewa. Da mesma forma, o senhor Jaggar em Rewa logo começou a falar em termos semelhantes quanto aos propósitos da guerra para os rewanos. De fato, o senhor Jaggar teve confirmação direta do grande arauto de Bau (Tunitoga, o arauto do Vunivalu) de que se tratava de uma guerra peculiar: "Ele disse que essa era uma guerra má – uma guerra para a morte, que só termina com a morte de dois chefes de Rewa ou de dois chefes de Bau – ao contrário de qualquer outra antes, uma coisa nova" (Jaggar, *PJ*: 4 abr 1844). Tanto em Rewa quanto em Bau, os missionários registravam os venenosos insultos verbalizados a respeito dos governantes inimigos (cf. Lyth, *R*:84). “Não sei de nada que pudesse induzir o povo de Bau a desistir”, escreveu o senhor Hunt em certo momento, “exceto a morte de Tãnoa” (Hunt, *L*, para Williams: 28 abr 1845). Como isso foi escrito apenas uns poucos meses antes de Ratu Raivalita tentar aquele golpe fatal, serve para enfatizar a conexão entre sua conspiração e o curso da guerra.[69]

Estruturas e contingências da conjuntura

Nos primeiros seis a oito meses de guerra, Bau alcançou uma vantagem aparentemente decisiva sobre as forças rewanas que estavam lutando em seu próprio território e, na maior parte dos casos, na defensiva. Com a ajuda de diversos e diferentes exércitos aliados (*mataivalu*), os bauenses moveram-se do norte para o sul através do delta do Rewa numa série de ataques, até que chegaram a distância de um tiro de mosquete da capital inimiga. Também interditaram o acesso sul de Rewa ao mar e a suas terras vassalas nas ilhas de Beqa e Kadavu. Mas, na segunda metade de 1844, a campanha chegou a um impasse. A energia do avanço bauense abrandou. As incursões de grande porte no delta cessaram. Tudo sem qualquer aparente razão militar.

Os primeiros sucessos bauenses haviam envolvido ofensivas periódicas por suas próprias forças e contingentes de conscritos de Viti Levu e das ilhas do mar Koro (Anon. de *Na Mata*, 1891 [5]:8-11). Os primeiros movimentos foram vitórias coordenadas por forças de Bau e Naitasiri, um poderoso reino aliado no rio Wailevu ao norte de Rewa (Figura 3.6). Os bauenses tomaram o banco esquerdo do Wailevu, começando em Nadali, enquanto o exército Naitasiri atacava duas cidades na margem oposta (Hunt, *J*: 4 dez 1843). Em janeiro de 1844, houve notícias de vitórias Naitasiri sobre certas cidades de Toga, uma terra aliada a Rewa no rio (ibid, 15 jan 1844). Por volta dessa época, Bau também recrutou um exército de Motukiri e Ovalau – força formalmente organizada conhecida como Os Leitõezinhos (*Na Geti*) – que foi despachado, com alguma vantagem, contra Tokatoka, um importante aliado fronteiriço (*bati*) de Rewa, até ser dispersado (ibid, 5 e 19 jan 1844). Também outras forças bauenses, como aquelas de Natarna, suas aliadas de fronteira, juntaram-se à rixa por um período – nem sempre gloriosamente (pois Rewa registrou algumas vitórias), porém mais ou menos ininterruptamente. Manter a pressão era a principal estratégia. Nem sempre era tão importante derrotar o inimigo quanto intimidá-lo. Intriga e suborno podiam então completar o que a força, por si mesma, não havia conseguido.

Ratu Cakobau empreendia uma guerra usando tanto diplomacia e conspiração quanto a pura força. Apesar de poderosos, os exércitos bauenses tinham suas limitações táticas, em especial quando se tratava de subjugar as cidades cercadas por paliçadas ou fossos no delta do Rewa. Sem carregar grandes suprimentos, mas vivendo com as coisas da terra, as forças invasoras bauenses não podiam sustentar prolongadas campanhas ou sítios. Elas usualmente se retiravam do campo após uns poucos dias de ação. Empregando uma combinação de terror e traição, provavelmente haviam queimado maior número de lugares abandonados que capturado lugares defendidos, e matado mais pessoas quando conseguiam entrar numa cidade inimiga através de algum dúbio estratagema. Tampouco os exércitos bauenses insistiam num ataque após perderem alguns poucos homens – para não dizer que se retiravam em debandada (cf. Derrick, 1950:48-49). Pois, além das limitações logísticas, havia outras estruturais que correspondiam do mesmo modo a desvantagens, quando se tratava de batalhas de grande porte ou prolongadas, quanto a vantagens, ao subverter a resistência inimiga por outros meios.

Muitos dos exércitos bauenses e muitas das cidades rewanas consistiam em aliados guerreiros independentes ou "fronteiriços" (*bati*), com suas próprias regras, seus próprios deuses e uma nítida consciência de interesses próprios. Independentemente de quão costumeiras ou antigas fossem suas respectivas relações com os reis de Bau e Rewa, estas eram consideradas contratuais na origem e voluntárias na prática. De fato, a linhagem governante das terras guerreiras fronteiriças caracteristicamente descendia de uma mulher real do reino dominante e, assim, tinha uma relação *vasu* privilegiada perante o reino ostensivamente superior.[70] Em suma, as fronteiras eram "terras com uma identidade própria em si mesmas" (*vanua vakaikoya*), com uma considerável liberdade de ação. Essa era uma das razões para que fosse tão dispendiosa a guerra em Fiji, como observou o reverendo Williams. Para mobilizar seus aliados para incursões no delta, Bau teria de dar garantias com comida e reforçar o controle que não possuía através de atribuições obrigatórias ou coerção. Se as forças aliadas obtivessem uma vitória, elas recorriam a Bau novamente para banquetes e presentes. Assim, além dos homens perdidos, as vitórias militares de Bau eram conseguidas a um "grande preço em comida para os deuses, riquezas e provisões para os guerreiros, e armas e munições, das quais Thakombau tinha um grande suprimento" (Hunt, *J*: 19 out 1845). Daí o valor estratégico dos tributos que Bau coletava de Lau, Cakaudrove, Macuata, das ilhas do mar Koro e em outras partes. E a riqueza era necessária para minar as alianças de Rewa, bem como para sustentar as forças de Bau. As terras fronteiriças rewanas (*bati*) eram não menos independentes e preocupadas com seu próprio bem-estar, o que correspondia a uma falha na hegemonia rewana e tornava Rewa vulnerável à subversão e deserção. E assim, exatamente em 1844, Rewa foi feita em pedaços. Ratu Cakobau usou suas vantagens militares, junto com seus famosos talentos e recursos para conspiração *à la* Bau (*vere vakaBau*), para desmontar a confederação rewana.

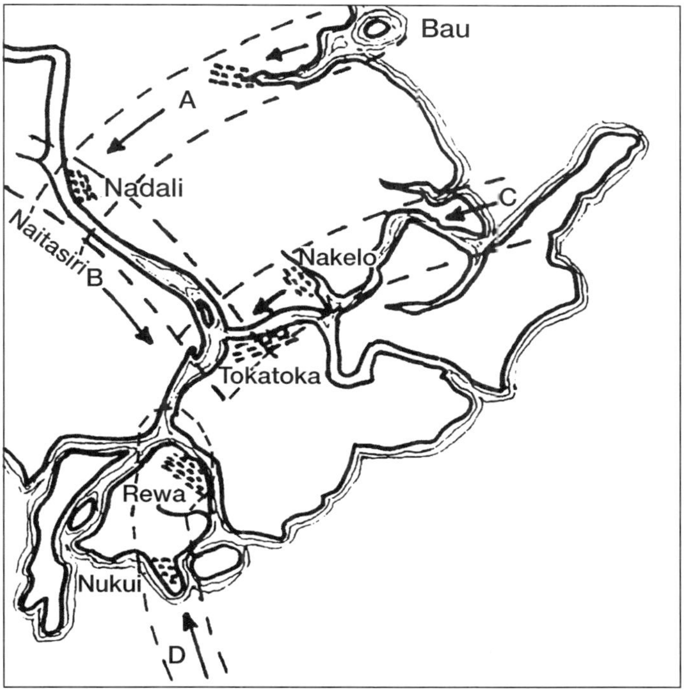

Figura 3.6 – As campanhas em Bau, no delta do rio Rewa, 1841-5.
A, B, C: antigas campanhas; D: campanha final

Já em janeiro de 1844, apenas dois meses após o começo da guerra, Rewa havia perdido um estratégico aliado fronteiriço para Bau, bem como um de seus próprios chefes governantes e os respectivos seguidores – e suas atribulações apenas começavam (Figura 3.2). Nakelo, um grande território com 12 cidades, estrategicamente situado numa diagonal em relação ao delta do Rewa, entre Bau e Rewa, abjurou sua costumeira lealdade ao Roko Tui Dreketi e juntou-se ao campo bauense (Anon. de *Na Mata*, 1891 [5]; Calvert, *L*: 29 jan 1844; Hunt, *J*: 22 jan 1844; Jaggar, *J*: 22 jan 1844).[71] Descobriu-se mais tarde que o chefe supremo de Nakelo, o Tui Nakelo, teve a promessa de receber uma irmã de Ratu Cakobau como pagamento para mudar de lado (Waterhouse, 1866:124). (Como sabemos, em 1845, a mesma mulher, Adi Lolokubou, foi dada, em vez disso, ao chefe Lasakau Ratu Gavidi por haver revelado o complô de Ratu Raivalita, e o rejeitado chefe Nakelo voltou a juntar-se a Rewa.)[72] Ao mesmo tempo que Nakelo juntava-se a Bau no norte, Rewa estava sendo sitiada por outras forças desertoras ao sul. Isso foi quando Ro Cokānauto, o irmão do rei de Rewa, instalou-se em Nukui, uma cidade pesqueira na ponta sul do delta do Rewa, levando com ele "diversas cidades grandes" para o lado de Bau (Jaggar, *J*: 29 jan, 8 fev 1844; *WMMS/L*: 9 jul 1844). As forças de Bau, bem como os rebeldes rewanos, agora usavam Nukui como área de concentração e manobras para ataques acima do delta, um dos quais, em meados de fevereiro, chegou suficientemente perto de Rewa para que a cidade entrasse em pânico (Jaggar, *WMMS/L*: 9 jul 1844 [15 fev 1844]). Este também foi o momento em que as canoas bauenses, operando distante de Nukui, estavam atacando o comércio para Rewa de terras tributárias em Kadavu (Jaggar, *J*: 5 fev, 23 mar 1844; *WMMS/L*: 9 jul 1844). Outro povo vassalo (*qali*) de Rewa, a terra de Noco na parte sudeste do delta, também passou para o lado dos bauenses – que prontamente instalaram um contingente de guerreiros lá para garantir que não mudassem de idéia (Anon. de *Na Mata*, [5]:9). Quando Lokia, uma cidade pesqueira bastante próxima de Rewa, também se alinhou com Bau, propiciou o local do qual fogo de mosquetes seria dirigido contra a própria capital inimiga (Hunt, *J*: 28 nov 1844). Com esse movimento de pinça tanto ao sul quanto ao norte no delta, os bauenses privaram Rewa de muitas terras aliadas e vassalas, e com isso deixaram-na também sem provisões de comida, riqueza e homens das quais necessitava para fazer a guerra.

Em julho de 1845, o senhor Jaggar relatava que Rewa estava "cercada pelo inimigo", que seu campo de operação estava "muito limitado", que a comida era "muito escassa" e deveria permanecer assim enquanto durasse a guerra (*WMMS/L*: 9 jul 1844). Em agosto, a escassez de comida e a ameaça à cidade obrigaram o senhor Jaggar a abandonar a missão em Rewa e juntar-se ao senhor Hunt em Viwa. Em novembro – usualmente época de escassez, pois a colheita de inhame teria terminado –, tanto o senhor Hunt quanto o senhor Jaggar falavam de "fome" em Rewa. "A fome agora está fazendo rápido e assustador progresso nos territórios rewanos" (Hunt, *WMMS/L*: 21 nov 1844). "O horror da fome está cara a cara com eles" (Jaggar, *WMMS/L:* 15 nov 1844). E em março de 1845 a situação de Rewa era realmente desesperante. Os rewanos ainda estavam na defensiva; tinham pouca comida por causa da perda de cidades vassalas e da destruição de plantações pelo inimigo; tinham pouca terra para ser cultivada e poucas sementes para plantar; já não tinham a riqueza para recrutar um exército nem as provisões para sustentá-lo (Jaggar, *WMMS/L*: 3 mar 1845).[73] Pareciam estar acabados.

Sem dúvida, Rewa devia ter sido vencida, refletia o senhor Hunt nos primeiros meses da guerra, mas Bau deixou de dar seguimento à vantagem decisiva que alcançara:

> As preparações para o começo da guerra foram feitas em Bau com grande entusiasmo. Os deuses haviam recebido as preces, homens e armas estavam preparados, e as primeiras cidades que foram atacadas caíram como presas fáceis dos guerreiros bauenses. O povo de Rewa ofereceu uma resistência mínima, e tal era o sucesso de Thakombau (Ratu Cakobau) que, se

> ele tivesse sabido prosseguir e usar as vantagens que ganhara, a guerra poderia ter terminado em seis meses. Numa ocasião, os guerreiros chegaram bem perto de Rewa e levaram a cidade a tamanho pânico que, se a tivessem atacado imediatamente, o mais provável é que tivesse sido evacuada e queimada. No entanto, em vez de se aproveitarem desse sucesso fácil, eles devem retornar a Bau para prestar agradecimentos aos deuses por terem sido bem-sucedidos e honrar os homens que tinham conseguido matar qualquer um dos inimigos. (Hunt, *J*: 19 out 1845)

Ao final de 1844, embora Rewa estivesse cercada e empobrecida, a guerra praticamente se paralisara. Estivera assim durante alguns meses – e assim permaneceria até a morte de Ratu Raivalita no mês de agosto seguinte. Os grandes ataques dos bauenses e seus aliados no delta do Rewa haviam cessado em julho de 1844 (Jaggar, WMMS/L: 9 jul 1844), embora isso não fosse simplesmente porque estivessem muito ocupados celebrando suas primeiras vitórias, como acreditava o senhor Hunt. Os meses seguintes viram um ataque ocasional sobre uma cidade rewana remota, mas a maior parte da ação agora envolvia pequenos ataques feitos por grupos bauenses que buscavam suas vítimas fora das fortificações inimigas, em emboscadas por terra ou ataques marítimos com canoas. "Eles continuamente saem para tais incertas, e às vezes matam alguém e trazem sua caça para casa, mas outras vezes voltam sem nada"[74] (ibid.). Bem pode ser que os bauenses estivessem mais interessados em conseguir vítimas canibais nessa época que em destruir cidades rewanas. Eles precisavam de *bakila* ("vítimas canibais") para certos propósitos outros.

Vítimas humanas eram necessárias para os banquetes oferecidos ao povo Cakaudrove. Liderados pelo seu velho rei governante, o Tui Cakau, um grande contingente de Cakaudrove veio em março de 1844 a Bau, onde permaneceu durante quase um ano. Entre os visitantes estava um grupo de guerreiros marítimos Butoni: homens de luta que eram bauenses por ancestralidade e duplos na afiliação, pois mantinham a identidade original e prestavam lealdade aos chefes bauenses (ver Capítulo 1). As cambiantes relações entre Bau e Cakaudrove esquentaram e esfriaram durante décadas, mas o Tui Cakau agora vinha com duas canoas duplas para apresentar como gesto de submissão (*i sevu*) a Ratu Tānoa e para pedir assistência militar a Bau. Visitas desse tipo vindas de Cakaudrove eram altamente cerimoniosas. Havia diversos dias iniciais de conduta ritualmente obsequiosa da parte dos visitantes, seguidos por generosos banquetes com complemento de vítimas canibais oferecidos pelos anfitriões bauenses.[75] Bau era estritamente obrigada a prover tais *bakila*, e o povo Cakaudrove ficava estritamente satisfeito de comê-las (cf. Calvert, *K*: 2 jul 1850). Sendo este o caso, as hostilidades de Bau contra Rewa ganharam um novo propósito. Os ataques-surpresa que haviam substituído as campanhas dos exércitos bauenses agora serviam para continuar a fornecer banquetes canibais para o povo Cakaudrove. O reverendo Jaggar descreve um desses eventos para aperfeiçoar os conhecimentos das autoridades metodistas em Londres:

> Eles tiveram um banquete canibal em Bau. Onze pessoas do povo rewano foram mortas em uma emboscada e depois *cozinhadas* e *comidas* pelo povo Somosomo (i.e., Cakaudrove) que estava em Bau naquela época. Esse era um *rico* repasto para eles, e usualmente considerado uma *iguaria*. Dos ossos das pernas das pobres criaturas eles faziam *macarrão*, que um dia tive a ocasião de observar bem de perto. Também vi duas mãos humanas penduradas acima do fogo para defumar! Também conversei com um senhor (aparentemente, o senhor Jaggar refere-se a um *papalagi*) que havia visto cozinharem um pedaço da parte de cima do peito de um homem; os porcos também comiam as vísceras humanas nas ruas de Bau nessa ocasião! Isso, caros senhores, são fatos e realidades. ... Nada, além do Evangelho, pode arrancá-los totalmente de sua degradação. (Jaggar, *WMMS/L*: 4 out 1844)

O senhor Jaggar também fala de um ataque-surpresa por canoas Lasakau que levou 28 prisioneiros de volta a Bau, onde alguns foram jogados ainda vivos sobre pedras incandescentes (ibid, 3 mar 1845). De fato, os fornos canibais ficavam freqüentemente acesos durante a permanência do povo Cakaudrove. No final de novembro, o senhor Hunt estimou que "quase 50 pessoas foram comidas em Bau apenas durante os últimos três meses, algumas delas chefes rawanos [*sic*] de considerável status" (Hunt, *WMMS/L*: 28 nov 1844). Entretanto, a despeito do fato de que os corpos vinham principalmente de Rewa ou de terras rewanas, a visita Cakaudrove era um tipo de diversão, envolvendo uma mudança em Bau, diminuindo a atenção na questão militar.

A acreditar no senhor Jaggar, "a maior parte da atenção dos bauenses fora dirigida para o povo Somosomo (Cakaudrove), que, com seu chefe, estão visitando Bau há mais de 12 meses" (*WMMS/L*: 3 mar 1845). Seu "chefe", o velho Tui Cakau, estava lá para "invocar a guerra" (*tagi valu*), de modo a conseguir a ajuda de Bau para punir o povo Natewa, do sudeste de Vanua Levu. Um tradicional aliado guerreiro (*bati*) dos reis Cakaudrove, essa terra poderosa e rebelde, havia anos criava problemas para estes últimos (Lith, *J*: 4 mar 1844; Williams, 1931, 1:260). Mesmo enquanto o Tui Cakau residia temporariamente em Bau, seu filho Tui Kilakila, que detinha o título oficial de rei da guerra (Vunivalu) em Cakaudrove, comandou diversos ataques contra Natewa, nem todos eles gloriosos. Quanto ao interesse de Bau na questão, acreditava-se amplamente que Ratu Cakobau estivesse secretamente incitando a revolta Natewa. O senhor Hunt teve a premonição de que, se e quando as forças de Bau se envolvessem, isso não só custaria caro ao tesouro de Cakaudrove, como também a compeliria a "curvar seu pescoço um pouco mais voluntariamente ao jugo de Bau" (Hunt, *WMMS/L*: 26 fev 1845). Isso foi, de fato, o que acabou acontecendo em 1846, quando um exército comandado por Ratu

Cakobau promoveu a submissão (*i soro*) do povo Natewa a Bau, e não a seus senhores tradicionais em Cakaudrove. Ainda assim, isso foi depois de Bau aparentemente haver resolvido as questões com Rewa, destruindo a cidade em dezembro de 1845. E permanece a pergunta: por que razão Bau não esmagou Rewa um ano ou 18 meses antes, já que a situação com Cakaudrove parecia mais uma conveniência que uma razão necessária para o atraso, e certamente não a única razão?

A necessidade maior do impasse na guerra com Rewa está nas políticas internas de Bau. Tratava-se do reavivar do conflito que vinha de muitas gerações entre a antiga nobreza bauense liderada pelo povo Nabaubau (e que incluía o Roko Tui Bau) e o clã arrivista Tui Kaba dos reis da guerra. Os Nabaubau e seus diversos *vasu* fora de Bau eram aliados naturais de Ratu Raivalita, que, por sua vez, conspirava com o inimigo rewano para assumir o poder – e, assim, terminar a guerra. Apenas um mês antes da morte de Ratu Raivalita, o senhor Jaggar, observando que não parecia haver "perspectiva alguma de um rápido fim" do conflito com Rewa, aludiu a um certo partidarismo em Bau, que ele acreditava ser responsável pelo impasse militar: "O estado de coisas na capital (Bau) parece duvidoso, e somos às vezes levados a crer que o trabalho de uma corrente subterrânea certamente estaria estagnando o progresso, desfazendo as esperanças e sombreando a perspectiva de sucesso na guerra. É verdade que 'um reino dividido contra si mesmo não pode permanecer de pé'. Penso que o resultado da longa e continuada guerra entre esses dois poderosos distritos pode ser antecipado, com a morte dos chefes rawanos [*sic*], caso Bau se sustente, mas não o contrário" (Jaggar, WMMS/L: 5 jul 1845). De forma menos elíptica e mais precisa, o senhor Hunt havia identificado as fontes de dissensão alguns meses antes. Em janeiro, escreveu ao reverendo Lyth: "Penso que Bau poderia facilmente esmagar Rewa agora, mas Tui ila ila (Tui Kilakila), Namosimalua, Tui Veikau e o chefe de Naitasiri, para não falar de Raivalita, estão impedindo a morte dos chefes rewanos. Talvez alguns dos obstáculos sejam removidos. Só Deus sabe" (Lith, *L*: 4 jan 1845).

De acordo com todas as evidências, o que impedia a guerra de Bau com Rewa era uma coalizão dos velhos inimigos de Ratu Tānoa, coalizão em torno das desesperadas ambições de Ratu Raivalita e que se juntava, através dele, à igualmente desesperada situação militar dos rewanos. As conspirações de Ratu Raivalita e seus tios maternos, os governantes de Rewa, eram assim fortalecidas por ressentimentos bauenses de *longue durée*. Incluindo os chefes supremos de Namara (Tui Veikau) e Viwa (Namosimalua), a lista do senhor Hunt com os nomes dos chefes bauenses que estavam impedindo a morte do rei de Rewa coincide com a daqueles que logo seriam revelados como colaboradores no complô de Ratu Raivalita para assassinar Ratu Cakobau e Ratu Tānoa (ver acima). Mais notável ainda é a correspondência entre a lista do senhor Hunt e uma outra, compilada cerca de uma década antes pelo reverendo Cross, de importantes chefes que eram sobrinhos uterinos (*vasu*) perante os reis da guerra depostos de Bau, os Nabaubau ou Batitobe. De acordo com a informação do senhor Cross, os governantes supremos de Namara e Viwa acima mencionados, bem como o rei da guerra de Cakaudrove ("Tui ila ila", na lista do senhor Hunt) e o rei de Rewa (Ro Kania), eram todos filhos de irmãs de um certo "Savou", um inimigo visceral de Ratu Banuve (o pai de Ratu Tãnoa). Este era o famoso usurpador que suplantara Savou na luta pelo título de Vunivalu. Tudo sugere que foi dentro da aristocracia nativa de Bau e de seus agregados – que já haviam demonstrado disposição de livrar-se de Ratu Tãnoa nos anos 1830 e tentariam livrar-se de Ratu Cakobau nos anos 1850 – que Ratu Raivalita foi capaz de recrutar "o grupo forte a seu favor", em 1844-45. (Recorde-se de que um dos companheiros de Ratu Raivalita, Ratu Nayagodamu, era da casa do Vunivalu Reclinado que havia substituído Ratu Tãnoa no golpe de 1832.) Quanto aos outros co-conspiradores, o rei de Rewa e seu irmão Ratu Qaraniqio, estes tinham motivos de sobra: o assassinato de Ratu Cakobau e de seu pai poderia transformar sua eminente derrota na guerra com Bau em uma paz favorável.

Foi esse estado das forças coletivas que produziu a confrontação definitiva entre Ratu Raivalita e Ratu Cakobau. Desse modo, quando Ratu Raivalita foi morto por ordem de Ratu Cakobau, a correlação de forças mudou: o impasse na guerra foi rompido. Mas o que preparara o cenário para a morte dos reis fora o rápido avanço de Bau nos primeiros meses da guerra. Praticamente eliminado da sucessão ao governo de Bau pela deflagração do conflito, Ratu Raivalita via agora sua única esperança na derrubada de Ratu Cakobau e Ratu Tãnoa. Na segunda metade de 1844, aquele golpe era também a única esperança de paz dos dirigentes rewanos e de sua própria sobrevivência. O complô de seu *vasu* bauense com os inimigos herdados do clã Tui Kaba ajudou significativamente a reduzir o ritmo da campanha de Bau no delta do Rewa. No caso, Ratu Raivalita tornou-se uma dupla ameaça para Ratu Cakobau: um obstáculo a seu sucesso militar – o mesmo que dizer suas ambições imperiais – bem como uma ameaça a sua vida. Os dois tinham necessidade semelhante de eliminar o outro. A honra feita a Ratu Raivalita de indicá-lo, junto com um grupo de guerreiros, para acompanhar o velho rei Cakaudrove de volta à casa em março de 1845 aparece agora sob outra luz, como um expediente menos violento da política de eliminação. Mas, poucos meses após o retorno de Ratu Raivalita a Bau, ele tornou-se outra vítima da destruição fratricida que assombra as histórias dinásticas fijianas.

A queda de Rewa em novembro de 1845 foi não apenas uma seqüela da morte de Ratu Raivalita, mas algo como sua conseqüência lógica. Tal era a opinião de Ratu Qaraniqio, a julgar pela maneira como relatou o evento alguns anos depois. Como disse ele a um missionário católico, Ratu Cakobau marchou contra Rewa na mesma noite do dia em que Ratu Raivalita morrera. Na madrugada do dia seguinte, atacou a cidade e matou o rei (Deniau, *HF2*). Meses de escaramuças e intrigas foram assim comprimidos por Ratu Qaraniqio em um único período de 24 horas cheio de eventos. Mas não teria sido essa mitificação um modo de significar causação? O relato do reverendo Calvert, embora siga uma temporalidade mais razoável, explicitamente envolvia a mesma explicação do fim de Rewa. A morte de Ratu Raivalita, disse o senhor Calvert, "foi um forte golpe para os chefes rewanos. ... Sua grande esperança e seu apoio haviam desaparecido, agora que Raivalita estava morto; e, forçados a uma humildade submissa, propuseram a paz" (Williams e Calvert, 1859:351). Mesmo isso, no entanto, é uma redução dos eventos subseqüentes. A morte de Ratu Raivalita constituiu, sem dúvida, uma mudança no rumo da guerra, mas o que imediatamente se seguiu foi o fim do impasse. Bau agora empreendia uma ocupação metódica do delta do Rewa, até que, em pouco tempo, deixou indefesa a capital inimiga.

O assalto final começou no início de novembro de 1845, quando os bauenses chegaram à costa sul do delta perto de Nukui, a fortaleza de seu rei fantoche rewano, Ro Cokānauto (Figura 3.2).[76] Tinham vindo para garantir a deserção de Dreketi, uma terra em relação servil (*qali*) com os chefes rewanos e uma das principais provedoras de alimentos para esses chefes. Começando então em Dreketi, o avanço final bauense tinha uma certa ressonância mítica. A tradição rewana conta que Dreketi era a residência original, no delta, dos chefes imigrantes que finalmente se tornaram reis rewanos (daí, "Roko Tui Dreketi"), e que sua próxima parada, antes de assumir o reino, fora na terra de Burebasaga. Ratu Cakobau por certo tinha boas razões táticas para passar agora de Dreketi para Burebasaga, assim cercando e fechando a própria Rewa, mas a rota também retraçava o caminho mítico da dinastia Dreketi – e tinha a missão de obliterá-lo. A capitulação de Burebasaga a Bau efetivamente selou o destino de Rewa, pois Burebasaga detinha a função de mobilizar as forças guerreiras dos aliados (*bati*) e súditos (*qali*) de Rewa. Talvez, então, a queda de Burebasaga tenha sido a razão decisiva para a deserção da importante terra fronteiriça rewana de Tokatoka para o lado de Bau, após algo que o senhor Hunt chamou de uma "nobre resistência". Como outras terras rewanas, Tokatoka não foi tomada à força, mas foi "exaurida pela vigília e pela fome" (Hunt, *J*: 19 out 1845). Foi a essa altura, com Rewa virtualmente isolada, que a oferta de rendição mencionada pelo senhor Calvert foi enviada a Ratu Cakobau. No entanto, o mensageiro, o designado Enviado a Bau (*Mata ki Bau*) foi ele próprio subvertido por Ratu Cakobau e entrou num complô para trair a capital das forças inimigas (ver Capítulo 1). O "espírito de vingança" era forte demais nos chefes bauenses para que eles aceitassem a rendição, alimentado como estava pelos insultos dos rewanos e sua cumplicidade no "traiçoeiro complô" de Ratu Raivalita (Williams e Calvert, 1859:351).

Na destruição de Rewa, que veio logo a seguir, Ratu Cakobau conseguiu sua vingança contra Ro Kani, o Roko Tui Dreketi – cuja mãe era irmã da sua e cuja esposa era sua irmã classificatória próxima. Talvez porque o rei de Rewa fosse um grande *vasu* perante Bau, ou talvez porque nunca tenha entendido seu inimigo ou a guerra na qual estava engajado, o fato é que ele foi para a canoa de Ratu Cakobau no rio Wailevu enquanto sua cidade queimava, evidentemente acreditando "que Thakombau *não* o mataria" (Lyth, TFR, 1:206). Aqui estava uma expressão típica, nas pessoas dos dirigentes, do contraste entre a convencional Rewa e a transgressora Bau. Pois de nada serviram as invocações de parentesco do rei de Rewa. Segundo a maioria dos relatos, Ratu Cakobau ordenou a Komainaua, o mesmo que primeiro atingira Ratu Raivalita com uma paulada, que matasse o Roko Tui Dreketi. Havia um bocado de ironia nisso. Como sabemos, Komainaua, o *vasu* perante Cakaudrove, tinha uma relação ambígua com Ratu Cakobau, pois tinha sido um dos principais instigadores da tentativa Cakaudrove de derrubar a hegemonia de Bau em 1839-41. Assim, talvez haja tantas motivações lógicas quantas são as factuais para as histórias segundo as quais Komainaua recusou-se a obedecer ao comando de Ratu Cakobau, ou que atirou no rei rewano, mas não acertou. De acordo com o texto do senhor Lyth, não apenas ele errou, mas também erraram outros dois integrantes da comitiva de Ratu Cakobau – um deles era filho de Ratu Bativuaka, irmão do falecido rei de Rewa. O relato do senhor Lyth segue enfatizando o contraste entre as disposições do governante sagrado de Rewa, próprias de um membro da realeza, e as do rei da guerra de Bau. Diz-se que o primeiro gritou a Ratu Cakobau: "Por que você quer me matar? Deixe-me viver, sou seu parente." Ao que o temível bauense respondeu: "Não, eu o matarei; foram muitas suas palavras infames contra mim e meu pai"(Lyth, TFR, 1:207).

Nesse ponto, entra em ação um estranho, um homem de Manila não identificado, segundo o senhor Hunt (*J*: 19 out 1845). A presença desses forasteiros – que incluíam vagabundos europeus, taitianos e havaianos – nos círculos dos chefes dirigentes fijianos foi observada antes, sobretudo no contexto análogo do ataque a Ratu Raivalita. Além da experiência trazida por esses estrangeiros para consertar e disparar mosquetes, ou destilar bebidas alcoólicas, eles tinham um valor político especial por causa de sua imunidade (ou mesmo desprezo) frente aos tabus contra a violação das pessoas de grandes chefes. Esses tabus serviam bastante bem para proteger os equivalentes a Ro Kania ou Ratu Cakobau em conflitos puramente fijianos, mas poderiam não ter efeito algum quando *papalagi*, tonganeses ou homens de Manila estivessem envolvidos. Segundo a maior parte dos relatos, então, foi o homem de Manila – descrito no texto do senhor Williams como "um estrangeiro residente em Bau" – quem primeiro atirou e feriu o rei de Rewa quando este afastou-se da canoa de Ratu Cakobau (Williams, MN, vol. 2). O rei de Rewa também foi ferido no peito por uma lança arremessada por um bauense, talvez antes de ser atingido pelo tiro de mosquete, talvez depois; a história varia segundo quem conta. A maior parte das versões diz que Ratu Cakobau então partiu com uma alabarda o crânio já duas vezes ferido do rei, e mesmo ainda ele não morreu – o que só aconteceu quando Ratu Cakobau ordenou que fosse estrangulado. Tudo isso ocorreu na presença da esposa e dos filhos do rei de Rewa. Eles foram trazidos da cidade por ordem de Ratu Cakobau, que, pelo menos nesse caso, soube como honrar o parentesco – e neutralizar os herdeiros de Rewa? –, pois a esposa do rei era sua meia-irmã por parte de Ratu Tānoa. Assim termina o relato do senhor Williams: "Na canoa onde estavam os filhos [do rei], ali ele caiu, numa poça de sangue, e depois a família toda foi levada em triunfo selvagem para a ensangüentada cidade de Bau" (ibid). Mas talvez uma conclusão mais reveladora fosse a expressão atribuída a Ratu Cakobau na tradição fijiana do evento, supostamente falada quando ele atingiu o rei rewano com sua alabarda: "É esse o costume de vocês, os *vasus* de Bau em todas as terras. Se algum outro de vocês criar tamanho mal, ele será comido por Uvinisiga [o nome da agremiação de Ratu Cakobau]" (Anon. de *Na Mata*, 1891 [5]:11).

Coda: estrutura e contingência na história

Tudo podia ter sido diferente. Dada a disponibilidade de mosquetes e cúmplices, o *vasu* perante Rewa, Ratu Raivalita, bem poderia ter assassinado Ratu Cakobau. A paz logo seria concluída, e Rewa, poupada da destruição. Para repetir a avaliação do reverendo Calvert, os dirigentes rewanos haviam encarregado Ratu Raivalita "de matar seu irmão Thakombau, com a condição de que Rewa se tornasse sua tributária quando ele assumisse o governo de Mbau" (Williams e Calvert, 1859: 350). Além dessa inversão nos eventos, seria difícil imaginar a história contrafactual das ilhas Fiji sem a presença de Ratu Cakobau a partir de agosto de 1845. Mas pode-se encontrar algum significado nessa ausência a partir do que realmente aconteceu: da importância alcançada por Ratu Cakobau e Bau no curso subseqüente da história fijiana.

Dizimada no final de 1845, e com seu rei morto, Rewa de fato não capitulou. Ratu Qaraniqio escapou da matança e habilmente levou adiante a causa rewana a partir de um santuário nas montanhas, reativando certas conexões com terras aliadas. Embora Rewa fosse novamente destruída pelos bauenses em 1847, Ratu Qaraniqio mais uma vez sobreviveu e continuou a luta até sua morte súbita em 1855 (ver Capítulo 2). Àquela altura, Ratu Cakobau, enfrentando dificuldades com Rewa e com bauenses rebeldes, convertera-se ao metodismo, o que lhe deu a decisiva assistência política e militar das várias forças cristãs: os missionários ingleses cujos esquemas e subornos ajudavam a desativar a oposição bauense, e os tonganeses que deram o golpe de misericórdia nos últimos inimigos de Ratu Cakobau, na decisiva batalha de Kaba, em abril de 1855. Ao mesmo tempo, enquanto prosseguia a guerra com Rewa, Ratu Cakobau e os bauenses estavam ocupados em Vanua Levu, com resultados incertos. A grande campanha em Vanua Levu, em 1846, ostensivamente para ajudar Cakaudrove contra seus intratáveis aliados de Natewa, fortaleceu substancialmente a autoridade de Bau em quase toda a Fiji Oriental, mas os ganhos foram perdidos na malfadada campanha dos pepinos-do-mar contra Macuata em 1852 (ver Capítulo 1). Ainda assim, no final da longa Guerra da Polinésia, Bau era claramente o poder dominante entre as terras fijianas, e Ratu Cakobau, o mais forte governante fijiano. É verdade que a guerra fortaleceu as várias forças *papalagi* em operação nas ilhas: os missionários cristãos, os comerciantes residentes e visitantes, e os governos, principalmente norte-americano e inglês, representados por navios e cônsules diplomáticos. Se, de um lado, esses estrangeiros progressivamente se imiscuíram na autonomia fijiana, de outro, foi pelos bauenses, e através deles – e especificamente de Ratu Cakobau, até sua morte em 1883 – que eles tiveram de afirmar e manter seu próprio poder. É discutível se Bau não terá conseguido uma maior presença em Fiji e o efetivo controle de um maior número de fijianos porque contava com o apoio e a tutela dos europeus, em comparação com o que teria conseguido por conta própria durante a primeira metade do século XIX.

O título de Tui Viti, rei de Fiji, que viera pelo correio, numa correspondência, para Ratu Cakobau em 1844, na carta endereçada pelo cônsul britânico em Honolulu, tornou-se mais ou menos uma realidade política nos 40 anos seguintes. Já observamos que os missionários apreciavam assim designar Ratu Cakobau, em especial depois de ele ter-se convertido. Na cessão de Fiji à Grã-Bretanha, que Ratu Cakobau negociou com o cônsul britânico W.T. Pritchard, em 1858, ele foi designado "Vunivalu dos exércitos de Fiji e Tui Viti etc.". A cessão foi recusada pelos ingleses, mas foi seguida por uma série de governos ostensivamente fijianos encabeçados por Ratu Cakobau e promovidos por *papalagi*; o último desses, o chamado governo Cakobau de 1871-4, encontrou-o investido do título de Tui Viti. O senhor Pritchard e os brancos também foram críticos para manter contida e finalmente neutralizar uma ameaça tonganesa de substituir Bau como o poder fijiano hegemônico. Sob a liderança de seu chefe Ma'afu, descendente da realeza tonganesa e valioso adversário de Ratu Cakobau, os tonganeses haviam adquirido o controle de Lau e de boa parte de Vanua Levu nos anos 1860. Mas não foram capazes de ganhar o decisivo apoio europeu para suas ambições maiores. O Tui Viti era o principal agente fijiano da cessão de Fiji à Grã-Bretanha, em 1874, e durante décadas depois disso os chefes bauenses dominaram o sistema colonial de governo indireto.[77]

Assim, embora não se possa saber como teria sido a história fijiana se Ratu Cakobau tivesse morrido em 1845, é seguro dizer que teria sido bastante diversa por causa das diferentes relações entre as forças em jogo, para não falar das pessoas que as instigavam. Com toda probabilidade, não teria havido a mesma distribuição de poder entre os reinos de Bau, Rewa, Cakaudrove, Lau e Macuata. Nem, portanto, as mesmas articulações de forças externas, européias e tonganesas, com a política fijiana. Ausente Ratu Cakobau, o processo de conversão ao cristianismo teria tido outro curso, provavelmente mais oneroso. Não teria havido o mesmo cisma entre protestantismo e catolicismo, com este último ganhando apoio em Rewa e Cakaudrove contra o sucesso protestante em Bau e, via Bau, na maior parte de Fiji. E, pode-se perguntar, não teriam os tonganeses e Ma'afu – que se apresentava como mais amigo dos brancos que Cakobau, e mais conhecedor de seus modos – desempenhado um papel mais importante, ou mesmo dominante, no final do período pré-colonial e no colonial? As chances de que Bau sozinha pudesse ter resistido aos tonganeses parecem diminutas, quando se considera seu endêmico partidarismo e a menos que provável possibilidade de que Ratu Raivalita pudesse ter neutralizado esse aspecto, ou mesmo sobrevivido a ele por muito tempo.

E, ainda assim, qualquer um dos resultados, factual ou contrafactual, por mais contingente que seja, teria sido culturalmente coerente e estruturalmente motivado. O assassinato foi, com certeza, uma contingência: nada nas relações da conjuntura nem o sistema cultural maior estipulavam que Ratu Cakobau eliminaria Ratu Raivalita, e não o contrário. Ao infiltrar a ordem maior na rivalidade daquelas pessoas particulares, autorizando-as, em suas individualidades, a encarnar o destino de totalidades sociais, a estrutura abriu-se à contingência. Sem eliminar a ordem estrutural, como recomenda Raymond Aron, nós a restauramos em seus limites. Todos os tipos de condições biográficas, psicológicas e circunstanciais, bastante além das respectivas relações *vasu* de Ratu Cakobau e Ratu Raivalita, a antiga inimizade de meio-irmãos, ou a situação estratégica da guerra Bau-Rewa, tudo isso esteve envolvido na determinação de quem conseguiu matar quem. De fato, se for verdadeiro o relato de que falhou a pistola de um *papalagi* presente na cena quando ele tentou revidar contra Ratu Cakobau o golpe que atingira Ratu Raivalita, o caso poderia ter acabado com ambos mortos. No entanto, quem quer que tenha tido sucesso, o resultado ainda seria um lógico desfecho dessas mesmas condições estruturais que não o determinaram. Sem eliminar a contingência, como diz Sartre, devemos restaurar sua racionalidade. O complô de Ratu Raivalita para matar Ratu Cakobau era claramente motivado por seu parentesco *vasu* perante Rewa, pelo declínio de alguns anos na relação entre Bau e Rewa, que arruinou suas chances de sucessão ao reino de Bau, e pelo cerco a Rewa em 1844-5 no conflito com Bau. Se o plano fratricida de Ratu Raivalita tivesse funcionado, esse contexto estrutural e essas condições sistêmicas teriam explicado virtualmente tudo – exceto por que razão ele funcionou.

Ainda mais interessante, da perspectiva de uma historiografia antropológica, é que, mesmo se Ratu Raivalita tivesse conseguido matar Ratu Cakobau e substituí-lo, os efeitos históricos, embora radicalmente diferentes do que realmente aconteceu, também seriam consistentes com a ordem cultural fijiana. Paz com Rewa? Ratu Raivalita era *vasu* perante Rewa. Dissensão novamente em Bau? Os antigos chefes inimigos do povo de Ratu Raivalita, os Tui Kaba, combinariam sua derrubada com um parente próximo. (O parente provavelmente seria Ratu Mara Kapaiwai, que dez anos depois liderou uma rebelião – incluindo os guerreiros Vusaradave – contra seu irmão classificatório próximo, Ratu Cakobau, e quase o derrubou.) O evento era contingente, mas desdobrou-se nos termos de um campo cultural particular, a partir do qual os atores derivaram suas razões, e o acontecer encontrou seus significados. Da perspectiva da ordem cultural, o que aconteceu foi arbitrário, mas o que se seguiu foi razoável. A cultura não fez a contingência como tal, mas apenas a diferença que ela representava.

Por certo a coerência estrutural de um resultado contingente dá a forte impressão de continuidade cultural, ou mesmo de determinismo cultural – como se o sistema fosse impenetrável pelo evento. Mas não precisamos nos enganar assim. A continuidade cultural em questão não era a única possível, e de forma alguma estava prescrita. Se, dessa forma, a cultura reproduz a si mesma, reproduz-se em estado alterado. Ela conhece um outro futuro, mesmo como sistema, diferente do que poderia ter sido. Fiji teria sido a mesma se Ratu Cakobau tivesse morrido jovem – essa afirmação sempre deve fazer alguém rir.

O paradoxo da história reside no diálogo de diferentes registros, começando com a motivada expressão de coletivos em indivíduos, de categorias em práticas, de estruturas em eventos. Tucídides também acreditava que encontrava universais em particulares; em seu caso, universais da natureza humana nos particulares da história. O argumento aqui é que o problema é complicado, duplo, num certo sentido, quando os universais são da cultura, e não da natureza os esquemas culturais da sociedade (ou sociedades) na qual se desdobra a ação histórica. Pois totalidades culturais são também particularidades históricas: tantos esquemas distintos de valores e relações que, de maneira variada, investem de poder certos sujeitos, individuais ou coletivos, como fazedores de história, e dão a seus atos motivações e efeitos específicos. Quem ou o que é um ator histórico, o que é um ato histórico, e quais serão suas conseqüências históricas? Estas são determinações de uma ordem cultural, e são diferentemente determinadas em ordens diversas. Assim, não há história sem cultura. E vice-versa, na medida em que, no evento, a cultura não é o que era antes nem o que poderia ter sido.

NOTAS

Introdução

[1] Pior ainda, estou comparando os atenienses a fijianos, sabidamente canibais, sem ao menos conhecer o grego antigo. Sem o domínio da língua, há poucas esperanças de alguém ser tomado a sério pelos classicistas. Mas, se não querem que antropólogos e outros da mesma estirpe comentem os textos gregos, por que se dar ao trabalho de fazer tantas traduções?

[2] Ainda assim, o sucesso comunicativo deveria levar a refletir sobre as supostas impossibilidades de tradução, embora, de qualquer modo, o projeto antropológico tenha mais de exegese que de tradução, bem diferente em sua economia epistemológica e nos objetivos transcritivos.

Capítulo I. A Guerra da Polinésia com apologias a Tucídides

[1] Como regra, sigo a tradução feita por Crawley (1876) da obra de Tucídides (Crawley, 1934: cf. Strassler, 1996). Às vezes, busco um consenso entre as principais traduções, consultando também as versões de Warner (1972), Lattimore (1998), Jowett (1998), Bloomfield (1829), e Hobbes (1989[1629]). Ocasionalmente, uso as traduções originais de passagens específicas feitas por estudiosos clássicos que as comentam – sendo a filologia um país estrangeiro situado em algum lugar nos Bálcãs. [Complementando o esforço de Sahlins, apoiei-me também na tradução de Tucídides feita por Mário da Gama Kury (ed. bras: *História da Guerra do Peloponeso*, 3ª ed., Editora da UnB, 1987) diretamente do grego, e extraí de seu índice onomástico quase todos os nomes de pessoas e lugares mencionados neste livro. (N.T.)]

[2] Não quero criar uma questão terminológica/tipológica em torno do uso de *rei* e *reino* com referência às unidades políticas fijianas no século XIX. Ao usar esses termos aqui, estou seguindo as fontes contemporâneas inglesas e francesas – e também ao alternar entre *rei* e *chefe*, ocasionalmente. Emprego os termos *terra* e *território* para traduzir a palavra fijiana *vanua*: uma entidade política, usualmente abrangendo diversas cidades unidas sob sua autoridade suprema e demandando uma origem independente e uma identidade distinta. Tais terras podem ser autônomas ou estar tradicionalmente submetidas, em instâncias e graus determinados, a uma "terra principal" (*vanua turaga*), como Bau, e, neste caso, são incluídas no reino (*matanitū*) de Bau. Nessas "unidades políticas galácticas", para adotar um termo de Tambiah, existem todas as nuances de integração de determinadas terras nos reinos maiores, e (como na Grécia), em algum sentido, ou na aspiração, qualquer uma delas sempre é independente, isto é, uma "terra em si mesma" (*vanua vakai koya*).

[3] Indiquei, em outros trabalhos, o papel dos europeus em guerras fijianas no século XIX, bem como a integração de mosquetes, objetos valiosos feitos com dentes de baleia e outros

bens de troca na política fijiana (Sahlins, 1991, 1994, ambos republicados em M. Sahlins, 2000).

[4] Para outros exemplos da intensificação de oposições internas, menores, por meio de sua integração em oposições externas mais amplas, ver P. Sahlins (1989); M. Sahlins (1991:81) e (1992).

[5] A guerra fijiana podia envolver os mesmos tipos de infiltração de disputas locais em outras maiores: durante alguns anos, a guerra Bau-Rewa configurava-se, em grande medida, como uma briga "substituta" entre as terras menores de Tokatoka e Nakelo, no delta do rio Rewa. Mas foi somente ao final, com a conversão do rei da guerra de Bau, Ratu Cakobau, ao cristianismo, em 1854 (acrescentando, assim, um outro – e transcendente – nível ao conflito), que ela se tornou também acentuadamente ideológica.

[6] Ver, por exemplo, Brown (1987); Connor (1984:99); Crane (1998:258-59); Manicas (1982); Orwin (1988), Saint-Croix (1972:26-8). Para restrições, ver Grene (1989:xi). Não tão freqüentemente comentada é a semelhança entre a representação que Tucídides faz da Grécia mais antiga (1.2-3), apresentada como culturalmente subdesenvolvida, nômade e desunida por temores de predação, e a passagem análoga em Hobbes sobre "os incômodos" do estado de natureza – a famosa seqüência sobre a vida "sórdida, brutal e curta" (1962:100).

[7] *Ratu* é um título de chefia usado em Bau e áreas bauenses. *Ro* é o equivalente rewano. Embora os europeus – bem como os inimigos fijianos de Bau – freqüentemente se referissem a Ratu Cakobau sem título, apenas como "Cakobau", os bauenses e muitos outros fijianos não seriam tão desrespeitosos. (O título corresponde a "reverendo" ou "senhor" aplicados aos missionários protestantes, e "padre" aos católicos.) Ratu Cakobau também tinha outros nomes; para muitos, ele era sempre "Ratu Seru", seu nome adolescente e adulto jovem.

[8] Em Fiji, a posição é hereditária e baseada em alguma conexão antiga, usualmente de parentesco, entre o clã do enviado e a terra em questão: nesse caso particular, de acordo com informantes modernos, o "mensageiro traidor" descendia de uma mulher bauense casada com um rewano.

[9] Existe uma oposição-padrão entre terras vassalas ou *qali*, em tese subordinadas por conquista, e os relativamente independentes guerreiros aliados ou terras de fronteira (*bati*), cuja afiliação com um reino importante como Bau ou Rewa está baseada em contrato e troca (de mulheres, corpos tomados na guerra e riqueza). As terras *qali* pagam tributos em bens, talvez também em alimentos e serviços. Tanto trabalhadores quanto guerreiros podem ser requisitados das terras *bati*, mas devem ser solicitados em troca de bens de valor e recompensados com festas.

[10] O comprimento máximo estimado da trirreme grega, cerca de 36m, corresponde bem ao comprimento das mais longas canoas fijianas do século XIX (Taillardat, 1968:186).

[11] Sobre a disparidade entre o número de trirremes propostos por Temístocles – entre 100 (Aristóteles, Plutarco) e 200 (Heródoto) –, ver Picard (2000:28). Na *Constituição de Atenas*, Aristóteles indica que Temístocles não dissera o que queria fazer com o dinheiro obtido com a prata descoberta, mas simplesmente propusera que fosse usado num arranjo inovador com os atenienses ricos para patrocinar a construção das trirremes mais tarde mobilizadas em Salamina (Ath Const., 22.7).

[12] Assim disse Gregory Crane: "Como povo, os atenienses eram uma entidade qualitativamente nova. Não depender mais da produção agrícola de sua própria terra era algo quase

tão novo quanto se eles subitamente tivessem adquirido a habilidade de voar e se separar da superfície da terra. (Parece-me que Aristófanes tinha algo a dizer sobre isso.) O Estado ateniense era, realmente, algo novo, e se isso não aterrorizou seus vizinhos no Peloponeso, deveria" (Crane, 1992a:253).

[13] Modifiquei ligeiramente a tradução, usando a versão fijiana de 1912.

[14] As tradições modernas de Fiji usualmente datam a ocupação de Bau por seus clãs dirigentes de 1760, tomando como base na contagem retroativa de gerações até o rei supostamente responsável pela mudança. No entanto, não se pode dar nenhuma credibilidade a esse método, já que as genealogias fijianas limitam-se, em geral, de seis a oito gerações antes do tempo de quem fala. Existe abundante evidência de outros tipos, sobretudo nos registros de terras das dependências bauenses, mostrando que a ocupação e expansão de Bau começaram muito antes de meados do século XVIII (cf. M. Sahlins, 1994).

[15] Os principais reinos fijianos eram tipicamente governados por uma diarquia do rei da guerra (Vunivalu) e do chamado rei sagrado (Roko Tui). Em Bau, exclusivamente, o Vunivalu era o rei supremo, embora o Roko Tui Bau tivesse precedência nos rituais. Além de constar da tradição popular que Bau foi estabelecida sob a égide do primeiro Vunivalu, existe uma outra, efetivamente conhecida por poucos, que atribui o crédito da mudança ao primeiro Roko Tui Bau (Ratu Vuetiverata).

[16] Os cais e grande parte da linha costeira eram cercados com grandes lâminas de pedra de até 3,30 metros de altura, 1,40 de largura e 20cm de espessura. Tinham sido transportadas de uma distância de até 48km desde a costa de Viti Levu. Hornell encontrou um precedente nas docas cercadas de pedras em Mua, Tonga (1926:31). A tradição bauense atribui as docas aos habitantes originais das ilhas (o povo Levuka), ou seja, mais antigo que o assentamento dos chefes (ibid, 31).

[17] Uso a palavra clã como tradução aproximada da palavra fijiana *mataqali*. Além dos problemas técnicos com a definição de *clã*, a dificuldade com a tradução vem do fato de os fijianos usarem o termo *mataqali* de maneira bastante ampla, referindo-se a grupos com variados graus de segmentação, já que significa, mais genericamente, "tipo" ou "espécie", e, nesse sentido, também pode ser aplicado a animais ou outras categorias: pode-se falar de um *mataqali* de trabalho, atividade, e assim por diante. Os fijianos geralmente se referem a esses grupos clânicos usando o prefixo *Kai*, povo, junto com um nome próprio, como o "povo X".

[18] Os povos em questão são os butoni e os levuka, "proprietários" (*i taukei*) originais de Bau. Estabeleceram-se em Lau, Cakaudrove, Batiki, Nairai e possivelmente outros lugares. Notícias publicadas sobre eles aparecem em Hale (1846:62), Williams (1931,1:138), Waterhouse (1866:158-64) e Erskine (1853:180-4), este último com uma ampla descrição de uma visita butoni a Bau para "pagar tributo" a "seu próprio soberano" (também citado por Waterhouse). Os diários dos missionários John Hunt e Richard Lyth contêm inúmeras referências às atividades dos butoni e suas respostas contraditórias quando o rei da guerra de Bau, Ratu Tānoa, requereu a participação de suas frotas (p.ex., Lyth, *J*: 9 dez 1840, mai-jul 1852; Hunt, *J*: 29 out 1840).

[19] Em 1883 ou 1834, quando o Vunivalu Ratu Tānoa estava esperando um golpe de Estado em Bau, ele foi acolhido em Lau como Tui Levuka pelo povo levuka (Twyning, 1996:54-5).

[20] Ver Rokowaqa (1926) sobre trocas entre terra e mar, ou chefe e *bati* (guerreiro).

[21] Os comentários sobre o comércio de pepinos-do-mar neste parágrafo são adaptados de M. Sahlins (1994:50); uma ampla documentação baseada em fontes contemporâneas pode ser encontrada nas notas daquela passagem (ibid, 83-4).

[22] Foram tais arranjos, entre outros, que levaram o historiador R.D. Derrick a avaliar a influência dos brancos na questão bélica fijiana antes de 1874 como bem menos que decisiva: "Os atos de um punhado de comerciantes e colonos constituem uma parte tão grande da história registrada dos anos antes da Cessão que é fácil atribuir importância excessiva a eles; freqüentemente, eram pouco mais que redemoinhos na superfície de uma correnteza de vida nativa condicionada pelas guerras nativas e por tudo que delas decorria" (Derrick, 1950:52).

[23] De acordo com Williams, havia 66 canoas duplas e outras 16 comuns; várias centenas de guerreiros bauenses também chegaram por terra vindos de Vuna. Em seu diário, Williams fala de um exército de três mil bauenses; numa carta a Londres, fala de si mesmo cercado por 14 ou 15 mil homens lutando, a maior parte desconhecida para ele (1931, 2:355n). O que fazer com essa estimativa tão elevada? A julgar por um relato fijiano da expedição, o número maior não seria inadequado, pois fala de 160 canoas fazendo três viagens para transportar o exército bauense (Anon. de *Na Mata* 1891 [6]). A lista de terras bauenses que contribuíam para a força armada – Namara, Namata, Buretū, Levuka, Dravo e Yatu Mabua (Maumi, Ovea, Mokani) – certamente sugere um exército considerável; mas a estimativa de 14 ou 15 mil homens feita pelo reverendo Williams é três ou quatro vezes maior que outras expedições registradas.

[24] De fato, o senhor Hunt não atribuiu a guerra bauense apenas à "ganância" – ou, pelo menos, não somente à ganância material. Na mesma passagem, ele prossegue reproduzindo fielmente a tríplice libido agostiniana – a luxúria da riqueza, do poder e do prazer carnal – como fonte de toda a discórdia fijiana. "'De onde vêm as guerras e as brigas entre vocês? Não vêm daí, de luxúrias que se guerreiam em seus membros?' O desejo de poder, mulheres ou propriedade é a grande causa de todas as suas guerras" (Hunt: 13 nov 1843).

[25] Tradução de Orwin (1994:46); ver a discussão de Orwin sobre o argumento ateniense, incluindo a inversão de honra e medo em 1.76.2. A tradução de Crawley é: "A natureza do caso nos compeliu a ampliar nosso império até sua presente estatura; o medo sendo nosso principal motivo, embora honra e interesse tenham vindo em seguida" (cf. Hornblower, 1991b:120). A teoria evolucionista geral de Tucídides na "Arqueologia" é discutida mais adiante no texto.

[26] Meiggs havia dito o mesmo anteriormente: "Se Temístocles, especialmente no projeto naval, estava pensando no perigo vindo da Pérsia, parece ter pensado em termos de um comércio crescente para se ajustar a uma frota crescente" (1972:262).

[27] A declaração da Velha Oligarquia encontra paralelo bem próximo na oração fúnebre de Péricles (Tuc., 2.38.2). Meiggs (1972:264) cita um catálogo de importações mencionadas numa comédia produzida na década de 420: "De Cirene, sílfion e óxidos; do Helesponto, cavalinha e toda sorte de peixes salgados; da Itália, sal e costelas de boi... do Egito, velas e cordas; da Síria, incenso; de Creta, cipreste para os deuses; a Líbia produz uma abundância de marfim para se comprar; Rodes, passas e figos doces, e Euboca, peras e maçãs gordas. Escravos da Frigia... Pagasae provê escravos tatuados; a Paflagônia, tâmaras e castanhas oleosas; a Fenícia, tâmaras e fina farinha de trigo; Cartago, tapetes e almofadas multicoloridas."

[28] Presumindo uma população de 300 mil pessoas na Ática, Casson escreve que ela seria suprida, durante um ano, com pouco menos de 100 mil toneladas de grãos, ou 800 cargas médias de barco (sem incluir comboios navais), e muito pouco disso seria cultivado em seus próprios campos (1991:101-2; ver também Sainte-Croix, 1972:46-8).

[29] Assim, Victor Ehrenberg, ao falar da Atenas do final do quinto século, diz: "Nem mesmo então, no entanto, a economia revogou os aspectos morais da vida. Na verdade, ocorria o contrário. No meio das dificuldades da vida cotidiana, e mesmo entre as classes mais baixas, o ideal não era tanto ficar rico, mas viver uma vida boa, e parecia ser obrigação do Estado tornar isso possível. Por conseguinte o número dos que viviam à custa do Estado cresceu continuamente" (1951:335-6). Considerem-se também as refutações socráticas de Alceste no *Górgias*, de Platão, e de Teopompo em *A República*. O *Górgias* também tem sintonia com o argumento de Ehrenberg de que a "perspectiva essencialmente prática e oportunista" dos sofistas enfraqueceu valores tradicionais com relação ao crescente racionalismo econômico (ibid, 273).

[30] A esse respeito, Ehrenberg de novo: "É possível, embora somente com certas reservas, falar de uma 'facção militar', e, entre os que eram favoráveis à guerra, não estão ausentes os que lucravam com ela, especialmente fabricantes de armas, e nem aqueles que haviam embolsado recursos públicos destinados à consecução da guerra; havia dinheiro em circulação, e muitos se beneficiavam disso" (1951:307). E, no final: "Esse desejo de ganho já não estava mais confinado a um grupo que se tornara mais ou menos proletário e era, portanto, compelido a ganhar a vida. O povo todo estava incluído e, em seu desejo de ganhar dinheiro, tomava parte ativa na vida econômica" (ibid, 323).

[31] Além de indicar uma transformação semelhante das categorias econômicas, outras passagens paralelas indicam que, em Tucídides, o fator operativo objetivo econômico em questão é a acumulação de grandes quantidades de riqueza, algo como a categoria de *surplus* nos tratados antropológicos e arqueológicos análogos sobre a evolução cultural. Assim, "abundância de riqueza" (1.7), conforme Hobbes (1989) traduziu *ploimoterôn*, tornou-se "uma maior superabundância de riqueza" em Bloomfield (1829), "um maior suprimento de capital" em Crawley (1876), "reservas gerais de capital" em Warner (1972). [E "recursos excedentes" em Mário da Gama Kury (1987). (N.T.)]

[32] Tomo o útil termo *antitipo* da discussão de Jonathan Hall sobre o desenvolvimento de uma oposição categórica entre "helenos" e "bárbaros" (2002:179).

[33] Cinco fragmentos de um monumento construído pelos atenienses em 465 para comemorar as baixas do ano mostram-nos lutando em cinco diferentes teatros de guerra no norte do Egeu, desde a fronteira leste da Macedônia até o lado asiático do Helesponto (Dardanelos) (McGregor, 1987:45; cf. Palmer, 1992:59). Moses Finley observou que Atenas "esteve em guerra, em média, durante mais de dois anos em cada três no período entre as guerras persas e a derrota sofrida diante de Felipe da Macedônia em Queronéia, em 338 a.C., e nunca desfrutou de dez anos consecutivos de paz durante todo aquele tempo" (1986:67).

[34] Parece que os espartanos causaram poucos danos sérios à agricultura ateniense, especialmente durante a guerra arquidamiana (Hanson, 1998:131ss).

[35] Num período de 38 anos, os espartanos abandonaram a batalha dez vezes por causa de terremotos, de acordo com Goodman e Holladay (1986:155). Eles não dão as datas, mas o período estende-se pelo século quarto. Esses autores apresentam uma análise detalhada e documentada da influência da religião nas campanhas espartanas.

[36] Sobre a "miragem", ver, entre outros, Huxley (1962), Cartledge (2001, 2002), Hodkinson (1983) e Rawson (1969).

[37] Os dados apresentados aqui são, sem dúvida, incompletos (Figura 1.12). A distribuição das batalhas bauenses e rewanas foi retirada das principais fontes missionárias e de viajan-

tes, e de tradições que se referem a Bau durante os reinados dos reis da guerra Ratu Naulivou e Ratu Banuve, e a Rewa desde o tempo de Ro Tabaiwalu. Além de não dispormos de informações completas, as batalhas bauenses estão subestimadas porque muitos dos alvos foram atacados mais de uma vez, até durante uma mesma campanha, quando um exército malsucedido retornava a Bau, reagrupava-se e atacava de novo. Os dados sobre Rewa também estão subestimados, em menor parte devido ao mesmo padrão, mas suspeito de que, na maior parte, pela ausência de notícias de operações ao longo das costas sul e sudoeste de Viti Levu, onde Rewa tinha influência.

[38] No tipo de exceção que prova a regra, relata-se que uma expedição conjunta Bau-Rewa empreendida em 1809 sob a liderança bauense atacou uma cidade no rio Teidamu, na parte norte de Viti Levu, e outra a leste, perto da baía Viti Levu (ambas não nomeadas). O relato curiosamente detalhado dessa campanha chega a nós de terceira mão, da pena de certo Edwin Turpin, que a recebeu de Samuel Whippy (filho do bem conhecido David Whippy), que a ouvira de um marinheiro de Norfolk que, com outros três brancos, se diz ter sido um participante. A razão da expedição fora uma fome no sudeste de Viti Levu, que induziu os chefes de Bau e Rewa a uma trégua e a combinar a busca de comida em outras partes de Viti Levu. Conta-se que mais de 200 guerreiros tomaram parte, navegando numa frota de 166 canoas, mais de três-quartos bauenses. O líder do exército era Ratu Tãnoa, irmão do rei da guerra de Bau, Ratu Naulivou. A expedição alcançou Nadi, onde foi regiamente tratada e aprovisionada: "Vivemos como conquistadores" – e de fato comeu num banquete grandes números de vítimas canibais recebidas como contribuição do povo de Nadi. O chefe de Nadi também recordou uma visita, quando era muito pequeno, do predecessor e pai de Ratu Naulivou, Ratu Banuve. O povo nadi agiu como súdito de Bau; se não tivesse feito isso, de acordo com o texto, teria sido atacado (Turpin, *DN*).

[39] Dumont D'Urville fala de seis tonganeses e fijianos a bordo do navio; Gaimard, seu naturalista, refere-se a cinco. O lauense real era Soroqali; o tonganês, sobrinho uterino de Lau (*vasu ki* Lau), era Lualala.

[40] Os tributos, como observado por M. Gaimard (1832:700), eram "dentes de baleia, que são a moeda do país, canoas, meninas de dez a doze anos de idade, tecido de cortiça, tapetes, corda trançada, conchas, bananas, cocos, galinhas, porcos, batatas-doces e, em geral, todos os produtos úteis da terra". Sobre o significado e importância das meninas, ver Tcherkézoff (no prelo).

[41] Num outro testemunho das andanças de Ratu Tubuanakoro, o comerciante de pepinos-do-mar John Eagleston encontrou-o em Macuata, na costa norte de Vanua Levu, em novembro de 1831 (*UD*:343). E, numa analogia com a experiência de D'Urville com o chefe nadrogã, um dos oficiais da expedição exploradora dos Estados Unidos, George Foster Emmons, contou de uma viagem que fez às ilhas Yasawa no noroeste de Fiji tendo como piloto o Tui Bua, chefe supremo de Bua na Vanua Levu ocidental. O chefe repetidamente advertiu Emmons de que estava fora do curso, indicando o rumo correto. Felizmente Emmons o ignorou, pois, "se seguisse as orientações do rei Tuibor [Tui Bua] – que me foi enviado como um conhecedor de tudo sobre essas ilhas – teria finalmente me encontrado a uma grande distância a sotavento do grupo Asawa [Yasawa], e não há como dizer onde eu seria levado" (Emmons, *J*:8 e 9 jun 1840).

[42] O reverendo John Hunt, em duas viagens diferentes a várias partes de Viti Levu, na década de 1840, oferece relatos de certa forma discrepantes a respeito da compreensão dos dialetos de Bau e Rewa por outros fijianos. Na primeira, uma circunavegação da ilha, em

1843, encontrou os dialetos rewanos entendidos por chefes na costa oeste, o que o encorajou a fazer o sermão para eles "nos dialetos de Rewa e Bau, e descobriu que em todo lugar um ou dois chefes haviam adquirido, por intercursos com pessoas de Rewa e Bau, tanto conhecimento de seus dialetos que não apenas o entendiam como também falavam" (*WMMS/L*, Hunt et al., s.d. [manuscrito de Hunt]). No entanto, numa viagem para o norte em 1847, à costa de Ba, o reverendo Hunt menciona apenas o dialeto bauense como entendido "pela maior parte dos chefes e seus acompanhantes", o que achou notável, pois ele mal podia entender um décimo dos fijianos locais (*J*:4 jun 1847). Alguns dias mais tarde ele escreveu: "Embora sua língua seja muito diferente, ainda assim eles entendem boa parte do que é dito no dialeto bauense. Bau tem prestado grande serviço ao cristianismo ao exercer essa ampla influência, assim como Roma fez antigamente ao mundo [*sic*]. Talvez, quando este grande projeto for alcançado, Bau, como Roma, seja derrubada" (*J*: 6 jun 1847). O senhor Hunt teve seu desejo realizado.

43 Hocart cita um rewano em suas anotações de campo: "Em Rewa, há dois chefes, Roko Tui Ndreketi (o rei sagrado) e Vunivalu (o rei da guerra): eles dividem entre si Rewa e todas as cidades vassalas e os mataisau (carpinteiros reais). Não existe nenhuma cidade em Rewa onde os dois não tenham autoridade" (*FN* :2515).

44 Hocart, sobre o recorrente dualismo fijiano: "É uma característica da sociedade fijiana que, tomando qualquer comunidade que você preferir, ela se dividirá em duas, e cada metade exibirá a mesma estrutura que o todo – isto é, ela se subdividirá em duas partes, cada uma delas sendo para a outra o que as duas principais divisões são uma para a outra. E assim você pode prosseguir dicotomizando até chegar ao clã, que é subdividido em subclãs, mais velhos e mais jovens, interior e exterior" (1968:113).

45 Uma tradição relatada por Ko Veivuke (1897:79) diz que o primeiro Roko Tui Dreketi a governar Rewa era um sobrinho sagrado (*vasu*) perante aquele reino – o que implicava a união hierogâmica de uma filha do povo indígena com os reis estrangeiros (de descendência Verata) que marca outras origens dinásticas fijianas (ver M. Sahlins, 1985:cap.3).

46 Diz-se que a Esparta antiga tinha um sistema semelhante, suas quatro vilas divididas em dois pares. Um par ficava próximo da acrópole e sob o sênior de duas casas reais, o Agiade; o outro par, inferior, estabelecido posteriormente nas terras baixas, era a casa da linha real júnior, o Euripontide.

47 Assim, visitantes europeus do início e dos meados do século XIX regularmente designavam o Vunivalu como "o governador". Na prática, no entanto, suas funções militares parecem ter sido roubadas, naquela época, por irmãos mais jovens do Roko Tui Dreketi que tentavam criar fama por conta própria, em rivalidade com o rei e entre eles mesmos, estabelecendo reputações de beligerantes. No entanto, o Vunivalu era de fato "um homem de grande influência entre esses povos (de Rewa), tanto que se diz que nunca partem para a guerra sem seu consentimento, ou sem consultá-lo" (Stuart, *J*: 18 mai 1840).

48 Para outros exemplos da tradicional diarquia fijiana, ver como Hocart as descreve nas terras de Noco, Toga, Suva, Tokatoka e Nakelo, todas no delta do Rewa (*HF*:passim); ou, novamente, sua discussão sobre Bua, Cakaudrove e várias terras de Vanua Levu (1952:passim; cf. Hale, 1846:61).

49 Esta bem pode ser uma realização espacial do sistema diametral ou de metades, à medida que as duas filas estendem-se para fora, desde as casas do povo Roko Tui Dreketi e do povo Vunivalu. (Num breve período de trabalho de campo em Rewa, não consegui verificar isso.)

Em alguns outros locais em Fiji, como Tubou, em Lakeba, a vila apresentava, realmente, os lados governante e nativo, que eram separados por um fosso raso (cf. Hocart, 1970a:255-56).

[50] Semelhante a um grupo endógamo, pária, os carpinteiros podem ser classificados junto com os navegadores tonganeses, ou seja, como povo do mar (*kai wai*), pois também foram trazidos pelas águas: vieram descendo o rio Wailevu, chegando pelas águas interiores. Eles são o lado terra do povo do mar (ver Rokowaqa, 1926).

[51] Os povos da terra que cercam a cidade reinante são considerados parte do reino de Rewa propriamente. A esse respeito, bem como por sua posse original, eles são realmente similares aos periecos de Esparta – em particular se for verdade, como se diz algumas vezes, que esses últimos eram descendentes dos aqueus da Idade do Bronze (p.ex., Huxley, 1962:25).

[52] A mais completa versão sobre a população da ilha dada por povos do mar encontra-se em testemunhos de pessoas de Lasakau, Soso e Kubuna perante a Comissão das Terras Nativas em NCL/TR (Bau), Tailevu Norte.

[53] Aparentemente derivado do povo Vunivalu (Tui Kaba), e tendo se tornado o segundo rei *de facto* da diarquia, o Roko Tui Bau da década de 1830, pelo menos, não era tão inativo como prescreviam as normas tradicionais. Assim como ocorria com o Vunivalu em Rewa, ele era designado por alguns visitantes europeus como "o Velho Governador" (Osborn, *J*: 12, 28 jul 1834).

[54] Faço uma distinção entre a Alta Genealogia Fijiana, que conecta os ancestrais de diferentes reinos, e as genealogias locais, que servem como mapas para cada uma delas. Algumas vezes, essas genealogias locais estão conectadas com a Alta Genealogia; outras vezes, reproduzem suas relações em termos de pessoas históricas específicas (p.ex., Vuetiverata em Bau, como análogo ao mítico Vueti, fundador da linhagem do Roko Tui Bau). Para uma distinção comparável, encontrada em estudos clássicos, entre a genealogia helênica e a da *polis*, ver J. Hall (1997:cap.3).

[55] Como a Alta Genealogia Fijiana foi publicada em conexão com uma história da origem (o mito Kaunitoni) envolvendo uma cosmografia com influência européia, ela corre o risco de ser rechaçada pelo mesmo tipo de pensamento (cultural-genealógico) que considerou o mito inautêntico, apesar de suas claras relações estruturais fijianas (cf. France, 1966). Quanto à genealogia, elementos-chave, como as relações do filho da irmã bauense com outros grandes reinos, são encontrados nos textos de Cross e Rosenthal – relativos a Viwa e Nakorobutu – e nos registros fundiários de Bau e Batiki. As *veitabani*, ou oposições recíprocas de grupos ainda encontradas entre Bau e Verata, implicam, igualmente, sua descendência de um irmão e uma irmã.

[56] Também Plutarco diz que Licurgo proibiu os espartanos de viajar temendo que entrassem em contato com "regras de moralidade estrangeiras, hábitos de pessoas mal-educadas e diferentes regras de governo". Plutarco também discorda de Tucídides quanto às razões de Licurgo para banir estrangeiros da Lacônia. Não era, diz ele, porque fossem descobrir alguma coisa sobre Esparta, mas porque poderiam "introduzir alguma coisa contrária às boas maneiras" (*Lyc.*, 27).

[57] "E, de fato, uma das maiores bênçãos que Licurgo legou a seu povo foi a abundância de lazer decorrente de sua proibição de que executasse qualquer atividade inferior e mecânica. Num Estado onde a riqueza não resultava em honra nem respeito, os espartanos não tinham nenhuma necessidade de ganhar dinheiro, com todas as atribulações que isso envolve – ocupar-se com idas e vindas, encontros com pessoas, fazer negócios" (Plut., *Lyc.*, 24).

[58] Embora Agesilau estivesse presidindo o declínio de Esparta, as palavras atribuídas a ele por Plutarco (em "Ditos dos espartanos") claramente incluem diversas referências à contenção material e à inusitada economia espartana atribuídas a Licurgo. Em oposição de muitos outros ditos espirituosos registrados por Plutarco, que parecem ser livremente intercambiáveis entre dirigentes espartanos (ele atribui as mesmas histórias a diferentes reis de épocas diversas), aqueles do rei Agesilau referindo-se ao desprezo espartano por dinheiro, comércio e coisas semelhantes são freqüentemente atribuídos exclusivamente a ele (Plut., *Apoth. Lac.* 72: ver Plutarco [1931:279]). Um dos melhores foi a resposta à reclamação de aliados de Esparta sobre o número desproporcionalmente grande de seus soldados, comparados com tão poucos dos espartanos, que estavam continuamente lutando ao lado de Esparta. Agesilau "deu ordens para que todos os aliados se sentassem de um lado e os espartanos de outro, e então, através do arauto, ordenou que primeiro ficassem de pé os oleiros; depois mandou que se levantassem os ferreiros, então os carpinteiros, e os construtores, e cada uma das ocupações. Como resultado, praticamente quase todos os aliados ficaram de pé, mas, dos espartanos, nem ao menos um; pois havia uma proibição de que eles praticassem ou aprendessem qualquer vocação inferior. E então Agesilau, com uma gargalhada, disse: 'Vêem agora como nós mandamos muitos mais soldados que vocês?'" (ibid, 179).

[59] Para seguir Lévêque e Vidal-Naquet, o sexto século opunha tirania a isonomia; na virada do século, a isonomia diferenciou-se em seus componentes democráticos e oligárquicos quando Atenas e Esparta, respectivamente, apoiaram o governo dos muitos e dos poucos (1997:18ss).

[60] Além do desmascaramento da miragem espartana por Ollier (1933-43), baseio essa discussão da economia espartana sobretudo em Cartledge (2001:cap.12; 2002), Hodkinson (2000) e Whitby (2002), bem como na agora clássica discussão de Moses Finley sobre a "revolução espartana do sexto século" (1975:161-77) – muito da qual pode ter ocorrido no final do sexto século e até mesmo no quinto.

[61] Será que Austin e Vidal-Naquet exageram? "De fato, pareceria, segundo a evidência arqueológica", dizem eles, "que as importações que entravam em Esparta cessaram completamente no curso do sexto século" (1977:70).

[62] Sobre a distinção dos descendentes de Héracles dentro de Esparta, ver Plutarco (*Lys.*, 24).

[63] Entre outras expressões da "ortodoxia corrente", ver Kagan (1969:29), McGregor (1987:31-2) e Powell (1988:98).

[64] A tradução dessa passagem de Tucídides (4.80.3) feita por Jowett é ainda mais explícita quanto à influência hilota sobre a ordem espartana: "A maior parte das instituições lacedemônias destinava-se, especialmente, a protegê-los desse perigo." Assim também Hobbes: "Pois os lacedemônios tinham, inclusive, muitas regras oficiais a respeito de como se protegerem contra os hilotas." Gomme (1956:547-8), Hornblower (1996:265) e Cartwright (1997:186), em seus respectivos comentários, rejeitam as leituras de Hobbes e Jowett, preferindo a de Crawley. Mas Cartwright vai adiante, dizendo que "os hilotas excediam, em muito, o número de espartanos, e estes, desde a conquista da Messênia, haviam ajustado seu modo de vida para garantir o domínio sobre seus vizinhos vassalos" (ibid).

[65] Ao descrever esse evento, Tucídides indica algumas das questões de identidade dos "messênios". Depois de notar que os rebeldes consistiam em "hilotas e periecos de Túria e Etéia", Tucídides prossegue dizendo que "a maior parte dos hilotas era descendente dos antigos messênios que foram escravizados na famosa guerra, e, assim, todos eles acabaram

chamados de messênios" (1.101.2). Figueira (1999) argumenta que os atenienses em particular os chamavam de "messênios", e os espartanos de "hilotas".

[66] Note-se que, no final das *Heráclidas* (1955) de Eurípides, o rei argivo Euristeus, grande inimigo de Héracles, irá tornar-se, depois de morto, o protetor de Atenas contra os filhos dos filhos de Héracles – entre os quais estavam os reis originais de Esparta.

[67] Em *A suplicante* (c. 420-415), Eurípides coroa a (anacrônica) tradição de Teseu como fundador da democracia ateniense fazendo o herói proclamar: "Esta cidade é livre e não governada por apenas um homem. / O povo reina, em sucessão anual. / Ele não entrega o poder aos ricos; / O homem pobre tem nele uma parcela igual" (1958b: linhas 405-8).

[68] O "Arco de Adriano" construído no período romano como acesso para a região sudeste de Atenas, rica em santuários, tem inscrito em sua fachada oeste: "Esta é Atenas, a antiga cidade de Teseu"; e na leste: "Esta é a cidade de Adriano, não de Teseu." (Wycherley, 1978:155).

[69] Os classicistas dizem que essa demanda de autoctonia no quinto século implicou uma mudança no significado do termo, passando de algo como "indígeno" ou "tendo sempre ocupado a mesma terra" para "nascido sobre a terra". Mas, como os atenienses consideravam-se descendentes de Erecteu ou Erectônio, ambos nascidos sobre a terra, e como a tradição de que Erecteu era nascido sobre a terra é muito mais antiga, aparecendo em Homero (ver em seguida), a possibilidade dessa mudança não tem grande importância aqui. (Ver Hall 1997:54, para uma opinião semelhante.)

[70] No entanto, deve-se fazer exceção, em grande medida, às discussões da autoctonia ateniense por Loraux (2000) e Detienne (2003) – textos que só vim a conhecer depois que este livro já estava sendo impresso.

[71] Sobre essas derivações do humano a partir do natural nos estudos clássicos do início do século XX – um certo eco de Fraser por intermédio de Jane Harrison –, ver Calame (1990a).

[72] É possível, obviamente, que esse verso seja uma interpolação tardia, como alguns gostariam de acreditar. Realmente, o Erecteion da acrópole ateniense é uma construção do final do quinto século – o sucessor, no entanto, de outros santuários construídos no mesmo sítio escavado. No Erecteion, Erecteu recebia sacrifícios junto a Atena, Posêidon e Hefaísto, uma turma bem arcaica.

[73] Pausânias (viii.4) cita um poema de Asios, um escritor de Samos do sétimo ou sexto séculos: "E a terra negra produziu pelásgicos semelhantes a deuses em montanhas com longos cabelos de altas árvores, que podem vir a ser uma raça mortal."

[74] Como já foi indicado, minhas fontes principais nessa discussão sobre as cartas constitutivas das *polis* gregas são Apolodoro – *Biblioteca* – e o chamado *Guia da Grécia* de Pausânias. É claro que suas histórias originais são fragmentárias e desiguais, embora me pareçam suficientes para discernir o padrão geral dessa substituição de reis nascidos na terra por estrangeiros divinos, como a transição pela união hierogâmica de uma filha real do povo nativo com o estrangeiro descendente de um deus.

[75] Heródoto descreve uma sucessão de reis nascidos da terra e como seus nomes foram designando (constituindo) o país, antes de Íon, filho da filha de Erecteu: "Os atenienses, no tempo em que os pelásgicos detinham tudo que é hoje chamado Grécia, eram, eles mesmos, pelásgicos, e eram chamados cranai; mas, no tempo de seu rei Cecrops, eles adquiriram o nome cecrópidas; quando Erecteu assumiu o poder, mudaram de nome novamente, para

atenienses; e quando Íon, o filho de Xutus (descendente de Hélen), tornou-se seu comandante-em-chefe, foram chamados, por causa dele, iônios" (Hdt., 8.44).

[76] As práticas onomásticas fijianas eram similares. Aspectos da paisagem no leste de Viti Levu eram nomeados segundo feitos ou partes do corpo de Rokomoutu, o ancestral (masculino) mais antigo da Alta Genealogia Fijiana. Do mesmo modo, muito da paisagem e da ordem social do sul de Vanua Levu era nomeado com referência a incidentes de uma viagem que por ali fizeram a esposa de Rokomoutu, seu filho mais velho e sua comitiva.

[77] Essa história, situada num tempo posterior àquele em que Heródoto identifica os atenienses como pelasgianos, presumivelmente refere-se a atenienses helenizados que expulsaram da Ática os aborígines não-assimilados.

[78] Wills faz a mesma comparação entre Atenas e Veneza: "Uma vez que as cidades imperiais tivessem decidido tirar sua vida do mar, deviam continuar expandindo-se sobre ele a fim de sobreviver. ... As cidades imperiais convenceram seus oponentes de que elas pretendiam dominar o mundo" (2001:16).

[79] Os seis provenientes de terras controladas por Bau eram de Kaba, Buretū e Ovalau. Duas semanas antes, homens haviam sido caçados em Moturiki, uma terra bauense, para trabalhar na construção da casa de Ratu Cakobau (Cross *D*: 1º fev 1839). Alguns meses depois, quatro homens de Ovalau foram levados como sacrifícios para um novo templo em Bau (Jaggar, *J*: 22 e 23 ago 1839).

[80] Existem inúmeros incidentes desse tipo em registros feitos por missionários em meados do século (p.ex., Lyth *DB*: 23 set 1849 [3538]; Lyth, *J*: 1º jul 1850). Diz-se que todo o povo pescador da ilha de Malake, sob o controle de Ratu Tānoa, fora eliminado quando uma tartaruga pescada foi comida no local, em vez de ser entregue ao rei de Bau (Wilkes, 1845, 3:210, de Hudson, *J*:523-24).

[81] Horatio Hale, da Expedição Exploradora dos Estados Unidos que estava em Fiji em 1840, disse explicitamente que não existia nenhum título como "Tui Viti" naquela época (1846:181).

[82] Na cessão de Fiji à Inglaterra, negociada por Ratu Cakobau em 1858, ele foi designado como "Vunivalu dos exércitos de Fiji, e Tui Viti etc." (Derrick, 1950:139). A cessão foi recusada pelo governo britânico. Mas, ao final de uma série de governos fijianos chefiados por Ratu Cakobau e promovidos por brancos residentes, ele foi formalmente confirmado como "Tui Viti" em 1871.

[83] Uma versão ampliada e documentada pode ser encontrada em M. Sahlins (1987).

[84] Antes disso, o líder do assentamento europeu em Levuka era amplamente reconhecido como o "Enviado a Bau" no lugar, e não hesitava em usar seu status em seu próprio benefício e no dos bauenses (Wilkes, 1845, 3:184-6).

[85] "Num mundo onde a liberdade é tão altamente valorizada, o império ateniense, excelente como era, e altamente merecedor de uma Oração Fúnebre, não poderia, em sentido algum, ter sido popular. Todas as suas instituições, todos os seus métodos de impedir que os Estados aliados ganhassem sua independência devem ter inspirado ressentimento" (Cawkwell, 1997:103).

[86] Diz-se que crimes nas cidades aliadas que envolviam pena capital eram obrigatoriamente julgados em Atenas (Hornblower, 1991a:29). Isso certamente seria uma violação crítica da soberania, a negação do direito monopolístico de vida e morte que é um aspecto distintivo do Estado. A partir da década de 440, os atenienses tentaram impor sua própria moeda às

cidades subordinadas, mas, aparentemente, não tiveram sucesso (Picard, 2000:85-7; Kagan, 1969:116-17).

[87] Hocart observa a relação entre o caráter não administrativo da dominação fijiana e a indeterminação das fronteiras políticas; o que ele diz da "tribo" a esse respeito poderia certamente servir para as soberanias de Bau, Rewa e outros reinos: "A realidade da tribo não é tão definida; nem sempre é fácil dizer onde uma tribo termina e outra começa, porque o alicerce da sociedade fijiana não é a administração, mas a lealdade, e lealdade pode variar infinitamente, desde a subserviência ritual combinada com independência política até a completa servidão" (1968:75).

[88] Tucídides diz que mais de mil foram mortos (3.50.1); segundo outros, o número foi muito menor.

[89] Sobre "a escola da Hélade", Isócrates ecoa Péricles (Tuc., 2.41.1) ao se gabar das contribuições intelectuais de Atenas ao mundo: "E nossa cidade avançou tão além do resto da humanidade em pensamento e em fala, que seus alunos tornaram-se os professores do resto do mundo" (*Paneg*, 49-50).

[90] Ver Clunie (1977:passim) sobre os ritos da guerra, incluindo o canibalismo e a celebração dos matadores.

[91] O reverendo Calvert dá uma idéia do que significava para os ofertantes ir a Bau levando tributos: "Quando os habitantes de cidades pequenas estão indo para Bau, fazem ofertas a seus Deuses, pedindo segurança: que o chefe bauense os receba favoravelmente, os alimente bem e lhes dê boas propriedades em troca da comida ou dos bens que estejam levando. Se o sacerdote local (possuído pelo deus local) sentir-se negligenciado por não lhe oferecerem porcos, primícias ou pudins festivos e *kava*, dirá que o deus está zangado e que eles estarão em perigo. A visita é adiada até que a oferta apropriada possa ser feita" (*Missions*: 22 jan 1855).

[92] Não muito antes, os atenienses haviam sido expulsos do Egito pelos persas.

[93] A respeito do mar Negro, Kagan escreve: "A importância desta região para Atenas muitas vezes é vista em termos puramente econômicos, mas sua importância política estava subordinada a seu papel estratégico. Toda a sua segurança assentava-se sobre o fato de não depender de suprimentos locais de alimentos. As longas muralhas fizeram de Atenas uma ilha que obtinha tudo de que necessitava pelo mar. Um inimigo que cortasse seu acesso ao mar Negro poderia tê-la ajoelhada a seus pés" (1969:180).

[94] Assim escreveu o senhor Hunt em 1839: "Já falei o que se diz sobre a maneira como os chefes somosomo (cakaudrove) haviam ganhado poder sobre seus vizinhos. Posso acrescentar aqui que eles consideram-se pouco menos que deuses por causa da prosperidade que têm tido. Estão agora a ponto de entrar em guerra com Bau, ou melhor, de Bau entrar em guerra com eles, mas falam de seus sucessos passados como provas seguras de que nunca serão conquistados. Ultimamente, têm ouvido falar que muitas cidades pertencentes a Bau são favoráveis à causa de Somosomo, o que leva suas cabeças às alturas" (em Lyth, *N*, 332).

[95] A reconquista bauense de 1838-42 pode ser seguida a partir de inúmeros registros daquele período encontrados nos diários dos senhores Cross, Jaggar, Hunt e principalmente Lyth.

[96] Com relação às comparações usuais com Heródoto, a observação de Crane é pertinente: "Tucídides não foi a primeira pessoa a analisar eventos históricos em termos de auto-interesse e cálculo de forças, mas sua *História* faz isso mais intensa e meticulosamente que

qualquer outro documento anterior que tenha sobrevivido" (1998:146). Sobre o auto-interesse na natureza humana, em Tucídides, ver, entre outros, Cawkwell (1997:6 e 19), Connor (1984:144), Guthrie (1971), Palmer (1992) e Romilly (1967).

[97] Connor comenta uma passagem da assim chamada "Arqueologia": "A causa da prosperidade crescente no tempo de Minos não era a coragem ou o heroísmo, mas algo mais deplorado na literatura aristocrática da Grécia Antiga – o estímulo do lucro, *kerdos:* 'Desejando o lucro, o mais fraco suportou a 'escravidão' imposta pelo mais forte, e o mais forte, ao ter excedentes, subjugou as cidades menores' (1.18.3). Aqui encontramos a dinâmica representada (por Tucídides) como uma causa de muitos fenômenos na história da Grécia Antiga. A marcha dos acontecimentos que Tucídides descreve não é o resultado de heróis ou heroísmo, mas dos desejos freqüentemente deplorados na literatura antiga. O auto-interesse, o desejo por lucro e mesmo o medo levaram ao crescimento do poder e da segurança na Grécia e a uma fuga da esqualidez e do perigo dos tempos anteriores" (Connor, 1984:25-6)

[98] Nesta passagem, usei a tradução de Warner, e não a de Crawley, pois a maior parte dos comentadores concorda em que a "coisa humana" (*to anthrōpinon*) aqui designada refere-se à natureza humana, como é mais literalmente o caso na passagem paralela sobre a revolta na Córcira: "Os sofrimentos que a revolução trouxe sobre as cidades foram muitos e terríveis, como ocorreu e sempre ocorrerá enquanto a natureza humana (*physis anthrpōn*) continuar a mesma" (3.82.2: cf. Cook, 1985:43). Ver também Luginbill (1999:30n, 32n), sobre a identidade virtual entre "a coisa humana" – ou, como diz ele, "a condição humana"– e a natureza humana em Tucídides.

[99] Assim, em páginas sucessivas, Robert Kaplan (2002:48-9) fala de "poder e auto-interesse" como motivando o imperialismo ateniense (como no diálogo dos Melos), até mesmo como "poder e afluência cegaram os atenienses para as forças sombrias da natureza humana que estão logo abaixo do verniz de civilização, ameaçando sua boa fortuna".

[100] Sobre as diferenciações da sociedade espartana segundo riqueza, descendência e outros fatores, ver Hodkinson (1983).

[101] "A vida em Atenas era complexamente organizada por meio de instituições e agrupamentos múltiplos, às vezes superpostos, às vezes distintos: associações de culto, *eronoi* de auto-ajuda, subdivisões políticas, grupos sociais migrantes, associações de negócios, agrupamentos de companheiros de rancho, associações funerárias, congregações religiosas, 'casas' e domicílios, irmandades, agrupamentos de parentesco, organizações familiares e muitas outras – locais de significado e epicentros de autoridade que freqüentemente impactavam, suplementavam, suplantavam e negavam a organização política formalista do *politai* masculino" (Cohen, 2000:8, cf. Connor, 1992; Ehrenberg, 1951; Hornblower, 1992).

Capítulo 2. Cultura e ação na história

[1] Originalmente publicado na *Encyclopedia of the Social Sciences*, em 1968, o ensaio foi reeditado em Hexter (1971:15-76).

[2] O livro sobre a disputa do campeonato de 1951 escrito por Bobby Thomson (e outros) também começa aí, em 11 de agosto, pois "foi só então que a verdadeira história da temporada de 1951 começou a se desdobrar" (Thomson et al, 1991:7).

[3] O homem que quebrou outro notável empate na eleição de 2000, o senador James Jeffords, de Vermont, cujo abandono do Partido Republicano deu aos democratas o controle do Senado, estava consciente da ordem conjuntural que incrementou seu poder e fez dele uma celebridade. "Eu estava em posição de dar uma virada nas coisas", ele disse. "Então, usei as ações e forças que tinha" (*Chicago Tribune*, 7 jun 2001).

[4] É claro que não há necessidade de resistir a esse "passar para os bastidores" quando as histórias secundárias são tão envolventes. Por exemplo, os movimentos de Charlie Dressen. Deve-se saber que Leo Durocher, o presidente dos Giants, havia dirigido os Dodgers até 1948, com Charlie Dressen como técnico e seu braço direito. Agora, Dressen tinha alguma coisa a provar a respeito de sua capacidade em comparação com a do mais famoso e visível Durocher. "Assim, cada encontro entre os dois times tinha o potencial para uma miríade de mudanças de estratégias e decisões que seriam mais adequadas a um jogo tático de xadrez que a um jogo de beisebol" (Thomson et al, 1991:9). Mas, quanto à questão genérica sobre contingências necessárias, Thomson, refletindo sobre todos os eventos dos anos anteriores que puseram Durocher, Dressen e os vários jogadores em suas respectivas posições em 1951, perguntou: "O que teria acontecido se Durocher não tivesse sido suspenso em 1947? ... E se Stoneham não tivesse concordado em deixar Durocher negociar seus jogadores preguiçosos e buscar outros como Dark e Sanky? E se Ashburn não tivesse feito um bom arremesso e Cal Abrams continuasse seguro na base (no último jogo de 1951)? Apenas uma mudança, uma peça fora de lugar" (ibid, 76).

[5] Pode ser também extravagante notar a correlação entre os dois tipos relevantes de mudança histórica – evolucionária e revolucionária – e a distinção aristotélica entre noções essenciais (ou naturais) e acidentais (ou violentas). Mas é isso que acabo de fazer.

[6] "Nos termos mais crus, a história política continua presa num molde do final do século XIX: narrando 'grandes eventos' e fazendo julgamentos sobre 'Grandes Homens' (ou seu oposto, 'Homens Realmente Terríveis')" (Arnold, 2000:80).

[7] Não desejo entrar aqui na discussão sobre qual a antítese apropriada do indivíduo, se "sociedade" ou "cultura". Em outro lugar argumentei que, como a estrutura específica da sociedade é uma ordem simbolicamente constituída, ela é, ontologicamente, uma formação cultural, e, assim, um aspecto ou dimensão da cultura (M. Sahlins, 2000). Para os propósitos presentes, e dada a formulação recebida do problema historiográfico como indivíduo *versus* sociedade, tomarei a oposição como sinônimo de indivíduo *versus* cultura.

[8] *Interpelar*, "fazer uma intimação preventiva"; dirigir-se a alguém com alguma pergunta ou pedido de explicação em tom confrontativo, como se fosse a polícia. A interpelação, considerada, em termos mais amplos, um ato de subjetivação, refere-se ao processo pelo qual indivíduos são recrutados como sujeitos sociais por meio de discursos ou práticas imperativas. No modelo paradigmático de Althusser, o Senhor chama Moisés pelo nome, e Moisés responde que é realmente: "Eu. Eu sou Moisés, vosso servo; falai, e eu ouvirei." Moisés realiza a si mesmo como sujeito/subjugado por meio da interpelação do Sujeito *par excellence*, o Uno de si mesmo: "Eu sou o que sou." Desse modo, a teologia provê Althusser com o funcionamento essencial da ideologia hegemônica, diretamente traduzível na constituição de sujeitos pela reprodução da infra-estrutura econômica e para a reprodução desta. Deus cria os homens à sua própria imagem, ou, em Cristo, duplica a si mesmo como homem, um espelhamento que, de modo recíproco, permite que os homens se reconheçam n'Ele – o que é também uma garantia de que, sob a condição de submissão, eles um dia participarão de Deus. Sendo assim, diz Althusser, "deixemos que as palavras simplesmente sejam ditas"

em submissão às relações de produção. "O que é necessário", pergunta ele, "para as coisas serem o que devem ser? ... Se a reprodução das relações de produção tem de ser assegurada, mesmo nos processos de produção e circulação?" A resposta, como a de santo Agostinho, é a transposição do Sião para a Babilônia, um movimento ao mesmo tempo providencial e adulterante que atualiza e mistifica o poder de Deus nas limitações da sociedade. "De fato, o que realmente está em questão nesse mecanismo de reconhecimento especular do Sujeito e dos indivíduos interpelados como sujeitos, e da garantia dada pelo Sujeito aos sujeitos, se eles aceitarem livremente sua sujeição aos 'mandamentos' do Sujeito? A realidade em questão nesse mecanismo é necessariamente a realidade equivocadamente, desconhecida (*méconnue*) nas próprias formas de reconhecimento ... é, de fato, em última instância, a reprodução das relações de produção e das relações que delas derivam" (Althusser, 1971:182-3).

[9] Isto é Stuart Hall (seguindo Gramsci), num iluminador intercâmbio de idéias relatado por Jean e John Comaroff (1991:18-19), que prossegue discutindo o hegemônico como o impensável.

[10] Como quando os antropólogos agora "des"culturam, ficando com uma disciplina sem objeto.

[11] Stuart Hall cita L. McNay: "Foucault afasta-se com excessiva facilidade de uma posição de descrever o poder disciplinar como uma *tendência* dentro das modernas formas de controle social, e passa para outra que postula o poder disciplinar como uma força monolítica plenamente instalada que satura todas as relações sociais. Isso leva a uma superestimação da eficácia do poder disciplinar e a uma compreensão empobrecida do indivíduo" (Hall, 1996:12).

[12] Michael Walter sobre o funcionalismo foucaultiano: "A sociedade disciplinar é uma *sociedade*, um todo social, e em seu tratamento das partes desse todo Foucault é um funcionalista. Ninguém desenhou o todo e ninguém o controla, mas, como se por uma mão invisível, todas as suas partes, de alguma forma, encaixam-se. Às vezes Foucault maravilha-se com o feito: 'Este é um sistema de relações extremamente complexo que nos leva a imaginar como, considerando que ninguém o pode ter concebido inteiramente, pode ser ele tão sutil em sua distribuição, seus mecanismos, seus controles e ajustes recíprocos'" (Walzer, 1986:57).

[13] Terence Turner faz uma afirmação semelhante a respeito da redução da análise social e política ao "corpo": "O corpo preencheu o vácuo criado pelo esvaziamento geral do conteúdo social, cultural e político da teorização sobre a condição humana, sobretudo na era moderna/pós-moderna" (1995:144).

[14] A posição de Sartre sobre a religião de madame Flaubert não me parece tão dogmática (seja de sua parte ou da parte dela) como seus críticos parecem acreditar. "Sua religião sem a Igreja, seu Deus sem obrigações ou sanções que se manifestava apenas para justificar e envolvê-la com uma ternura que o marido dificilmente prodigalizava", e assim por diante (1981-93, 1:493).

[15] "Gustave, entre os 13 e os 14 anos, converteu-se à literatura quando compreendeu que a poderia usar numa tentativa de contracriação, que faria dele o semelhante imaginário de Deus, e que o empreendimento de escrever finalmente lhe daria seu ser – que ele poderia construir a si mesmo no processo de construção" (Sartre, 1981-93, 2:304).

[16] Uma advertência sobre o termo *ação* tal como usado no presente contexto de ação individual. Por ele, designo intervenções que afetam a história de coletividades sociais, daí a especificação "ação histórica". Não argumento a favor da "ação" nem contra ela, quando entendida como a responsabilidade pessoal de alguém por seus atos, como o oposto da

responsabilidade do coletivo ou do meio. De qualquer modo, esse sentido de ação não está em questão aqui, pois defendo que as complexas determinações biográficas da individualidade das pessoas que fazem história não são especificadas pelas estruturas maiores da conjuntura que autorizam e realizam os efeitos sociais dessas pessoas.

[17] Como observou Mary Wallis (1851:211), o isolamento relacionava-se em especial aos homens da chefia; as mulheres, que se agrupavam residencialmente em termos de sua afiliação aos clãs natais, eram mais gregárias. Assim, com freqüência as mulheres eram vistas em grupos; "no entanto, grupos de chefes não se associam. Nunca veremos (Ratu) Cakobau visitar qualquer lugar na companhia de seu pai, ou qualquer chefe de hierarquia elevada na companhia de outro." Obviamente, os homens associavam-se nos rituais no templo e nos círculos de *kava*.

[18] No principal templo de Bau, Navatanitawake, o primeiro copo de *kava* era privilégio do Roko Tui Bau, enquanto nas casas das duas cidades aquela honra ia para o Vunivalu (Hocart, *FN*; Bau; cf. Capell, 1973:240 [tū]). Quanto a isso, acredito que a grande casa do homem, Naulonivuaku, era a versão mais secular do templo, e aqui o rei da guerra presidia – exatamente como um de seus títulos, "Tui Levuka", referia-se ao povo "nativo" (Levuka) com quem sua casa era originalmente associada.

[19] As principais fontes sobre a *kava* diária do rei em vários territórios incluem Williams e Calvert (1859:111-15), Lyth (*TFR*:13), Williams (1931, 2:319 e 322; *MN*, vol.1), Sinclair (*J*: 15 ago 1840), Jaggar (SC/Y), Toganivalu (*TkB*), Lester (1941-2), Hocart (*FN*:310), Hale (1846:69), Diapea (1928:39), testemunho de Komaitai (CSO/MP 5947/17), e Mac-Gillvray (*J*: 12 out 1854).

[20] Outro antigo comerciante e vagabundo de praia, o irreverente "Jack Canibal" (também conhecido como John Jackson, William Diapea e William Diaper), pensava que a maneira de levantar o tabu gritando era uma peculiaridade de Somosomo, a capital Cakaudrove. Ele disse que "O hábito que adotaram quando Tue cakau (Tui Cakau), o rei, virava sua dose matinal de *yagone* (*yaqona, kava*) – sempre por volta das sete e meia da manhã – de dar guinchos e altos gritos de casa em casa, dentro e fora, ecoando e reboando por todo o lugar, era algo que finalmente se tornava – para mim, pelo menos – absolutamente desagradável" (Diapea, 1928:93).

[21] A discussão sobre as dificuldades de Cakobau e a morte de Ratu Qaraniqio pode ser seguida em Waterhouse (1866:251-2), Derrick (1950:103-4), Calvert (*J*: 26 jan-15 mai 1856 e passim), Calvert (1856:6-8), Williams e Calvert (1859:358-9), *CL* (Mathieu: 10 mar e 27 abr 1855), marista anônimo (*HM*:65-8), Moore (*J*: 25 jan 1855), Deniau (*HF* 2) e Rougier (*FL*).

[22] MacGillvray, do HMS (Her Majesty Ship) *Herald*, comentou sobre as maquinações dos missionários protestantes após a conversão de Ratu Cakobau: "Durante todo tempo, esses missionários (senhores Moore e Waterhouse, mas especialmente o senhor Calvert) têm feito incessante esforço para produzir uma reconciliação entre Thakombau e os que se opõe a ele. Embora não haja dúvida de que a resolução da 'dificuldade', tal como proposta pelos missionários (a submissão dos rebeldes bauenses a Ratu Cakobau), aumentaria imensamente sua influência, enquanto a outra a diminuiria, ainda assim eu não imputaria nenhum outro motivo a eles a não ser o dever de ativar cristãos e sacerdotes" (*J*: 12 out 1854).

[23] Uma bibliografia sobre o caso Elián Gonzalez, a maior parte referindo-se a sites da Internet, aparece numa seção especial no fim das referências bibliográficas gerais do livro.

[24] Na medida em que se tratava de um caso de custódia, e não de imigração, o relatório do Ministério da Justiça mantinha que "seria uma substancial intrusão na esfera da autoridade

paterna um parente distante ser capaz de ativar procedimentos governamentais relativos a um filho de seis anos de idade, e que pudessem seriamente perturbar a relação pai-filho e a estabilidade da família" (ABC: 24 abr 2000). De fato, se a mãe de Elián tivesse sobrevivido, ela bem poderia ter sido indiciada numa corte federal por seqüestro, já que levara a criança para os Estados Unidos sem a permissão do pai. Isso aconteceu a Arletis Blanco, que foi condenada a uma liberdade vigiada de três anos por "seqüestro parental internacional" em outubro de 2001, na Flórida. A senhora Blanco havia fugido de Cuba num bote com o namorado, a filha e o filho, em novembro de 2000, deixando o pai do garoto em Cuba – um caso singularmente igual ao de Elián. O garoto foi devolvido ao pai (NYTI: 25 out 2001).

[25] No entanto, o mesmo artigo do *Washington Post* observou que os hispânicos não-cubanos estavam mais interessados no drama humano que no caso político cubano-americano em si mesmo. "É como uma telenovela. Eles a seguem como um drama humano, e não um drama político. O interesse não assumiu a forma de fortes posicionamentos políticos." Talvez seja relevante aqui uma certa desconexão entre os cubano-americanos da Flórida e outros grupos hispânicos, tendo havido algum ressentimento entre estes últimos em função dos poderes e privilégios adquiridos pelos primeiros. A fricção política pode ser julgada pelo fato de que os votos de hispânicos não-cubanos na eleição presidencial de 2000 foram de 2 para 1 a favor de Gore, enquanto os dos cubano-americanos foram de 3 para 1 para Bush.

[26] A memória também seria reavivada por histórias que circulavam em Miami de que Fidel Castro teria recuperado Elián para sacrificá-lo a uma deidade do candomblé, como veremos.

[27] Assim escreve Lance Morrow, no *Time* (17 abr 200): "É perturbador ver com que facilidade alguns americanos resolveram o dilema ignorando e mesmo denegrindo o pai – e mesmo o papel dos pais. Se tivesse sido Juan Miguel Gonzalez a morrer no estreito da Flórida, e a mãe estivesse esperando em Cuba, Elián teria sido mandado para ela imediatamente, no pressuposto de que o vínculo mãe-filho supera a política. É natural. Mas o pai ... Isso é diferente ... Os americanos funcionam como se os pais fossem secundários e essencialmente dispensáveis."

[28] Disse Elena Freye, diretora do moderado Comitê Cubano para a Democracia: "Essa criança não era qualquer criança negra feia do Haiti. Essa criança era um menino (branco) com uma aparência adorável – muito fotogênico" (PBS: 26 abr 2000). A comparação com o menino haitiano era, aparentemente, algo comum: ver "Race Called a Key in Elián Saga" (AP: 8 abr 2000). Quanto a isso, o caso Elián não diminuiu a oposição entre as comunidades afro-americana e cubana em Miami, a primeira revoltada com os privilégios e poderes desfrutados pela última. Em geral, os norte-americanos negros – e notavelmente os congressistas americanos negros – foram a favor da repatriação de Elián. Em abril de 2000, 92% dos afro-americanos em Miami-Dade eram a favor de devolver Elián a Cuba (WP: 15 abr 2000).

[29] A necessidade de uma "boa história antiga", estruturalmente falando, foi destacada pelo mais recente fracasso do governo cubano de atiçar o entusiasmo em torno de cinco "heróis da revolução" condenados em dezembro de 2001 por estarem fazendo espionagem nos Estados Unidos. Como foi noticiado no *New York Times*: "Como no caso de Elián Gonzalez, a criança náufraga que terminou reunida a seu pai em Cuba, o governo (cubano) fez deles o foco de manifestações populares, discussões na televisão e apelos à comunidade internacional. Mas os diplomatas dizem que se provou difícil gerar muita simpatia por homens adultos que admitiram estar trabalhando para a inteligência cubana. A prisão, observam eles, é um risco normal nesse tipo de trabalho" (*New York Times*: 17 out 2002).

[30] Informações sobre os guardiões de Elián em Miami podem ser encontradas em Lopez-Calderon (geocities.com, 2 abr 2000), *Salon* (17, 26 abr, 12 mai, 8 e 29 jun 2000), ABC (10 fev 2000), WP (6 abr 2000), *Newsweek* (17 jan 2000), MH (30 jan, 10 fev 2000).

[31] Um relato semelhante, citando o diretor do departamento norte-americano do Ministério do Exterior de Cuba, diz o seguinte: "(O caso Elián) foi uma afirmação da revolução. Manteve as pessoas envolvidas. ... Os jovens cubanos não nasceram durante o período soviético, durante a Baía dos Porcos, durante a crise dos mísseis cubanos. Mas sentiram-se parte dessa triste história" (CT: 24 jun 2001; cf. NYT: 2 set 2001).

[32] Jill Nelson, em USA *Today* (7 jan 2000): "a hostilidade a Cuba não derruba o vínculo entre pais e filhos. ... O retorno de Elián aos braços de seu pai será uma pequena vitória para a muito apregoada noção de 'valores familiares' que os políticos norte-americanos adoram invocar casualmente" (cf. CPD: 22 dez 1999; WP: 1º jan 2000).

[33] O bugre para andar nas dunas estava entre os muitos presentes de Natal recebidos por Elián: "Esta semana, um grupo de funcionários da prefeitura de Miami, um deles vestido de Papai Noel, trouxe para Elián um bugre roxo, amarelo e vermelho movido a bateria, um bastão de alumínio e uma luva e bola de beisebol" (WP: 25 dez 1999).

[34] Longas entrevistas de *Frontline* com Aruca e outros cubano-americanos "moderados" sobre o caso Elián podem ser encontradas em PBS (2000).

[35] Lisandro Perez, professor da Florida International University: "A fim de entender algumas das dinâmicas da comunidade cubana aqui e como ela funciona politicamente, você tem de entender que, sob muitos aspectos, é como uma cidade pequena. A comunidade é muito forte economicamente. Ela gera um bocado de empregos e negócios para si mesma, para seus membros. E uma das coisas que você não deseja fazer é ser posto no ostracismo por causa de sua ideologia política, ou porque não concorde com algum dos princípios básicos da comunidade" (PBS: 2000).

[36] O suposto milagre médico, testemunhado pelos médicos no hospital para onde Elián fora levado após o resgate, era que o menino quase não mostrava sinais de queimadura de sol após 24 a 48 horas flutuando solto no mar numa bóia de câmara de ar. O "milagre" foi naturalmente creditado na comunidade cubana de Miami, mas olhado ceticamente por outros em outras partes, com base no argumento de que o período em que Elián estivera à deriva fora exagerado.

[37] "'Acho que os golfinhos o amam mais que seu pai', disse Sonia Espinosa, uma norte-americana, nicaragüense de origem, na procissão (dos Reis Magos). 'Cuidaram dele quando estava sozinho, órfão no oceano. Ele é um milagre'" (MH: 10 jan 2000, "Reis Magos", cf. MH: 23 jan 2000). Agradeço a Gregory Schrempp da Universidade de Indiana pelas referências em Stith Thompson.

[38] As dimensões religiosas do caso Elián foram amplamente relatadas. Ver, entre outros, *Chicago Tribune* (17 jan 2000), MH (8, 10 e 23 jan, 26 mar, 10 abr, 14 mai 2000), WP (22 jan, 6, 14 e 20 abr 2000), CNN (28 mar 2000), NYDN (9 abr 2000), RIN (verão 2000), Lopez-Calderon em geocities.com (2 abr 2000).

[39] Em outubro de 2001 essa casa foi convertida num santuário em honra de Elián (Unidos en Casa Elián).

[40] Uma nota furtiva semelhante, passada por Lazaro Gonzalez a uma freira, irmã O'Laughlin, para entregar às avós de Elián, influenciou o curso dos eventos quando ela deixou de entre-

gar o bilhete e fez um grande esforço público para impedir que Elián o lesse. A nota avisava que Castro queria fazer "um sacrifício de magia" com o menino (*MH*: 31 mar 2000). Sobre o candomblé, ver também *Washington Times* (4, 15 abr 2000), *SFC* (9 abr 2000), *WP* (20 abr 2000).

[41] Para os registros: a presença de golfinhos na vizinhança da bóia de Elián não pôde ser confirmada pelos relatórios do pessoal da Guarda Costeira que o resgatou, ou pelas cambiantes e conflitivas histórias dos pescadores que descobriram Elián.

Capítulo 3. A cultura de um assassinato

[1] Aparecem no Livro I como precursores dos atenienses no desenvolvimento de marinhas, conquistas e colônias tipos como Minos de Creta e Ciro da Pérsia (1.4.1, 1.8.2, 1.13.6). Temístocles também aparece, é claro. E mesmo um Ameinocles, construtor de barcos de Corinto que criou as primeiras trirremes (1.13.3).

[2] "Comunidade" é tomada aqui, de forma conveniente, no sentido duplo de uma totalidade social e de um julgamento kantiano (muito semelhante à estrutura saussuriana) de um todo formado por muitas partes compreendidas como mutuamente determinantes.

[3] Se os costumes fijianos em matéria de chefia vigoravam em meados do século XIX como em grande parte do século XX, a fala e outras características distintivas de Ratu Tānoa eram, sem dúvida, alvos de ridicularização privada em Bau. Oficial e publicamente, no entanto, os chefes dirigentes são modelos de perfeição da forma humana.

[4] Na época do golpe contra Ratu Tānoa em 1832, relatou-se que uma das causas fora a indevida proteção que dava aos barcos europeus. Diz-se que ele impediu os bauenses de se apropriarem do navio *Glide*, em 1831, e de duas escunas em julho de 1832 (Eagleston, *UD*, 1:438).

[5] Da mesma forma, Ratu Tānoa, apesar de toda a sua cordialidade com os *papalagi*, não considerava converter-se ao cristianismo. Como disse ao tenente Wilkes, "Ser cristão não o tornaria branco nem lhe daria navios, então, ele não conseguia ver nenhuma vantagem nisso".

[6] Em dezembro de 1839, o reverendo Cross ouviu que muitos bauenses estavam cansados da guerra com Verata, mas eram empurrados por Ratu Cakobau contra suas vontades (*D*: 27 dez 1839).

[7] Em fontes fijianas, Ratu Raivalita é freqüentemente encontrado sob outros de seus nomes, Doviverata ou Ratu Doviverata.

[8] Este relato da guerra foi inserido no diário do senhor Hunt após a entrada de 19 de outubro de 1845, mas foi escrito mais tarde, pois inclui uma descrição da queda de Rewa em dezembro de 1845.

[9] Assim, em sua narrativa posterior, o senhor Hunt falou de um "complô" contra Ratu Cakobau, do qual Ratu Raivalita era "o cabeça", e que esse último tinha "um forte grupo a seu favor". Outros sofreram quando Ratu Raivalita caiu, "mas não se sabe se todos que estavam engajados no complô foram encontrados. Alguns acham que, na verdade, não havia qualquer complô, mas que o jovem chefe fora falsamente acusado por seus inimigos e morrera inocente" (*J*: 19 out 1845). Veremos, no entanto, que, a partir de outras fontes contemporâneas, será possível lançar novas luzes sobre o complô, suas razões e quem estava envolvido.

[10] Ratu Raivalita vinha de Somosomo, de acordo com a senhora Wallis (1851:101), mas a tradição bauense de que ele estava retornando de Ovalau é mais provável. Ratu Raivalita conduzira um grande grupo bauense a Somosomo em março: estavam acompanhando até sua casa o velho rei Cakaudrove, o Tui Cakau (Lyth, *J*: 31 mar 1845). Junto com um certo Selemi e um chefe bauense, Ratu Nayagodamu, ele permaneceu em Somosomo durante cerca de três meses, partindo em maio. (Ver Williams, 1931, 3:322-4, onde Ratu Raivalita aparece com outro de seus nomes, Doviverata, freqüentemente usado – ou, na grafia de Williams, "Droiverata"). Mas ainda existe confusão sobre as idas e vindas de Ratu Raivalita logo antes de sua morte, porque há uma entrada no diário da senhora Wallis em 17 de abril de 1845 indicando que ele a visitara em Viwa naquela data – quando, de acordo com o reverendo Williams, ele estava em Somosomo (Wallis, 1851:80).

[11] O nome fijiano de Selemi era Matanibukalevu (Williams, 1931:324); sua relação por parentesco ou afiliação clânica com Ratu Raivalita não é conhecida.

[12] No entanto, um ou dois anos apenas após a morte de Ratu Raivalita, soube-se que Komainaua estava de novo tratando de derrubar Ratu Cakobau (Hazelwood, *P*, Lyth a Hazelwood: 7 nov 1846). Há relatos de estar de novo envolvido numa conspiração em 1859 (Lyth, *J*: 4 mar 1851). Nenhum dos dois supostos complôs resultou em nada.

[13] Nas tradições bauenses de 50 anos ou mais após o evento, embora os descendentes de Ratu Cakobau ainda estivessem no poder, nenhum papel pessoal ou responsabilidade pela morte de Ratu Raivalita lhe são atribuídos. (Anon. de *Na Mata*, 1891[7]:14-15.) A acreditar-se nesses relatos, muito embora se diga que Ratu Raivalita tivesse feito cinco tentativas de atirar nele, sem acertar nenhuma, Ratu Cakobau permaneceu despreocupado (*sega soti ni Bau yalo lailai kina*). Em vez disso, os outros chefes bauenses, ou então Ratu Tānoa, foram responsabilizados pela morte de Ratu Raivalita.

[14] Naquela ocasião, a senhora Wallis convenceu-se da inimizade com relação a Ratu Gavidi a Ratu Cakobau: "Ficou comprovado que ele havia planejado matar Thakombau (Ratu Cakobau), e o mais provável é que sua morte tenha sido a punição pela ofensa" (1994:10). Evidentemente, Ratu Nayagodamu também participou dessa conspiração, assim como Komainaua (Lyth, *J*: 4 mar 1851).

[15] *Nabaubau* e *Batitobe* são nomes equivalentes ou usados alternadamente para o mesmo grupo em diversas fontes fijianas. Por exemplo, na tradição bauense, como relatado à Comissão das Terras Nativas: "Os Batitobe, ou seja, aqueles de Nabaubau (*na Batitobe, a ya iratou mai Nabaubau*)" (NLC/TR [Tailevu Norte (Yavusa Kubuna)]). Nos registros da Comissão das Terras nos anos 1890, os nomes Batitobe e Nabaubau são variantes de subdivisões do povo governante Tui Kaba. Em outros textos, Nabaubau é identificado como uma divisão ou casa de Batitobe.

[16] Os quatro principais grupos de antigos reis da guerra opostos aos Tui Kaba eram Nanukurua, Nabaubau, Naisoro e Dewala. Eles são coletivamente conhecidos como os "Tui Kaba Inferiores" (*Tui Kaba i Ra*), em contraste com os "Tui Kaba Superiores" governantes (*Tui Kaba e Cake*) de Ratu Cakobau e outros, embora isso possa ter sido um costume do período colonial. No esquema colonial, esses quatro grupos ("Batitobe" às vezes substituindo "Nabaubau") eram designados segmentos (*i tokatoka*) do clã (*mataqali*) dos Tui Kaba. Coletiva e coloquialmente, os grupos que se opõem a Tui Kaba propriamente são muitas vezes chamados "Rokodurucoko" ou "Dewala". Cada uma dessas quatro linhagens nobres tinha seu próprio deus e templo, exceto Naisoro, que partilhava os do Tui Kaba – sugerindo que o povo Banuve entrou nos círculos governantes de Bau por afiliação aos Naisoro, aparentemente deles recebendo esposas e sendo, assim, *vasu* perante os Naisoro (Wainiu BK).

[17] O povo Nabaubau ou Batitobe é, de fato, às vezes identificado como o Roko Tui Bau ou reis sagrados, tanto na tradição quanto por informantes bauenses modernos. É possível que o povo Nabaubau funcionasse como um segmento do clã do Roko Tui Bau no início do século XIX, daí que aparecesse sob a identidade geral de povo Roko Tui Bau. O principal arauto de Bau disse-me em 1988 que os Nabaubau eram, de fato, o povo Roko Tui Bau em alguma época, e mais tarde passaram a Tui Kaba Inferiores, como *vasu* perante os Roko Tui Bau.

[18] Todos esses notáveis rewanos possuíam diversos nomes e, de modo correspondente, são identificados por nomes diferentes nos textos europeus e fijianos. O rei Ro Kania também é conhecido como Ratu Banuve; Ratu Qaraniqio também aparece como Dakuwaqa, Bativudi e Lagivala ("Longfellow"); Ro Cokānauto é mais comumente "Phillips" na literatura ocidental, nome recebido do empregador do negociante de pepinos-do-mar de Salem, capitão John Eagleston.

[19] A entrevista do padre Mathieu com Ratu Qaraniqio – aqui chamado de Bativudi – está relatada por Deniau entre aspas, ou seja, como ele a ouviu do padre. A conversa entre o missionário e o chefe rewano ocorreu em Levuka, Ovalau.

[20] O senhor Calvert (ou o tipógrafo) incorretamente datou o assassinato de Ratu Raivalita nesse texto como "meados de 1846", em vez de 1845 (Williams e Calvert, 1859:350).

[21] Hocart diz que o termo *vasu* é aplicado apenas a homens, não às filhas das irmãs. Acredito que isso seja verdade a respeito do uso não regulado, e pode ter sido genericamente verdadeiro no início do século XX e antes. No entanto, ocasionalmente, ouvi mulheres serem assim designadas, desde que o referente fosse claro.

[22] O reverendo Thomas Williams fala de um episódio exemplar do privilégio *vasu* que aconteceu em julho de 1846, durante um ritual no templo de Somosomo, ou logo após, em que forças bauenses haviam se juntado para uma ação militar combinada com Cakaudrove. Um filho de Ratu Tānoa, "um garotinho", tomou posse de uma canoa dupla e 21 simples "em virtude de ser um *vasu* perante esse lugar" (1931, 1:351). Falando sobre o mesmo incidente, a senhora Wallis comentou (sem dúvida com base em informação de missionários) que tais atos são "feitos principalmente enquanto eles (os *vasu*) são crianças, pois, quando ficam mais velhos, têm vergonha de se servirem dessa maneira" (1851:217). Por outro lado, alguns adultos devem ter dado uma mão ao garoto – afinal, 22 canoas!

[23] Algumas das famosas depredações de Ratu Raivalita quando era jovem podem ter sido autorizadas por seu direito *vasu*. Em 1839, o reverendo Thomas Jaggar, trabalhando em Rewa, perdeu alguns porcos em virtude das demandas *vasu* de Ratu Raivalita sobre todo o reino de Rewa. Ele relatou que Ratu Raivalita havia "*vasu*ado nossos porcos" que estavam sendo criados em Dreketi, uma terra vassala de Rewa (*J*: 10 nov 1839). Também sobre *vasu* e porcos, o capitão Eagleston relatou uma ocasião, em 1833, quando não conseguiu comprar porcos em Rewa porque o rei havia declarado um tabu sobre eles para um banquete. Eagleston decidiu atirar neles enquanto se apresentava ao rei, que exclamou, "Vejam só! Um *vasu* em Rewa" (IUDI, 2:101).

[24] Tecnicamente, parece haver um sistema implícito de quatro classes no parentesco fijiano, implicado por contínuo casamento PMBID ou PPIFD. Às vezes os homens repetem seu casamento PP em uma determinada casa – de fato, *avó* (*bui*) é um termo alternativo para a própria esposa. O mesmo está codificado na prática ocasional de repetir nomes próprios em gerações alternadas de linhas dirigentes. (P = pai, M = mãe, F = filho, I = irmã, D = filha, B = irmão).

[25] Quain prosseguiu indicando que as legendárias inclinações canibais do chefe Rokowaqa não devem ser tomadas literalmente, que a história foi espalhada com evidente intenção de chocar e amedrontar e para alardear os poderes do ancestral. Mas ela claramente transmite um outro tipo de verdade a respeito de chefes governantes.

[26] Tenho apenas uma versão em inglês desta carta. "Família" provavelmente traduz a palavra fijiana *mataqali*, que venho chamando genericamente de "clã". "Senhora" é sem dúvida *marama*, uma "mulher de status elevado".

[27] O próprio Ratu Joni Madraiwiwi casou-se com a filha de um antigo governante de Lau, Adi Litiana Maopa, refazendo assim o caminho matrimonial do pai de seu pai e fazendo seu filho, Ratu Sir Lala Sukuna, novamente *vasu* perante Lau. Ter ele adquirido direitos *vasu* através da mãe de sua mãe é outra indicação de um subjacente sistema de quatro classes matrimoniais.

[28] Traduzo *vasu i taukei* como "*vasu* nativo"; a tradução mais freqüente é "*vasu* da casa". *I taukei* é um termo de grande peso cujo significado inclui expressões inglesas correspondentes a "indígeno", "primeiro ocupante", "autêntica pessoa de um lugar", "nativo de um lugar", "proprietário de um lugar", e assim por diante.

[29] A.M. Hocart relata, com alguma perplexidade, a superioridade do *vasu* nativo em Lau, em particular os descendentes uterinos do povo Cekena, os mesmos antigos reis invocados por Ratu Madraiwiwi quando reivindicava sua posição lá: "O grande prestígio do sobrinho da casa (*vasu i taukei*) indica um tempo em que a mais elevada forma de casamento para um homem nobre era com uma senhora da terra. ... É difícil compreender por que o filho de uma senhora de um clã comparativamente obscuro como Thekena ou de uma vila de casta inferior como Waitambu devesse ser um homem mais importante do que poderia pretender o filho de uma mulher de Thakaundrove, um dos estados mais importantes de Fiji" (1929:234). Mas Hocart acertou no alvo quando concluiu que "obviamente, não era apenas o status o que contava, mas uma combinação de nobreza e terra".

[30] Em 1840, um dos navios do tenente Wilkes capturou Ro Veidovi, meio-irmão paterno do rei de Rewa, por haver concebido e dirigido um ataque à tripulação de uma embarcação americana em Kadavu alguns anos antes (ver abaixo). Mais tarde, quando visitava Kadavu, Wilkes ouviu de um chefe local "que o povo de Kantavu [*sic*] ficara feliz por ele (Ro Veidovi) ter sido levado, pois vivia exigindo deles todo tipo de artigos, em nome de sua autoridade de vasu" (1845, 3:289).

[31] Ratu Lewenilovo, filho do dirigente supremo de Cakaudrove (Tui Cakau) e grande *vasu* perante a terra vassala de Bouma, foi viver lá por um período nos anos 1840 por causa de um conflito com o pai. O reverendo Hunt observou que Ratu Lewenilovo "talvez tivesse tanto poder em Bouma quanto tinha o rei em Somosomo (a capital de Cakaudrove)" (*J*: 8 fev 1842).

[32] Outra variação pragmática na posição *vasu* decorre da poligamia costumeira de chefes detentores de títulos, bem como da igualmente usual indeterminação da sucessão entre os filhos gerados por diferentes mães. Enquanto o pai está vivo, os filhos de muitas de suas filhas podem desfrutar de status *vasu* na casa paterna. Mas, a menos que o irmão pleno de qualquer das filhas suceda ao pai, o *vasu* perde alguns privilégios, se não perder também o status, pelo fato de o irmão de sua mãe ter sido excluído do título, destino que pode bem se estender aos descendentes diretos desse último (ver Figura 3.1). Esse tipo de mudança tem desempenhado um papel em episódios históricos, como veremos adiante.

[33] Assim, o face-da-terra de dentro é às vezes chamado "sacerdote-arauto", *bete matanivanua* (Rokowaqa, 1926).

[34] Um relato feito no início do século XX por um integrante do grupo Vunivalu de Bau, Ratu Etuate Wainiu, pretendia demonstrar à administração colonial britânica a extensão do domínio de Bau: "Mulheres superiores [*marama*] eram regularmente dadas por Bau em casamento aos Naitasiri e Suva. Isso significava que Bau tomaria posse da terra e do povo, que seriam obedientes a nós [i.e., "nos ouviriam", *vakarorogo*]. Aqueles cujas mães vieram de Bau ainda estão vivendo nessas duas terras até hoje. Eles são os chefes nas duas terras, agora, por causa de sua conexão *vasu* com Bau" (E.Wainiu, CSO MP: 259/1910).

[35] "Com freqüência, ... ciúmes e intrigas entre os filhos de um pai, com diferentes mães de status elevado, levavam a intervenções de reinos interessados e a guerras. Muitas das guerras dos tempos históricos, e as piores delas, foram guerras civis, e não passavam de vendetas familiares numa escala mais ampla" (Derrick, 1950:57).

[36] Sobre Adi Qoliwasawasa, ver também Eagleston (*UD*, 2:213-14) e Wallis (1851:152). Cannibal Jack fala da língua afiada: "'*Kaisi mata vaka puaka*' (seu escravo cara de porco) era uma expressão bastante comum, especialmente dela para seu esposo, que, embora rei, era muito inferior a Qoliwasawasa, a rainha, em nascimento e aparência. Ele também era muito mais velho que ela" (Jackson, 1853:467).

[37] Em 1840, por razões políticas, uma mulher bauense, filha de Ratu Tānoa, foi casada com o velho rei (Tui Cakau) de Cakaudrove e recebeu o título de consorte real de Radi Cakau. Dois meses depois, no entanto, quando pioraram as relações com Bau, a mulher foi despedida pelo rei Cakaudrove (Lyth, *J*: 25 set, 30 nov 1840).

[38] As principais fontes históricas para os regicídios rewanos são as seguintes: Calvert (*J*: 28 jun 1855), Cary (1972:33-34), Eagleston (Diário do *Emerald*: 15 mai 1834; *UD*, 2:14-15); Hudson (*J*: 22 mai 1840); Pickering (*J*: 19, 21 mai 1840); Reynolds (*Le*: 21 set 1840); Sinclair (*J*: 15 jan 1840): Waterhouse (1866:36-42); Wilkes (1845, 1:131-34); Williams (*MN*:120-22); (Williams e Calvert, 1859:103-4). Os relatos da expedição Wilkes de 1840 são os mais detalhados, especialmente o de Hudson, que se baseava em notícias dadas pelo chefe rewano Ro Cokānauto e por Paddy O'Connell, que por muito tempo fora seguidor e colaborador de reis rewanos, bem como em informação coletada pelo etnógrafo Horatio Hale, cujas próprias notas fijianas infelizmente não sobreviveram. Os integrantes da expedição Wilkes, bem como os missionários e outros, sem dúvida tinham fontes locais adicionais, mas elas não foram nomeadas.

[39] Ro Tabaiwalu tinha muitas esposas, como soube o capitão Hudson, a principal delas sendo de Bau, "da família que reinava antes que o pai de Tānoa conquistasse o reino" (Hudson, *J*: 22 mai 1840). O fato de os filhos de Adi Waqanivere serem *vasu* perante a velha nobreza de Bau e estarem posicionados para suceder em Rewa ajuda a explicar o relato (de anos mais tarde) de que o assassinato por Koroitamana do rei de Rewa foi feito "com a sanção do Naulivou, o Vunivalu de Bau, irmão mais velho de Ratu Tānoa" (Calvert, *J*: 28 jun 1855). Pois a antiga nobreza bauense era inimiga desse Vunivalu. Presumivelmente, se o golpe de Koroitamana tivesse tido sucesso, o *vasu* de Bau não teria herdado o trono. Outro fator contingente decisivo que mudou o curso da história fijiana.

[40] Versões alternativas falam de Koroitamana assassinado em Rewa, ou fugindo para o norte, para a terra guerreira rewana de Tokatoka, onde sua tentativa de empreender guerra contra Rewa foi negada, sendo ele atacado com uma maça – mas não morto ainda. Ferido, fugiu de novo para Nakelo, outro aliado (*bati*) rewano, onde foi finalmente morto. Outra

questão sobre a qual existem diversas versões tradicionais é se Ro Tabaivalu morreu imediatamente e sua esposa escondeu o fato por oito dias – que é a história usual –, ou se ele resistiu todo aquele período antes de morrer.

[41] O tenente Wilkes escolheu acreditar em testemunhos, como o de um certo James Magoon, do *Chas. Doggett*, de que o único culpado era Ro Veidovi, mas outros membros da expedição juntaram embaraçosa evidência de que as figuras reais de Rewa, com quem Wilkes tinha boas relações, haviam feito parte do massacre. O senhor Emmons, por exemplo, explicitamente contestou o testemunho de Magoon de que Ro Veidovi fosse o principal responsável: "Não há dúvida em minha mente, com base na sincera afirmação de um homem Wahoo [Oahu] ingênuo e honesto, que na época vivia com o irmão do rei em Rewa, e entendia bem o idioma fijiano, de que o rei de Rewa, Tu-in-drekete, originou o plano e selecionou Bendova (Ro Veidovi) para levar adiante seus desígnios" (*J*: 21 jun 1840). Muito mais próximo à época do evento, George Cheever, do *Emerald* (capitão John Eagleston) chegou à mesma conclusão sobre o envolvimento de Ro Kania (*J*: 14 mai 1834).

[42] "Homens de Manila", malaios e mestiços que falavam espanhol e viviam nas periferias de Manila, eram recrutados como tripulação de alguns barcos no início do comércio de pepinos-do-mar – embora tivessem a reputação desagradável de fregueses muito rudes entre os comerciantes ianques. Um motim no brigue manilano *Laurice*, em 1825, no qual os oficiais foram mortos, fez com que diversos homens de Manila se estabelecessem em Fiji entre chefes importantes. O homem ou os homens de Manila mencionados no presente relato, especialmente certo "Battan", eram prováveis sobreviventes do *Laurice* (Clunie, 1984).

[43] Ro Cokānauto havia predito acuradamente sua ascensão ao reinado em 1840, como foi relatado pelo capitão sir Edward Belcher numa visita a Fiji. Falando da realeza de Rewa: "O rei atual (Ro Kania), que é considerado um homem de mente muito fraca, e desprezado por seus irmãos, sucedeu a seu pai que, de acordo com o costume, foi morto para abrir espaço para ele [*sic*]. Não é improvável que sua morte logo permitirá que um dos irmãos restantes o suceda. De fato, Phillips (Ro Cokānauto) disse em sua presença: 'Serei rei em quatro anos'" (Belcher, 1843:46; estaria Cokānauto falando inglês?).

[44] Adi Qereitoga havia fugido para Rewa durante o exílio de Ratu Tānoa fora de Bau. Foi então que Osborn a viu, junto com Ratu Raivalita. Com toda probabilidade, Adi Qereitoga também tinha sua própria casa em Bau, ou seja, a casa chamada "Tarakaibau" (ou "Taranikaibau"), que fora originalmente construída para a mãe de Ratu Tānoa, Roko Lewasau, também de Rewa, e era, segundo alguns relatos, a casa de Ratu Raivalita (TR/EB [Tailevu, Bau], testemunho de Aisea Komaitai: Toganivalu *TkB*: i, 5). Outros dizem que a casa de Ratu Raivalita era "Naisogolaca", que acredito ser o mais provável.

[45] Diversas caracterizações do status matrimonial de Adi Qereitoga podem ser encontradas em Eagleston (*UD*, 1:380-81,2: [23 jan 1835]; Diário de bordo do *Emerald*: 11 mai 1834); Osborn (*J*: 31 jan-25 fev 1835); Wallis (1851:53); Williams e Calvert (1859:433); (*WMMS/L*, Hunt para Lyth: 7 jan 1843). Sugere-se que Adi Qereitoga pode ter detido o segundo título de Radini Kaba, nome pelo qual ela era conhecida mais tarde, após perder as boas graças em Bau: *Koya na malo*, usualmente uma abreviação de *Koya na malasivo*, "Aquela que usa uma faixa nos quadris e se afastou", numa referência aos chefes que se afastavam de cargos titulados. Sobre a possibilidade de dividir os títulos da consorte do Vunivalu entre diferente mulheres de status elevado, ver Hocart (*HF*:344).

[46] Adi Talātoka não era a rainha titular, Radini Levuka, na época de Ratu Naulivou. Adi Kawanawere recebia esse título; foi estrangulada na ocasião da morte de Ratu Naulivou

(Lyth, *RC*:26). É provável que Adi Talātoka tenha sido investida do título junto com a investidura de Ratu Tānoa c. 1833, como Tui Levuka, pelo povo Levuka em Lakeba, Lau (Twyning, 1996:88-90). Uma vez que eram os "proprietários" originais (*i taukei*) da ilha de Bau, então vivendo em Lau, o povo Levuka concedeu a Ratu Tānoa o título quando ele visitava Lakeba. Naquela época, Ratu Tānoa estava vivendo em Cakaudrove, onde primeiro buscara refúgio após o golpe de 1832. A investidura de sua esposa Cakaudrove como Radini Levuka nas cerimônias em Lakeba teria tido um caráter bastante político.

47 A respeito de duas escunas no litoral do Havaí, aparentemente prestes a serem atacadas por homens de Bau e Viwa até que os potenciais atacantes fossem dispersados por Ratu Tānoa, o capitão Eagleston escreveu: "A proteção dada pelo Rei a essas escunas causou um profundo e amargo sentimento contra ele da parte de muitos dos principais Chefes, que havia algum tempo desaprovavam fortemente sua amizade com os brancos que os visitavam" (*UD*, 1:383). Isso foi em julho de 1831, cerca de 14 meses antes do golpe. Ratu Tānoa também informou ao capitão Archer do navio *Glide* sobre um complô pelos mesmos chefes de Bau e Viwa (Ratu Mara e Ratu Namosimulua) para tomar seu navio (ibid, 1:387).

48 Um desses ataques, do qual se diz ter produzido mais de uma centena de mortos, foi resultado de um complicado esquema para tomar o navio *Emerald* do capitão Eagleston em 1832 (Clunie, 1984:66-67; Eagleston, *UD*, 1:296-97). Os conspiradores incluíam o rebelde de plantão bauense Ratu Mara, um trapaceiro de Manila chamado Battan, havia muito a serviço do rei rewano Ro Kania, e diversos (não identificados) chefes de Rewa – suspeita-se de que o rei estivesse entre eles (cf. Cheever, *J*: 14, 15 e 21 mai 1834). O golpe falhou quando foi revelado ao capitão Eagleston, primeiro pelo jovem chefe rewano Ro Cokānauto, meio-irmão do rei de Rewa, e depois por certos homens brancos, um dos quais, David Whippy, presumivelmente agia em benefício de Ratu Tānoa. Acusando os rewanos de trair o esquema, Ratu Mara organizou o ataque mencionado acima contra uma cidade rewana, com uma matança fora do comum.

49 Warren Osborn (*J*: 7 jul 1837) identifica Ratu Mara como um membro dos Vusaradave, mas genealogias bauenses, quaisquer que sejam as outras variações sobre sua ancestralidade, regularmente o fazem descendente de um detentor prévio (ou detentores) do título Vunivalu, e sua mãe, uma mulher Vusaradave – por exemplo, a "Genealogia Dewala", em NCL/TR (Tailevu Norte [Bau]) ou a genealogia bauense na Evans Collection (MS).

50 Entre os melhores e mais extensos relatos da rebelião de 1832 estão os do reverendo Cross, "A Short Account of the Late War at Bow, Feejee" (*Ext*: set 1838) e as narrativas de Waterhouse (1866:56-66) e Anon. de *Na Mata* (1891 [2] e [3]). As observações no local feitas por Warren Osborn (*J*) e pelo capitão Eagleston (*UD*) durante esse período são de crucial importância e serão citadas ao longo da discussão.

51 Esta é a maior linhagem, chamada Dewala ou Rokodurucoko. Um homem dessa ancestralidade fora chamado de Bau pelo povo Nairai para se tornar seu chefe (*kere turaga*), algumas gerações antes, de acordo com a tradição Nairai (NLC/TR [Lomaiviti (Nairai)]). Esse importante descendente ajuda a explicar por que Ratu Banuve, o pai de Ratu Tānoa, era tido como *vasu* perante os Nairai e por que Ratu Tānoa incluiu uma mulher Nairai entre suas verdadeiras esposas – bem como por que Ratu Ramudra e seu irmão mais novo, Ratu Caucau, figuram entre os rebeldes de 1832.

52 Ratu Cakobau é seguido na lista do capitão Eagleston pelo desafortunado Ratu Tubuanakoro, e precedido pelos dois líderes do golpe de 1832, Seru Tānoa, olho-de-falcão, e Ratu Mara, olho-de-águia.

[53] O nome Cakobau, no entanto, não foi inventado para a ocasião; o capitão Eagleston conhecia um bauense mais antigo com esse nome.

[54] Diz-se que a intenção inicial de Ratu Tānoa, quando deixou a ilha Koro, escapando do golpe, era ir para Rewa, mas ventos contrários forçaram-no a aportar em Cakaudrove (Anon. De *Na Mata*, 1891 [2]:14).

[55] Sendo a imediata terra natal do povo Vunivalu, o clã Tui Kaba, a associação de Kaba com os rebeldes seria particularmente exasperante para a facção de Ratu Tānoa. Por isso, em sua opinião, *Kava* merecia o mesmo destino advogado por Cléon no caso análogo de Mitilene: "Puna-os como merecem e ensine a seus outros aliados, como um exemplo chocante, que a punição para a rebelião é a morte" (Tuc., 3.40.7).

[56] Com base nessa descrição, o "mensageiro" em questão seria o constituído Enviado a Bau (*Mata ki Bau*), isto é, do povo Navolau de Rewa.

[57] Notícias dessas visitas recíprocas são encontradas em Cargill (*J*: 4 mai 1839), Cross (D: 2 fev, 4 set 1838, 9 nov 1840); e Jaggar (*J*: 3 mai, 19 out 1839, 31 jan, 19 set, 24 set, 1º out, 6-9 nov, 3 dez, 28 dez 1840). Ratu Cakobau também visitou Rewa pelo menos duas vezes (Jaggar, *J*: 26 jul 1839, 19-20 abr 1840).

[58] O despacho e o recebimento (incluindo distribuição e consumo) das duas remessas de vinte vítimas pode ser acompanhado em Cargill (*J*: 31 out, 1º nov 1839); M. Cargill (1855:232); Cross (D: 30 out 1838), e Jaggar (*J*: 31 out, 1º e 2 nov 1839, 29 e 30 mai 1841).

[59] A única exceção na direção de presentes *bakola* que pude encontrar foi a de quatro corpos enviados de Rewa para Bau em seguida ao massacre de uma cidade Kadavu submetida a Rewa (Jaggar, *J*: 24 out 1841). Dirigido por Ratu Qaraniqio como uma questão de vingança pessoal, esse ataque rewano a Kadavu, no entanto, desagradou a Ratu Tānoa, conforme o relato ouvido pelo senhor Jaggar (29 dez 1841). De qualquer modo, as relações entre Bau e Rewa já haviam azedado àquela altura.

[60] Ratu Raivalita também recebeu de Ratu Tānoa, em confiança, o rifle Hall que o tenente Wilkes lhe havia dado. Isso para impedir que o próprio sobrinho uterino de Ratu Tānoa, Ratu Cokānauto, de Rewa, "*vasu*asse"o rifle, de acordo com Wilkes (1845, 1:77). As prerrogativas *vasu* de Ro Cokānauto em Bau seriam assim superadas pelas de Ratu Raivalita em Rewa.

[61] A despeito de Osborn caracterizar Ro Kania como amigo dos brancos, e Jackson o ver como "efeminado", no início dos anos 1830 ele foi aparentemente o poder por trás de pelo menos duas tentativas de ataque a navios europeus (Clunie, 1984).

[62] Os detalhes desses eventos estão descritos em M. Sahlins (1991) e serão apenas resumidamente discutidos aqui. Sobre a destruição de Suva como causa da guerra Bau-Rewa, ver Calvert (*J*: 15 jun 1855); Hocart (FN:2596); Jaggar (WMMS/L: 5 jul 1845); Koto (MS); NLC/TR (Tailevu Norte, Bau); Wall (1919).

[63] Existe uma estranha semelhança entre a disputa Corinto-Córcira como evento precipitador da Guerra do Peloponeso e aquela entre Rewa e Suva na deflagração da Guerra da Polinésia, inclusive a antiga afiliação entre Corinto e Córcira, e a localização estratégica de Córcira como ponto avançado ocidental do Peloponeso, voltado para a Sicília do outro lado do mar.

[64] Um desacordo semelhante entre Ratu Tānoa e Ratu Cakobau surgiu alguns anos depois – após Rewa ter sido destruída duas vezes –, quando o velho rei objetou ao desejo do filho de atacar Cakaudrove. A objeção faz recordar o grande débito político de Ratu Tānoa com Rewa

durante o golpe dos anos 1830 e o quanto ele lamentava o que havia acontecido desde então. A informação veio indiretamente do reverendo Lyth (*DB*: 11 jun 1849): "Simpson, nosso carpinteiro naval, informa-me que Tui Viti [Ratu Cakobau] propôs a seu pai [Ratu Tānoa] abrir guerra contra Somosomo [Cakaudrove]. O velho homem disse: 'Eu pensava que você fosse meu filho. Onde está agora Rewa estiveram outrora nossos amigos (durante a rebelião [dos anos 1830]) e Somosomo lembra-me quando eu deveria ter sido morto ou perecido no mar. E você quer destruí-la. Mas, sem eles, nem você nem eu estaríamos aqui.' Tui Viti não teve mais o que dizer."

[65] Mais exatamente, Ratu Nalila era o chefe no exílio, vivendo em Viwa (onde ele era *vasu*) e com medo de Ratu Gavidi de Lasakau, cujo meio-irmão havia matado e com quem estava disputando a ascendência entre o povo Lasakau. (Ratu Gavidi logo depois teria sua vingança, matando Ratu Nalila e o pai, enquanto fingia estar fazendo a paz com eles em volta de uma tigela de *kava*.) Agora, como sabemos que Ratu Gavidi estaria implicado no complô assassino de Ratu Raivalita, a atitude deste último, apropriando-se de uma das esposas do inimigo do primeiro, bem pode ter sido um movimento tático destinado a garantir o apoio de Ratu Gavidi contra Ratu Cakobau.

[66] Ainda assim, é pouco usual um casamento de primos cruzados de primeiro grau (MBD). Era costume que os filhos de primos cruzados (e, portanto, de segundo grau) se tornassem noivos em casamentos arranjados. Minha suspeita é que isso significa que Adi Qereitoga era uma meia-irmã, e não irmã plena, do rei de Rewa, Ro Kania.

[67] Só é preciso acrescentar a tais "artes negras" da política bauense que Ratu Raivalita havia ganhado uma reputação de excessivas conquistas sexuais, o que se juntava a todos os outros insultos e abusos que configuram o chefe como um personagem acima e além das normas sociais que governam as pessoas comuns. Poucos meses após a morte de Ratu Raivalita, o chefe dirigente de Cakaudrove foi ouvido pelo reverendo Thomas Williams consolando uma jovem mulher que era enviada a Bau como ajudante da filha do chefe que já morava lá: "Não pense que você está indo para um chefe como o que acaba de ser morto em Bou [Bau, uma referência a Raivalita], que, se lhe entregassem uma criança, ele imediatamente a levaria para a cama. Você encontrará um tipo diferente [referindo-se a Ratu Cakobau?]" (Williams, 1931, 2:33, aproximadamente).

[68] A senhora Wallis, que aparentemente teve acesso ao texto do senhor Hunt sobre o começo das hostilidades e/ou discutiu o assunto com ele, relata o seguinte a esse respeito: "Os chefes de Rewa não supuseram que Bau de forma alguma pretendesse destruí-los. Não tinham consciência da inimizade que haviam incitado, e supuseram que, após uma pequena escaramuça, poderiam 'soro' [reconciliar-se] com Bau, receber seu perdão e viver nos mesmos termos amigáveis de antes. Nisso estavam enganados" (1851:166). Essas reações diferentes são um bom exemplo do contraste entre os transgressivos bauenses e os convencionais rewanos discutido no Capítulo 1.

[69] Para outras notícias relevantes sobre a questão da "guerra de chefes", ver Hunt (*WMMS/L*: 17 out 1844, 28 nov 1844; Lyth, *L*: do reverendo J. Hunt, 28 mar 1845; Williams, *L*: do reverendo J. Hunt, 28 abr 1845), e Jaggar (*WMMS/L*: 9 jul 1844, 4 out 1844, 25 nov 1844, 5 jul 1845; *J*: 3 mar 1845). Ver também Calvert (Williams e Calvert, 1859:440-1).

[70] Hocart registra um incidente que indica a relação próxima entre guerreiros fronteiriços e a prática de conseguir esposas vindas da terra do chefe superior: "Quando perguntei ao povo de Wailevu se eles tinham se casado com mulheres de Latu, eles observaram, 'Ele está buscando confirmação da relação de fronteira'" (*HF*:437).

[71] Embora relatos de missionários contemporâneos e a tradição fijiana falem de Nakelo passando inteira para o lado de Bau, isso parece duvidoso, considerando-se a usual política divisiva e as contestadas chefias dessas terras. Nesse caso, no entanto, o chefe supremo, Tui Nakelo, mudou realmente de aliança – embora voltasse para o lado de Rewa em 1845.

[72] Foi essa a explicação fijiana. Outra razão dada para os vira-casacas de Nakelo foi que a terra vizinha de Tokatoka, igualmente tradicional aliada guerreira de Rewa, passara para o lado de Bau (em 1845), e como Nakelo e Tokatoka haviam herdado uma relação de rivalidade – *veita-bani*, "lados opostos", como descendentes de primos cruzados –, não poderiam ambas ser aliadas de Bau (Anon. De *Na Mata*, 1891 [5]:10). Talvez aquele aspecto tenha de fato influenciado, mas não seria uma explicação suficiente dessas manobras, já que Nakelo e Tokatoka tinham conseguido ser aliadas de Rewa por um longo tempo antes da guerra.

[73] O reverendo Jaggar contradiz-se em certa medida sobre a escassez de comida na capital rewana. Na mesma carta de 3 de março, ele especula que a colheita de inhame havia chegado, e embora fale dela como "seu pequeno estoque de inhames", supondo que a área de colheita fora reduzida, ele observa que os fijianos podiam passar um longo tempo com pouca comida (Jaggar, WMMS/L: 3 mar 1845).

[74] Outra habitual tática furtiva da guerra fijiana – um feito isolado de ousadia chamado *bati kadi*, em que um guerreiro sozinho tenta criar um nome para si mesmo aventurando-se em território inimigo, usualmente à noite, para pegar numa cilada alguém desprevenido, homem, mulher ou criança – não é especificamente mencionada por fontes contemporâneas, mas pode ter sido praticada nesse período de calmaria da guerra.

[75] Os rituais das visitas Cakaudrove pretendiam recapitular o resgate original de um deus Cakaudrove meio afogado, na forma de um rato, pelo povo bauense. O mito e os respectivos comportamentos rituais do povo Cakaudrove em Bau ainda são bem conhecidos em Fiji, assim como eram em meados do século XIX.

[76] Estou seguindo principalmente os relatos fornecidos ao reverendo Lyth (*TFR* 2:201-7) pelo reverendo Jaggar, o mais detalhado para esse período, bem como os de Ratu Deve Toganivalu (*TkB*); Hunt (*J*: 19 out 1845); cf. Waterhouse (1866:125-27), e Anom. de *Na Mata* (1891 [5]).

[77] Bau permaneceu poderosa, pode-se dizer, até a morte de Ratu Sir Lala Sukana, em 1958. Este bauense de alto nível, *vasu* perante Lau, chefe da Comissão das Terras Nativas, secretário para assuntos fijianos no governo colonial, foi, ao lado de Ratu Cakobau, o mais famoso líder na história fijiana.

REFERÊNCIAS BIBLIOGRÁFICAS

Um asterisco precedendo uma entrada identifica fontes não publicadas. As abreviaturas usadas nas notas aparecem entre colchetes. Uma sessão especial sobre o caso Elián Gonzalez vem depois da bibliografia principal. São usadas na bibliografia as seguintes abreviaturas de arquivos e instituições:

CSO/MP	Colonial Secretary's Office, Minute Paper, National Archives of Fiji, Suva
ML	Mitchell Library, Library of New South Wales, Sydney
MOM	Methodist Overseas Mission Papers, Mitchell Library, Sydney
NAF	National Archives of Fiji, Suva
PMB	Pacific Manuscripts Bureau Microfilms, Australian National University, Sydney e bibliotecas filiadas
SOAS	Library of the School of Oriental and African Studies, University of London
WMMS	Wesleyan Methodist Missionary Society, Londres

Althusser, Louis. *Lenin and Philosophy and Other Essays*. Nova York: Monthly Review Press, 1971.

Andrewes, Antony. *Greek Society*. Harmondsworth, Middlesex, Penguin, 1971.

*Anônimo do *Gambia, [Log]*. Diário de bordo do brigue *Gambia* (cap. Joseph Hartwell), viagem de Salem a Nova Zelândia e Fiji, 1844-46. PMB 210. Original no Peabody Museum, Salem.

Anônimo do *Na Mata*. "Ai Tukutuku kei Ratu Radomo Ramatenikutu Na Vunivalu mai Bau." *Na Mata,* (1) 13-14 jan; (2) 12-15 fev; (3) 4-7 mar; (4) 10-13 abr; (5) 8-11 mai; (6) 8-10 jun; (7) 13-15 jul; (8) 11-12 ago; (9) 13-14 set, 1891.

Apolodorus. *The Library*. (Trad. sir James George Frazer.) Vol.1-2. Loeb Classical Library: Londres/ Heinemann, 1921.

Aristophanes. *Knights*. (Trad. e org. Alan H. Sommerstein.) Warminster: Aris & Phillips, 1981.

____. *Four Plays by Aristophanes*. (Trad. e org. William Arrowsmith, Richard Lattimore e Douglass Parker.) Nova York: Meridian, 1994.

____. *Aristophanes I: Clouds, Wisps, Birds*. (Trad. Peter Meineck.) Indianápolis; Hackett, 1998.

Aristóteles. *Aristotle's Constitution of Athens and Related Texts*. (Trad. Kurt von Fritz e Ernst Kapp.) Nova York: Hafner, 1950.

Arnold, John H. *History: A Very Short Introduction*. Oxford: Oxford University Press, 2000.

Aron, Raymond. "Thucydide et le récit des événements". In ___. *History and Theory* 1. 1961, p.103-28.
Arrowsmith, William. "Introdução" a *The Birds*. In William Arrowsmith, Richard Lattimore e Douglass Parker (trad. e org.). *Four Plays by Aristophanes*. Nova York: Meridian, 1994, p.173-83.
Ateneu. *The Deinosophists*. Loeb Classical Library. Londres: Heinemann, 1928.
Austin, M.M. e P. Vidal-Naquet. *Economic and Social History of Ancient Greece: An Introduction*. Berkeley: University of California Press, 1977.
Bagby, Laurie M. Johnson. "The use and abuse of Thucydides in international relations". *International Organization*, 48, 1994, p.131-53.
Barnes, Julian. *Flaubert's Parrot*. Nova York, Vintage International, 1984. (Trad. bras. *O papagaio de Flaubert*, Rio de Janeiro: Rocco, 2000.)
Barrett, Michèle. *The Politics of Truth: From Marx to Foucault*. Stanford: Stanford University Press, 1991.
Belcher, cap. sir Edward. *Narrative of a Voyage Round the World Performed in Her Majesty's Ship* Sulphur, *during the Years 1836-1842*, vol.2. Londres: Colburn, 1843.
Bloomfield, rev. S.T. (trad. e org.). *The History of Thucydides*, vols.1-3. Londres: Longman, Rees, Orme, Brown, & Green, 1829.
Bourdieu, Pierre. *The Rules of Art: Genesis and Structure of the Literary Field*. Stanford: Stanford University Press, 1996. (Trad. bras. *As regras da arte*, São Paulo: Companhia das Letras, 2002.)
Brewster, A. "The Chronicles of the Noemalu Tribe or Dwellers in Emalu". In *Transactions of the Fiji Society*, 1920, p.6-15.
Brown, Clifford W. "Thucydides, Hobbes, and the Derivation of Anarchy". In ___. *History of Political Thought*, 8, 1987, p.33-62.
Brunt, P.A. *Studies in Greek History and Thought*. Oxford: Clarendon Press, 1993.
Cahen, E. "Panathenaia". In Charles Daremberg (org.). *Dictionnaire des antiquités grecques et romaines*. Paris: Hachette, s.d., p.303-31.
Calame, Claude. "Du figuratif au thématique aspects narratifs et interprétatifs de la description en anthropologie de la Grèce ancienne". In Jean-Michel Adam, Marie-Jeanne Borel, Claude Calame e Mondher Kilani (org.). *Le discours anthropologique*. Paris: Méridiens Klincksieck, 1990a, p.111-34.
___. *Thésée et l'imaginaire Athénien*. Lausanne: Editions Payot, 1990b.
Calvert, rev. James. *Events in Feejee: Narrated in Recent Letters from Several Wesleyan Missionaries*. 2ª ed. Londres: John Mason, 1856.
*___. [*J*] Diário do rev. James Calvert. WMMS (Caixa 1). SOAS. 1838-86.
*___. [*L*] Papéis pessoais e correspondência do rev. James Calvert. WMMS (Caixa 3). SOAS.
*___. *[Missions]* Notas e miscelâneas do rev. James Calvert. WMMS (Caixa 2). SOAS.
*___. *[WMMS /L] Ver em* Wesleyan Methodist Missionary Society, Londres.
Campbell, Ian. *Island Kingdom: Tonga Ancient and Modern*. Christchurch: Canterbury University Press, 1992.
Capell, A. *A New Fijian Dictionary*. 4ª ed. Suva, Government Printer, 1973.
Carey, William S. *Wrecked on the Feejees*, Fairfield, Washington: Ye Galleon Press, 1972.
Cargill, rev. David. *The Diaries and Correspondence of David Cargill, 1832-1843*. Albert J. Schütz (org.). Canberra: Australian National University Press, 1977.

*___. [J] Diário do rev. David Cargill. ML (A 1817, 1818), 1832-38.

*___. *[WMMS /L] Ver em* Wesleyan Methodist Missionary Society, Londres.

Cargill, Margaret. *Memories of Mrs. Margaret Cargill.* 2ª ed. Londres: Mason, 1855.

Cartledge, Paul. *The Greeks: A Portrait of Self and Others*. Ed. rev. Oxford: Oxford University Press, 1993.

___. *Spartan Reflections*. Berkeley: University of California Press, 2001.

___. *Sparta and Lakonia: A Regional History 1300-362 B.C.* 2ª ed. Londres: Routledge, 2002.

Cartwright, David. *A Historical Commentary on Thucydides: A Companion to Rex Warner's Penguin Translation*. Ann Arbor: University of Michigan Press, 1997.

Casson, Lionel, *The Ancient Mariners: Seafarers and Sea Fighters of the Mediterranean in Ancient Times*, 2ª ed. Princeton: Princeton University Press, 1991.

*Católicos missionários. *[CL]* Cartas de católicos missionários em Fiji. Marist Mission Archives, Roma.

Cawkwell, George. *Thucydides and the Peloponnesian War*. Londres: Routledge, 1997.

*Cheever,George N. [J] Diário do navio *Emerald* de Salem para as ilhas do Pacífico Sul. Peabody Museum, Salem, Mass.

Clifford, James. "On ethnographic authority". *Representations* 2 (primavera), 1983, p.132-43.

Clunie, Fergus. *Fijian Weapons and Warfare*. Bulletin of the Fiji Museum, n.2. Suva: Fiji Museum, 1977.

___. "The Manila brig". *Domodomo: Fiji Museum Quarterly 2 (2)*, 1984, p.42-86.

___. *Yalo i Viti. Shades of Fiji: A Fiji Museum Catalogue*. Suva: Fiji Museum, 1986.

Cogan, Marc. *The Human Thing: The Speeches and Principles of Thucydides' History*. Chicago: University of Chicago Press, 1981.

Cohen, Edward. *The Athenian Nation*. Princeton: Princeton University Press, 2000.

*Colvocoresses, ten. George M. [J] Diário do tenente George M. Colvocoresses. Coe Collection, New Haven: Yale University Library.

*___. [N] Narrativa, Expedição Exploradora dos Estados Unidos, miscelânea de documentos, 1838-42. PMB 539. Original na Yale University Library. New Haven.

Comaroff, Jean e John Comaroff. *Of Revelation and Revolution: Christianity, Colonialism, and Consciousness in South Africa*, vol.1. Chicago: University of Chicago Press, 1991.

Connor, W. Robert. "A post modernist Thucydides". *Classics Journal 72*, 1977, p.289-98.

___. *Thucydides*. Princeton: Princeton University Press,1984.

___. *The New Politicians of Fifth-Century Athens*. Indianápolis: Hackett, 1992.

Cook, Albert. "Particular and general in Thucydides". *Illinois Classical Studies* 10, 1985, p.23-51.

Cornford, Francis M. *Thucydides Mythistoricus*. Filadélfia: University of Pennsylvania Press, 1971.

*Conselho de Chefes. *[Proceedings]* Notas dos Procedimentos de um Conselho Nativo, 1875-1910. NAF.

Crane, Gregory. "The fear and pursuit of risk: Corinth on Athens, Sparta and the Peloponnesians (Thucydides 1.68-71, 120-21)". *Transactions of the American Philological Association* 122, 1992a, p.227-56.

___. "Power, prestige, and the Corcyrean affair in Thucydides I". *Classical Antiquity* 11, 1992b, p.1-27.

___. *Thucydides and the Ancient Simplicity: The Limits of Political Realism*. Berkeley: University of California Press, 1998.

Crawley, R. *The Complete Writings of Thucydides: The Peloponnesian War*. Nova York: Modern Library, (trad. de 1934, originalmente publicado em 1876).

*Cross, rev. William. *[D]* Diário do rev. William Cross, 28 dez 1837- 1º out 1842. ML (MOM 336).

*___. *[Ext]* Trechos de cartas e diário, 1839-42. ML (B 686).

*___. *[WMMS/L] Ver em* Wesleyan Methodist Missionary Society, Londres.

*CSO. [MP 5947/17] "Inquiry relating to chiefly privileges at Bau". CSO/MP 5947, 1917.

*CSO. [MP 259/10] "Petition to the Secretary of State for the Colonie ... drafted by E. Wainiu". CSO/MP 259, 1910.

Deane, Herbert A. *The Political and Social Ideas of St. Augustine*. Nova York: Columbia University Press, 1963.

DeLillo, Don. *Underworld*. Nova York: Scribner, 1997.

*Deniau, Alfred, S. M. *[HF2]* "Histoire de Fidji: seconde partie". Fotocópia, Marist Mission Archives, Roma.

Denicagilaba [Ilai Motonicocoka]. "Ai Talanoa ni Gauna Makawa" in *Na Mata*, série em 17 partes, 1892-94. Reimpresso in *Na Mata* sob outro pseudônimo, Ko Qase ni Viti Makawa, 1932-34.

Derrick, R.A. *A History of Fiji*. Suva: Government Press, 1950.

Detienne, Marcel. *Comment être autochtone*. Paris: Seuil, 2003.

Diapea, William [John Jackson, William Diaper]. *Cannibal Jack: The True Autobiography of a White Man in the South Seas*. Londres: Faber & Gwyer, 1928.

Dillon, Matthew, e Lynda Garland. *Ancient Greece: Social and Historical Documents from Archaic Times to the Death of Socrates (c.800-399 B.C.)*. Londres: Routledge, 2000.

Diodorus Siculus. *Diodorus of Sicily*, vols.1-12. T.E. Page et al. (org.). Loeb Classical Library. Cambridge: Harvard University Press, 1946.

Dirlik, Arif. "The Past as Legacy and Project: Postcolonial Criticism in the Perspective of Indigenous Historicism". *American Indian Culture and Research Journal 20 (2)*, 1996, p.1-31.

*Driver, William R. [*J*] Diário do navio *Clay*, viagem de Salem para as Ilhas Fiji e Manilha, Cap. Wm. R. Driver, 1827-29. Peabody Museum, Salem.

Dumont, Louis. *Homo hierarchicus*. Chicago: University of Chicago Press, 1970.

___. *From Mandeville to Marx*. Chicago: University of Chicago Press, 1977.

D'Urville, Dumont M.J. *Voyage de la corvette* L'Astrolabe . . . *pendant les années 1826-1827-1828-1829: Histoire du voyage*, vol.4. Paris: J. Tastu, 1832.

*Eagleston, John H. *[J] "Barque Peru* of Salem: Two voyages to the islands in the Pacific Ocean, 1830-33". PMB 205. Original no Essex Institute, Salem.

*___. [Log *Emerald*] Diário de bordo do navio *Emerald*, 1833-6. PMB 205. Original no Essex Institute, Salem, Mass.

*___. *[UD]* "Ups and Downs through Life", vols.1-2. Peabody Museum, Salem.

Ehrenberg, Victor. *The People of Aristophanes: A Sociology of Old Attic Comedy*. Oxford: Blackwell, 1951.

*Emmons, George Foster. [*J*] Diários de George Foster Emmons na Expedição Exploradora dos Estados Unidos, 1838-42, no Pacífico. Cópia microfilmada. Beinecke Library, Yale University, New Haven.

Erskine, John Elphinstone. *Journal of a Cruise among the Islands of the Western Pacific*. Londres: J. Murray, 1853.

Eurípides. *The Heracleidae* (trad. Ralph Gladstone, intr. Richmond Lattimore), vol.1 *(Euripides)*. In David Grene e Richmond Lattimore (org.). *The Complete Greek Tragedies*. Chicago: University of Chicago Press, 1955, p.109-55.

___. *Ion* (trad. e intr. de Ronald Willetts), vol.3 *(Euripides)*. In David Grene e Richmond Lattimore (org.). *The Complete Greek Tragedies*. Chicago: University of Chicago Press, 1958a, p.177-295.

___. *The Suppliant Women* (trad. e intr. Frank Jones), vol.4 *(Euripides)*. In David Grene e Richmond Lattimore (org.). *The Complete Greek Tragedies*. Chicago: University of Chicago Press, 1958b, p.51-104.

Evans Collection. Documentos relativos principalmente a Bau. NAF.

Figueira, Thomas. "The evolution of Messenian identity". In Stephen Hodkinson e Anton Powell (org.). *Sparta: New Perspectives*. Londres: Duckworth and Classical Press of Wales, 1999, p.211-45.

Finley, John H. *Thucydides*. Ann Arbor: University of Michigan Press, 1963.

Finley, M.I. *The Ancient Greeks*. Nova York: Viking Press, 1964.

___. "Introdução". In Rex Warner (org.). *Thucydides' History of the Peloponnesian War*. Harmondsworth: Penguin Books, 1972, p.9-32.

___. *The Use and Abuse of History*. Nova York: Viking Press, 1975.

___. *Economy and Society in Ancient Greece*. Nova York: Viking Press, 1981.

___. "Politics". In M.I. Finley (org.). *The Legacy of Greece: A New Appraisal*. Oxford: Oxford University Press, 1984, p.22-36.

___. *Ancient History: Evidence and Models*. Nova York: Viking Press, 1986.

___. *The Ancient Economy*, ed. rev. Berkeley: University of California Press, 1999.

Fison, Lorimer. *Land Tenure in Fiji*. Suva: E.J. Marsh, Government Printer, 1903

Fleiss, Peter J. *Thucydides and the Politics of Bipolarity*. Baton Rouge: Louisiana State University Press, 1966.

Forrest, W.G. *A History of Sparta*. Nova York: W.W. Norton, 1968.

Foucault, Michel. *Power*, vol.3. Nova York: New Press, 1994.

___. *"Society Must Be Defended": Lectures at the Collège de France, 1975-76*. Nova York: Picador, 2003.

Fougères, G. "Hyacinthia". In Charles Daremberg (org.). *Dictionnaire des antiquités grecques et romaines*, 3, Paris: Hachette, s.d., p.304-6.

France, Peter. "The Kaunitoni migration: Notes on the genesis of a Fijian tradition". *Journal of Pacific History 1*, 1966, p.107-14.

Furet, François. *L'Atelier de l'histoire*. Paris: Flammarion, 1982.

Gabrielson, Vincent. *Financing the Athenian Fleet: Public Taxation and Social Relations*. Baltimore: Johns Hopkins University Press, 1994.

Gaimard, J. "Extrait du journal de J. Gaimard". In Dumont d'Urville, *Voyage de la corvette* L'Astrolabe... *pendant les années 1826-1827-1828-1829· Histoire du voyage*, 4. Paris: J. Tastu, 1832, p.698-727.

Gallie, W.B. "The historical understanding". In *History and Theory* 3, 1963, p.149-202.

Geertz, Clifford. *The Interpretation of Cultures*. Nova York: Basic Books, 1973.

Gernet, Louis. *The Anthropology of Ancient Greece*. Baltimore: Johns Hopkins University Press, 1981.

Gildersleeve, Basil L. *The Creed of the Old South, 1865-1915*. Baltimore: Johns Hopkins University Press, 1915.
Girard, Jules. "Dionysia". In Charles Daremberg (org.). *Dictionnaire des antiquités grecques et romaines* 2. Paris: Hachette, s.d., p.230-46.
Goldenweiser, Alexander. "The autonomy of the social". *American Anthropologist*, 19, 1917, p.447-49.
Gomme, A.W. *Essays in Greek History and Literature*. Oxford: Basil Blackwell, 1937.
___. *A Historical Commentary on Thucydides*, vol.1 (*Introduction and Commentary on Book I*). Oxford: Clarendon Press, 1945.
___. *A Historical Commentary on Thucydides*, vol.3 (*The Ten Years' War*). Oxford: Clarendon Press, 1956.
Goodman, M.D. e A.J. Holladay. "Religious scruples in ancient warfare". *Classical Quarterly*, 36, 1986, p.151-71.
Grene, David. *Greek Political Theory: The Image of Man in Thucydides and Plato*. Chicago: University of Chicago Press, 1965.
___. "Introduction". In David Grene (org.). *The Peloponnesian War* [Thucydides]: *The Complete Hobbes Translation*. Chicago: University of Chicago Press, 1989.
Guthrie, W.K.C. *The Sophists*. Cambridge: Cambridge University Press, 1971.
Hale, Horatio. "Ethnography and Philology". In *United States Exploring Expedition during the Years 1838, 1839, 1840, 1841, 1842, Under the Command of Charles Wilkes, U.S.N.*, vol.6. Filadélfia: Lea & Blanchard, 1846.
Hall, Jonathan M. *Ethnic Identity in Greek Antiquity*. Cambridge: Cambridge University Press, 1997.
___. *Hellenicity: Between Ethnicity and Culture*. Chicago: University of Chicago Press, 2002.
Hall, Stuart. "Introduction: Who needs society?". In Stuart Hall e Paul Du Gay (org.). *Questions of Cultural Identity*, Londres: Sage, 1996.
Hanson, Victor Davis. "Introduction". In Robert B. Strassler (org.). *The Landmark Thucydides*. Nova York: Free Press, 1996, p.ix-xxiii.
___. *Warfare and Agriculture in Classical Greece*. Berkeley: University of California Press, 1998.
*Hazelwood, rev. David. [*DB*] Anotações diárias, 1844-46. ML (B 571).
*___. [*J*] Diário, vols.1-3, ML (B 568-570).
*___. [*P*] Papéis. ML (A 2494).
Heródoto. *The History* (trad. David Grene). Chicago: University of Chicago Press, 1987.
Hexter, J.H. *Doing History*. Bloomington: Indiana University Press, 1971.
Hobbes, Thomas. *Leviathan*. Nova York: Collier Books, 1962.
Hobbes, Thomas (trad.). *The Peloponnesian War* [Thucydides]. In David Grene (org.). Chicago: University of Chicago Press, 1989 [1629].
Hocart, Arthur M. "On the meaning of Kalou and the origin of Fijian temples". *Journal of the Royal Anthropological Institute* 42, 1912, p.437-49.
___. "Fijian heralds and envoys". *Journal of the Royal Anthropological Institute* 43, 1913, p.109-18.
___. "Chieftainship and the sister's son in the Pacific". *American Anthropologist* 17, 1915, p.631- 43.
___. "The uterine nephew". *Man* 4, 1923, p.11-13.
___. "Limitations of the sister's son's right in Fiji". *Man* 134, 1926, p.205-6.

___. *"Lau Islands, Fiji". Bernice P. Bishop Museum Bulletin*, n.69. Honolulu: Bishop Museum, 1929.
___. *The Progress of Man*. Londres: Methuen, 1933.
___. "The Northern States of Fiji". *Occasional Publications*, n.II. Londres, Royal Anthropological Institute, 1952.
___. *Caste: A Comparative Study*. Nova York: Russell & Russell, 1968.
___. *Kingship*. Oxford: Oxford University Press, 1969.
___. *Kings and Councillors*. Chicago: University of Chicago Press, 1970a.
___. *The Life-Giving Myth and Other Essays*. Londres: Tavistock & Methuen, 1970b.
*___. *[FN]* Anotações de campo de A.M. Hocart. Turnbull Library, Wellington.
*___. *[HF]* "Heart of Fiji", manuscrito. Turnbull Library, Wellington.
*___. *[WI]* "The Windward Islands of Fiji", microfilme, Cambridge University Library. Versão datilografada original na Turnbull Library, Wellington.
Hodkinson, Stephen. "Social order and the conflict of values in classical Sparta". *Chiron* 13, 1983, p.239-81.
___. *Property and Wealth in Classical Sparta*. Londres: Duckworth and Classical Press of Wales, 2000.
*Holmes, Silas. *[J]* Diário de Silas Holmes, cirurgião assistente do *Peacock*, 20 de agosto de 1838-12 de junho de 1842. Coe Collection, Yale University Library, New Haven.
Homero. *The Iliad* (trad. Robert Fagles). Nova York: Viking Penguin, 1990.
Hornblower, Simon. *Thucydides*. Baltimore: Johns Hopkins University Press, 1987.
___. *The Greek World, 479-323 B.C.* Londres: Routledge, 1991a.
___. *A Commentary on Thucydides*, vol.1. Oxford: Clarendon Press, 1991b.
___. "The religious dimension to the Peloponnesian War, or what Thucydides does not tell us". *Harvard Studies in Classical Philology*, 94, 1992, p.169-97.
___. *A Commentary on Thucydides*, vol.2. Oxford: Clarendon Press, 1996.
Hornell, James. "The megalithic sea works and temple platforms at Mbau in Fiji". *Man*, 26, 1926, p.25-32.
Hoy, David Couzens. *Foucault: A Critical Reader*. Oxford: Blackwell, 1986.
*Hudson, William Leverath. [*J*] Diário da Expedição Exploradora dos Estados Unidos. PMB 146. Original no American Museum of Natural History, Nova York.
Huizinga, J. *The Waning of the Middle Ages*. Garden City: Doubleday Anchor, 1954.
Hume, David. *Enquiries Concerning Human Understanding and Concerning the Principles of Morals*. Oxford: Clarendon Press, 1975.
___. *Essays: Moral, Political and Literary*. Eugene F. Miller (org.). Indianápolis: Liberty Classics, 1985.
*Hunt, rev. John. [*J*] Diários fijianos de John Hunt, 1º de janeiro de 1839-20 de julho de 1848. WMMS (Caixa 5b). SOAS.
*___. [*L*] Cartas para e do reverendo John Hunt, 1841-47. WMMS (Caixa 5b). SOAS.
*___. [*WMMS /L*] *Ver em* Wesleyan Methodist Missionary Society, Londres.
Huxley, G.L. *Early Sparta*. Cambridge: Harvard University Press, 1962.
Isócrates. *Isocrates* (trad. George Norlin), vols.1-2, Loeb Classical Library. Cambridge: Harvard University Press, 1991.
Jackson, John [William Diapea, William Diaper]. "Jackson's narrative", apêndice A in John Elphinstone Erskine. *Journal of a Cruise among the Islands of the Western Pacific*. Londres: Murray, 1853, p.411-77.

Jaggar, Thomas. *Unto the Perfect Day: The Journal of Thomas Jaggar, Feejee, 1838-1845*. Esther Keesing-Styles e William Keesing-Styles (org.). Auckland, Solent Publishing, 1988.

*___. [*J*] Diários de Thomas James Jaggar, 1837-43, incluindo notas no fim dos diários. Cópia microfilmada. Pacific Collection, Adelaide University Library. Original em NAF.

*___. [*Frag*] notas fragmentadas do diários do rev. Thomas Jaggar, 1844. ML (MOM 337).

*___. [*PJ*] Diários privados do rev. Thomas Jaggar. ML (MOM 579).

*___. [*SC/Y*] "Yaqona drink of the king of Fiji", papéis de Jaggar. Library, University of California, Santa Cruz.

*___. [*WMMS /L*] *Ver em* Wesleyan Methodist Missionary Society, Londres.

Jowett, Benjamin (trad.). *History of the Peloponnesian War* [Thucydides]. Amherst: Prometheus, 1998.

Kagan, Donald. *The Outbreak of the Peloponnesian War*. Ithaca: Cornell University Press, 1969.

___. "The first revisionist historian". *Commentary* 85 (5), 1988, p.43-9.

Kallet, Lisa. *Money and the Corrosion of Power in Thucydides: The Sicilian Expedition and Its Aftermath*. Berkeley: University of California Press, 2001.

Kallet-Marx, Lisa. *Money, Expense and Naval Power in Thucydides' History 1-5.24*. Berkeley: University of California Press, 1993.

Kantorowicz, Ernst H. *The King's Two Bodies: A Study in Medieval Political Theology*. Princeton: Princeton University Press, 1957.

Kaplan, Robert D. *Warrior Politics: Why Leadership Demands a Pagan Ethos*. Nova York: Vintage Books, 2002.

*Koto, Setariki, [*MS*] Ko Viti. Original datilografado fornecido pelo dr. Deryck Scarr.

Ko Via Veivuke [pseud.]. "O Viti e na Gauna Makawa". In *Na Mata (maio)*, 1897, p.79.

Kroeber, Alfred Louis. "The superorganic". *American Anthropologist* 19, 1917, p.163-213.

Kuhn, Thomas S. *The Structure of Scientific Revolutions*. International Encyclopedia of Unified Science, vol.2, n.2. Chicago: University of Chicago Press, 1970.

___. *The Essential Tension: Selected Studies in Scientific Translation and Change*. Chicago: University of Chicago Press, 1977.

___. *The Road since Structure*. Chicago: University of Chicago Press, 2000.

Latour, Bruno. *War of the Worlds: What about Peace?*. Chicago: Prickly Paradigm Press, 2002.

Lattimore, Owen. *Inner Asian Frontiers of China*. Nova York: American Geographical Society, 1940.

Lattimore, Steven (trad.). *Thucydides: The Peloponnesian War*. Indianápolis: Hackett, 1998.

Lawry, rev. Walter. *Friendly and Feejee Islands: A Missionary Visit to Various Stations in the South Seas, in the Year* MDCCCXLVII, 2ª ed. Londres: Charles Gilpin, 1850.

Lester, R.H. "*Kava*-drinking in Fiji". *Oceania* 12, 1941-42, p.97-121, 226-54.

Lévêque, Pierre e Pierre Vidal-Naquet. *Cleisthenes the Athenian: An Essay on the Representation of Space and Time in Greek Political Thought from the End of the Sixth Century to the Death of Plato*. Humanities Press, 1997.

Lévi-Strauss, Claude. *Race and History*. Paris: Unesco, 1952.

Lockerby, William. *The Journal of William Lockerby Sandalwood Trader in the Fiji Islands during the Years 1808-1809*. Everard Im Thurn (org.). Londres: Hakluyt Society, 1925.

Loraux, Nicole. *Born of the Earth: Myth and Politics in Athens*. Ithaca: Cornell University Press, 2000.

Luginbill, Robert D., *Thucydides on War and National Character*. Boulder: Westview Press, 1999.

*Lyth, rev. Richard Birdsall. [DB] Anotações diárias do rev. Richard Birdsall Lyth, 1842-55, vols.1-6. ML (B 538, B 539, B 544, B 545, B 546, B 561).

*___. [J] Diários do rev. Richard Birdsall Lyth, 1836-60, vols.1-7. ML (B 533, B 534, B 535, B 536, B 540, B 541, B 542).

*___. [L] Cartas de e para o rev. dr. Lyth, 1836-54. ML (A 836).

*___. [LF] Cartas do rev. Richard Birdsall Lyth para sua família, 1829-56. WMMS (Caixa 6b). SOAS.

*___. [N] Anotações. ML (B 552).

*___. [NI] Anotações sobre as ilhas, anexadas às suas anotações diárias e seu jornal, 1850-51. ML (B 539).

*___. [R] "Reminiscences", 1851-53. ML (B 548).

*___. [RC] "Reminiscences and customs". ML (B 551).

*___. [TFR] "Tongan and Feejeean Reminiscences", vols.1-2. ML (B 549).

*___. [VJ] Diários de Viagem, vols.1-4. ML (B 537).

*___. [WMMS/L] *Ver em* Wesleyan Methodist Missionary Society, Londres.

* MacGillvray, John. [J] Viagem do H.M.S. *Herald* sob o comando do cap. Mangles Denham, RN, sendo o responsável John MacGillvray, artigos naturalistas do almirantado (Adm 7/852). Public Records Office, Londres.

*Madraiwiwi, Ratu Joni. *[FM/MS]* Ratu Joni Madraiwiwi sobre assuntos bauenses. Cópia de uma carta para o comissário nativo, 26 de agosto de 1913. Fiji Museum Manuscript Collection (629), Suva.

Manicas, Peter T. "War, stasis, and Greek political thought". *Comparative Studies in Society and History*, 29, 1982, p.673-88.

*Marista anônimo, [HM]"Histoire de la mission de Fidji, Oceanie". Marist Mission Archives, Roma.

Martin, John (org.). *An Account of the Tongan Islands in the South Pacific Ocean*, vols.1-3, 3ª ed. Edinburgo: Constable, 1827.

Marx, Karl. *The Eighteenth Brumaire of Louis Bonaparte*. Nova York: International Publishers, 1964.

___. *Capital*, vol.1. Nova York: International Publishers, 1967.

___. *Grundrisse: Foundation of the Critique of Political Economy (Rough Draft)* (trad. Martin Nicolaus). Harmondsworth: Penguin Books, 1973.

Marx, Karl e Friedrich Engels. *The German Ideology*. Londres: Lawrence & Wishart, 1956.

McGregor, Malcolm F. *The Athenians and Their Empire*. Vancouver: University of British Columbia Press, 1987.

Meier, Christian. *Athens: A Portrait of the City in Its Golden Age* (trad. Robert e Rita Kimber). Nova York: Henry Holt, 1998.

Meiggs, Russell. *The Athenian Empire*. Oxford: Clarendon Press, 1972.

Merquior, J.G. *Foucault*. Berkeley: University of California Press, 1985.

Momigliano, Arnaldo. "Sea-power in Greek thought". *Classical Review* 58, 1944, p.1-7.
___. *The Development of Greek Biography*, ed. rev. Cambridge: Harvard University Press, 1993.
*Moore, rev. William. [*J*] Diário rev. William Moore, 1844-46. ML (MOM 567).
Nai Lalakai. "Na i Tutu vaka-Gonesau". Série de artigos no *Nai Lalakai* (semanário em idioma fijiano), vários autores. Suva, 1980-81.
Native Lands Commission. *Final Report... on the Provinces of Tailevu (North), Rewa, Naitasiri and Colo East*. Suva: Government Press, 1959.
*___. [NLC/EB (district)] Livros de Evidências. Por distrito. Native Lands Commission records. Suva: Native Lands Trust Board.
*___. [NLC/TR (district)] *Tukutuku Ravaba* (histórias gerais). Por distrito. Native Lands Commission records. Suva: Native Lands Trust Board.
Ollier, F. *Le mirage spartiate*, vols.1-2. Paris: Boccard, 1933-43.
Orwin, Clifford. "Stasis and plague: Thucydides and the dissolution of society". *Journal of Politics* 50, 1988, p.831- 47.
___. *The Humanity of Thucydides*. Princeton: Princeton University Press, 1994.
*Osborn, Joseph Warren [*J*] "Journal of a voyage in the ship *Emerald* owned by Stephen C. Phillips, Esq. and commanded by John H. Eagleston... during the years 1833, 1834, 1835, and 1836". PMB 223. Original no Peabody Museum, Salem.
Palmer, Michael. *Love of Glory and the Common Good: Aspects of the Political Thought of Thucydides*. Lanham: Rowman & Littlefield, 1992.
Parke, H.W. *Festivals of the Athenians*. Ithaca: Cornell University Press, 1977.
Parker, Robert. *Athenian Religion: A History*. Oxford: Clarendon Press, 1996.
Parry, John T. *Ring-ditch Fortifications in the Rewa Delta, Fiji: Air Photo Interpretation and Analysis*. Bulletin of the Fiji Museum, nº 3. Suva, 1977.
___. *The Sigatoka Valley: Pathway into Prehistory*. Suva, Bulletin of the Fiji Museum, nº 9, 1987.
Pausânias. *Guide to Greece* (trad. Peter Levi), vols.1-3. Harmondsworth: Penguin Books, 1979.
Petterson, Michael. *Cults of Apollo at Sparta: The Hyakinthia, the Gymnopaidiai and the Karneia*. Skrifter Utgivna au Svonska Institutet I Athen, nº 12, 1992.
Picard, Olivier. *Guerre et économie dans l'alliance athénienne (490-322 av.J-C)*. Liège, Sedes, 2000.
Pickering, Charles. *The Races of Man: And Their Geographical Distribution*. Londres: John Chapman, 1849.
*___. [*J*] Diário de Charles Pickering com a Expedição Exploradora dos Estados Unidos. Massachusetts Historical Society, Boston.
Plutarco. [*Mor*] *Plutarch's Moralia*, vols.1-3, Loeb Classical Library. Cambridge: Harvard University Press, 1931.
___. [*LIVES*] *Plutarch's Lives*, vols.1-11, Loeb Classical Library. Londres: Heinemann, 1928.
Poesch, Jessie. *Titian Ramsey Peale and His Journals of the Wilkes Expedition*. Filadélfia: American Philosophical Society, 1961.
Polanyi, Karl. "Aristotle discovers the economy". In Karl Polanyi, Conrad M. Arensberg e Henry W. Peterson (org.). *Trade and Market in the Early Empires*. Glencoe, Free Press, 1957, p.64-94.

Powell, Anton. *Athens and Sparta: Constructing Greek Political and Social History from 478 B.C.* Londres: Routledge, 1988.
Préaux, Jean-G. "La sacralite du pouvoir royal a Rome". In Luc de Heusch et al (org.). *Le pouvoir et le sacré*. Annales du Centre d'Etude des Religions, nº 1. Bruxelas: Institut de Sociologie, Université Libre de Bruxelles, 1962, p.103-21.
Pritchard, W.T. *Polynesian Reminiscences* (Facsímile da ed. de 1866). Londres: Dawsons of Pall Mall, 1968.
Quain, Buell. *Fijian Village*. Chicago: University of Chicago Press, 1948.
Rabuku, Niko. "Ai Sau ni Taro me Kilai", *Na Mata:* 1911, p.154-8, 172-6.
*Ravuvu, Asasela D. "Fijian ethos as expressed in ceremonies". Tese de Doutorado. University of Auckland, 1985.
Rawson, Elizabeth. *The Spartan Tradition in European Thought*. Oxford: Clarendon Press, 1969.
Reid, A. C. *Tovata I and II*. Suva: Fiji Museum, 1990.
*Reynolds, William. [*LE*] "Letter nº 15: to his father" In *Peacock at Sea,* 21 de setembro de 1840. Cópia fotostática. Archives and Special Collections (MS 6 Box 2/11). Shadok-Fackenthal Library, Franklin and Marshall College, Lancaster.
Ricoeur, Paul. *Time and Narrative*, vol.1. Chicago: University of Chicago Press, 1984.
Rivers, W.H.R. *The History of Melanesian Society*, vols.1-2. Cambridge: Cambridge University Press, 1914.
Rokowaqa, Epeli. *Ai Tukutuku kei Viti*. Suva: Wesleyan Missionary Society, 1926.
Romilly, Jacqueline de. *Thucydides and Athenian Imperialism*. Oxford: Blackwell, 1963.
___. *Histoire et raison chez Thucydides*. Paris: Societé d'Edition "Les Belles Lettres", 1967.
___. "Guerre et paix entre cités". In Jean-Pierre Vernant (org.). *Problèmes de la guerre en Grèce ancienne*. Paris: Mouton, 1968, p.207-29.
*Rosenthal, Mara. [*FN*] Anotações de campo de Mara Rosenthal, principalmente das áreas de Bau e Rewa, 1987-9. Fotocópia.
Rosivach, Vincent J. "Autochthony and the Athenians". *Classical Quarterly* 37, 1987, p.294-306.
*Rougier, padre Emmanuel. [*FL*] "Four lectures on the comparative work of the Catholic and Wesleyan missions in Fiji". In "The history of Christianity in Fiji according to the Wesleyan mission". Datilografia da tradução pelo rev. Joe Deyl. Archives of the Marist Mission, Roma.
Sahlins, Marshall. *Moala: Culture and nature on a Fijian Island*. Ann Arbor: University of Michigan Press, 1962.
___. "Raw women, cooked men, and other 'great things' of the Fiji Islands"in Paula Brown and Donald Tuzin (org.), *The Ethnography of Cannibalism*, Special Publication. Washington, D.C., Society for Psychological Anthropology, 1983. p.72-93.
___. *Islands of History*. Chicago, University of Chicago Press, 1985. [Trad. bras. Ilhas de história, Rio de Janeiro, Jorge Zahar, 1990]
___. "War in the Fiji Islands: The force of custom and the custom of force". In Robert J. Myers (org.). *International Ethics in a Nuclear Age*. Ethics and Foreign Policy Series, nº 40. Lanham: University Press of America, 1987, p.299-328.
___. "The return of the event, again: With reflections on the beginnings of the great Fijian war of 1843 to 1845 between the kingdoms of Bau and Rewa". In Aletta

Biersack (org.). *Clio in Oceania*. Washington: Smithsonian Institution Press, 1991, p.37-100.

___. *Historical* Ethnography. In Patrick V. Kirch e Marshall Sahlins. *Anahulu: The Anthropology of History in the Kingdom of Hawaii*, vol.1. Chicago: University of Chicago Press, 1992.

___. "The discovery of the true savage". In Donna Merwick (org.). *Dangerous Liaisons: Essays in Honour of Greg Dening*. Melbourne: Melbourne University Press, 1994, p.41-94.

___. "The sadness of sweetness: The native anthropology of Western cosmology". *Current Anthropology 37*, 1996, p.395-415, 421-8.

___. *Culture in Practice*. Nova York: Zone Books, 2000.

___. "An empire of a certain kind". *Social Analysis* 46, 2002, p.95-8.

Sahlins, Peter. *Boundaries: The Making of France and Spain in the Pyrenees*. Berkeley: University of California Press, 1989.

Sainte-Croix, G.E.M. de. *The Origins of the Peloponnesian War*. Londres: Duckworth, 1972.

Sartre, Jean-Paul. *Search for a Method*. Nova York: Vintage Books, 1968.

___. *The Family Idiot: Gustave Flaubert 1821-1857*, vols.1-5. Chicago: University of Chicago Press, 1981-93.

Scarr, Deryck. "Cakobau and Ma'afu". In J.W. Davidson e Deryck Scarr (org.). *Pacific Island Portraits*, 1975, p.95-126.

Seeman, Berthold. *Viti: Account of a Government Mission to the Vitian or Fijian Islands, 1860-61*. Folkestone: Dawson's of Pall Mall, 1973.

*Sinclair, George T. [*J*] Diários de George T. Sinclair, capitão interino a bordo do *Relief*, do *Porpoise* e do *Flying Fish* [Expedição Exploradora dos Estados Unidos], 19 de dezembro 1838-26 de junho de 1842. Registros da Expedição Exploradora dos Estados Unidos sob o comando do ten. Charles Wilkes, 1838-42. Microfilme. Central Research Libraries, Chicago. Original nos National Archives, Washington, D.C.

Smythe, Mrs. [S. M.]. *Ten Months in the Fiji Islands*. Oxford: John Henry & James Parker, 1864.

Starr, Chester G. "Thucydides on sea power", *Mnemosyne* 31, 1978, p.343-50.

Steegmuller, Francis (org.). *The Selected Letters of Gustave Flaubert*. Nova York: Farrar, Straus & Young, 1953.

Strassler, Robert B (org.). *The Landmark Thucydides* (trad. Crawley). Nova York: Free Press, 1996.

*Stuart, Frederic D. [*J*] Diário de Frederic D. Stuart, escrivão do capitão a bordo do *Peacock*, 19 de agosto de 1838-18 de julho de 1841. Registros da Expedição Exploradora dos Estados Unidos sob o comando do tenente Charles Wilkes, 1838-42. Microfilme. Central Research Libraries, Chicago. Original no National Archives, Washington, D.C.

Taillardat, J. "La thière athénienne et la guerre sur mer aux Ve et IVe siècles". In J.-P. Vernant (org.). *Problèmes de guerre en Grèce ancienne*. Civilizations et Sociétés, nº II. Paris: Mouton.

Tcherkézoff, Serge. *First Contacts in Polynesia: The Samoan Case and Comparisons*. Christchurch: Macmillan Brown Center for Pacific Studies, no prelo.

Thomson, Basil. *The Fijians: A Study in the Decay of Custom*. Londres: William Heinemann, 1908.

Thomson, Bobby. Lee Heiman e Bill Gutman. *The Giants Win the Pennant! The Giants Win the Pennant! The Giants Win the Pennant!*. Nova York: Zebra Books, 1991.

Tucídides. *History*. *Ver* Bloomfield, 1829; Crawley, 1934; Hobbes, 1989; Jowett, 1998; S. Lattimore, 1998; Strassler, 1996; Warner, 1972.

Tippett, A.R. *Aspects of Pacific Ethnohistory*. Pasadena: William Carey Library, 1973.

Todorov, Tzvetan. *Mikhail Bakhtin: The Dialogical Principle*. Theory and History of Literature, vol.13. Minneapolis: University of Minnesota Press, 1984.

Toganivalu, Ratu Deve. "The customs of Bau before the advent of Christianity". *Transactions of the Fijian Society for 1911*, 1911.

___. "Ai Tovo mai Bau sa bera ni yaco mai na Lotu". In *Na Mata* (jan): 9-17, 1912a. (Versão fijiana de Toganivalu 1911)

___. "Ai Tukutuku kei Ratu Cakobau, Na Vunivalu mai Bau". In *Na Mata:* (1) ago; (2) set, 159-60; (3) out, 168-75, 1912b.

___. "Ratu Cakobau". *Transactions of the Fijian Society for 1912*, 1912b, p.1-12.

*___. [*TkB*] "Tukutuku kei Bau". NAF (F 62/247). Tradução inglesa, "An island kingdom," NAF.

Tolstoi, Lev. *War and Peace*. Nova York: Modern Library, 1962.

Trotsky, Leon. *The History of the Russian Revolution*. Nova York: Path-Finder, 1980.

Turner, James West. "Continuity and constraint: Reconstructing the concept of tradition from a Pacific perspective". *Contemporary Pacific 9*, 1997, p.345-81.

Turner, Terence. "Social body and embodied subject: Bodiliness, subjectivity and sociality among the Kayapo". *Cultural Anthropology 10*, 1995, p.143-70.

*Turpin, Edwin J. [*DN*] Diário e narrativas de Edwin J. Turpin. NAF.

Twyning, John P. *Wreck of the* Minerva. (Reprodução de *Shipwreck and Adventures of John P. Twining among the South Sea Islands*, 1850.) Fairfield: Ye Galleon Press. 1996.

Tygiel, Jules. *Past Time: Baseball as History*. Nova York: Oxford University Press, 2000.

Van Wees, Hans. "Tyrtaeus' *Eunomia:* Nothing to do with the Great Rhetra". In Stephen Hodkinson e Anton Powell (org.). *Sparta: New Perspectives*. Londres: Duckworth, 1999, p.1-41.

Vernant, Jean-Pierre. "Introduction". In J.-P. Vernant (org.). *Pro Reines de la guerre en Grèce ancienne*. Civilisations et Sociétés, nº 11. Paris Mouton, 1968, p.9-30.

Veyne, Paul. *Writing History: Essay on Epistemology*. Middletown: Wesleyan University Press, 1984.

___. *Did the Greeks Believe in Their Myths?*. Chicago: University of Chicago Press, 1988.

Wagner, Roy. *The Invention of Culture*. Englewoodd Cliffs: Prentice-Hall, 1973.

*Wainiu, Ratu Etuate, [*AY*] "Ai Yalayala ni Vanua VakaBau, Na Yavusa Ko Kubuna". Tippett Collection, St. Mark's National Theological Centre Library, Canberra.

*___. [*BK*] "Bure Kalou Vakaitokatoka ena Mataqali Tui Kaba kei na Mataqali Bete". Arquivado com Wainiu, *AY*. Tippett Collection, St. Mark's National Theological Centre Library, Canberra.

Wall, Colman. "Sketches in Fijian history". In *Transactions of the Fijian Society for the Year 1919*.

Wallis, Mary ["A Lady"]. *Life in Feejee... or... Five Years among the Cannibals*. Boston: Heath, 1851.

___. *The Fiji and New Caledonia Journals of Mary Wallis 1851-18S3*. In David Routledge (org.). Suva: Institute of Pacific Studies, 1994.

*___. Journal of Mary Wallace *[sic]*, 1851-53. Peabody Museum: Salem.
Walzer, Michael. "The politics of Michel Foucault". In David Conzens Hoy (org.). *Foucault: A Critical Reader*. Oxford: Blackwell, 1986, p.51-68.
Warner, Rex. (trad.). *History of the Peloponnesian War* [Thucydides]. Harmondsworth: Penguin. 1972 (originalmente publicado em 1954).
Waterhouse, rev. Joseph. *The King and People of Fiji*. Londres: Wesleyan Conference Office, 1866.
*Wesleyan Methodist Missionary Society, Londres, "Inward correspondence from Feejee, 1835-57", vols.1-8. WMMS (Caixa 31). SOAS.
Westlake, H.D. *Individuals in Thucydides*. Cambridge: Cambridge University Press, 1968.
Whitby, Michael. *Sparta*. Nova York: Routledge, 2002.
White, Leslie A. *The Science of Culture: A Study of Man and Civilization*. Nova York: Farrar, Straus, 1949.
Wilkes, Charles. *Narrative of the United States Exploring Expedition during the Years 1838, 1839, 1840, 1841, 1842*. Vols.1-5. Filadélfia: Lea & Blanchard, 1845.
*Wilkinson, David. [*MS*] Notas Pessoais. NAF, vol.1.
Williams, Thomas. *The Journal of Thomas Williams, Missionary in Fiji, 184?-1853*. G.W. Henderson (org.), vols.1-2. Sydney: Angus & Robertson, 1931.
*___. [*LW*] "Cartas para Thomas Williams 1832. ML (A 852).
*___. [*MN*] "Miscellaneous notes chiefly concerning Feejee and Feejeeans", vols.1-3 ML (B 496-98).
*___. [*WMMS/L*] *Ver em* Wesleyan Methodist Missionary Society, Londres.
Williams, Thomas e James Calvert. *Fiji and the Fijians*. Nova York: D. Appleton & Co. (2 vols. da ed. britânica em 1 vol.), 1859.
Wills, Garry. *Venice, Lion City: The Religion of Empire*. Nova York: Simon & Schuster, 2001.
Xenofonte. [Pseudo-Xenofonte, "Velho Oligarca"] *Constitution of the Athenians*in *Scripta minora* (vol.7 dos escritos de Xenofonte), Loeb Classical Library. Londres: William Heinemann, p.135-90.
Wycherley, R.E. *The Stones of Athens*. Princeton: Princeton University Press, 1978.
Yurchak, Alexei. "The cynical reason of late socialism: Power, pretense and the *Anekdot*", *Public Culture* 22: 1997, p.161-88.

O caso Elián Gonzalez

ABCNews.com, [ABC] <http://www. ABCNews.com>
29 jan 2000, "Now, a pro-Cuban rally in Miami". 10 fev 2000, "Focus on Elián's Miami relatives". 27 mar 2000, "Cuban boy tells his story: Diane Sawyer's visit with Elián Gonzalez". 2 abr 2000, "Most Americans want Cuban boy returned to his father, por Gary Langer". 13 abr 2000, "Crowds grow in Miami". 17 abr 2000, "Waiting, waiting, por Alan Clendenning". 24 abr 2000, "Miami family continues fight". 28 jun 2000, "Good news, por Maria F. Durand".
Associated Press, [AP] <http://www.ap.org>
8 abr 2000, "Race called a key in Elián saga", por Paul Shepard. 6 jun 2000, AP daily news.

Atlanta Constitution, <http://www.ajc.com> 23 jan 2000, "Elián grand-mothers plead case with Reno", por Mike Williams.

BBC News, <http://news.bbc.co.uk> 29 jan 2000, "The Dalai Lama of Little Havana".

Capitalismmagazine.com., *[cm.c]*

14 jan 2000, "The Rights of Elián Gonzales", por Peter Schwartz. 26 jan 2000, entrevista: "What Castro has in store for Elián", por Prodos Marinakis. 25 mar 2000, "A sin to deport Elián", por Leonard Peikoff. 25 mar 2000, entrevista com Edwin Locke, "Elián Gonzalez: Why a father's rights can never supersede those of a child". 23 abr 2000, "Government assaults on cigarette companies, Microsoft and Elián Gonzalez violate individual rights", por Edwin Locke e Richard M. Salsman.

Chicago Tribune, [CT] <http://www.chicagotribune.com>

17 jan 2000, "For some exiled Cubans, Elián given role of modern-day Moses", por Laurie Goering. 19 jan 2000 "Cuban-American groups join cry to send Elián home". 19 jan 2000, "Parental authority: Elián belongs with his father", por Kathleen Parker. 22 jan 2000, "Back home with Grandma". (Editorial.) 22 jan 2000, "Grandmothers plead for Elián", por Mike Dorning. 24 jun 2001, "Elián fight revived Cubans on all sides", por Laurie Goering. 24 jul 2001, "Anti-Castro group's moderation makes waves", por Rafael Lorente.

Cleveland Plain Dealer, [CPD] <http://www plaindealer.com>

22 dez 1999, "Morality compels U. S. to send young boy home", por Otis Moss, Jr.

CNN, <http://www.cnn.com>

4 jan 2000, *Crossfire*. Transcrito em http://www.cnn.com 28 mar 2000, "Image of Virgin Mary said to appear in Elián's Miami home".

Commondreams.org., <http://www.commondreams.org>

29 mar 2000, "Elián: Shipwrecked on dry land", por Gabriel Garcia Marquez.

Denver Post, <http://www.denverpost.com>

11 jan 2000, "Plot over Elián thickens" (editorial). 13 jan 2000, "Reno halts Cuban farce", por Al Knight. 18 jan 2000, "Finding a home for Elián Gonzalez will be a tough job", por Ed Quillen.

Elovitz, Paul H. (org.), The Elián Gonzalez obsession. Seção em *Clio's Psyche* 7, 2000, nº 1 (junho).

Geocities.com, http://www.geocities.com, 2 abr 2000, "Madness in Miami", por Michael Lopez-Calderon.

George. "The untold Elián story", por Ann Louise Bardach, 2000 (mai), p.64- 9, 114-18.

Guardian, <http://www.guardian.co.uk> 12 abr 2000, "A small boy bails out the old dictator", por Isabel Hilton.

Libre. *Leían*, suplemento, Miami, 2001.

Los Angeles Times, http://www latimes.com, 25 jan 2000, comentário: "There's no shortage of hypocrites; Cuba: The brouhaha over Elián Gonzalez provides a mirror for our across-the-board absurdity regarding the island", por Robert Scheer.

Miami Herald, [MH] <http://www.miamiherald.com>

13 dez 1999, "Elián gets to be a kid at Disney", por Phil Long. 13 dez 1999, "The deadly voyage: How it happened", por Elaine De Valle. 8 jan 2000, "Emotional bond compels protesters", por Paul Brinkley-Rogers. 10 jan 2000, "Mania over Elián rising", por Eunice Ponce e Elaine de Valle. 10 jan 2000, "Three Kings parade

a spectacle for child", por Eunice Ponce e Ana Acle. 12 jan 2000, "Boy's cause in the hand of Miami image master", por Alfonso Chardy et al. 23 jan 2000, "Dolphins take the stuff of legend", por Ana Acle. 29 jan 2000, "Cubans pay homage to Marti, Elián", Associated Press. 30 jan 2000, "Planet Elián", por Carl Hiaasen. 1º fev 2000, "Exile group forges ironic alliances", por Karen Branch. 9 fev 2000, "Elian's great-uncles have had DUI convictions". Associated Press. 26 mar 2000, "Mary 'appears' near Elián", por Sandra Marquez Garcia. 31 mar 2000, "Prayer vigil lifts Elián fervor to new high", por Meg Laughlin. 2 abr 2000, "Elián case puts Miami 'republic' in spotlight", por Meg Laughlin. 10 abr 2000, "Elián a bridge linking rival fates", por D. Aileen Dodd. 14 abr 2000, "Throng outside house swells to thousands", por Sandra Marquez Garcia, Andrea Elliott e Martin Merzer. 14 mai 2000, "Ceremony set to honor Elián's mom." 25 mai 2000, "Family members moving out of house where Elián stayed", por Ana Acle. 26 mai 2000, "Relaxed Marisleysis moving on", por Meg Laughlin. 28 jun 2000, "Supporters pray boy will remain", por Ana Acle. 30 jun 2000, "Miami relatives attend ceremony at Elián school", por Ana Acle. 23 nov 2000, "Elián's story waits for ending", por Andres Viglucci.

National Catholic Reporter, http://www.natcath.com 5 mai 2000, "The question in Miami is not the same asked elsewhere", por Tom Blackburn.

Newsday, <http://www.newsday.com> 9 abr 2000, "Devout see a 'miracle' in Elián", por Ellen Yan.

Newsweek,
17 abr 2000, The war over Elián", por Joseph Contreras e Evan Thomas. 24 abr 2000, "The Elián case", por Joseph Contreras e Evan Thomas. 24 abr 2000, "Once more unto the breach", por Jonathan Alter.

New York Daily News, [NYDN] <http://www.nydailynews.com>
9 abr 2000, "Cult believes child is Cuban Messiah", por Roberto Santiago e Helen Kennedy.

New York Times, [NYT] <http:l/www.nytimes.com>
16 jan 2000, "Custody case is overshadowing shift among Cuban immigrants", por Peter T. Kilborn. 22 jan 2000, "Grandmothers make plea for Cuban boy's return", por Robert D. McFadden. 22 jan 2000, "Helping Cuban families is in America's interest", por Bernard W. Aronson e William D. Rogers. 24 jan 2000, "Grandmothers to fly to Miami". Associated Press. 26 jan 2000, "Elián Gonzalez and Congress." (Editorial) 5 jul 2000, "Cuba sees fervor over Elián useful in other battles", por David Gonzalez. 2 set 2001, "Heir to Cuban exile leader is finding his own voice", por Dana Canedy. 25 out 2001, "Florida: Probation in kidnapping case".

New York Times International, <http://www nytimes.com> 17 out 2002, "Havana enshrines heroes of espionage", por David Gonzalez.

Ottawa Citizen, http://www.ottawacitizen.com 11 abr 2000, "Elián inspires mysticism in Miami", por Hillary Mackenzie.

PBS, *[pbs.org]* 26 abr 2000. *NewsHour,* http://www.pbs.org/newshour/bb/ media/jan-juneoo /elian_4-26. html *Frontline:* "Saving Elián". Publicado em fev 2001, <http://www.pbs.org/wgbh/pages /frontline /shows /elian />

Religion in the News, [RIN]
http://www.trincoll.edu/depts/csrpl/rinvo13No2/Elián.htm "Go down, Elian", por Thomas Hambrick-Stowe. vol.3, n.2 (verão 2000).

Religious Tolerance.org., <http://www:religioustolerance.org/Elián.htm>
13 abr 2000, "The Elián Gonzalez religious movement", por B.A. Robinson.

Rowe, John Carlos, "Elián Gonzalez, Cuban-American detente, and the rhetoric of family values", in Bundt Ostendorf (org.), *Transnational America: The Fading of Borders in the Western Hemisphere,* Heidelberg, Bundt Ostendorf, Universitätsverlag C., inverno, 2002, p.139-48.

St. Petersburg Times, <http://www.sptimes.com> 5 jan 2000, "Protesters rally for Cuban boy", por Sarah Schweitzer.

Salon.com, *[Salon]* <http://www.salon.com>
17 abr 2000, "Why can't they all just get along", por Myra MacPherson. 26 abr 2000, "Elián! Nature trumps politics", por Camille Paglia. 12 mai 2000, "I never made myself famous", por Daryl Lindsay. 8 jun 2000, "Elián, politics, the Roman empire", por Camille Paglia. 29 jun 2000, "Adios Elián", por Myra MacPherson.

San Francisco Chronicle, <http://www.sfchronicle.com/chronicle>
9 abr 2000, "The mystical power of Elián", por Roberto Cespedes.

Seattle Post-Intelligencer, <http://www.seattlepi.nwsource.com>
8 abr 2000, "God will intervene, prevent Elián from leaving, Cubans say", por Mildrade Cherfils.

Seattle Times. http://www.seattletimes.nwsource.com 1 fev 2000, "Elián Gonzalez reaches divine status for some Cuban Americans".

Time Magazine, 17 abr 2000, "The second-class parent". por Lance Morrow.

USA Today, <http://www.usatoday.com> 7 jan 2000, "'Family values' exist in Cuba, too", por Jill Nelson.

Wall Street Journal, [WSJ] <http://www.wsj.com> 24 abr 2000, "Why did they do it?", por *Peggy* Noonan.

Washington Post, [WP] <http://www.washingtonpost.com>
25 dez 1999, "For Cuban boy, 6, a Christmas outpouring". 1 jan 2000, "Council of churches seeks boy's return to Cuba". 16 jan 2000, "Rare act of Congress is planned for Elián; GOP leaders back citizenship bills", por Karen De Young. 22 jan 2000, "Little Havana's 'El Milagro'", por Hanna Rosin. 1 abr 2000, "Elián is something special for us", por Sue Anne Pressley. 1 abr 2000, "Little Havana's little prince", por Joel Achenbach. 5 abr 2000, "Rough draft: Battle for Elián is Armageddon, only bigger", por Joel Achenbach. 6 abr 2000, "A modern play of passions", por Gene Weingarten. série em 3 partes. 9 abr 2000, "Last-ditch efforts to keep Elián", por Karen De Young. 9 abr 2000, "Other Latinos more divided over fate of Cuban boy", por Philip P. Pan e Michael A. Fletcher. 14 abr 2000, "Elian's infantry", por Gene Weingarten. 14 abr 2000, "Fools for Elián", por Richard Cohen. 15 abr 2000, "Elián impasse widens Miami's ethnic divides", por April Witt. 17 abr 2000, "Viva Elián! Hero of the Revolution!", por John Ward Anderson. 20 abr 2000, "Seeing mystery and miracles in Miami", por April Witt. 23 abr 2000, "Raid reunites Elián and father", por Karen De Young. 26 abr 2000, "A fisherman and his 15 minutes", por Michael Leahy. 28 jun 2001, "Forever a poster child", por Gregory B. Craig. 25 nov 2001, "A shrine to Miami's angel who flew away", por Sue Anne Pressley. 25 nov 2001, "A year later, Elián's echoes linger", por Alex Veiga.

Washington Times. <http://www.washingtontimes.com>
4 abr 2000, "Santeria ceremony held to guard boy", por Tom Carter. 15 abr 2000, "Fear fueling Castro's fulminations", por Guillermo Cabrera Infante.

AGRADECIMENTOS

Não seria possível agradecer a todos os que contribuíram para este livro – estudantes, colegas, arquivistas, o público de palestras e seminários – pois venho ensinando e pesquisando alguns dos temas, especialmente a grande Guerra da Polinésia, há mais de 25 anos. Mas devo destacar os estudiosos da Antigüidade clássica que leram o longo primeiro capítulo e acrescentaram conceitos gregos, corrigiram a grafia de palavras gregas e, sem exatamente dizer para jogar tudo fora, alertaram-me sobre os erros que estava cometendo: Paul Cartledge, James Redfield, Nicholas Rudall e Richard Saller. Obviamente não são responsáveis pelas limitações de natureza histórica ou teórica que ainda permanecem naquela parte do trabalho. Pela assistência prestada à pesquisa em Fiji e nos arquivos – para não mencionar o trabalho heróico de gravar os dados em computador – sou especialmente grato a Mark Francillon. Minha gratidão também vai para Elizabeth Branch Dyson, David Brant e Claudia Rex, pelos auxílios que recebi na University of Chicago Press. Finalmente, é um imenso prazer e um enorme dever agradecer à inestimável assistência de Fergus Clunie em questões de etnografia e história fijianas. Fergus foi extremamente generoso ao ceder seu próprio tempo e os resultados de suas pesquisas (muitos dos quais ainda não publicados) para tornar este livro bem melhor.

CRÉDITOS DAS ILUSTRAÇÕES

Figura 1.5, p.36: White's Aviation Library, GeoSmart Ltd.
Figura 2.3, p.131: National Baseball Hall of Fame Library, Cooperstown, NY.
Figura 2.4, p.159: Taylor Jones/*Los Angeles Times*; © Tribune Media Services, Inc. Todos os direitos reservados. Reproduzido com permissão.
Figura 2.5, p.171: Walt Handelsman/*New Orleans Picayune*; © Tribune Media Services, Inc. Todos os direitos reservados. Reproduzido com permissão.
Figura 2.6, p.172: Joe Heller/*Greem Bay Press-Gazette*.
Figura 2.7, p.175. Joe Radle/Getty Images.
Figura 2.8, p.178: Don Wright/Palm Beach Post; © Tribune Media Services, Inc. Todos os direitos reservados. Reproduzido com permissão.
Figura 3.2, p.191: Pintura de Conway Shipley, 1851.
Figura 3.6, p.253: A partir de Tippett, 1973, p.38.

ÍNDICE REMISSIVO

No texto e neste índice, todos os nomes fijianos de pessoas da chefia ou de status elevado estão precedidos pelos honoríficos: "Adi" para as mulheres e "Ratu" ou "Ro" para os homens.

Relações de parentesco entre os governantes de Bau e Rewa

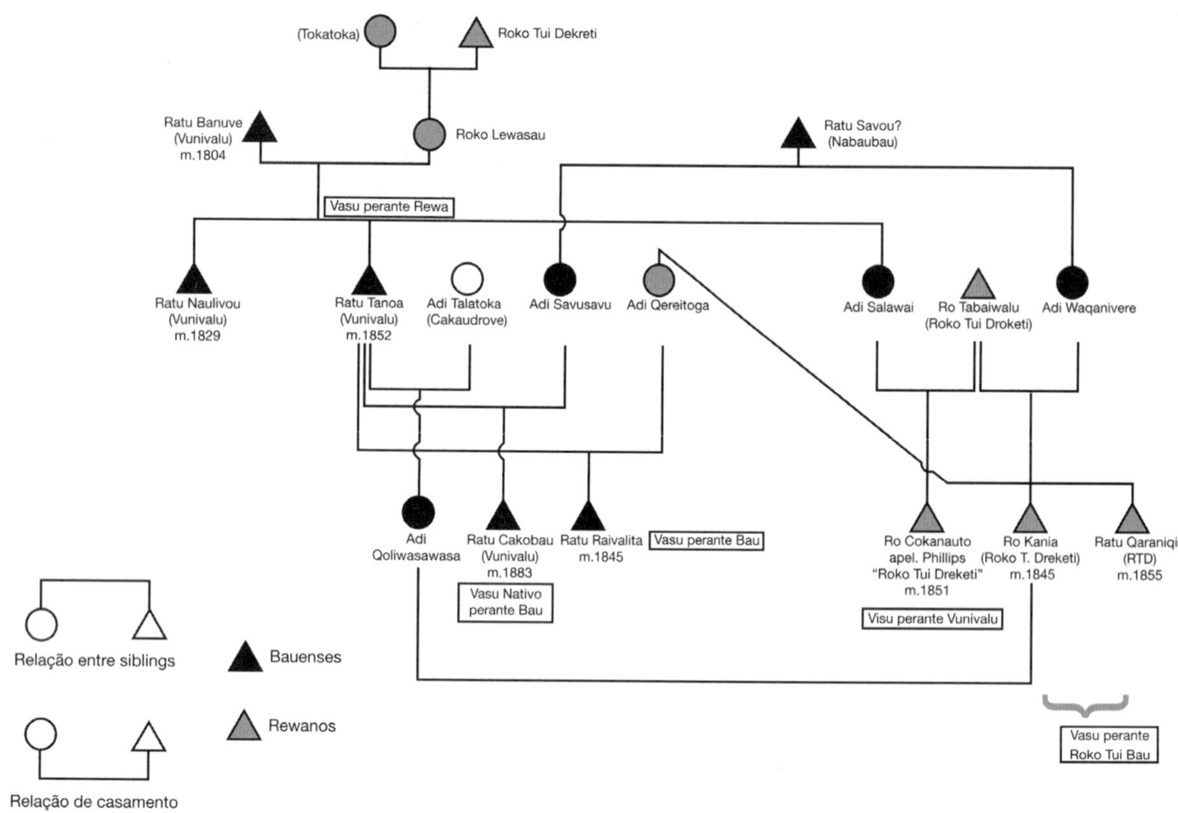

TERMOS, TÍTULOS, PERSONALIDADES E REINOS FIJIANOS

Alguns termos e títulos fijianos

i taukei: nativo, ocupante original, proprietário
matanitū: reino, governo
mataqali: clã, parente
Papalagi: homem branco, homens brancos
Roko Tui Bau: rei sagrado de Bau
Roko Tui Dreketi: rei sagrado de Rewa
turaga: dirigente, chefe
vanua: terra, território
vasu: sobrinho uterino sagrado
Vunivalu: rei da guerra em Bau, Rewa e outros territórios

Principais personalidades fijianas

Adi Qereitoga: esposa favorita de Ratu Tānoa, mãe de Ratu Raivalita
Adi Talātoka: esposa principal de Ratu Tānoa
Komainaua: alto chefe bauense, às vezes o homem de confianca de Ratu Cakobau
Ratu Banuve: *Vunivalu* de Bau no final do século XVIII, pai de Ratu Tānoa
Ratu Cakobau (Ratu Seru): *Vunilau* de Bau, 1853-83, filho de Ratu Tānoa
Ratu Gavidi: um dos chefes dos guerreiros-pescadores (povo lasakau) de Bau
Ratu Mara: um dos líderes da rebelião bauense, 1832-7
Ratu Namosimalua: chefe dirigente da ilha Viwa
Ratu Naulivou: *Vunivalu* de Bau, 1804-29, irmão mais velho de Ratu Tānoa
Ratu Qaraniqio: rei rewano (Roko Tui Dreketi), 1843-55, irmão mais novo de Ro Kania
Ratu Tānoa: *Vunivalu* de Bau, 1928-43, pai de Ratu Cakobau e Ratu Raivalita
Ratu Varani: alto chefe de Viwa, homem de confiança de Ratu Cakobau
Ro Cokānauto: meio-irmão paterno de Ro Kania e Ratu Qaraniqio
Ro Kania (Banuve): rei rewano (Roko Tui Dreketi), 1831-43
Selemi: companheiro próximo de Ratu Raivalita
Seru Tānoa: um líder da rebelião bauense, 1832-7
Tui Kilakila: chefe dirigente (*Vunivalu*) de Cakaudrove, c. 1834-54

Principais reinos fijianos

Bau: sudeste de Viti Levu, ilhas do mar Koro
Cakaudrove: Ilha Taveuni e a vizinha Vanua Levu
Lau: ilhas orientais
Macuata: norte de Vanua Levu
Nadrogā: sudoeste da costa de Viti Levu
Rewa: Delta do Rewa e ilhas Beqa e Kadavu

Este livro foi composto em Iowan Old Style BT e
Baker Signet e impresso pela Bartira, em fevereiro de 2006.